Chaim Gans

·

A Political Theory
for the Jewish People

Oxford University Press

2016

Хаим Ганс

·

Политическая теория еврейского народа

Academic Studies Press

Библиороссика

Бостон / Санкт-Петербург

2025

УДК 26+327
ББК 66.1
Г19

Перевод с английского Екатерины Ноури

Серийное оформление и оформление обложки Ивана Граве

Автор выражает особую благодарность за финансовую поддержку издания на русском языке Тель-Авивскому университету, а также Институту права и истории имени Берга при юридическом факультете университета

Ганс, Хаим.

Г19   Политическая теория еврейского народа / Хаим Ганс ; [пер. с англ. Е. Ноури]. — СПб.: Academic Studies Press / Библиороссика, 2025. — 394 с. — (Серия «Современное религиоведение и теология» = «Contemporary Religious and Theological Studies»).

ISBN 979-8-887199-35-1 (Academic Studies Press)
ISBN 978-5-907918-23-8 (Библиороссика)

Современный сионистский нарратив играет ключевую роль в формировании еврейской идентичности как в самом Израиле, так и за его пределами. В книге Хаима Ганса дается историко-философский анализ современной версии сионизма и его антитезы — постсионизма.

Автор предлагает модель эгалитарного сионизма, в основе которой лежит право на национальное самоопределение. Связь евреев с землей Израиля рассматривается как вопрос их национальной идентичности, а не собственности, а их связь с государством Израиль — как осознанный личный выбор. По убеждению Хаима Ганса, такая модель гораздо лучше соотносится как с историей и современным положением еврейского народа, так и с задачей урегулирования арабо-израильского конфликта.

УДК 26+327
ББК 66.1

ISBN 979-8-887199-35-1
ISBN 978-5-907918-23-8

В память о моих родителях, Аншеле и Иегудит Ганс

Предисловие

Название этой книги амбициозно, как, возможно, и сама идея ее создания — не только по своей цели, но и по широте сфер, в которых ведется дискуссия, по охвату противников озвученных гипотез. В книге представлены как фундаментальные, так и прикладные аргументы из области историографии, истории развития проблемы, анализа политической морали и конституционной теории. Присутствуют как нормативный, так и объяснительный компоненты. В качестве оппонентов выступают, с одной стороны, господствующий израильский сионизм, с другой — израильский и англо-американо-еврейский постсионизм. Критика сионизма со стороны последнего включает палестинские и арабские позиции и критические замечания в адрес сионистской политической идеи и их исторического движения.

Амбициозная идея написать книгу возникла у меня как результат формирования личного мнения о сионизме. Приступая к работе, я не представлял ее масштаба; он стал для меня приятным открытием и отразился в названии. В 2008 году издательство Оксфордского университета опубликовало мою книгу «Справедливый сионизм: о морали еврейского государства». В ней преимущественно рассматриваются вопросы, касающиеся статуса еврейской общины, созданной сионистским движением в исторической Палестине / на Земле Израиля, и проводятся сравнения со статусом палестинцев. Несмотря на то что работа содержит массу критики в отношении главенствующей сионистской политики, проводимой Израилем с 1970-х годов, я тем не менее высказался в поддержку сионистской политической идеи. Книга «Справедливый сионизм» полна независимых конструктивных обоснований, свободных от полемики. С помощью нее я сформулировал и модифицировал свои общие представления о национализме, изложенные в следующей книге «Пределы национализма» (издательство Кембриджского университета, 2003 год), и применил их в отношении конкретного случая сионизма и израильского национализма. После публикации книги «Справедливый сионизм» я внезапно осознал, что ее теоретическое и практическое значение не раскроется полностью ни для меня, ни, вероятно, для читателей, пока я не проведу сравнение с другими современными интерпретациями сионистской политической идеи и исторического движения, а также с основными критическими замечаниями в их адрес со стороны представителей постсионистского интеллектуального класса. Они предлагают, как правило, два типа аргументов. Один касается социальной онтологии, лежащей в основе фактических компонентов сионистского нарратива, который, по утверждению постсионистов, представляет собой не что иное, как эссенциалистскую социальную онтологию. Другой тип аргументов касается политической морали. Постсионистская критика фактов сионистского нарратива (в основном досионистского иудаизма) сформировала мое критическое отношение как к самой этой историографии, так и к постсионистским критикам, а также побудила меня разъяснить предпосылки историографии иудаизма, лежащие в основе политической морали книги «Справедливый сионизм». Критика политической морали сионизма подвигла меня объяснить политическую мораль, оправдывающую господствующие интерпретации сионистского нарратива, и моральную онтологию, лежащую в его основе, а также сравнить ее с политической моралью и моральной онтологией книги «Справедливый сионизм».

Обсуждение упомянутых вопросов привело меня к изучению последствий этих различающихся моральных онтологий и политических моральных норм не только для отношений между евреями и арабами в Израиле/Палестине, но и для отношений между евреями в Израиле/Палестине и евреями за их пределами: для их статуса в странах, где они живут, и их статуса в Израиле/Палестине. Этот акцент объясняет и название данной книги. Рассмотрена многоуровневая политическая теория, касающаяся всего еврейского народа: религиозного и нерелигиозного, израильтян и не-израильтян, сионистов, несионистов, постсионистов, антисионистов и тех, кого не волнуют никакие из перечисленных позиций или постулатов, даже их собственное еврейство.

Впервые я написал на иврите и опубликовал бо́льшую часть новой книги в 2013 году. Описанное выше сравнение, на котором построено повествование, а именно объяснение различий между «Справедливым сионизмом», с одной стороны, и его основными сионистскими и постсионистскими соперниками, с другой (их я классифицирую на собственнические и иерархические сионизмы, гражданские, постколониальные и неодиаспорические постсионизмы), — побудило меня заменить название книги 2008 года, «Справедливый сионизм», в ее еврейской версии на «Эгалитарный сионизм» (Молад, Иерусалим, 2014). Сейчас уже поздно менять название книги, вышедшей на английском в 2008 году. Основные положения книги «Справедливый сионизм / Эгалитарный сионизм» кратко изложены в разделе 3.4 этой книги, которую вы держите в руках. Помимо изменения названия в издании на иврите по причинам, которые возникли во время написания этой книги, основное изменение, которое я внес в издание на иврите, заключается в удалении последних двух абзацев из введения к книге «Справедливый сионизм» (с. 7–8). Их заменяет глава 2 последней версии книги. Цель настоящей книги состоит в том, чтобы доказать, что сионизм, описанный в работе «Справедливый сионизм», является эгалитарным как в том смысле, что он объясняет и оправдывает сионистский исторический проект создания еврейской самоопределяющейся политической общины в исторической Палестине / на Земле Израиля, так и в том, что он предлагает окончательно урегулировать еврейско-палестинский конфликт через конечное государственное политическое/конституционное/правовое устройство. Изначально я предполагал, что новая книга станет продолжением «Справедливого сионизма», но в ключевых моментах она стала скорее введением в эту работу.

Краткое изложение сравнения между эгалитарным сионизмом и другими подходами к сионизму, упомянутыми выше, касаемо отношений между евреями и арабами в Израиле/Палестине приводится в моей статье «Еврейство и демократия: три сионизма и постсионизм» в издании «Израильское конституционное право в процессе становления» (2013) под редакцией Гидеона Сапира, Дафны Барак-Эрез и Аарона Барака. Эта статья основана на еврейском издании данной книги. Некоторые умозаключения, приведенные в разделе 4.5 о неодиаспорическом постсионизме, взяты из моей рецензии на книгу Джудит Батлер «Пути расходятся: еврейство и критика сионизма», опубликованной в журнале Notre Dame Philosophical Reviews 13 декабря 2012 года [Butler 2012].

Ряд моих друзей и коллег из области политологии и юриспруденции высказали важные замечания по многим положениям, приведенным в этой книге: Джули Купер, Алон Харел, Дэвид Хейд, Дэвид Любан и Андрей Мармор; Майкл Уолцер, который рецензировал книгу для издательства Oxford University Press; и второй рецензент, который пожелал остаться неизвестным. Ави Саги очень помог мне с разделом главы 4, посвященным диаспорному постсионизму и его историческим предшественникам. Зив Борер помог мне разобраться в различных аспектах классического сионистского мышления. Он и Йорам Маргалиот вдохновляли меня на протяжении всего периода написания этой книги. Историки Джейкоб Барнай и Дмитрий Шумский ознакомились с черновиками и обратили мое внимание на работы историков, на которых я ссылаюсь в этой книге и чьи работы имеют отношение к идеям и тезисам, которые я здесь излагаю. В этих вопросах я также получил значительную помощь от Йонатана Бен-Шушана, Нофара Яакова Ган-Ора и Ади Каспи, которые оказали мне большую помощь в проведении исследований для издания на иврите. Йохай Моше-Вайзер и Шира Флюгельман таким же образом посодействовали с англоязычным изданием. Мирьям Хадар Меершвам и Хаим Вейцман помогали с переводом с иврита, а Майкл Киршнер и (в основном) Майкл Джеймс отредактировали английский текст.

Пока я работал над этой книгой, меня принимали во многих исследовательских институтах. Помимо проведения исследований в моем родном университете в Тель-Авиве и в Институте Хартмана в Иерусалиме, который за последние несколько лет стал моим вторым домом, в 2009 году я провел несколько месяцев в Институте сравнительного публичного права и международного права имени Макса Планка в Гейдельберге; в 2011 году — шесть месяцев в Институте перспективных исследований при Еврейском университете в Иерусалиме; 2013/2014 учебный год пришелся на Центр общечеловеческих ценностей Принстонского университета. Я благодарен всем этим учреждениям — их директорам, администраторам и особенно моим коллегам — за создание дружеской и интеллектуальной атмосферы, которая достигла своего пика в Принстонском университете.

Все эти учреждения оказали финансовую поддержку исследованиям, результаты которых легли в основу этой книги. Материально поучаствовали также Израильский научный фонд, кафедра теории права и прикладной этики имени Кальмана Любовски, которую я возглавляю в своем университете, центры «Чегла» и «Минерва», а также Институт права и истории имени Берга при юридическом факультете Тель-Авивского университета. Я очень благодарен за эту неоценимую поддержку.

Тель-Авив, апрель 2015 года

Глава 1
Виды сионизма
и постсионизма

1.1. Разнообразие подходов

Данная книга освещает либеральный взгляд на историю и будущее еврейского народа. Она вышла в свет в 2010-х годах, отразив на своих страницах столетия гонений евреев на территории Европы, их эмансипацию в XIX веке и два столетия поиска современных политических решений еврейской проблемы. Первоначально предложения по улучшению ситуации разрабатывали и выдвигали различные идейные и политические активисты, вместе с тем в последние несколько десятилетий с инициативами также выступили историки и социологи. Однако, как известно, на практике к политологам и философам прислушиваются крайне редко. Наша книга призвана восполнить нехватку теоретического рассуждения на эту тему. Она основана на событиях холокоста и успехе сионистского движения, приведшего к созданию Государства Израиль. Работа одновременно написана на фоне беспрецедентного расцвета преуспевающих еврейских общин на Западе, в частности в Соединенных Штатах, но при этом и среди очевидных признаков того, что на Западе иудаизм угасает, по крайней мере иудаизм в том коллективном виде, в каком мы его знаем, — как сила, преодолевающая преграды между национальностью, этническим происхождением и религией [Pew Research Center 2013; Magid 2013].

Среди всех прочих политических теорий, занимавшихся судьбой еврейского народа, на данном этапе истории наиболее важным, заслуживающим внимания фактом необходимо признать создание сионистским движением еврейского государства, со всеми его достоинствами и недостатками. Оно требует от любого, кто продолжает предлагать еврейскому народу политическую теорию и политические действия, поставить сионизм во главу угла, независимо от того, одобряет ли он сионизм в принципе и Израиль в его современном статусе, стремится ли изменить их или полностью отвергает их.

Сионизм представляет собой как теорию национальной идентичности, так и институциональную политическую теорию для евреев. Кроме того, сионизм — это отдельное историческое еврейское движение. И в той и в другой роли он служит частным примером одного из самых распространенных и масштабных исторических интеллектуальных явлений последних двух столетий — национализма. И как политическая идея, и как историческое движение национализм в этот период активизировался в двух противоположных направлениях. С одной стороны, социальные и исторические процессы породили мотивацию для культурной гомогенизации населений отдельных государств, политические философы обосновали это объединение, а политические системы реализовали его. С другой стороны, социальные и исторические процессы давали людям основания придерживаться своей самобытной культуры, жить в ее рамках и на протяжении поколений стремиться сохранить ее имеющимися политическими средствами. Политичсские философы обосновали это желание, в то время как политические активисты и лидеры создали структуры, необходимые для его реализации. Национализм, направленный на культурную гомогенизацию населения в рамках определенного государства, известен как «территориально-гражданский национализм»: его наиболее заметные постулаты восходят к идеям таких мыслителей, как Жан-Жак Руссо и Джон Стюарт Милль, и успешно воплощены Францией, Великобританией и Соединенными Штатами. Национализм, сосредоточенный на защите интересов, связанных с самобытной культурой граждан, на возможности ее реализации в предложенных политических рамках, известен как «этнокультурный национализм». Такая разновидность национализма укоренилась в Германии и Восточной Европе, а пропагандировалась такими философами, как Иоганн Готфрид Гердер и Иоганн Готлиб Фихте.

Сионизм принадлежит к идеологиям и национальным движениям этнокультурного типа. Как таковой, он делится на множество родственных направлений. И все же природа группы, которая была и продолжает оставаться объектом этой этнокультурной националистической идеи, а именно евреев, обусловила два существенных различия между ним и другими проявлениями этого типа национализма. В иных случаях этнокультурный национализм служил интересам групп, большинство представителей которых проживали в одном месте, у них была общая история и единая культура. Такое место рождения каждого из членов считалось коллективной родиной группы. Сионизм был другим во времена своего зарождения, остается он в значительной степени другим и сегодня. Сообщество мирового еврейства, голосом которого стремится быть сионизм, на момент своего зарождения едва ли было готово стать нацией в полном смысле этого слова, во всяком случае менее, чем другие группы, принявшие национализм, а место, которое воспринималось как коллективная родина евреев, не всегда оказывалось местом рождения всех членов общины. Евреи появлялись на родине другой группы, в месте рождения членов другой группы. Таким образом, и как политическая идея, и как историческое движение сионизм всегда был и до сих пор вынужден бороться за восполнение этих своих двух недостатков, из-за которых с ним так легко не согласиться, особенно трудно обосновать и воплотить его в жизнь. Сионизм вынужден оправдывать и надстраивать то, чем другие этнокультурные националистические движения в большей или меньшей степени априори обладали на момент своего зарождения. Разногласия по поводу утверждений о том, что евреи составляют единую нацию и должны осознать свое единство и государственность в Палестине / на Земле Израиля, не утихают с момента зарождения сионизма[1]. В этой книге предпринята попытка как очертить контуры этого спора, так и принять в нем участие, вмешаться в дебаты между постсионизмом и современным господствующим сионизмом, главным образом по вопросам, касающимся статуса евреев по сравнению с положением палестинцев в Израиле и его окрестностях, а также статуса израильских евреев по отношению к мировому еврейству в рамках еврейского народа. Постсионизм, по крайней мере тот его тип, который я рассматриваю в этой книге, полностью отвергает сионистскую версию еврейской истории и то оправдание, которое оно стремится найти созданию и дальнейшему существованию Государства Израиль как еврейского государства[2]. Современный господ-

---

[1]   Термин «Земля Израиля» (на иврите Эрец-Исраэль) означает не просто землю или территорию Государства Израиль, но землю, обещанную еврейскому народу в Ветхом Завете. Евреи жили и политически доминировали во многих частях Израиля, в первом тысячелетии до нашей эры, вплоть до разрушения Второго Храма в 70 году нашей эры. Этот термин охватывает бо́льшую часть территории, которая сегодня включает Государство Израиль и Королевство Иордания. С 1920-х годов термин в основном обозначал территории, находящиеся под британским мандатом, то есть земли между рекой Иордан и Средиземным морем. Таким образом, указанная территория пересекается с исторической Палестиной. В этой книге я использую термин главным образом для обозначения этой части библейской Земли Израиля. Другим названием Земли Израиля в еврейской традиции (которое часто встречается в Ветхом Завете и в литургии) является Сион — оно же традиционное название священного города Иерусалима, что объясняет, почему идеология, находящаяся в центре внимания этой книги, называется *сионизмом*.

[2]   Многих участников израильской общественной дискуссии о сионизме называют «постсионистами». В публичном дискурсе это понятие получило множество интерпретаций и значений, о чем свидетельствуют многие газетные статьи. См., например, работу Орит Шохат «Кто такой постсионист?» [Shohat 1995]; Нери Ливне «Взлет и падение постсионизма» [Livneh 2011]. Интересно, что очень немногие из тех, кого другие называют постсионистами, на самом деле относят себя к этой категории. Об этом см.: Офир. Мышление в настоящем [Ophir 2001: 258]. В научной литературе содержатся предложения о проведении различия между «постсионистами-отрицателями» и «постсионистами-позитивистами», или «патриотами». Постсионисты, с которыми я спорю в этой книге, — это, несомненно, те, кого относят к постсионистам-отрицателям. По причинам, которые будут объяснены ниже, я считаю теоретически и практически ошибочным в принципе относить к постсионистам тех, кого называют «патриотическими постсионистами».

ствующий сионизм можно рассматривать как колеблющийся между двумя интерпретациями сионистского нарратива. Я называю эти две интерпретации «собственнической» и «иерархической» соответственно. В этой книге я отвергаю как полное отрицание постсионистами сионистского нарратива, так и две основные интерпретации сионизма. Взамен я предлагаю третью интерпретацию сионистского нарратива: эгалитарную, которая, по моему мнению, глубоко укоренилась в истории сионистской идеи и сионистского движения, по крайней мере в том виде, в каком они существовали до 1967 года.

Сионистский нарратив заключается в следующем:

Евреи на Земле Израиля являются частью более обширного еврейского коллектива, члены которого разбросаны по всему миру. Эта мировая община есть продолжение еврейского народа, который возник в древности на Земле Израиля. Этот народ покинул родные земли много веков назад и с тех пор живет за их пределами. Как коллектив, он не имел единой территории и самоуправления. Современная еврейская община, постепенно сформировавшаяся на Земле Израиля к концу XIX века, стремилась дать евреям возможность осуществлять самоуправление и жить полноценной жизнью в рамках общей еврейской культуры. Формирование этой общины и ее дальнейшее существование оправданы несмотря на то, что Земля Израиля была и остается населена арабами. Как и другие народы, евреи имеют право на самоуправление на своей исторической родине; особенно учитывая непрекращающиеся на протяжении веков преследования, кульминацией которых стал холокост.

Как упоминалось выше, среди израильских евреев широко распространены две интерпретации приведенного нарратива. Согласно одной из них, еврейский народ сформировался на Земле Израиля в глубокой древности. Несмотря на физическое отсутствие этого народа на Земле Израиля на протяжении многих веков или на распространенность представителей еврейского народа по всему миру, он не перестал существовать как нация, рассматривающая Землю Израиля как свою *сущность и достояние*. В конце XIX века представители этой нации начали отовсюду стекаться на Землю Израиля, чтобы реализовать свое право физически занять ее и фактически реализовать свое право на суверенитет. Эта *эссенциалистская и собственническая* интерпретация сионистского нарратива очень популярна среди многих израильских и неизраильских евреев. Она основана на позициях, занимаемых крупнейшими сионистскими лидерами и партиями с 1930-х годов или даже раньше, такими как Давид Бен-Гурион, Зеев Жаботинский, Ицхак Тебенкин и Менахем Бегин, а также такими партиями, как «Ахдут ха-Авода» и сионисты-ревизионисты[3]. Перечисленные лидеры и партии в то или иное время придерживались именно такой интерпретации сионизма. Что еще более важно, эта версия основывается на идеологических предпосылках, лежащих в основе классической сионистской историографии еврейского прошлого. Эти идеи в 1930-х годах сформулировали Бен Цион Динур и Ицхак Баер. С тех пор они определяют политику сионизма в сфере образования и, следовательно, являются важным компонентом национальной памяти Израиля[4].

Вторая распространенная интерпретация сионистского нарратива, иерархическая, вытекает из конкретной интерпретации всеобщего права на самоуправление. Согласно ей, рассматриваемое право — это право на «национальное государство — государство, институты и официальная общественная культура которого связаны с определенной национальной группой, [которая] предоставляет особые преимущества людям, с которыми отожде-

---

[3] Давид Бен-Гурион был крупным сионистским лидером первой половины XX века, позже стал первым премьер-министром Израиля. Ицхак Табенкин был одним из основателей движения кибуцев и сионистско-социалистической партии «Ахдут ха-Авода». После Шестидневной войны он стал одним из основателей движения «Великий Израиль». Зеев Жаботинский был основателем правой ревизионистской фракции в сионизме. Сионисты-ревизионисты выступали против того, что считалось умиротворяющим подходом Бен-Гуриона к британскому мандату. Менахем Бегин был ревизионистским активистом и депутатом Кнессета, а позже стал первым премьер-министром Израиля от правого крыла. Цитаты некоторых из этих политиков приведены в разделе 3.2.

[4] См. главу 2.

ствляется государство. В то же время она ставит в невыгодное положение тех граждан, которые не являются членами привилегированного национального сообщества» [Gavison 2003: 74–75]. Авторитетные ученые, чьи взгляды отражают официальный консенсус и помогают ему формироваться, Амнон Рубинштейн и Шломо Авинери, а также ряд судей Верховного суда Израиля, поддерживают эту излюбленную народную интерпретацию всеобщего права на самоопределение, выраженное Рут Гэвисон, еще одним видным ученым, в приведенной выше цитате[5]. Это толкование имеет значение главным образом для взаимоотношений между евреями и арабами в Израиле.

Постсионисты, отвергающие сионизм, — это современные еврейские интеллигенты, в основном израильтяне, но также и некоторые американцы. Большинство из них отказываются принимать сионистский нарратив в целом и не признают воз-

---

[5] Амнон Рубинштейн — известный израильский юрист по конституционному праву, первый декан Тель-Авивской юридической школы в конце 1960-х годов, министр образования в 1990-х годах и главный автор передовиц, формирующий общественное мнение в газете «Гаарец», главным образом в 1960-х и 1970-х годах. Шломо Авинери — бывший декан факультета социальных наук Еврейского университета и бывший генеральный директор Министерства иностранных дел Израиля. Рут Гэвисон, профессор права Еврейского университета, член многих общественных комитетов (например, Комитета Шамгара по назначению генерального прокурора и Комиссии Винограда по расследованию Ливанской войны 2006 года). Все трое в прошлом — лауреаты Премии Израиля. Главными судьями Верховного суда Израиля, которые в своих судебных решениях прямо утверждали или поддерживали иерархическую интерпретацию сионизма, являются Михаэль Чешин и Менахем Илон (Илон также был кандидатом на пост президента Израиля). Вот несколько иллюстративных цитат. Илон: «Принцип равенства в гражданских правах и обязанностях не меняет того факта, что Государство Израиль является государством еврейского народа и только еврейского народа». ЕА 2/88 «Бен Шалом против Израильской центральной избирательной комиссии» 43(4) ПД 221, 272 (1998). Чешин: «Коллективное право арабской общественности — как группы меньшинств — сохранять и развивать свою национальную и культурную идентичность при содействии государственных органов не признается израильским законодательством». HCJ 4112/99 «Адалах против Израильского муниципалитета Тель-Авива-Яффо» 56(5) PD 393, 459 [1999]. Подробное обсуждение иерархической концепции самоопределения приведено в разделе 3.3.

можности того, что его можно истолковать иначе, чем в двух основных интерпретациях. Некоторые из них полностью отрицают любую возможность придания государственности еврейскому коллективу, и все они отказывают ему в праве на национальное самоопределение на Земле Израиля. Некоторые постсионисты, находясь под влиянием гражданского национализма и либерализма, не различающего цвета, предлагают заменить самоопределение евреев в Израиле самоопределением израильской гражданской нации, которая включила бы в себя евреев, арабов и любые другие группы или отдельных лиц, проживающих в Израиле/Палестине[6] [Evron 1995: 242–243; Sand 2008: 293–294; Ram 2006: 153–202; Kymlicka 2001a: 42].

Другие постсионисты, вдохновленные постколониальными мыслителями, предлагают установить в Израиле мультикультурный режим, в рамках которого права отдельных групп предоставляются главным образом в качестве компенсации восточным евреям и палестинцам, пострадавшим от рук сионистского движения [Yonah, Shenhav 2005: 175; Spivak 1988; Bhabha 1994]. Третья группа постсионистов, в основном американские евреи-интеллектуалы, утверждают, что еврейские общины и отдельные лица как в Израиле, так и за его пределами должны рассматривать себя как общины в рамках диаспоры. Они объясняют свою позицию в основном внутриеврейскими соображениями и опираются главным образом на древних и современных еврейских мудрецов. Теоретические основы этих постсионистских позиций подразумевают отказ от реализации еврейского национализма на Земле Израиля[7].

---

6   Я использую в тексте понятие «либерализм без дальтонизма» для обозначения того вида либерализма, согласно которому государства должны поддерживать только те индивидуальные и политические права граждан, что защищены во всех либеральных демократиях. Он противоречит «культуралистскому либерализму», согласно которому государства «должны также принимать различные права или политику, касающиеся конкретных групп, которые направлены на признание и учет самобытности и потребностей этнокультурных групп».

7   Основными сторонниками этой точки зрения являются Джудит Батлер, братья Даниэль и Джонатан Боярин и Амнон Раз-Кракоцкин. Батлер отстаивает свои взгляды, главным образом анализируя современных еврейских

Как и иерархическая интерпретация сионизма, предлагаемая мной альтернативная интерпретация, эгалитарная, в основном основана на праве этнокультурных групп на национальное самоопределение на своей родине. Однако я утверждаю, что это право должно осуществляться государствами в равной степени для всех этнокультурных групп, живущих под их властью, на своей родине. Преимущества, предоставляемые одним национальным группам за счет других национальных групп в странах, расположенных на общей территории, должны основываться только на стремлении к достижению равенства, с учетом таких различий, как численность населения, составляющего группы, или их потребности. Предположение о том, что концепция самоопределения означает иерархию между национальными группами, исключено.

Здесь я должен подчеркнуть, что три интерпретации сионизма — собственническая, иерархическая и эгалитарная — представляют собой три идеальных типа сионистской политической идеи, ее историографические основания и историю. За некоторыми исключениями, описанными ниже, я не претендую на то, чтобы утверждать, что эти интерпретации воплотились отдельно в чистом виде в реальной истории сионизма. В этой работе я провожу различие между ними, анализируя заявления, декларации, письменные работы, решения и действия самопровозглашенных сионистских личностей и учреждений на фоне исторического контекста, в котором они действовали. Исходя из этого, я показываю, что эти три интерпретации могут служить плодотворными категориями для проведения важных различий в отношении фактических и моральных компонентов сионистского нарратива. Можно сказать, что последователи Меира Кахане, подполье «Лехи» и «Гуш эмуним» представляют собой чистые формы эссенциалистского собственнического сионизма[8]. Госу-

---

мыслителей, таких как Левинас, Арендт и Беньямин. Даниэль Боярин использует свой опыт изучения Талмуда. Подробное обсуждение их позиций приведено в разделе 4.5.

[8] Меир Кахане, американо-израильский раввин и политик, лидер партии «Ках», которая придерживалась мнения, что арабы на Земле Израиля не имеют коллективных прав и, более того, что они даже не должны иметь

дарство Израиль, с 1977 года находящееся под властью правых правительств, можно рассматривать как почти чистую реализацию этой формы сионизма. Некоторые утверждения и труды ученых и судей Верховного суда, которых я называю «иерархическими сионистами», можно привести в пример чистого иерархического сионизма. Эта книга и ее предшественница «Справедливый сионизм: о морали еврейского государства» излагают постулаты эгалитарного сионизма. Но большинство из тех, кто говорил и действовал от имени сионизма с момента его основания, включая сионистские политические партии, не отстаивали и не осуществляли в чистом виде ни один из трех типов сионизма, которые лежат в основе обсуждения данного произведения[9].

права проживать там как частные лица. Призывал к их выдворению с территории Земли Израиля. О его взглядах можно прочесть в статье Равицкого «Корни каханизма» [Ravitzky 1986]. «Лехи» (в переводе с иврита слово означает «Борцы за свободу израильского народа») — подпольное движение боевиков, основанное в подмандатной Палестине с целью насильственного изгнания британских властей. Один из так называемых восемнадцати принципов возрождения Лехи гласит, что «народ Израиля является единственным законным владельцем Земли Исраэль. Это право является абсолютным: оно не утратило силу и никогда не может утратить силу» [Shimoni 1995: 370]. Гуш Эмуним, израильское мессианское активистское авангардное движение, созданное после войны Судного дня 1973 года, положившее начало израильскому проекту создания поселений в районах, оккупированных Израилем после Шестидневной войны. Они призывали к «немедленному осуществлению еврейского суверенитета над всеми частями Земли Израиля, которые мы удерживаем, включая Иудею и Самарию, Голанские высоты в их нынешних границах, сектор Газа и значительную часть Синайской пустыни. Проект должен осуществляться при одновременном формировании четкого национального сознания, которое рассматривает все районы Земли Израиля как единую неразделимую страну» [Naor 2001: 286].

[9] Я полагаю, что это, безусловно, верно в отношении не только сионистских лидеров и активистов, но и рядовых членов движения. Я писал выше, что в этой и моей предыдущей книге изложен чисто эгалитарный сионистский подход. Но это не означает, что я всегда был эгалитарным сионистом. Эти книги — результат многолетних размышлений над затронутыми проблемами. До этого я тоже стоял одной ногой в иерархическом, а другой — в собственническом сионизме. Во время Шестидневной войны, в возрасте 19 лет, я был солдатом батальона Иерусалимской бригады, участвовал в боях за пост Организации Объединенных Наций на израильско-иорданской границе в южной

Сами того не осознавая, многие из этих действующих лиц колеблются между этими тремя категориями и выражают все три из них, иногда в одном и том же документе.

Провозглашение независимости Израиля, как я доказываю далее, является наиболее ярким примером подобной смеси собственнических, иерархических и эгалитарных идей. Некоторые сионистские мыслители и лидеры отдали явное предпочтение одной из трех интерпретаций, в то же время периодически склоняясь к другим. Я надеюсь, что мой анализ трех подходов окажется полезным и поучительным для историков, занимающихся пересмотром классической сионистской мысли и действий, и все же я изложил его в этой книге прежде всего в попытке направить политическое мышление заинтересованных людей на моральные и практические вопросы, касающиеся их преданности сионизму и, в частности, государству Израиль.

Одной из целей представленного здесь анализа является сравнение эгалитарной интерпретации сионизма с другими с целью прояснить различные преимущества эгалитарной интерпретации. Вторая цель этой книги — объяснить моральные и социальные онтологии, лежащие в основе различных интерпретаций сионистского нарратива, их значение для сионистской историографии и для сионизма как политической идеи. Третья цель состоит в том, чтобы обсудить последствия этих интерпретаций для отношений между израильскими евреями и мировым еврейством. Теория, вытекающая из этих сравнений и интерпретаций, представляет собой либеральную политическую теорию еврейского народа как в Израиле, так и за его пределами.

Эта политическая теория касается еврейского народа в целом, поскольку затрагивает политический и гражданский статус не только евреев в Израиле, но и евреев во всем мире. Это либераль-

---

части Иерусалима. Сразу после демобилизации я отправился посетить Храмовую гору. Когда охранник-исламист попытался помешать мне войти, я устроил скандал, утверждая, что он не имеет права меня не впустить. Храмовая гора, сказал я ему, не принадлежит арабам. Она принадлежит нам, евреям. Сионистское образование, которое я получил, научило меня так думать. Таким образом, я не могу утверждать, что всегда был эгалитарным сионистом.

ная теория, потому что, помимо прочего, она рассматривает соответствующие политические и правовые механизмы, которые позволят людям, воспринимающим свое еврейство с точки зрения государственности, а не просто религии или этнической принадлежности, реализовать эту интерпретацию и полноценно жить в избранном ракурсе.

Важно разъяснить значение последнего пункта: эгалитарный сионизм, предлагаемый в этой книге, направлен на то, чтобы обеспечить прочную основу права отдельных евреев считать себя членами нации и реализовывать эту интерпретацию. В нем спрашивается, какие политические и правовые механизмы необходимы для реализации этого права, и какие моральные ограничения нужно наложить на них. Моя цель состоит не в том, чтобы защищать сионизм как «теорию блага» для евреев или как единственный приемлемый пожизненный выбор для всех евреев, или пусть для каждого израильского еврея. В философских терминах, эта книга является производной от «теории права», а не от «теории блага». В книге утверждается, что справедливость требует создания политических и правовых условий во всем мире и в Израиле, которые позволили бы реализовать право евреев на государственность. Здесь рассказывается о том, что можно сделать справедливо, политически и конституционно, чтобы эти условия и это право восторжествовали.

Однако рассматриваемое право, как и прочие, является одним из тех, на которые люди могут справедливо не ссылаться. С точки зрения этой книги люди, которые родились или выросли евреями, не обязаны придавать этому факту первостепенное значение, и наоборот: люди, которые придают ему первостепенное значение, не должны интерпретировать свое еврейство с точки зрения принадлежности к нации.

В этом смысле, как и во многих других, которые я разъясняю ниже, сионизм, отстаиваемый в этой книге, занимает промежуточное положение между эссенциалистским собственническим сионизмом и постсионизмом. Я покажу, что собственнический сионизм стоит на том, что евреи обязаны придавать центральное значение своему еврейству и интерпретировать его в терминах государственности. Постсионисты выступают не только против этого утверждения, но и против самого существования политических и правовых механизмов, которые позволяют евреям реализовать национальную интерпретацию своей еврейской идентичности. Эгалитарный сионизм — это применение общей теории этнокультурного национализма, согласно которой члены этнонациональных групп по самой своей природе не обязаны выбирать членство в своих группах, и их не следует принуждать к этому социальным или правовым порядком. Все, что необходимо сделать, — это поддерживать политические и правовые условия, позволяющие им жить в своих группах на равных с представителями других этнокультурных групп. Аналогичным образом, им должно быть разрешено покидать свои группы, либо становиться космополитами, либо стремиться присоединиться к какой-либо другой национальной группе.

Государство Израиль, согласно этой книге, основали специально для того, чтобы создать эти политические, социальные и правовые условия для евреев, и одной из главных целей создания Израиля является поддержание этих условий (при ограничении прав человека и равенства). Постсионисты отвергают оправданность создания Израиля и его дальнейшего существования ради этих целей. Сионисты-собственники верят в них и утверждают, что Израиль был правомерно основан для достижения гораздо более амбициозных целей.

1.2. Постсионистские проблемы

Как упоминалось выше, дискуссия о справедливости сионизма представляет собой участие в диалоге между постсионистскими сторонниками сионизма и современным господствующим сионизмом в рамках двух его основных концепций: собственнической и иерархической[10]. Постсионисты, отвергающие сионизм,

---

[10] Как упоминалось в примечании 3, в израильском политическом и академическом дискурсе не все, кого называют «постсионистами», на самом деле отвергают весь сионистский нарратив. В научной литературе по постсио-

делают это либо (1) оспаривая основные положения сионистской версии досионистской истории евреев (например, идею о том, что евреев можно рассматривать как единый коллектив или нацию); либо (2) противореча концепции сионизма о его собствен-

---

низму даже проводится различие между постсионистскими авторами, которые проповедуют сионизм, и теми, кто его отвергает. См. [Gorny 2003: 457–459; Bar-On 1996: 476; Lustick 2003: 98], они называют позитивных постсионистов «патриотическими постсионистами». Однако, на мой взгляд, отнесение нынешних еврейских интеллектуалов-антисионистов и тех, кого в настоящее время называют «позитивными постсионистами», к одной категории вводит в заблуждение как с теоретической, так и с практической точки зрения. Проще говоря, быть постсионистом означает поддерживать позицию, согласно которой Израиль и евреи теперь должны выйти за рамки сионизма. Поскольку сионизм — это политическая идея, которая определила государство Израиль, быть постсионистом означает верить в то, что Израиль должен отказаться от сионизма как своей основополагающей идеи, очевидно, потому, что новые идеи предполагают, что сионистская идеология не должна была приниматься с самого начала, или из-за более поздних обстоятельств, которые предполагают, что сионистскую идеологию нельзя было принимать с самого начала или что их идея больше не актуальна. Тем не менее, как говорит нам Мордехай Бар-Он, любой, кого называют позитивным постсионистом, «не хотел бы отменять нынешнее положение дел, то есть тот факт, что Израиль в настоящее время представляет собой страну, в которой еврейское большинство — это доминирующая группа, поддерживающая особые связи с еврейским прошлым и евреями, присутствующими во всех диаспорах» [Bar-On 1996: 476]. Интересно, что делает этот подход постсионистским? С первых дней существования сионизма видные сионисты занимали гораздо более скромные позиции, чем те, которые поддерживали тех, кого в настоящее время называют «позитивными постсионистами». Например, Йосеф Спринзак, первый спикер кнессета (израильского парламента), и даже Хаим Вейцман, первый президент Израиля и один из самых выдающихся лидеров сионизма в годы его становления до создания государства, не всегда поддерживали (идею) еврейского большинства. Если называть «постсионистами» людей, которых Бар-Он и другие ученые, такие как Йосеф Горный и Ян Люстик, классифицируют как позитивных постсионистов только потому, что они критически относятся к различным аспектам сионизма и его реализации государством Израиль, то, по сути, это означает, что единственными законными интерпретациями сионизма являются современные общепринятые интерпретации, и любая версия сионистской идеи, которая отклоняется от этих интерпретаций, на самом деле не является сионизмом. Более того, любая критика практики нынешнего господствующего сионизма, по сути, является рекомендацией или призывом отказаться

ной истории, в которой он отвергает или маргинализирует ее как историю национального возрождения и рассматривает заселение евреями Палестины с момента зарождения сионизма главным образом с точки зрения колониализма; либо (3) отвергая оправданность цели, общего знаменателя различных версий сионизма, заключающейся в создании национальной родины для евреев на Земле Израиля[11].

от сионизма. Это также удержало бы тех людей, которые принимают сионистскую идеологию, от того, чтобы внимательно прислушиваться к критике политики, с помощью которой сионизм фактически реализуется. Для того чтобы термин «постсионизм» имел ясное и внятное значение, не изобилующее противоречиями, он должен применяться только к противникам сионизма или, по крайней мере, его дальнейшей реализации. Однако поскольку это не является общепринятой практикой, я должен пояснить, что постсионисты, с которыми я веду полемику в этой книге, — это только те, кто отвергает сионизм, а не те, кто его поддерживает. Основную группу среди тех, кого на самом деле относят к постсионистам в рамках израильского дискурса, представители которого первыми начали постсионистскую полемику в Израиле в конце 1980-х годов, обычно называют «Новыми историками». Эти ученые создают отчет о причинах и ходе израильской Войны за независимость 1948 года, а также об отношении и действиях сионистского руководства того времени к событиям холокоста, который отличается от отчетов, представленных сионистским истеблишментом. Однако, по крайней мере в своих трудах о Войне за независимость и взглядах и действиях сионистского руководства во время холокоста, эти так называемые новые историки не рассматривают сионистский нарратив о досионистской истории евреев, а также вопросы еврейской государственности и обоснованности установления ее самоопределения в исторической Палестине. Поэтому, несмотря на то что «новые историки» обычно считаются видными представителями постсионистского лагеря, я не включил их в категорию постсионистских ученых, с которыми я веду полемику в книге.

[11] Боас Эврон, Шломо Занд и Ури Рам написали книги, основной целью которых является оспаривание единства, преемственности и государственности еврейского коллектива, которые характеризуют сионистский нарратив [Evron 1995; Sand 2008; Ram 2006]. В этих книгах Эврон, Занд и Рам также ставят под сомнение моральность цели, которая служит общим знаменателем для всех версий сионизма: самоопределения евреев на Земле Израиля. Подробнее об этом читайте в разделе 4.1. Йосси Йонах и Иегуда Шенхав, как в своей книге в соавторстве (Йона и Шенхав, «Что такое мультикультурализм?» [Yonah, Shenhav 2005]), так и в своих по отдельности опубликованных работах (Йона, «Во имя разницы»; Шенхав, «Арабские евреи»), соглашались

Сионистский нарратив — это история коллективной идентичности большинства евреев в Израиле и евреев, живущих за пределами Израиля по всему миру. Постсионистские авторы призывают евреев в Израиле и других странах, верящих в сионистский нарратив, отказаться от жизни в соответствии с этим нарративом, который, в свою очередь, должен перестать выражать их коллективную идентичность и быть определяющим компонентом их политической и правовой реальности. Евреи должны стремиться к другой коллективной идентичности: либо как граждане определенной страны, либо как принадлежащие к еврейской диаспоре, причем где бы они ни жили, включая Израиль.

Призывы к евреям в Израиле и во всем мире отказаться от своей национальной идентичности не новы. Они начались с ханаанского движения в 1930-х годах; в конце 1940-х и начале 1950-х годов их повторили Гилель Кук и Еврейский комитет национального освобождения. И сегодня это мнение не перестает высказываться в Израиле учеными и общественными активистами, которые пишут книги, создают ассоциации и обращаются с этой целью в Верховный суд Израиля[12]. Разница между этими призы-

---

с большей частью критики, высказанной Рамом в отношении единства, преемственности и государственности еврейского коллектива. Этот подход составляет основу их критики сионистского Израиля, а также влечет за собой отказ от главной цели сионизма. Джудит Батлер, Даниэль и Джонатан Боярин, хотя и не оспаривают единство и преемственность еврейского коллектива, а также концептуальную возможность его националистического выстраивания, считают, что осознание сионизма неизбежно привело и будет продолжать приводить евреев к несправедливым действиям и зверствам, и поэтому это необходимо прекратить. Йоав Пелед и Гершон Шафир, анализируя историю сионизма, подчеркивают его колониальные аспекты, принижая национальные [Shafir, Peled 2005]. Таким образом, всех этих авторов можно считать постсионистами, отвергающими сионизм. Подробное обсуждение приведено в главе 4 моей книги.

[12] Ханаанское движение было вдохновлено романтической идеей возрождения древней еврейской культуры; оно стремилось сформировать гражданскую нацию, которая объединила бы всех жителей Земли Израиля. Гилель Кук, лидер Еврейского комитета национального освобождения, был сионистом-ревизионистом, выступавшим за создание еврейской республики на Земле Израиль и предлагавшим нееврейским жителям Палестины возможность

вами заменить еврейский национализм всеизраильской нацией и постсионистскими призывами заключается в том, что последние используют гораздо более грубые и язвительные аргументы. Их предшественники утверждали, что, если воспринимать Израиль как государство, принадлежащее всему еврейскому сообществу, это возымеет несправедливые последствия. Они подкрепляют свои утверждения указанием на определенный тип внутренней логики самого сионизма (традиционное стремление сионистов к нормализации еврейского народа), которая требует израэлизации или даже ханаанизации израильского иудаизма (наряду с ассимиляцией евреев, которые предпочитают жить за пределами Израиля среди других народов)[13]. Они не утверждали, что сионизм не был оправдан с самого начала. Многие постсионисты, отвергающие сионизм, рассуждают иначе. Они действительно согласны со своими предшественниками в том, что Израилю следует принять всеобъемлющий израильский национализм, а не еврейский национализм во избежание несправедливых последствий обретения Израилем статуса собственности всех евреев. Однако другой мотив их отщепления от сионизма заключается не в том, что собственная внутренняя логика сионизма, доведенная до крайности, требует такого перехода, а скорее в том, что некоторые базовые компоненты сионистской концепции еврейской идентичности и историографии беспочвенны и даже ошибочны. По мнению ведущих представителей постсионизма, предположение сионистов о том, что евреи могут составлять единую общность и одну нацию, необоснованно. Другими сло-

---

при желании присоединиться к ней и таким образом самим стать евреями. См. далее в: Авнери, «Война или мир в семитском мире» [Avnery 1947]; Агасси, «Либеральный национализм для Израиля» [Agassi 1999]; Берент, «Нация, подобная другим нациям» [Berent 2009]; Верховный Суд, дело 11286/03 Узи Орнан и другие против министра внутренних дел (20 сентября 2004 года), Юридическая база данных Nevo (по подписке) (Isr.); CA 8573/08 Узи Орнан против Министерства внутренних дел (6 октября 2013 года), Правовая база данных Nevo (по подписке) (Isr.).

[13] О самом недавнем выражении этой точки зрения читайте в книге Берента [Berent 2009: 143–197], который также рассматривает историю этой позиции в контексте сионизма и перечисляет ее прежних сторонников.

вами, по их мнению, не собственная внутренняя логика сионизма, а скорее полное отсутствие оной влечет за собой отход от сионизма[14].

Для большинства евреев в Израиле и для многих евреев во всем мире призыв отказаться от своей коллективной этнонациональной еврейской идентичности звучит абсолютно неприемлемо и оскорбительно. По сути, от них требуют отбросить или заменить фундаментальные аспекты собственной идентичности, которые оказывают глубокое влияние на жизнь, личность, ценности, а иногда даже на восприятие реальности. С точки зрения евреев

---

[14] Нынешних постсионистских противников сионизма, обсуждаемых в этой книге, также следует отличать от еврейских антисионистов, особенно от тех, кто выступал против сионизма с самого его зарождения. Есть две причины, по которым такое различие важно. Первая заключается в том, что значительная часть современного антисионизма носит академический характер и берет свое начало в интеллектуальной моде и серьезных исследованиях, проводимых с 1970-х годов. Его приверженцы основываются на постмодернистских и постколониальных исследованиях, а также на работах современных исследователей национализма, таких как Эрнест Геллнер, Бенедикт Андерсон и Эрик Хобсбаум. (Обзор интеллектуальных движений, которые спровоцировали нынешнее постсионистское неприятие сионизма, см. в книге [Ram 2006: 174–185].) Очевидно, что оппозиция сионизму с момента своего зарождения в конце XIX века и до 1980-х годов не могла вдохновляться источниками, которые появились только в 1980-х годах. Более того, ранняя еврейская оппозиция сионизму возникла главным образом не в интеллектуальных и научных кругах, а среди евреев, чьи ценности и интересы (либо религиозные, либо общечеловеческие ценности эпохи Просвещения) побуждали их искать иные пути, чем те, что предлагал сионизм для решения проблем, с которыми тогда сталкивались евреи (например, преследования и угроза их коллективному существованию). Кроме того, следует отметить, что к лучшему это или к худшему, но любые аргументы, приводимые для опровержения сионистской идеологии сегодня, принимая во внимание ее достижения, а также совершенные ею ошибки, должны в корне отличаться от любых возражений против сионистской идеологии, выдвинутых ранее. То, что произошло с момента зарождения сионизма, действительно подкрепляет некоторые аргументы, выдвинутые в то время его сторонниками, хотя некоторые из произошедших с тех пор событий также ослабляют иные из них. Несомненно, аргументы против реальности, которые стремился обосновать сионизм и которые к сегодняшнему дню обоснованы, должны отличаться от аргументов против сионистских устремлений, выдвинутых до того, как последние были реализованы.

в Израиле и во всем мире, подобное требование, по сути, заключается в том, чтобы перестать быть теми, кто они есть, изменить свою идентичность, ибо та «ложная» или «извращенная».

Предельно понятно, что такие требования крайне проблематичны. Обратите внимание на следующие примеры: на протяжении истории людей неоднократно призывали перейти в другую религию, отказаться от своих первоначальных убеждений, утверждая, что их вера не является истинной, создавали правовую, социальную и политическую среду, которая не позволяла верующим исповедовать свою религию; аналогичным образом от гомосексуалистов требовали отказа от своей сексуальной ориентации и перехода в гетеросексуализм, поскольку считалось, что быть геем — извращение, что подкреплялось созданием правовой и социальной среды, не позволяющей людям реализовать свою сексуальную ориентацию.

И все же, хотя требования о смене идентичности или создание среды, не позволяющей людям осознать свою идентичность, кажутся в высшей степени несправедливыми, это не означает, что такие требования никогда не бывают оправданными. Опять же, за примерами не нужно далеко ходить: от некоторых европейцев и американцев, чья идентичность подчеркивает превосходство белой расы, или от некоторых мужчин (и женщин), чья идентичность основана на превосходстве мужчины над женщиной, оправданно требовать пересмотра своей идентичности. По крайней мере, оправданно создавать правовую, социальную и политическую среду, которая не допускает реализации этих специфических и неприемлемых убеждений. Допустить их реализацию означает принять политические реалии, которые по своей сути несправедливы и репрессивны. Такие реалии наносят очевидный ущерб людям, находящимся в социальной и политической близости к сторонникам превосходства белой расы или сексистам. Если такая идентичность ложная или вымышленная, тем более оправданно не поддерживать политическую среду, в которой она может процветать.

Таким образом, вопрос о том, оправдано ли требование постсионизма к большинству евреев Израиля и большинству евреев диаспоры изменить свою идентичность, зависит от двух других факторов, а именно от того, является ли правовая, социальная и политическая среда, позволяющая реализовать сионистскую интерпретацию еврейской истории, по своей сути репрессивной и несправедливой, и действительно ли идеи о сионистской идентичности исторически ложны. Постсионисты, отвергающие сионизм, отвечают утвердительно по крайней мере на один из этих вопросов, и все же им не удается обосновать свои претензии. Бóльшая часть доказательств, приводимых в поддержку их утверждений, не являются аргументом; а если и являются, то обычно не приводят к тем выводам, которые постсионисты стремятся сделать. Я утверждаю, что соображения, которые выдвигают постсионисты, дают веские основания для неприятия собственнической и иерархической версий сионизма, но они ни в малейшей степени не убедительны в отношении неприятия самого сионизма. Согласно собственнической и эссенциалистской интерпретации сионизма, их идеи действительно ложные и репрессивные.

На мой взгляд, версия еврейской идентичности, к которой они подводят, действительно недостойна воплощения в жизнь, ее нельзя допускать к реализации. Я утверждаю, что, пусть иерархическая интерпретация сионистского нарратива менее разрушительна, чем собственническая, она тем не менее несправедлива. Однако все это не относится к эгалитарной интерпретации сионистского нарратива, которая не превращает этот нарратив в ложный и не побуждает его сторонников вершить грубую и непрекращающуюся несправедливость. Таким образом, полный отказ постсионистских ученых от сионистского нарратива и среды, способствующей его реализации, во многих отношениях такой же репрессивный и несправедливый, как и многие сионистские политики, проводимые собственническими и иерархическими разновидностями сионизма.

По мнению многих постсионистских противников сионизма (в основном израильтян среди них), сионистский нарратив содержит три фундаментальных ложных утверждения, которые подразделяются на: *онтолого-эпистемологическое, концептуальное* и *историографическое*.

Онтологически-эпистемологическое ложное утверждение: в сионистском нарративе евреи рассматриваются как единый коллектив, сущность и цели которого не зависят от реальной реализации его представителей в мире. Согласно сионистскому нарративу, евреи — это нация, конечной целью которой является возвращение на свою историческую родину. Этот еврейский коллектив существовал с незапамятных времен, а сионистское движение просто пробудило его от глубокого сна и позволило ему реализовать свою конечную националистическую цель. Однако постсионисты утверждают, что евреи составляют множество коллективов, а не один, что евреев объединяет вовсе не национальность, что еврейскую государственность изобрели и выковали сионисты, которые продолжают вводить в заблуждение массы евреев, заставляя считать себя членами одной нации. Используя терминологию постсионистских авторов, я называю описанное ложное утверждение, приписываемое сионизму, онтолого-эпистемологическим.

Концептуальное ложное утверждение: как утверждают постсионисты, нация, которая существовала с древних времен в силу своей метафизической сущности, вовсе не выступает главным героем сионистского нарратива о еврейской истории. Не является она им и в силу ее конкретных исторических проявлений. Видные представители постсионизма утверждают, что еврейский коллектив не является нацией или народом вообще, ибо у него отсутствуют основные характеристики групп, называемых нациями. Таким образом, они разделяют точку зрения, выраженную многими ранними антисионистами. Нации — это группы, члены которых разделяют культуру, то есть единый язык и образ жизни, охватывающий многие повседневные аспекты, общую территорию и общую историю. Сегодняшнее мировое еврейство не обладает ни одной из этих характеристик и, следовательно, не является нацией. Я называю это ложное утверждение концептуальным.

Историографическое ложное утверждение: третье утверждение, присущее сионистскому нарративу, относится к историографии, а именно к фактическим деталям нарратива. По мнению постсионистов, чтобы поддержать историческую преемственность между еврейской общностью, жившей на Земле Израиля в древние времена, и евреями, жившими в мире в предшествующие сионизму века, сионистская историография выдвигала утверждения или допущения, которые невозможно подтвердить эмпирическими данными. Например, она утверждала, что римляне изгнали евреев со своих земель или что с тех пор евреи неустанно стремились вернуться домой. Точно так же сионистская историография преуменьшала или даже игнорировала многие важнейшие факты о сложной, богатой и разнообразной жизни евреев за пределами Земли Израиля со времен Античности.

По мнению постсионистских авторов, сионистский нарратив приводит к совершению вопиющих несправедливостей, которые можно условно разделить на четыре основные категории.

Первая и самая главная несправедливость касается палестинцев. Сионизм либо отрицал присутствие коренных арабов в Палестине, либо игнорировал их права. Представители сионизма всегда относились к ним как к низшей по сравнению с евреями расе и продолжают это делать. Арабы, живущие в пределах Государства Израиль или на оккупированных Израилем территориях, подвергаются угнетению со стороны Израиля [Ram 2006: 153–202; Sand 2009: 307–308]. Более того, сионистское движение осознанно проводит эту политику: она скорее есть следствие целей этого движения, возможно точно так же, как постоянное угнетение цветных есть неотъемлемая часть идентичности сторонников превосходства белой расы, и точно так же, как постоянное угнетение женщин есть базовый компонент патриархальных и сексистских взглядов, предоставляющих мужчинам более высокое социальное положение, чем женщинам.

Вторая несправедливость заключается в том, что сионизм притеснял определенные еврейские общины на территории Израиля, особенно восточных, неевропейских евреев или восточноевропейские культуры идиш. Эта дискриминация продолжается и сегодня под знаменем еврейско-израильской идентичности, призванной олицетворять продолжение библейской еврейской идентичности и, следовательно, направленной на искоренение идентичностей, сформировавшихся в диаспорах. По приказу сионистского истеблишмента уничтожили определенные культурные традиции восточного еврейства, а члены этих групп подверглись дискриминации, что сказалось на их социальном и экономическом благосостоянии [Shenhav 2003; Yonah, Shenhav 2005; Shohat 2001][15].

В-третьих, начиная с 1990-х годов образовались два новых типа жертв сионистского нарратива. Первая группа состоит из нееврейских рабочих — мигрантов из Филиппин, Румынии, стран Африки и Южной Америки, которые начали прибывать в Израиль в начале 1990-х годов. Вторая — из сотен тысяч неевреев, которые также в 1990-х годах приехали в Израиль во время волны иммиграции из бывшего СССР. Не будучи евреями, представители второй группы имели право на получение израильского гражданства в соответствии с Законом о возвращении, поскольку доказали родственные связи с евреями (как супруги или дети евреев). Поскольку сионистский нарратив подчеркивает еврейский характер Государства Израиль, эти группы также подвергаются дискриминации на его территории [Sand 2009: 291; Kemp, Raijman 2008: 164–187; Kemp, Raijman 2001: 79–110].

В-четвертых, сионизм всегда отвергал еврейскую жизнь за пределами Земли Израиля (принятый в сионистском дискурсе и в дискурсе о сионизме термин «отрицание изгнания»). Эта идея лоббируется не только на уровне еврейской историографии через преуменьшение значения истории еврейской жизни за пределами Земли Израиля с древнейших времен до наших дней, но и через презрительное отношение к самому существованию и природе еврейской жизни за пределами Израиля. Игнорируя общины диаспор, пренебрежительно отзываясь о мигрировавших в Израиль, приверженцы сионизма до сих пор высокомерно принижают ценность общин, продолжающих проживать за пределами Израиля. Поскольку еврейские диаспоры, как правило, не зависят от Израиля в своих правах и образе жизни — скорее, как раз наоборот: сам Израиль в значительной степени за-

---

[15] Шенхав, Йонах и Шохат обсуждают притеснение только евреев-мизрахи. Они не упоминают притеснение восточноевропейской культуры идиш.

висит от таких общин, — этот вид дискриминации не возымел столь разрушительных результатов, как прочие. Тем не менее отношение к еврейской диаспоре можно охарактеризовать как совершенно неадекватное, авторитарное и высокомерное, периодически приводящее к нарушению свобод человека.

Я считаю, что из господствующей интерпретации сионистского нарратива необходимо удалить многие компоненты: те, что включают в себя часть исторического содержания нарратива, а также некоторые аспекты онтологического статуса еврейского коллектива, как он понимается господствующим сионизмом. Однако необходимый пересмотр в основном связан с выводами, которые делает господствующая интерпретация в отношении территориальных, институциональных, культурных и демографических аспектов еврейского самоуправления в Израиле. Не могу удержаться от употребления хорошо известной метафоры. В отличие от постсионистских авторов, я считаю, что дитя сионизма не нужно выплескивать вместе с грязной водой[16] метафизических, историографических, моральных, конституционных и юридических заблуждений, в которых господствующие версии сионизма искупали это дитя.

Во второй главе книги я подробно проанализирую три типа приписанных постсионистами сионистскому нарративу заблуждений, кратко изложенных выше. Эти ложные утверждения относятся к фундаментальным предпосылкам, лежащим в основе сионистского нарратива, представленного в начале этой книги, и к фактическим деталям сионистского нарратива.

В отличие от постсионистов, утверждающих, что критика нарратива оправдывает полный отказ от него, я утверждаю, что, при всей их критике, предположения и детали сионистского нарратива, касающиеся единства еврейского коллектива, его исторической преемственности с древних времен и его нацио-

---

[16] Аллюзия на не столь принятое в русской культуре английское выражение Don't throw the baby out with the bathwater!, уходящее корнями в иерархию принятия ванн в семьях. Первым в чане нагретой воды купался глава семьи, затем все остальные члены по убыванию старшинства. Последними, в самой грязной воде, купали младенцев. — *Прим. перев.*

нального характера, нужно просто истолковать несколько иначе, чем в официальной господствующей сионистской историографии. Интерпретация, которую я предлагаю, позволит скорее сохранить нарратив, чем отказаться от него.

Остальные главы посвящены главным образом каждому из двух нормативных компонентов сионистского нарратива, имеющих большое значение для политической теории еврейского народа: (а) статусу евреев в Палестине / на Земле Израиля в сравнении со статусом арабов; и (б) положению евреев в Палестине / на Земле Израиля в сравнении со статусом евреев, живущих в других странах мира. В третьей главе я покажу, как собственнические и иерархические интерпретации сионистского нарратива приводят к репрессиям и несправедливости по отношению к арабам, живущим в Палестине.

Я также доказываю, что эгалитарная интерпретация сионистского нарратива не приводит к угнетению и несправедливости по отношению к арабам. В главе 4 я опровергну полное отрицание сионизма постсионистами, их утверждение о том, что само создание еврейского государства на Земле Израиля и его дальнейшее существование неоправданны. В главе 5 раскрываются некоторые важные теоретические и практические преимущества эгалитарного сионизма перед его сионистскими и постсионистскими оппонентами, в дополнение к уже изложенным в предыдущих главах.

В главе 6 я объясню значение принципа «отрицания изгнания» в соответствии с собственнической и эссенциалистской версией сионизма. При этом я утверждаю, что эссенциалистский сионизм отвергает любое присутствие евреев за пределами Земли Израиля и настаивает, что все евреи должны проживать на Земле Израиля, чтобы считаться таковыми. Эта позиция влечет за собой принуждение евреев мигрировать в Израиль[17], и я иллю-

---

[17] Примером этого может служить отношение к российским евреям в 1990-х годах: тогда регулярно предпринимались попытки предотвратить их миграцию в другие страны и таким образом заставить их мигрировать в Израиль. Этот вопрос и некоторые дополнительные примеры довольно подробно рассматриваются в разделе 6.2 этой книги.

стрирую подобное насилие со стороны Государства Израиль реальными историческими примерами. Поскольку реальные возможности фактически принудить евреев мигрировать в Израиль выпадают нечасто, собственнический и эссенциалистский сионизм обычно ограничивается тем, что заставляет своих сторонников занимать высокомерную или даже презрительную позицию по отношению к евреям, живущим за пределами Земли Израиля[18].

В главе 6 я также объясняю влияние гражданской и постколониальной версий постсионизма на проблему взаимоотношений между еврейской общиной на Земле Израиля и еврейскими общинами, проживающими в других местах. В отличие от неодиаспорической версии постсионизма, утверждающей, что все еврейские общины (включая израильскую) должны рассматривать себя как диаспору или изгнанников, гражданская и постколониальная версии отрицают саму концептуальную возможность восприятия любой еврейской общины себя как изгнанников или диаспоры. Поздний постсионизм также подразумевает нежелательность этой концепции. Я утверждаю, что эти выводы дают основания для отказа от гражданской и постколониальной версий постсионизма (в дополнение к причинам, рассмотренным в главах 4 и 5). Я завершаю главу изложением позиций, вытекающих из эгалитарного сионизма в отношении взаимоотношений между еврейской общиной в Израиле и еврейскими общинами в других странах. Я утверждаю, что эгалитарный сионизм действительно предполагает отрицание изгнания, но значение этого отрицания сильно отличается от прописанного в собственническом сионизме, который утверждает, что в диаспорах евреев быть не должно.

В эгалитарном сионизме отрицание изгнания означает лишь то, что не все евреи живут в диаспоре. Таким образом, можно отрицать изгнание и в то же время подтверждать существование еврейской диаспоры. После объяснения того, как этот подход вытекает из эгалитарного сионизма, я описываю его правовые

---

[18] Примеры приведены в разделе 6.2.

и институциональные последствия, главным образом касающиеся вопросов израильского закона о возвращении и законов о гражданстве[19], предоставляющих всем евреям в мире право иммигрировать в Израиль и автоматически стать его гражданами.

1.3. Нарратив и его интерпретации

Различие между сионистским нарративом, с одной стороны, и его интерпретациями, с другой, лежит в основе методологии моего исследования. Включение определенных деталей в сам нарратив, а не в его интерпретацию, или наоборот, могло бы, по крайней мере частично, предопределить исход споров по вопросу о приемлемости такого нарратива. Рассмотрим формулировку следующего предложения, приведенного в начале книги: «Современная еврейская община, постепенно сформировавшаяся на Земле Израиля к концу XIX века, стремилась дать евреям возможность осуществлять самоуправление и жить полноценной жизнью в рамках общей еврейской культуры».

Давайте перепишем вышесказанное так: «Сионизм восстанавливал еврейскую нацию на Земле Израиля начиная с конца XIX века, для того чтобы *позволить евреям пользоваться суверенитетом и исключительным присутствием на Земле Израиля или ее части*». Если бы постсионисты по крайней мере 20 лет назад сформулировали нарратив таким образом, то добились бы немедленной победы и полного признания своей позиции. Все те, кто выступал против них, например Меир Кахане и Авигдор Либерман, правые еврейские экстремисты, призывавшие к переселению или изгнанию арабов из Израиля, и те превратились бы

---

[19] Закон о возвращении № 5710–1950 предоставляет каждому еврею право иммигрировать в Израиль из любой точки мира. В 1970 году в закон были внесены поправки, которые распространялись не только на евреев, но и на супругов евреев — неевреев, а также на детей или внуков евреев и их супругов. Закон о гражданстве № 5712–1952 позволяет тем, кто иммигрировал в Израиль в соответствии с Законом о возвращении, получать гражданство практически автоматически.

в постсионистов[20]. В 1993 году многие выступали против позиций Кахане и Либермана и, несомненно, не согласились бы с ролью антисионистов только из-за отказа поддержать этих двух экстремистов. Они, вероятно, признали бы, что Кахане и Либерман отстаивают лишь одну из многих интерпретаций сионизма, но не определяют основное значение движения. Следовательно, каждый, кто отвергает их отталкивающую интерпретацию, не обязательно является антисионистом. Напротив, таких людей можно даже считать бóльшими сионистами, чем иных, поскольку они хотят защитить сионизм от искажения экстремистскими интерпретациями. Считая это возражение обоснованным, я не включил в формулировку основной сионистской концепции интерпретации Кахане и Либермана. Однако я сделал гораздо больше: по-видимому, согласно сионистскому нарративу, приведенному в начале этой книги, не только более поздних активистов типа Кахане и Либермана, но и всех подписавших в 1948 году Декларацию независимости Израиля можно назвать интерпретаторами, никак не авторами сионистского нарратива.

Как сформулировано в начале книги, сионистский нарратив не разделяет цель, поставленную в Декларации о независимости Израиля: создание еврейского государства. Скорее, он говорит о еврейской нации на Земле Израиля, созданной для того, чтобы дать возможность еврейскому народу обрести самоуправление. Государство — это всего лишь один из способов реализации права группы на самоуправление. Аналогичным образом, в сионистской истории, рассказанной в начале этой главы, не упоминаются важные детали, относящиеся к еврейской истории, включенные в Декларацию, например то, что древний еврейский

---

[20] Авигдор Либерман, израильский политик правого толка, основатель и лидер партии «Исраэль Бейтену», в 2013–2015 годах министр иностранных дел Израиля, предложил в 2004 году израильско-палестинское соглашение, согласно которому районы на границе между Израилем и Западным берегом, населенные палестинцами, будут переданы будущему палестинскому государству, в то время как всем остальным израильским палестинцам будет разрешено остаться в Израиле, если они поклянутся в верности еврейскому государству.

народ «насильственно изгнали со своей земли» или что евреи «передавали каждому последующему поколению стремление восстановить свои древние корни на родине».

Многие сионисты вполне законно не назовут Кахане и Либермана авторами сионистского нарратива. Однако они настоятельно объявят таковыми Давида Бен-Гуриона («отца-основателя» и первого премьер-министра Израиля) и многих других лиц, подписавших Декларацию независимости Израиля. На самом деле, такое преждевременное распределение званий могли бы выдвинуть сами постсионисты против сионистского нарратива, определенного в начале этой книги. Читатель вполне может согласиться со всеми моими аргументами, приведенными против постсионизма, прочитав первые несколько страниц. Если это и произойдет, то отчасти, потому что я уже исключил Бен-Гуриона из группы авторов сионистского нарратива. Тогда читатель может заявить: «Вы выпустили стрелу и только потом очертили вокруг нее мишень». Здесь я, конечно, утверждаю обратное: если аргументы постсионистов хоть немного правдоподобны, то это потому, что они вчитались в ту часть сионистского нарратива, которая воплощена и озвучена Декларацией о независимости.

Как можно разрешить этот неоднозначный спор? В конце концов, мнение о том, что Декларация независимости Израиля отражает суть сионистского мировоззрения, вполне разумно. Декларацию подписали представители всего политического спектра еврейского *Ишува* (объединения еврейских жителей Палестины) до образования Государства Израиль, большинство из которых можно назвать образцовыми представителями сионизма на пике его продуктивности. Декларация независимости выражает сионистские позиции поколений, воспитанных в духе Декларации независимости, и позиции следующих за ними поколений. Другими словами, рассматриваемый документ не выражает сионистских позиций и взглядов меньшинства (например, позиции Кахане в 1980-х и 1990-х годах). Более того, Декларация является официальным объективно значимым в истории сионизма документом. Отвергая Декларацию независимости в качестве формулировки сионистского нарратива, каждый волен предложить собственную версию такового. Не было бы никакой возможности прийти к консенсусу относительно различия между тем, что заслуживает того, чтобы считаться частью самого нарратива, и тем, что является просто его интерпретацией.

Эти аргументы в пользу принятия Декларации независимости Израиля как сионистского нарратива, а не просто его интерпретации, действительно имеют смысл, но не могут считаться решающими. Сионистская идея и сионистское движение были задуманы и оформлены европейскими евреями в последние десятилетия XIX века, задолго до провозглашения независимости Израиля в 1948 году. В сионистское движение входило большое количество мыслителей и активистов. Ввиду позиций в отношении сионизма, которых они придерживались, нельзя считать, что они согласились со всем, что изложено в Декларации независимости. На ранних этапах общественной карьеры даже те, кто подписал саму Декларацию, включая Бен-Гуриона, не обязательно отождествляли себя со всеми заявлениями, сделанными в этом документе. Бен-Гурион, Жаботинский, Вейцман, не говоря уже об Ахад-Хааме[21] и официальных сионистских документах, предшествовавших Провозглашению независимости, например Базельской программе первого Сионистского конгресса 1897 года или Декларации Бальфура 1917 года — никто и нигде не призывал к созданию еврейского государства на Земле Израиля[22].

---

[21] Хаим Вейцман был ведущим государственным деятелем периода становления сионизма, позже избранным первым президентом Государства Израиль. Ахад Хаам — псевдоним эссеиста Ашера Гинзберга, одного из основателей сионизма. Он рассматривал его политические цели как инструмент культурного и духовного обновления еврейского народа. Касательно его представлений о духовном центре на Земле Израиля см. [Zipperstein 1993, ch. 3].

[22] Об относительно скромном характере требований сионистов относительно институционального характера еврейского самоопределения на Земле Израиля на протяжении всей истории сионизма, начиная с Базельской программы первого Сионистского конгресса 1897 года и заканчивая Декларацией Бальфура 1917 года, Британским мандатом от имени Лиги Наций 1923 года и вплоть до переговоров с Организацией Объединенных Наций относительно реализации плана раздела, принятого ее Генеральной Ассамблеей 29 ноября 1947 года, см. [Halpern 1969: 21–23]. Этот скромный подход сионизма

Сионизм — это одно из многих национальных движений, даже не единственное еврейское. На мой взгляд, формулировка его общей концепции должна отражать положения как общие для него и других националистических идеологий, так и отличные. Однако эта формулировка также должна отражать общий знаменатель, к которому пришли все мыслители и активисты с момента зарождения сионизма, считавшиеся сионистами на протяжении всей истории этой идеи и движения. Очевидно, что те, кто убежден в том, что евреев нельзя считать нацией, или те, кто считает, что самоуправление в рамках еврейской общественной культуры — это не то, к чему евреи должны стремиться, или что самоуправление необязательно должно осуществляться на Земле Израиля, отвергают основные идеи сионистского движения. Напротив, как исторически, так и аналитически кажется, что спор о том, должно ли еврейское самоуправление на Земле Израиля принять форму государства, является внутрисионистским спором, а не спором о самой сионистской идее. Во-первых, подобные споры возникают во многих национальных движениях, и нет причин, по которым сионизм должен от них отличаться. Во-вторых, что я и доказываю в своей книге, такие споры соответствуют внутренней логике националистических идеологий. Более того, обвинение каждого, кто не признавал, что целью сионизма является создание государства, в отказе от сионизма равносильно утверждению, что такие важные фигуры, как Бен-Гурион, Жаботинский и Вейцман, не были сионистами на ранних этапах своей карьеры, поскольку их версия сионизма в то время еще не включала в себя идеи еврейского государства. В этом смысле даже о самом активном сионистском движении до конца 1930-х годов нельзя было говорить как о сионистском, поскольку все они последовательно отвергали идею государственнической интерпретации самоопределения евреев в Палестине [Halpern 1969]. Кроме того, даже вопрос о насильственном изгнании

также отмечается в других исследованиях, например, в [Gorny 1993], где автор обсуждает планы Жаботинского, Бен-Гуриона и Вейцмана по созданию федерации; и в работе «Территориальный раздел» [Galnoor 1995].

древнего еврейского народа со своей земли, как утверждается в Декларации независимости Израиля, является предметом разногласий внутри самого сионизма, а не между сионизмом и его противниками. Утверждение о том, что лояльность человека к сионизму определяется его верой в то, что евреи были насильственно изгнаны с Земли Израиля римлянами после разрушения Второго Храма в 70 году н. э., означало бы, что такие историки-сионисты, как Анита Шапира и Исраэль Барталь, на самом деле не являются сионистами, поскольку они отрицают данное утверждение[23].

Еще один спорный вопрос, обсуждаемый сионистами и людьми, желающими ими считаться, и который Декларация независимости провозглашает как исторический факт, заключается в том, что евреи «в каждом последующем поколении стремились вернуться и утвердиться на своей древней родине». Опять же, утверждать, что любой, кто выступает против этого утверждения, на самом деле не является сионистом, равносильно утверждению, что такие люди, как высокоуважаемый автор А. Б. Иегошуа, которого основные сионисты Израиля и еврейской диаспоры считают выразителем сионизма, сионистами не являются. Ибо, по его словам, «[за годы своего изгнания] массы евреев расселились по всем землям Средиземноморского бассейна, за пределами Земли Израиля» [Yehoshua 1981: 36][24]. Более того, утверждения о том, что евреи, будучи изгнаны из своей страны, не переставали стремиться вновь закрепиться в ней, необходимо исключить из сионистского повествования не только как ложные, но и потому, что их не требуется для оправдания главной цели сионизма,

---

[23] В критической рецензии на книгу Занда «Изобретение еврейского народа» Анита Шапира пишет: «И снова Занд создает фантом — изгнание — и "доказывает", что его никогда не было, чего историки не отрицают» [Shapira 2009: 66]. См. также критику Занда Барталем, «Изобретение изобретения» [Bartal 2008].

[24] Абзац, из которого взято это предложение, выражает гораздо большее недовольство официальной позицией сионистов в отношении стремления евреев вернуться на Землю Израиля, чем это отражено в этом единственном процитированном предложении.

а именно, создания независимой еврейской национальной родины на Земле Израиля. Я более подробно остановлюсь на этом вопросе в главе 3.

Помимо всех этих соображений, следует иметь в виду, что мой спор с постсионизмом, с одной стороны, и с господствующим сионизмом — с другой, представляет собой не семантический спор о значении концепта «сионизм», а, скорее, моральный спор, касаемый конкретных этических и политических вопросов. Мой спор с постсионистами касается самого вопроса о том, заслуживают ли евреи жить и управлять своим государством в рамках еврейской культуры на Земле Израиля. Эта дискуссия также касается последствий, которые различные ответы на этот вопрос могли бы повлечь для жизни евреев и неевреев на Земле Израиля и для жизни евреев во всем мире. Мой спор с господствующим сионизмом касается демографических, территориальных и институциональных аспектов этого самоуправления, и, в свою очередь, эта дискуссия, конечно же, связана с обоснованиями стремления сионистов к еврейскому самоуправлению на Земле Израиля. Эти два спора, очевидно, основаны на трактовках природы еврейского существования, идентичности и истории. Не остается сомнений в важности описательно-фактологических аспектов сионистского нарратива о еврейской истории и того, как следует восполнять в нем фактические пробелы (в отличие от моральных), — это вопрос, который я рассмотрю в главе 2.

Глава 2
Факты сионистского нарратива

2.1. Кому посвящен нарратив?

Как упоминалось в главе 1, многие постсионисты, отвергающие сионизм, отрицают не только исторические детали, его составляющие, но и предположения, лежащие в его основе. Они отрицают, что у сионистского нарратива есть только один главный герой, а именно, единый еврейский народ. Они утверждают, что евреи составляют множество народностей, отвергают утверждение сионистов о том, что этот основной народ присутствует в мире с древнейших времен, и еще более решительно отрицают, что главный герой нарратива — нация. Постсионисты убеждены, что многие детали, включенные в нарратив, не верны или не единственно верны. Более того, нарратив в целом, безусловно, не содержит всей правды. Другими словами, отношение постсионистских авторов к сионистскому нарративу заключается в том, что (а) перед нами история о несуществующем главном герое; (б) если главный герой действительно существует, он никоим образом не похож на главного героя этой истории; и (в) история об этом главном герое рассказывается совсем иная, не совпадающая с сионистским нарративом.

Эти вопросы составляют объект интереса многих ученых, отрицающих сионистскую версию, притом что акценты их исследования различаются. Например, в своей книге «Еврейское государство или израильская нация» Боас Эврон прослеживает исторические обстоятельства и социальные условия, в которых евреи жили с древнейших времен до возникновения после Шестидневной войны 1967 года поселенческого движения «Гуш эмуним». Так он пытается опровергнуть утверждение, что «сионистская концепция, согласно которой евреи — территориальный народ, стремящийся вернуться на родину, подтверждается фактами» [Evron 2001: 7][1]. Похожую точку зрения выражают Даниэль и Джонатан Боярины [Boyarin, Boyarin 1993: 714–725][2]. Шломо Занд пытается доказать, что евреи не являются генетически единым народом, то есть у них нет единого происхождения, а потому они не могут называться единой нацией [Sand 2009]. Гершон Шафир и Йоав Пелед написали социологическую работу, описав и подчеркнув колониальный характер еврейского поселения в Палестине, инициированного сионистами [Peled 1989; Shafir 1996; Shafir 1993][3]. Наконец, Ури Рам отрицает единство и национальность евреев, главным образом критикуя онтологические, эпистемологические, концептуальные, а также моральные предпосылки официальной сионистской историографии [Ram 2006; Pappé 1996; Yonah 2005; Shenhav 2003; Yonah, Shenhav 2005][4].

---

[1] Цитата, взятая со страницы 7 ивритской версии книги Эврона «Еврейское государство или израильская нация», отсутствует в английской версии. Название издания на иврите: «Национальное исчисление».

[2] Хотя, подобно Францу Розенцвейгу (немецкому философу еврейского происхождения, который критиковал сионизм на ранних стадиях его развития [Rosenzweig 1972: 299–300]), они говорят не о территориальности, а скорее об «автохтонности».

[3] Барух Киммерлинг также представил нам социологический анализ сионизма с колониальной точки зрения; однако, по крайней мере, в его основной работе на эту тему («Сионизм и территория» [Kimmerling 1983]) сионистский колониализм четко представлен как инструмент или побочный продукт национализма, а не как его главная характеристика. См. также раздел 4.2.

[4] Тот факт, что работы этих авторов сосредоточены не на вопросах, касающихся характера главного героя сионистского нарратива, и других фактических вопросах, связанных с ним, а скорее на нормативных аспектах нарратива, не означает, что они не имеют представления о фактических пробелах. Они, безусловно, руководствуются теми же теоретическими

Мой основной интерес к постсионистской критике сионистского нарратива не связан с какими-либо конкретными деталями в их изложении сионистской и досионистской истории евреев: подобный анализ выходит за рамки моей академической подготовки. Меня здесь больше всего интересует постсионистская критика онтологических предпосылок сионистской историографии, а именно предпосылок, касающихся единства и национальности еврейского сообщества. Я веду речь о постсионистской критике, относящейся к основным компонентам сионистского нарратива (например, отрицание факта изгнания или утверждение о вековых попытках евреев вернуться в Сион).

Во второй части главы я обсуждаю теоретические предпосылки, лежащие в основе вопросов единства и государственности еврейского сообщества, и оспариваю аргументы, приводимые постсионистскими авторами в пользу отрицания еврейского единства и государственности. Прежде всего я обсуждаю их неприятие утверждений выдающихся сионистских историков о том, что государственность есть суть еврейского народа. Мой контраргумент будет заключаться в том, что даже если эссенциализм беспочвенен, он не противоречит идее о том, что евреи обладают признаками единства и государственности, наделяющими сионистский нарратив смыслом. После этого я обсуждаю постсионистские концептуальные положения, отрицающие еврейское единство и государственность. Мой анализ посвящен основным ответам, которые даются в научной литературе по национализму на вопрос «Что такое нация?». Основное мое

соображениями, что и большинство их постсионистских коллег, особенно теми, что касаются эссенциализма, который они приписывают сионизму в целом. Позвольте мне также подчеркнуть, что постсионисты, которые широко обсуждают фактические пробелы в сионистском нарративе (Рам, Эврон, Занд), не ограничиваются этическими взглядами и проявляют большой интерес к моральным пробелам в нарративе. Занд посвящает заключительную часть своей книги нормативному обсуждению, а Эврон оставляет нормативные комментарии по всей своей книге. Рам — единственный известный мне автор, который поровну уделяет внимание фактическим и моральным пробелам в сионистском нарративе.

утверждение заключается в том, что постсионисты отрицают возможность признания единства и государственности еврейского сообщества, игнорируя различие между вопросами «является ли данная группа нацией в полном смысле этого слова в конкретное историческое время?» и «сможет ли группа концептуально воспринимать себя как нацию и действовать соответственно этому в определенный момент времени и оправданно ли это с нормативной точки зрения?».

В третьей части главы я показываю, что неспособность провести различие между вопросом о том, действительно ли евреи составляют нацию, с одной стороны, и вопросом о том, возможно ли и оправданно ли для них считать себя нацией, с другой стороны, ввела в заблуждение официальную сионистскую историографию и вынудила ее представителей выйти за рамки ее собственных границ в двух наиболее проблемных инициативах, а именно, с одной стороны, свести на нет долгую историю еврейского изгнания, а с другой — неоправданно раздуть практически отсутствующую связь евреев с Землей Израиля на протяжении веков изгнания. Как я отмечал в главе 1, эти два важных мотива доминирующей сионистской историографии критикуют не только постсионисты, но и центральные фигуры основного течения сионизма и историки-сионисты [Yehoshua 1981: 36; Shapira 2009; Yuval 2006; Bartal 1997; Shimoni 2000: 60–63], и я согласен с этой критикой. Более того, я показываю, что заполнение пробелов в сионистском нарративе о еврейской истории путем непропорционального преуменьшения масштаба изгнания евреев и преувеличения непрерывности связей евреев с Землей Израиля во время изгнания вовсе не нужно для утверждения двух фундаментальных нормативных принципов сионизма как политической теории еврейского народа, согласно которым евреи заслуживают национального самоопределения и, что очень важно, реализации этого права на Земле Израиля.

В этой главе я обсуждаю историю, которую мы должны принять, чтобы эти принципы имели смысл, а не вопрос о том, оправданны ли действия евреев в соответствии с этими принципами (чему посвящены последующие разделы книги).

2.2. Главное действующее лицо, его возраст и характер

Даже после распада еврейского государства, и даже после того, как почву, на которой стояли евреи, выбили из-под ног, разогнав их по чужим народам и царствам, полноценному единству еврейской нации не пришел конец: просто изменились внешние условия жизни и существования. Самобытность и сущность древнего народа остались прежними [Dinur 1925: 23–24].

Эта мысль принадлежит Бен Циону Динуру, профессору истории в Еврейском университете в 1930-х годах, одному из создателей теоретических основ распространенной сионистской историографии. Будучи третьим министром образования Израиля (начало 1950-х), этот человек сыграл важную роль в становлении исторического сознания большинства израильтян[5].

По словам Динура, единое еврейское сообщество действительно существует и может называться нацией, поскольку *формирование нации составляет его сущность*. В терминологии гуманитарных и социальных наук позиция, выраженная в тезисах такого типа, называется «эссенциализм». Согласно такому подходу, явления обладают сущностью, то есть неизменными характеристиками или компонентами, даже если проявления этих явлений в реальном мире меняются.

Молекула H_2O составляет основу воды. Даже когда вода превращается в лед или пар, в ней сохраняется основной компонент.

---

[5] Его историографическая деятельность и ее влияние на сионистское образование в Израиле в последнее время стали предметом многих научных публикаций. Подробный список этих работ приведен в книге [Dinur 2009: 11. 2]. Также см. [Shimoni 2000: 67. 36]. Мой интерес к исследованию творчества Динура вызван стремлением понять одну из наиболее распространенных интерпретаций сионистской идеи. Я предполагаю, что в трудах Динура можно было бы найти высказывания, описывающие более сложную ситуацию, чем та, что вытекает из приведенных цитат. Тем не менее я полагаю, что цитаты, приведенные здесь и в других разделах этой книги, отражают те его позиции, которые также поддерживаются другими представителями основного течения сионизма и которые оставили наиболее заметный след в формировании распространенного сионистского нарратива еврейской истории. Этот нарратив лежит в основе наиболее распространенных интерпретаций сионистского нарратива.

По аналогии, Динур и другие авторы сионистской историографии считали, что еврейское сообщество, сутью которого является государственность, сохранило эту базовую характеристику, даже будучи рассеянным среди других народов.

Многие постсионисты стоят на позициях антиэссенциализма и используют аргументы против эссенциализма для критики сионизма [Yonah 2005: 52, 113, 126; Yonah, Shenhav 2005: 149, 152; Sand 2009: 259–262][6]. Главным представителем этого типа критики можно назвать Ури Рама, социолога из Университета Бен-Гуриона[7]. Согласно Раму, главный герой сионистской истории — это человек, который «в пространственном отношении... органичен, то есть... сохраняет единую идентичность [то есть национальную идентичность], несмотря на то, что его органы разбросаны по всем четырем сторонам света» [Ram 2006: 33]. Согласно Динуру, в интерпретации Рама, речь идет «о временно́й оси... телеологической, то есть... о длительном стремлении к заданной цели — вернуться на родину, отобранную в юности» [Ibid.].

> В общепринятых терминах современной культурной критики, — говорит Рам, — мы имеем дело с эссенциалистской историей, то есть историей, которая заменяет ряд неопределенных идентичных объектов во времени и пространстве единой постоянной, определенной сущностью [Ibid.: 36].

---

[6] Это справедливо как для большинства тех, кто фокусируется главным образом на фактических пробелах в сионистском нарративе, так и для тех, кто фокусируется главным образом на моральных пробелах. Можно утверждать, что, по крайней мере для израильских постсионистов, антиэссенциализм является «символом веры». Он составляет главную теоретическую основу их радикальной критики сионизма. Для них это «символ веры» в двух смыслах: они интерпретируют реальность в его свете и их отношение к нему совершенно лишено критики.

[7] Рам — единственный постсионист, который называет себя постсионистом. Он уделяет больше внимания теоретическим предпосылкам сионистского нарратива, чем другие, которые склонны концентрироваться на исторических деталях или критике сионистской политики. Поскольку он является единственным постсионистом, который делит свои исследовательские усилия поровну между критикой фактических компонентов сионистского нарратива, с одной стороны, и его моральных составляющих — с другой, в настоящей книге он «играет главную роль» чаще, чем его коллеги.

Рам не согласен с эссенциализмом, лежащим в основе сионистской историографии Динура, позволившим ему, образно говоря, собрать воедино органы еврейского сообщества, рассеянные по четырем сторонам света. Согласно Раму, фундаментально ошибочно приписывать сущность человеческим и социальным образованиям. Следовательно, неверно оправдывать единство и государственность еврейского сообщества эссенциалистскими предпосылками.

Независимо от того, ошибочен ли эссенциализм в целом, его можно признать таковым, по крайней мере в том смысле, который вкладывал в это понятие Динур и представители господствующего сионизма начиная с 1930-х годов. Я подробно объясню это во второй части этой главы. Сейчас же необходимо продемонстрировать, что, вопреки тому, во что верят Рам и многие другие постсионисты, ошибочность эссенциализма, даже в сочетании с тем фактом, что евреи исторически рассеяны по всему миру, не говорят на одном языке и не владеют общей территорией, не влечет за собой прямого отрицания возможного еврейского национального единства и государственности.

2.2.1. Важнейший вопрос единства и государственности еврейского коллектива

Рассмотрим случай с Даной Интернэшнл, израильской поп-певицей, одной из самых известных транссексуалов в мире; в 1998 году она выиграла песенный конкурс «Евровидение», представляя Израиль. Она родилась мужчиной, и сегодня она женщина. Можно ли считать ее цельной личностью и «человеком, сохраняющим свою цельную идентичность» без определения ее сущности как женской или мужской? До фактической смены пола Дана действительно могла чувствовать свою истинную сущность как женскую и воспринимать тот факт, что она родилась мужчиной, как ошибку, случайность. И наоборот, ультраортодоксальные евреи (а также религиозные христиане или мусульмане) уверены, что истинная сущность Даны — мужская, потому что Бог создал ее мужчиной. По их мнению, она остается мужчиной даже после пройденного процесса превращения в женщину, который они расценивают как акт саморазрушения. Что объединяет Дану Интернэшнл и ультраортодоксальных евреев, так это представление о ее единстве до и после того, как она стала женщиной. Это представление никоим образом не зависит от того, какова, по их мнению, ее сущность, и тем более от того, считают ли они, что пол составляет часть сущности. Напротив, только если Дана Интернэшнл и ультраортодоксальные евреи сойдутся на мнении о ее целостности, они смогут разойтись во мнениях относительно ее настоящего пола. Если бы перед нами были два отдельных человека, а не один, утверждение о том, что один из них — женщина, а другой — мужчина, не вызвало бы споров о сущности личности Даны Интернэшнл.

Аналогичные наблюдения можно сделать и в отношении единства еврейского коллектива. Рам комментирует вмешательство Динура в дебаты еврейских историков XIX века о сущности еврейского коллектива. Он упоминает еврейского историка того времени Маркуса Йоста, который рассматривал еврейскую историю как историю отдельных общин, в отличие от других еврейских историков, Генриха Греца, Абрахама Гейгера и Симона Дубнова, которые «располагали [единую] еврейскую сущность в центре своей истории» [Ibid.: 34]. Однако они разошлись во мнениях по вопросу о том, как определить эту сущность. Согласно рамовской трактовке трудов Динура, Грец считал, что духовные течения в иудаизме составляют общее ядро еврейской истории. Подход Гейгера и Дубнова схож с подходом Греца. Сам Динур, однако, считал, что Йост не только допустил ошибку, рассматривая еврейскую историю как историю отдельных общин, но и что остальные три историка ошибались и что сущность иудаизма включает в себя не только общий дух, но и национальную и политическую территориальность через связь с Землей Израиля. По аналогии, гипотетический спор между Даной Интернэшнл и ультраортодоксальными евреями о том, женской или мужской сущностью обладает этот человек, имеет смысл и должен выстраиваться на целостности Даны как личности. Спор о сущности иудаизма между Грецем, Гейгером, Дубновым и Динуром имеет смысл, только если они признают неоспоримую целостность еврейского народа. Следовательно, решение обсуждаемого вопроса «В чем сущность еврейского коллектива?» и предположение о том, что еврейский коллектив должен обладать сущностью, не требуются для утверждения единства предмета, на котором сосредоточена дискуссия, — как раз наоборот. Именно предположение о единстве еврейской общины позволяет задавать вопросы о его сущности[8].

Кроме того, сам факт того, что евреи жили во всевозможных географических зонах и образовывали исторически и культурно различные общины, не может быть достаточным основанием для отрицания народного единства. Рам осуждает старых историков и социологов Израиля за «два типа порабощения»: зависимость от «националистической идеологии и от позитивистского подхода»[9] [Ibid.: 19]. Однако трудно представить себе более вопиющий позитивизм, чем тот, на котором сам Рам возводит свою гипотезу: раз евреи жили, где придется, им невозможно приписать народное единство. Задумаемся, что можно тогда сказать о человеческом виде после того, как Бог помешал строительству Вавилонской башни, разделил один общий на множество языков и рассеял человечество по всему миру. Отбирает ли это право у мыслителей эпохи Просвещения, в XVIII веке, сказать о людях то, что Динур сказал о евреях, а именно, что «всеобщее единство человеческого вида вечно: меняются лишь условия его жизни и существования»? Очевидно, любому выводу всегда находятся ярые противники. «Нет такого понятия: *человек*. …За свою жизнь я повидал французов, итальянцев, русских; я даже знаю, благодаря Монтескьё, что где-то есть персы, но просто *человека* я никогда не встречал. Если он и существует, мне об этом неиз-

---

[8] Мой аргумент не подразумевает, что сущности не могут служить критериями для индивидуализации агентов, особенно коллективных агентов. Он означает лишь, что они не являются *необходимыми* критериями для такой индивидуализации.

[9] Позитивизм, который Рам, по-видимому, отвергает, — это позиция, согласно которой только эмпирически достоверные утверждения (а также логические и математические истины) составляют знание.

вестно» [de Maistre 1884: 74]. Однако спор о единстве человечества между Жозефом де Местром, представителем французского контрпросвещения, сделавшим это знаменитое заявление, и мыслителями эпохи Просвещения, безусловно, не мог решиться в пользу де Местра, ведь он просто упомянул общеизвестный факт, что человечество делится на разные национальности: французы, итальянцы и другие. Я не уверен, что все сионисты отвергают де Местра, но мне кажется вполне вероятным предположить, что его, по крайней мере, отвергают постсионисты. Таким образом, постсионистам предстоит пройти еще долгий путь рассуждений — от факта расселения евреев до принципиального отрицания их единства.

Приписывание единства группам предполагает, что члены группы вместе работают и действуют как единый организм — для этого создают предпосылки сами характеристики, определяющие группу. Если говорить о единстве рабочего класса, человеческого вида или евреев, а также пропагандировать такое единство, нужно исходить из того, что членам каждой такой группы желательно действовать как единый коллектив на основе характеристик, которые превращают каждого в члена группы. Чтобы опровергнуть предположение о единстве рабочего класса, человеческого вида или евреев, нужно доказать, что их единство не основано на каких-либо стоящих ценностях или что существуют другие ценности, которые превосходят имеющиеся. Сионизм XIX века, безусловно, предполагал, что совместные действия, по крайней мере европейских евреев как единого целого, имели определенную важность. Сионистские активисты XIX века приводили множество разнообразных моральных аргументов в поддержку этого тезиса, например, тот, что сохранение еврейской жизни имеет ценность ввиду опасностей, угрожающих ей в результате эмансипации евреев в Европе XIX века, с одной стороны, и упадка статуса религии — с другой. Другой аргумент: эмансипация потерпела неудачу, евреи по-прежнему подвергались дискриминации и преследованиям со стороны соседей-неевреев. Поэтому они должны взять свою судьбу в собственные руки и создать независимую общину на своей древней родине

[Tzur 1999: 23–24][10]. Независимо от того, были ли все или некоторые из этих аргументов обоснованными, Рам и другие постсионисты вообще не обсуждают их, отвергая предположение о еврейском единстве, исходившее от сионизма XIX века. Рам лишь указывает на эмпирический факт расселения евреев по миру. В этом смысле он напоминает «де Местра для евреев», человека, который отрицает единство и ценность еврейского народа только потому, что он встречался только с марокканскими, польскими, немецкими, румынскими и другими типами евреев, но никогда не встречал «настоящего еврея».

Более того, он подчеркивает их раздельное существование в XIX веке, в то время как многие из его выводов и выводов других постсионистских авторов, которые я обсуждаю в этой книге, касаются вопроса еврейского единства сегодня, не только в XIX веке. Независимо от одномоментной актуальности ценностей, которыми руководствовался сионизм с самого его зарождения, он действительно привел к значительным и реальным изменениям в политическом положении евреев, что, в свою очередь, породило целый ряд новых нормативных проблем. Это так, даже если мы пожелаем, чтобы все или некоторые изменения, вызванные сионизмом, никогда не происходили.

Наряду с другими постсионистами опираясь на ложность эссенциализма, Рам опровергает не только тезис о единстве еврейского сообщества, но и утверждение о национальной принадлежности. Здесь он заручается поддержкой Эрнеста Геллнера, одного из самых влиятельных социологов национализма последних десятилетий XX века, один из тезисов которого заключается в том, что в формировании современных наций не было исторической необходимости и что с исторической точки зрения эти нации

---

[10] Похоже, что западноевропейские организации, участвовавшие в общееврейской деятельности в различных регионах мира в XIX веке, придерживались принципа единства евреев. Целью деятельности, о которой пишет Цур, было помочь евреям интегрироваться в среду народов, среди которых они проживали. Следовательно, это можно рассматривать как содействие распаду еврейского единства; но содействие распаду предполагает предварительное единство — в противном случае что должно было распасться?

«случайны», а не «онтологичны» (терминология Рама) [Ram 2006: 53; Yonah 2005: 36; Yonah, Shenhav 2005: 149–150]. Геллнер утверждает, что появление современных наций — не более чем случайность, что конкретные мировые нации — несущественные, непостоянные элементы мироустройства.

Геллнер саркастически описывает националистическое видение своих наций: дремлющие этносы, пребывающие в спячке с незапамятных времен и в настоящее время пробуждающиеся. Согласно Геллнеру, национализм не пробуждал уже существующие нации, а, скорее, создавал новые и в значительной степени «изобретал» их [Gellner 1964: 169]. А вот два других тезиса Геллнера: основной принцип национализма, принцип соответствия между нациями и политическими единицами [Gellner 1983: 1; Gans 2003: 7–38], сам по себе продукт исторической необходимости, вытекающей из перехода человечества от аграрных обществ и экономик к индустриальным [Gellner 1983, ch. 2–4].

Геллнер также отмечает, что в мире были и остаются тысячи этнических групп, чьи язык и культура заслуживают стать культурой и языком государства. Но поскольку в мире есть место самое большее для 800 государств, то только 800 из тысяч представителей разных культур мира могли бы стать нациями в современном смысле этого слова[11]. Более того, поскольку сложно

---

[11] С нормативной точки зрения можно сделать и противоположный вывод: если в мире насчитывается 8000 языковых групп и не всем из них может быть предоставлено государственное образование, то ни одной из них не должно быть предоставлено государственное образование. Более того, когда, как утверждает Геллнер, переход от аграрного общества к индустриальному породил необходимость культурной гомогенизации населения государств, не вызывающую никаких моральных претензий, некоторые группы населения оказались вынуждены отказаться от стремления к созданию собственного государства. Тем не менее, поскольку в современном мире нет необходимости в гомогенизации из-за определенных особенностей постмодернистской и постиндустриальной эры (прежде всего, развития общественного транспорта и коммуникаций, которые обеспечивают доступ во все уголки мира), каждой существующей группе должны быть предоставлены права, равные правам всех других групп в рамках субстратистского самоопределения. Для защиты такого рода позиции в отношении этнокультурных наций см. работу [Gans 2003: 67–96].

ответить на вопросы о том, почему только некоторые из этих групп пытались стать нациями, но только некоторым из них это удалось, и «поскольку это зависит от слишком многих исторических обстоятельств», у нас нет иного выбора, кроме как утверждать, что, вместо исторической необходимости, породившей национализм как историческое явление, конкретные нации, появившиеся в силу этой исторической необходимости, являются простой случайностью, и в мире вполне могли существовать другие нации [Gellner 1983: 47][12].

Геллнер заимствует общие антиэссенциалистские позиции из гуманитарных и социальных наук и очень убедительно применяет их к понятию нации. Однако этого недостаточно для пренебрежительных взглядов, выражаемых израильскими постсионистскими последователями Геллнера в отношении сионизма, еврейской нации, созданной сионизмом, и ценностей, которые многие израильтяне и евреи приписывают своей нации. Геллнер справедливо утверждает, что наций в современном понимании этого термина с незапамятных времен не существовало. Я полагаю, что он также прав, подчеркивая активную роль в процессе создании наций, которую с конца XVIII века играли националистические движения, руководящие ими с тех пор. Согласно его довольно убедительной социально-исторической теории, формирование отдельных наций происходит в результате случайного слияния определенных культур в ходе исторического перехода от аграрной экономики к индустриальной. Однако из особенностей современных отдельных народов и того факта, что они не являются видами животных или металлов, существовавших

---

[12] Следует отметить, что, даже если Геллнер прав, утверждая, что мы не можем дать полных и достаточных объяснений тому, почему историческое движение национализма привело к появлению одних наций, в то время как другие — нет, в некоторых случаях можно дать более полные объяснения, чем в других. Даже собственный отчет Геллнера об успехе национализма еврейской диаспоры более полон, чем тот, что он приводит в других случаях государственности диаспор. К его объяснениям успеха сионизма можно добавить, например, масштаб еврейского холокоста, обостренное чувство вины, которое он вызвал у европейских народов, слабость арабов и так далее.

в природе с незапамятных времен, не следует, что от них можно отказаться или что их легко заменить как с практической, так и с моральной точки зрения.

Я предполагаю, что большинство конкретных предметов, если не все наполнение мира, случайны в том же смысле, что и нации, создаваемые в течение последних 200 лет. По крайней мере, случайны конкретные люди, индивидуумы, каждый из которых представляет собой результат разового успешного спаривания своих родителей, в ходе которого один из сперматозоидов отца случайно оплодотворил яйцеклетку матери. При этом из этой непреднамеренной природы реальных людей, населяющих мир, из того факта, что они не составляют и не отражают постоянную сущность, выходящую за рамки их случайности, не следует, что они на самом деле не существуют или что их просто «изобрели».

Из этого также не следует, что они заслуживают пренебрежительного отношения[13]. Аналогичные аргументы применимы и ко многим другим важным составляющим нашей жизни: к любви, дружбе, семейственности. Все они, по сути, случайны. Важно подчеркнуть, что проведенная мной аналогия между уважением, которое люди должны проявлять к окружающим и в личных отношениях, несмотря на случайность связей, и уважением, которое люди должны проявлять к национальной принадлежности, несмотря на случайность оной, далека от идеала. Однако мне кажется, что этой аналогии достаточно, чтобы подтвердить утверждение о том, что нельзя отвергать ценность, которую члены национальных групп приписывают своей нации просто потому, что эти нации образовались случайно, по мнению Геллнера. В частности, несправедливо подобное отношение к ценно-

---

[13] Насколько мне известно, возможность отрицать их существование и ценность на основании их случайности и взаимозаменяемости выдвигалась только как аргумент против нормативных теорий, которые влекут за собой такое пренебрежительное отношение к реально живущим людям, а не как аргумент в их пользу. Например, тот факт, что гедонистический утилитаризм предполагает разрешение убивать тех, кто страдает, и заменять их потенциально счастливыми существами, является аргументом скорее против этой философии, чем в ее пользу.

сти, которую израильские евреи и евреи из других мест приписывают еврейской нации, созданной сионизмом [Ben-Israel 2000: 32–33; Ben-Israel 1996: 213–218; Yakobson, Rubinstein 2009: 79–82; Shimoni 2002: 11][14].

Суммируя, отметим, что эссенциализм и утверждение о том, что еврейский народ по сути своей является древней нацией, которая никогда не переставала быть таковой, представляются сионистской идеологии излишними, она обходится без них. Согласно этой идеологии, евреи, при желании избежать потенциально смертельных преследований в Европе, должны были реализовать свое право на коллективное самоопределение на Земле Израиля еще в конце XIX века, и сегодня они должны сделать то же самое. Чтобы оправдать этот принцип, основной общий знаменатель всех сионистов (минималистов, таких как Ахад Хаам, или максималистов, таких как Жаботинский[15]),

---

[14] Возможно, следует отметить, что аргумент в пользу отказа от выводов, которые постсионисты делают из позиции Геллнера (а также из позиций других теоретиков эпохи модерна, таких как Андерсон и Хобсбаум) относительно национализма, отличается от аргумента, который обычно приводится в подобных дискуссиях. Обычно противники постсионизма (а также модернистских и постмодернистских позиций) ссылаются на конкурирующую теорию происхождения наций и национализма, а именно на примордиалистскую теорию, согласно которой нации существовали с древних времен. Эта стратегия подразумевает признание того, что модернистская теория нации Геллнера влечет за собой отказ от основного положения сионизма, а именно, что евреев можно рассматривать как составляющих нацию. Я думаю, что это не следует из рассказа Геллнера и, следовательно, нет необходимости обращаться к Смиту (например, работа «Этническое происхождение наций»; или «Национальная идентичность»), чтобы позволить сионистам считать евреев нацией. Модернистские теории национализма также допускают это предположение. Действительно, некоторые историки-сионисты, похоже, признают это и нисколько не беспокоятся об угрозе, которую модернистские теории национализма якобы представляют для сионизма. Шимони обсуждает возникновение сионистского еврейского национализма [Shimoni 1995: 85–86], ссылаясь на идею Бенедикта Андерсона о том, что возникновение наций объясняется их воображением. Ярон Цур, по-видимому, делает то же самое [Tzur 1999: 22–25]. Я более подробно излагаю аналогичную точку зрения в отношении Геллнера, не только Андерсона.

[15] О Жаботинском см. главу 3. О минималистских целях Ахада Хама см. главу 1.

сионизму не нужно доказывать, что евреи по сути своей — нация и они были таковой всегда, и не нужно было заявлять об этом в конце XIX века. Сегодня не было и нет необходимости утверждать, что евреи представляли собой полноценную нацию в тех условиях, в которых они оказались в конце XIX века. Вместо этого сионизм мог бы утверждать и сейчас еще может утверждать, что еврейское сообщество *стремится* и *имеет право* — сейчас, равно как и на протяжении многих прошедших веков — *считать себя полноценной нацией и репрезентировать себя как таковую*, пусть и не являясь нацией в полном смысле этого слова. По-видимому, так можно истолковать то, что на самом деле утверждали ведущие представители сионизма на заре его развития[16]. Ради оправдания своих устремлений сионизм мог бы довольствоваться утверждением, что евреи могут считать себя нацией, родиной которой является Земля Израиля.

Конечно, им не нужно было доказывать, что в этом и заключалась его суть[17]. Динур считал, что государственность — это

---

[16] Например, Ахад Хаам утверждал, что еврейский духовный центр на Земле Израиля должен создать условия «для всеобъемлющей национальной жизни» путем, среди прочего, «всестороннего воспитания членов этой нации в атмосфере этой национальной культуры, которая затем будет проникать в глубины их душ и укреплять духовную конституцию до такой степени, что это накладывает свой отпечаток на всю их личную и общественную жизнь» [Haʼam 1949: 401]. Таким образом, он, по-видимому, считал, что евреи в его время не составляли нацию в полном смысле этого слова (он говорит, что должны быть созданы условия для полноценного национального существования) и что они должны стать такой нацией (посредством создания того, что Джозеф Раз и Авишай Маргалит позже назвали «всеобъемлющей» еврейской культурой [Raz, Margalit 1994]).

[17] Проводимое мной здесь различие между обоснованием того, что они считают себя нацией, и осуществимостью того, что они это делают, в некоторой степени искусственно, поскольку осуществимость является частью обоснования. Даже если бы я действительно стремился выиграть чемпионат мира по бегу на 100 метров, у меня не было бы оснований считать себя потенциальным чемпионом или стремиться им стать, поскольку из-за моего возраста и состояния коленей у меня нет реальных шансов достичь такого результата. С другой стороны, само по себе существование реальных возможностей не может оправдать стремления к их реализации. Криминальная карьера может быть реальной возможностью для многих людей, но это не означает,

сущность еврейского сообщества и поэтому им необходимо (а не просто допустимо), рассматривать себя как нацию, родиной которой является Земля Израиля. Главенствующий сионизм, сформировавшийся под влиянием взглядов Динура, сохранил эту риторику. Да, Динура и большинство сионистов есть за что критиковать, но нет причин для неприятия сионистского нарратива как такового.

Давайте вернемся к примеру Даны Интернэшнл. Необязательно, но возможно, что перед нами эссенциалист, который считает, что желание быть женщиной — это неотъемлемая часть его существа, и поэтому проходит через операцию по смене пола. Верить в то, что она женщина, в полном смысле слова даже не обязательно: достаточно почувствовать, что, несмотря на рождение в теле мужчины, душа, интересы, предпочтения и любовь — женские.

Она также может заявить, что ограничение ее сексуальной ориентации, интересов и привязанностей мужским телом делает ее жизнь невыносимой, поэтому она решила сделать операцию по смене пола. Кроме того, певица может утверждать, что для нее вполне реально стать женщиной в том смысле, что она и без операции во многих важных отношениях демонстрирует женственность. Более того, современная медицина позволяет кому угодно успешно сменить физические признаки пола. Конечно, Дана Интернэшнл, будучи эссенциалисткой, могла бы заявить, что женственность — это ее истинная сущность, случайно оказавшаяся в мужском теле.

Однако, чтобы сменить пол, не нужно делать громких эссенциалистских заявлений, подобных этим. Она может просто обосновать, что смена пола фактически осуществима и нужна ей, даже если не обусловлена внутренней сущностью.

По крайней мере, в своем подсознании постсионисты, по-видимому, осознают такую возможность, поэтому выступают не

что у них есть основания стремиться к ней. Вопрос о том, мог ли сионизм предоставить еврейскому сообществу возможность рассматривать себя как нацию, которая возвращается на свою древнюю родину и становится там самостоятельной политической единицей, зависит от того, было ли это осуществимо и оправдано. Осуществимость является частью обоснования.

только против подхода Динура, согласно которому сутью еврейского сообщества является государственность, но и против самой принципиальной возможности приписывания евреям этой характеристики. Любой, кто знаком, хотя бы минимально, с историей сионизма, знает, что классификация евреев как нации с момента зарождения движения вызвала гнев среди противников сионизма, главным образом среди его еврейских противников. Ортодоксальные и реформаторские евреи, настаивающие на классификации иудаизма как религии, всегда выступали против[18].

Еврейское Просвещение в Европе XVIII и XIX веков выступало против национализма: его сторонники хотели ассимилироваться или по крайней мере интегрироваться в народы, среди которых жили. Бунд, еврейская рабочая организация в Российской империи, выступал против, поскольку добивался национальных прав только для евреев — представителей культуры идиш Восточной Европы в тех местах, где они жили, а не для еврейского коллектива в целом на Земле Израиля. Все эти еврейские группы отвергали идею о евреях как о едином сообществе, единой нации [Shimoni 1995: 166–170; Frankel 1984: 171–223; Peled 1989: 51–57][19]. Постсионисты пошли дальше. Они указывают на

[18] Когда Герцль попытался созвать национальный еврейский конгресс, различные раввины, принадлежащие к ортодоксальному и реформаторскому движениям, объединились в протестное движение (в итоге они стали известны как «протестующие раввины»), поскольку считали, что Герцль пытается объединить «религиозную идентичность с этнической принадлежностью». «Ортодоксальные и реформаторские движения хотели этим заявить, что их еврейская идентичность является чисто религиозной и что она основана на религиозной принадлежности, а не на кровных узах» [Bartal 2007: 220–229]. Обзор и анализ противостояния сионизму по религиозным мотивам среди восточноевропейских ортодоксальных евреев до холокоста см. у [Ravitzky 1996: 10–39].

[19] Исследовательская литература указывает на то, что идеология Бунда в отношении национально-культурной автономии для евреев также меняла направление на протяжении многих лет. На Четвертом съезде Бунда 1901 года (который был официально учрежден как политическая партия в России в 1897 году) была принята позиция, согласно которой евреи составляют нацию и тем ее членам, которые проживают в России, должна быть предоставлена «национально-культурная автономия». Эту позицию не приняли еврейские революционеры-марксисты, включая основателя Бунда.

то, что в XIX веке идея еврейской государственности наткнулась на категорическое сопротивление среди евреев. Ури Рам утверждает, что сами евреи *находили* эту идею странной и *не без оснований* [Ram 2006: 32]. Шломо Занд говорит, такая идея должна считаться странной и оскорбительной. По словам Занда, в XIX веке «любого, кто заявлял, что все евреи принадлежат к народу иностранного происхождения, немедленно объявляли антисемитом» [Sand 2008: 21].

2.2.2. Единство и государственность еврейского сообщества как вопрос классификации

Занд рассказывает правдивую историю. Стремление евреев по всей Европе интегрироваться в культуру народов, среди которых они проживали, или получить коллективные права встречало сопротивление представителей принимающих народов. Чтобы помешать интеграции евреев, как отдельных лиц, так и группы, в состав местного населения, ненавистники утверждали, что они принадлежат к народу иностранного происхождения[20]. Однако это утверждение антисемитов опровергает аргумент Рама о том, что в XVIII и XIX веках никто не воспринимал иудаизм как нацию (а не религию). Если бы Рам был прав, представление о евреях как о нации не стало бы таким эффективным инструментом в руках антисемитов. Более того, не только антисемиты считали евреев нацией — так считали многие. Вдумайтесь в следующие слова из речи, произнесенной графом Клермон-Тоннером на заседании Национального собрания Франции в 1789 году, посвященном правам некатоликов в условиях нового режима, возникшего после Французской революции: «Мы должны во всем отказать евреям как нации и предоставить все евреям как отдельным

---

[20] Представление о том, что евреи, поскольку они принадлежат к отдельному народу, не имеют права на гражданство в странах своего проживания, не привлекает нынешних антисемитов, поскольку евреи диаспоры хорошо интегрированы в своих странах проживания; из-за холокоста и из-за большого числа этнических групп иммигрантов сегодня они проживают во многих странах. Евреи больше не являются исключением в этом отношении.

людям»[21]. Если бы в конце XVIII века не существовало идеи о том, что евреи — это нация, Тоннер такого не сказал бы[22].

Как и многие другие критики, Рам и Занд убеждены, что в XIX веке еврейский коллектив не мог считаться нацией и что на сегодняшний день ничего не изменилось. Рам говорит следующее: «Как группа может быть нацией, если у нее нет общего языка, территории или истории?» [Ram 2006: 32]. Аналогичным образом Занд утверждает: «Если бы евреи всего мира действительно были "народом", что бы общего было у евреев в Киеве и евреев в Марракеше, какие общие этнографические и культурные особенности, за исключением религиозной веры или некоторых ритуальных традиций?» [Sand 2008: 21]. Представление Рама и Занда о нации сходно с представлениями многих других авторов, которые анализировали понятие нации: чтобы считаться народом или нацией, группа должна обладать распространенной культурой, общим языком и территорией. Другие авторы добавили к этому списку требование одинакового психологического склада, совместной экономической жизни и стабильного существования в течение долгого времени [Stalin 1953: 164].

---

[21] Слова Жана-Сифрейна Мори, сказанные во время той самой встречи, сводятся к тому, что он высказал ту же точку зрения относительно еврейской национальности: «Слово "еврей" — это название не секты, а нации, у которой есть свои собственные законы, которым она следовала и продолжает следовать. Называть евреев гражданами — это то же самое, что позволять датчанам и англичанам становиться французами без предоставления им свидетельств о натурализации и без того, чтобы они перестали быть датчанами или англичанами» [Archives parlementaires 1787–1860: 754–757].

[22] Через некоторое время слова Тоннера были подтверждены евреями в Большом Синедрионе Наполеона в 1807 году: «Французский еврей считает себя в Англии чужим... хотя он может находиться среди евреев, и то же самое происходит с английскими евреями во Франции». См. [Mendes-Flohr, Reinharz 1980: 163]. Аналогичную позицию заняли немецкие евреи-реформаторы в 1844 году. Однако это не описание реальности, а нормативные позиции, которые не разделялись многими другими евреями. Во второй половине XIX века многие ведущие еврейские деятели пытались классифицировать еврейскую общину как нечто среднее между религиозной общиной и национальной территориальной общиной. Обзор этих усилий см. [Myers].

Однако другие авторы добавляют, что отдельные члены обсуждаемых групп расценивают принадлежность к этим группам как значительную часть своей идентичности и именно по ней идентифицируют себя как личность [Raz, Margalit 1994: 129–132].

Общая распространенная культура, язык, территория, психологический склад и экономика, а также стабильное существование на протяжении поколений — вот характеристики, которые теоретическая литература по национализму классифицирует как отражающие так называемый объективистский подход к определению нации. За много лет до того, как стать лидером Советского Союза в 1920-х годах, Сталин написал по этому вопросу статью, в которой перечисляются и разъясняются многие из только что приведенных мною характеристик. Он полагал, что нациями могут считаться группы, соответствующие всем, а не только некоторым из перечисленных характеристик. Другие писатели, например Занд и Рам, придерживаются менее жесткой позиции, требуя наличия лишь некоторых из перечисленных атрибутов. Статью Сталина часто включают во вводные курсы по национализму, очевидно потому, что она носит исчерпывающий характер, а также служит крайним доктринерским примером объективистского подхода к определению нации. В его статье евреи приводятся в качестве примера группы, которая однозначно не соответствует многим условиям, выполнение которых необходимо, чтобы считаться нацией.

Безусловно, следует признать, что, как утверждали Сталин, Занд, Рам и Эврон, за последние 1300 лет у еврейского сообщества не было общей территории, распространенной культуры или единого языка. Тем не менее можно утверждать, что, по крайней мере, в коллективной памяти евреев и фактически в коллективной памяти тех народов, которые имели значительные контакты с евреями, они действительно когда-то имели единую распространенную культуру, общий язык и жили на одной территории.

Если мы определяем нации как сообщества, отвечающие этим объективным критериям, то остается открытым вопрос о том, должны ли они соответствовать всем этим критериям в каждый отдельный момент своей истории или же в тот момент, когда ставится вопрос об их классификации как нации. Некоторые теоретики утверждают, что для того, чтобы группу можно было считать нацией, достаточно, чтобы она обладала общей культурой, территорией и языком в определенный момент в прошлом. В конечном счете тот факт, что объект временно или даже навсегда теряет определенные характеристики, не обязательно приводит к исключению его из категории, характеризуемой этими показателями. Человек, потерявший сознание или впавший в кому, теряет основные характеристики, определяющие его как личность в моральном смысле этого слова, однако это не означает, что мы автоматически перестаем воспринимать его как личность, по крайней мере в определенных моральных аспектах, или перестаем действовать соответствующим для ситуации образом.

Та же логика применима и к вопросу о том, являются ли евреи нацией в соответствии с другими основными определениями этого понятия. Помимо крайне объективистской работы Сталина в отношении определения нации, учебники по национализму часто включают знаменитую статью «Что такое нация?» французского историка XIX века Эрнеста Ренана [Renan 1990]. В этой статье излагается то, что исследователи национализма называют «субъективистским» подходом к вопросу. Ренан отвергает позицию, согласно которой, чтобы считаться нациями, группы должны иметь общую географию, религию, язык и интересы. Он утверждает, что нация — это

> душа, духовный принцип. Две вещи, которые на самом деле являются одним целым, составляют эту душу, или духовный принцип: ...Одна из них — это совместное обладание богатым наследием воспоминаний; другая — это согласие, желание жить вместе дальше, в будущем, стремление увековечить ценность наследия, которое человек получил в неразделенной форме [Ibid.: 19].

Другими словами, согласно Ренану, сообщество делает нацией совсем не один язык и не общая территория. Что превращает ее в нацию, так это тот факт, что у достаточного числа ее членов есть желание рассматривать конкретное общее наследие как исключительное наследие общей и коллективной памяти группы, желание жить вместе и совместно сохранять это наследие на протяжении поколений. Я сомневаюсь в адекватности описания концепции нации Ренана как субъективистской, а определения, представленного выше, — как объективистского.

Для того чтобы можно было говорить о социальных группах как о нациях, обе концепции, объективистская и субъективистская, требуют наличия объективных социальных фактов. Для Ренана объективные характеристики, относящиеся к сознанию и ментальной жизни членов определенной группы, позволяют считать их нацией, в то время как для объективистов речь идет не о ментальных, а скорее о поведенческих, социогеографических и социолингвистических фактах. Я отмечаю этот момент здесь, поскольку он важен для ряда моих предположений, изложенных в последующих частях этой книги. Однако я продолжаю подчеркивать различие между общей территорией, языком и распространенной культурой, с одной стороны, и желанием продолжать сохранять общее наследие и воспоминания — с другой, как различие между объективистской и субъективистской концепциями о нации[23].

Тот, кто считает, что в споре между объективистами и субъективистами о значении понятия нации верна позиция Ренана, может возразить, что, отказывая еврейскому коллективу в статусе нации, постсионисты, возможно, правы в отношении евреев XVIII и XIX веков; но очень сомнительно, что постсионисты правы в категорическом отрицании правомерности присвоения национального статуса современным евреям. Сторонники Ренана знают, что в XVIII и XIX веках в мире было недостаточно евреев, обладающих «богатым наследием воспоминаний» и «желанием жить вместе, стремлением увековечить ценность наследия, полученного в единой форме» [Ibid.]. Многие евреи стремились ассимилироваться с народами, среди которых в то время жили. Другие хотели чтить и поддерживать только свое религиозное наследие. А были те (евреи Бунда, например), кто

---

[23] Дальнейшие обсуждения Ренана и текущего вопроса см. в разделах 6.3 и 6.4.

хотел жить вместе и продолжать поддерживать как наследие светской культуры идиш, так и богатое наследие воспоминаний восточноевропейского еврейства. В то время (конец XIX — начало XX века) у неевропейских евреев было совершенно другое наследие и воспоминания.

Более того, в XVIII и XIX веках мировое еврейство не могло относиться ни к одной отдельной еврейской общине как к обладающей наследием, с которым могла бы отождествлять себя вся община и которое она хотела бы сохранить. Восточноевропейские евреи, говорящие на идише, были не единственной подгруппой еврейского сообщества. Другие подгруппы не могли разделить его специфическое наследие, поскольку большинство аспектов культуры идиш и истории восточноевропейского еврейства не совпадали с их собственным наследием и историей. Это относится ко всем подгруппам еврейского сообщества, существовавшим в века, предшествовавшие сионизму. Однако сегодня евреи и еврейские общины по всему миру могут разделить наследие памяти, наравне с израильскими евреями, потому что сионизм возродил историю древней еврейской независимости на Земле Израиля. Более того, европейские евреи столетиями страдали от преследований, причем просто как евреи, а не как евреи, принадлежащие к определенной подгруппе еврейского сообщества. Поэтому все евреи должны иметь возможность идентифицировать себя с этим особым памятным наследием, наравне с израильскими евреями, и на самом деле многие евреи так и делают.

Таким образом, из этого следует, что, согласно объективистскому подходу, уже в XVIII и XIX веках (и даже раньше) евреев в целом можно было рассматривать как пограничный случай нации, поскольку в древности они соответствовали условиям, поставленным объективистской концепцией.

Поэтому, в отличие от позиции Рама и других постсионистов, идея о полноценной еврейской нации в то время не должна была считаться странной. Воспринимать мировое еврейство как нацию сегодня вполне нормально, поскольку, в соответствии с субъективистской концепцией, еврейский вопрос можно рассматривать как пограничный вариант нации. Приведу в пример болельщиков футбольного клуба «Тоттенхэм». Классифицировать эту конкретную группу как нацию никому в голову не приходит [Raz, Margalit 1994: 131][24], поскольку у этой группы нет никаких признаков нации. У них нет и никогда не было широко распространенной культуры, единого языка, общей территории, наследия из воспоминаний, ценных для членов группы. Напротив, евреи демонстрируют перечисленные признаки, и так было даже до появления сионизма. Несмотря на отсутствие единого языка как в предыдущие столетия, так и сегодня, в сознании евреев и в сознании других народов с еврейской нацией ассоциируется иврит. Несмотря на то что у них не было единой территории ни до сионизма, ни сегодня, есть страна, с которой евреи отождествляются в своей исторической памяти и в памяти человечества — Земля Израиля. В последние столетия у них не было единой широко распространенной культуры, но она была в древности.

Безусловно, следует признать — и на этот раз сопротивляется господствующий сионизм, а не постсионисты, — что евреи никогда не представляли собой четко выраженную нацию в том смысле, в каком сегодня ее составляют, например, поляки. Поляки представляют собой парадигматический пример нации, поскольку большинство из них живут на одной территории (Польша), говорят на одном языке (польском) и разделяют одну культуру. Однако, согласно позиции моего исследования, оппонирующего как господствующему сионизму, так и постсионизму, даже если евреи не составляют классическую нацию, подобно польскому народу, все равно нет оснований называть их однозначным примером не-нации, вроде болельщиков футбольной команды «Тоттенхэм». Поэтому называть евреев нацией основания были всегда. Более того, сионисты могли бы также утверждать, что групп, которые по разным причинам не могут однозначно называться нациями, много и они составляют норму, например швейцарцы или британцы. Я бы рискнул сказать, что

---

[24] Этот пример объясняет различия, отличные от тех, которые я обсуждаю здесь, между группами, которые являются кандидатами на самоопределение, и теми, которые таковыми не являются.

они соответствуют критериям принадлежности к нации, но, возможно, не в такой степени, как поляки. С другой стороны, они соответствуют критериям принадлежности к нации в большей степени, чем болельщики футбольного клуба «Тоттенхэм».

В соответствии с позицией, описанной при обсуждении эссенциализма Динура, сионистские мыслители могли бы возразить, что план самоопределения всего еврейского народа на Земле Израиля, который сионистское движение предложило в конце XIX века, не основывался на эссенциалистской концепции еврейской государственности или на идее о том, что евреи на практике составляют нацию в полном смысле этого слова. Как тогда, так и сегодня сионисты могут утверждать, что этот план основывался, во-первых, на *концептуальной осуществимости* их представления о себе как о нации, поскольку когда-то евреи составляли нацию в полном смысле этого слова, или потому, что именно так их воспринимали остальные и они сами; и, во-вторых, на практических и моральных основаниях, которыми евреи руководствовались раньше (и, возможно, сегодня), принимая решение снова стать нацией в полном смысле этого слова. Другими словами, сионисты могли бы утверждать, что объективные социальные факты, в силу которых евреи действительно не составляют полноценную нацию, но и «не нацией» их назвать нельзя, предоставляли евреям XIX века (как и евреям XXI века) возможность считать себя нацией и реализовать эту самооценку. Сионисты могли бы также утверждать, что как тогда, так и сегодня такая самоидентификация и самореализация — наилучшее решение практических проблем и экзистенциальных дилемм, стоящих перед евреями.

С точки зрения логических возможностей — в отличие от практической *осуществимости* — национальный подход может решить проблемы групп, даже если у них нет специфических характеристик, которые позволили бы считать их нацией. Рассмотрим затруднительное положение европейских и особенно немецких гомосексуалистов в первой половине XX века. В то время они сталкивались с проблемами, аналогичными тем, с которыми сталкивались европейские евреи в конце XIX века.

В определенном смысле эту проблему, наверное, можно было бы решить, объявив гомосексуалистов нацией. Тем не менее в то время между гомосексуалистами и еврейским сообществом существовали очевидные и решающие различия, одним из которых является тот факт, что сексуальная ориентация не эквивалентна национальным чертам. Предположение о том, что проблемы гомосексуалистов можно решить, объявив их нацией, смехотворно, поскольку национальные особенности развиваются сотнями лет. Евреи прошли отбор в древности, или, по крайней мере, считалось, что они прошли его[25].

Ко многим из мною выше выводов также можно прийти, применив анализ характеристик групп, достойных национального самоопределения, недавно предложенный Авишаем Маргалитом и Джозефом Разом [Raz, Margalit 1994]. Согласно им, группы, достойные национального самоопределения[26], обладают двумя видами характеристик. Во-первых, это так называемые «всепроникающие» культуры, «которые охватывают многие, разнообразные и важные аспекты жизни, которые [определяют]

---

[25] Из этого, однако, следует, что шансы на успех национального решения в случае с евреями намного выше, чем в случаях преследования болельщиков футбольных клубов или гомосексуалистов. Это не означает, что национальное решение еврейской проблемы было приемлемым в конце XIX века или что оно стало таковым на более позднем этапе. Вопрос о том, было ли оно приемлемым, я обсуждаю в следующих главах.

[26] Раз и Маргалит обсуждают не концепцию нации, а концепцию групп, имеющих право на национальное самоопределение. Они спрашивают, какие характеристики делают определенные группы особенно подходящими для того, чтобы воспользоваться этим правом. Обоснования, которые они ищут для этого права (права территориальных групп управлять собой и определять, что территории, на которых они проживают, станут самоуправляемыми), являются либеральными обоснованиями, которые в основном сосредоточены на индивидуальном благополучии. В результате вопрос о концепции нации или группы, имеющей право на национальное самоопределение, сводится к следующему: «Какие характеристики групп гарантируют, что преимущества, предоставляемые правом на самоопределение, окажут существенное влияние на благосостояние их членов?» По их мнению, эти характеристики необязательно присущи только нациям; они могут характеризовать этнические группы, племена и т. д. Однако основными примерами таких групп являются нации.

или [отмечают] разнообразие форм и стилей жизни, видов деятельности, занятий, стремлений и взаимоотношений» [Ibid.: 129]. Во-вторых, культура рассматриваемых групп формирует характер индивидов, растущих среди членов группы, определяет их идентичность и важна для их самоидентификации [Ibid.][27]. По мнению Маргалита и Раза, этим группам свойственен высокий социальный статус: по членству в них идентифицируют людей, формируются ожидания относительно того, какие они, принадлежность к группам становится одним из основных ключей к интерпретации поведения других людей. Поскольку наше восприятие самих себя в значительной степени определяется тем, как, по нашим ожиданиям, нас будут воспринимать другие, принадлежность к таким группам является важной характеристикой, позволяющей каждому охарактеризовать самого себя [Raz, Margalit 1994: 131].

Повторюсь: очевидно, у еврейского сообщества не было единой распространенной культуры до сионизма, нет ее и сейчас. Еврейское сообщество всегда состояло из подгрупп, каждая из которых обладала собственной культурой[28]. Однако также очевидно, что

---

[27] Для Раза и Маргалита «всепроникающая» культура — это культура, которая пронизывает и формирует повседневную жизнь всех людей, являющихся частью этой культуры, во многих областях: в их языке, повседневной деятельности, которой они занимаются, чтобы зарабатывать на жизнь, досуге, личных отношениях в семье и за ее пределами, в отношении музыки, которую они слушают, архитектуры, литературы, которую они пишут и читают, кухни и т. д. Еврейская жизнь на еврейской родине, как часть всепроникающей еврейской культуры, в этом смысле была одной из центральных целей сионизма. Это доходчиво объяснил Ахад Хаам: иудаизм стремится «к созданию на своей родной земле условий, благоприятных для его развития: большого поселения евреев, беспрепятственно работающих во всех областях культуры, от сельского хозяйства и ремесел до науки и литературы» [Ha'am 1912: 44].

[28] Из утверждения о том, что у евреев во многих общинах были культуры, которые изолировали их от окружения, но в целом, в рамках своих различных диаспор, евреи не разделяли единой распространенной культуры, не следует, что между ними не было абсолютно никакого сотрудничества, кроме религиозного. Так, например, иврит, хотя и служил в основном религиозным языком — и как таковой он был известен всем молящимся евреям, — стал общим языком для евреев из разных общин, и это оказало

принадлежность к еврейскому народу в целом, а не к его подгруппам, была и остается одним из основных факторов, с помощью которых самоидентифицируются отдельные евреи. Более того, принадлежность к этой группе формирует социальные ожидания относительно того, каков их характер. Принадлежность к еврейскому народу в целом также является важным компонентом идентичности для очень многих евреев[29]. Чтобы предупредить

определенное влияние как на их повседневную, так и на интеллектуальную жизнь. Еще одна характерная черта широко распространенной культуры, характерная для многих общин еврейской диаспоры, связана с их родом деятельности и средствами к существованию. Тем не менее эти культурные компоненты, разделяемые евреями до и после расцвета сионизма, не могут служить основанием для утверждения о том, что они разделяли единую всеобъемлющую культуру в понимании Раза и Маргалита. Они говорят о культуре, которая пронизывает *большинство* сфер жизни и жизни *всех* членов сообщества (не только элиты). Тот факт, что раввины и некоторые еврейские торговцы из досионистской диаспоры использовали иврит в своей межобщинной переписке, не превратил иврит в язык, пронизывающий повседневную жизнь еврейских масс до и после расцвета сионизма. Также не сложилось единой всеобъемлющей культуры вокруг иврита, на котором все (или большинство) евреев говорили бы большую часть своей жизни; это произошло только на Земле Израиля и в Израиле с момента зарождения сионизма.

[29] Для сравнения подумайте о широко распространенной французской культуре. Это культура жителей Франции, но в значительной степени это также культура франкоязычного населения Квебека и Швейцарии. Члены этих трех групп, по-видимому, разделяют одну распространенную культуру (франкоговорящие африканцы тоже говорят на этом языке, но затруднительно утверждать, что другие компоненты их распространенной культуры разделяются франкоязычными, живущими во Франции, Швейцарии и Квебеке). Члены этих трех групп не обладают вторым признаком того, что Раз и Маргалит называют «объединяющими группами», — швейцарские франкофоны в первую очередь идентифицируются как швейцарцы или, возможно, как франкоязычные швейцарцы, но не как французы. То же самое относится и к квебекцам. Таким образом, группа, состоящая из французских, швейцарских и канадских франкофонов, представляет собой зеркальное отражение неопределенности еврейской группы с точки зрения концепции групп, имеющих право на самоопределение в понимании Раза и Маргалита. Мировое еврейское сообщество не является очевидным кандидатом на самоопределение, согласно концепции Раза и Маргалита, поскольку оно не разделяет единую распространенную культуру. Однако они могут считаться погранич-

возможную критику, я хотел бы отметить, что речь идет не только о религиозной принадлежности, но и о вере в общее происхождение и схожих характеристиках, вытекающих из социального статуса и занятий, которыми обычно занимались евреи на протяжении истории[30]. По крайней мере, в сознании евреев и человечества в целом история, о которой идет речь, была общей для всей группы, зародившейся как унифицирующая группа со всепроникающей культурой.

Опять же, поскольку евреи как единый коллектив ни в XIX веке, ни в настоящее время не обладают единой распространенной культурой, по мнению Раза и Маргалита, они не представляют собой парадигматический пример группы, имеющей право на национальное самоопределение сегодня, или имевшей на него право в XIX веке. Однако принадлежность к еврейскому народу в целом, а не к его подгруппам, представляет собой важную черту, с помощью которой сами евреи и люди других национальностей идентифицируют и формируют ожидания в отношении

ным случаем группы, имеющей право на самоопределение, поскольку принадлежность к еврейской общине имеет очень большое значение для идентификации личности. Всемирное сообщество франкоязычных стран, напротив, не является очевидным кандидатом на самоопределение, даже несмотря на то, что его члены разделяют единую распространенную культуру. Это происходит, среди прочего, потому, что идентичность, проистекающая из принадлежности к французской культуре, имеет гораздо более низкий социальный статус, чем идентичность, проистекающая из принадлежности к Швейцарии, Франции или Канаде.

[30] Как указано выше, даже если бы этот компонент идентичности воспринимался только как религиозный, он не имел бы никакого отношения к практическому вопросу, поставленному Разом и Маргалитом. Авторы пытаются охарактеризовать группы, которые имеют право на национальное самоопределение, даже не являясь национальными группами. Они также упоминают религиозные группы, которые могут иметь это право при условии, что они обладают определенными общими характеристиками. Ознакомившись с автобиографией Марселя Райх-Раницки [Reich-Ranicki 2001], известного немецкого еврейского литературного критика и польского еврея по происхождению, можно получить хорошее представление о заметном нерелигиозном компоненте идентичности евреев и о настойчивом стремлении идентифицировать, классифицировать евреев и относиться к ним как к таковым в абсолютно безобидных контекстах.

отдельных членов этой группы. Следовательно, по мнению Раза и Маргалита, евреи явно не представляют собой парадигматический пример группы, которая не может быть кандидатом на самоопределение[31]. Следовательно, как и предыдущие концепции национальности, нынешняя концепция позволяла евреям считать себя единым народом, достаточно полноценным, чтобы воспринимать идею национального самоопределения как наилучшее решение практических проблем или экзистенциальных дилемм, с которыми они сталкивались раньше и продолжают сталкиваться сегодня.

2.2.3. Единство и государственность еврейского народа как вопрос интерпретации

Исходя из вышеизложенного, сионистскую идею можно рассматривать как особую интерпретацию природы еврейской общности, а сионистское движение — как проект по реализации этой особой интерпретации. В XIX веке, чтобы достичь этого осознания, сионизму не нужно было доказывать, что евреи являются нацией в полном смысле этого слова. Сегодня в этом также нет необходимости. Сионизму было бы достаточно сделать более скромное и точное заявление, а именно, что в конце XIX века евреи составляли нацию лишь в определенном смысле и что сегодня они та же нация, хотя и в несколько более широком понимании. Фактически можно утверждать, что в качестве политической идеи сионизм мог заявлять в конце XIX века, равно как и сегодня, о том, что, поскольку евреи — нация в определенном смысле этого слова, перед ними открывается возможность попытаться стать нацией в полном смысле этого слова и реализовать свое самоопределение как нация.

---

[31] Поляки идентифицируют польских евреев как евреев, а не как польских евреев; румыны идентифицируют румынских евреев как евреев, а не как румынских евреев; и т. д. Евреев преследовали за то, что они были евреями, а не за то, что они были польскими евреями или румынскими евреями. Следовательно, они требовали самоопределения как евреи, а не как польские евреи или румынские евреи. Только в Израиле евреи идентифицируются как польские евреи или румынские евреи и так далее.

Практические соображения, вытекающие из их затруднительного положения, и моральные соображения, с ним связанные, способствуют выполнению этой задачи.

Именно это на самом деле и сделал сионизм в конце XIX века, и постсионисты признают сей факт. Позвольте снова процитировать Рама:

> Сионистское движение зародилось в Восточной и Центральной Европе в последние десятилетия XIX века. До возникновения сионистского движения прошло несколько десятилетий, в течение которых еврейские интеллектуалы размышляли о будущем иудаизма, еврействе и еврейской идентичности в современном мире. Предполагалось, что эмансипация освободит евреев от преследований, от которых они постоянно страдали. ...Даже когда универсальный гражданский принцип [эмансипации] на деле не прижился, происходили процессы, в результате которых еврейские общины начали распадаться. Аналогичным образом, даже там, где романтически-национальная реакция на универсалистское просвещение породила новый антисемитизм, угрожавший евреям, приходилось искать новый, более подходящий ответ в условиях нового затруднительного положения [Ram 2006: 30–31].

Затем Рам различает ряд так называемых стратегий самоидентификации, с помощью которых евреи справлялись с новыми обстоятельствами. Стратегии самоидентификации включают индивидуальную ассимиляцию; сохранение религиозных общин, которые либо открыты современным тенденциям (например, реформаторское движение в иудаизме, зародившееся в Европе в начале XIX века), либо закрыты (например, ортодоксальный иудаизм); сохранение автономии в рамках светских еврейских общин (Бунд и последователи Дубнова); и стратегию идентичности, предложенную сионизмом.

По словам Рама, разница между сионизмом и «стратегией идентичности светской общинной автономии» (предложенной Бундом и Дубновым) заключается в том, что сионизм — это политико-территориальное движение, требующее суверенитета.

Я не уверен, что в этом действительно состоит принципиальное различие между сионизмом и автономистами. Во-первых, неясно, правильно ли приписывать раннему сионизму требование еврейского суверенитета или, по крайней мере, государственного суверенитета. Во-вторых, требование Бунда об автономии (по сути, то же требование суверенитета, только не государственного и не территориального) также включало национальный компонент. В-третьих, принципиальное различие между Бундом и сионизмом заключалось в вопросах конкретного географического положения, которое они искали для обеспечения еврейского самоопределения, и в понимании того, какие еврейские подгруппы необходимо включить в этот процесс. Бунд добивался еврейского самоопределения только для евреев Восточной Европы в Восточной Европе. Бенефициарами этой конкретной реализации права на самоопределение стали бы евреи Восточной Европы, говорящие на идише. Бунд не собирался позволять евреям за пределами Восточной Европы идентифицировать себя как таковых и участвовать в предложенном самоопределении евреев. Напротив, сионизм стремился добиться самоопределения евреев на Земле Израиля. Даже притом, что отцы-основатели сионизма стремились реализовать еврейское самоопределение из-за положения европейских евреев, внутренняя логика предложенного ими решения этой проблемы означала, что оно послужит интересам всех евреев, иначе и быть не могло[32].

---

[32] Лео Пинскер, русско-польский предтеча сионизма, в книге «Самоэмансипация» (1882) отчаялся увидеть перспективы еврейской эмансипации в Европе и призвал к созданию еврейской родины. Пинскер упоминает марокканских евреев, и его аргументация наводит на мысль, что идея, которую он отстаивает в своем эссе, справедлива и для них. По его словам, понятие еврейского самоуправления на отдельной территории справедливо для евреев в той мере, в какой они являются евреями (он имеет в виду еврейские общины, которые многочисленны по отношению к людям, среди которых они живут), а не только для европейских евреев [Pinsker 1948: 97–98]. Цур утверждает, что с самого начала в сионистских программах три неевропейские еврейские общины должны были участвовать в переселении на Землю Израиля наряду с находящимися в бедственном положении евреями из Восточной Европы и России, а именно евреи Марокко, Персии и Йемена [Tzur 1999: 22.6].

Прежде чем углубиться в этот вопрос, позвольте мне ненадолго вернуться к Раму. Я процитировал его здесь не потому, что его описание альтернатив, с которыми столкнулись евреи в конце XIX века, раскрывает что-то новое, а для того, чтобы продемонстрировать, что он хорошо осведомлен о многих общеизвестных фактах. Как и другие постсионисты, он знает, что сионизм был в первую очередь направлен на решение практических проблем, с которыми европейские евреи столкнулись в конце XIX века из-за своей национальности. Сионизм не есть позиция, занятая в метафизике сущностей, и не позиция в концептуальных дебатах о значении понятия нации. Он лишь один из возможных ответов на затруднительное положение, в котором оказались евреи, и на практические проблемы, с которыми они индивидуально и коллективно сталкивались. Несмотря на то что евреи группировались в множество отдельных общин, сионизм предпочитал, чтобы евреи действовали сообща, и поэтому относился к ним как к единому сообществу. Более того, даже притом, что евреи не представляли собой нацию в полном смысле этого слова, относиться к ним как к нации представлялось концептуально возможным, потому что в далеком прошлом они таковой были. По крайней мере, именно так воспринимали себя они и так их воспринимали другие. Кроме того, из-за желания сохранить коллективное еврейское существование и отверженности их окружением, у евреев были все основания рассматривать возможность превращения себя в нацию в полном смысле этого слова.

В этом отношении сионизм ничем не отличался от других национальных движений в Европе XIX века. Согласно светилам социологии и критической историографии национализма, о некоторых из которых я упоминал ранее, включая Ренана, Геллнера, Андерсона и Хобсбаума, с конца XVIII века сама национальная идеология создавала нации — не наоборот. Сам Рам утверждает, что в этом отношении сионизм не отличался от других национальных движений [Ram 2006: 52].

Тем не менее он пишет, что национальная идеология не «создала», а «изобрела» нации [Ibid.] и что сионизм не «создал», а «изобрел» современную еврейскую нацию [Ibid.: 54]. Эрнест Геллнер также высказывался в терминах «изобретения наций» в одной из своих статей [Gellner 1974: 169]. Однако преимущественно он пользовался термином «создание», а не «изобретение» [Gellner 1983: 55], и, как учил нас Бенедикт Андерсон, существует существенная разница между утверждением, что национализм *изобрел* нации, и что он породил нации, или — выражаясь его терминами, заставил людей «вообразить» свои нации. Андерсон пишет:

> Геллнер так стремится показать, что национализм маскируется под ложные представления [а именно, что эта идеология, принятая давно существующими нациями, а не идеология, которая составляет эти нации], что он отождествляет «изобретение» с «фабрикацией» и «ложью», а не с «воображением» и «фантазией о том, что происходит», «сотворением». Таким образом, он подразумевает, что существуют «истинные» сообщества, которые можно выгодно противопоставить нациям. На самом деле, все сообщества, более крупные, чем первобытные деревни, где люди общались лицом к лицу (а возможно, и они тоже), являются вымышленными [Anderson 1991: 6].

Согласно этим утверждениям, для Андерсона социальное «воображение» не означает изобретение чего-то, что не имеет под собой никакой основы в социальной реальности. Скорее, термин означает, что люди изобретают и одновременно распознают социальную реальность, которая находится за пределами социальной реальности непосредственного восприятия. Он утверждает, что для создания, поддержания и признания такой реальности необходимо задействовать силу воображения, поскольку мы говорим о реальностях, которые не наблюдаются визуально, не слышны на слух и не осязаемы на ощупь. В отличие от впечатления, созданного Андерсоном, и как показано в приведенных выше цитатах, Геллнер не всегда говорил об «изобретении» наций и их подделке. Временами он смягчался в отношении национальной идеологии и фактически высказывал ту же точку зрения, что и Андерсон[33]. Оба утверждали, что с помощью объектов реальности, например того факта, что люди принадлежат к языковым и культурным сообществам, живущим на тех или иных территориях в течение длительных периодов времени, национальная идеология подвигает людей представлять, как они принадлежат к нации, обладающей историческим прошлым, с которой они отождествляют себя и хотят продолжать делать это.

Более того, хотя саркастическая риторика Геллнера, направленная против историографических искажений, характерных для национальных движений, создает впечатление, что он полностью отвергает национализм, многие другие характеристики, которые он приписывает национализму, демонстрируют его признание ценности этой идеологии[34]. Многие из его описаний подразумевают, что национализм как историческое явление был и остается весьма ценным. Это можно заключить из его характеристики национализма в крупных индустриальных обществах: он представляет это явление как социально-экономический процесс, вызванный промышленной революцией, необходимый для повышения благосостояния масс [Gellner 1983: 35][35].

Преимущества, которые он видит в национализме, просматриваются в том, как автор описывает его наиболее маргинальные течения: так он пользуется термином «национализм диаспоры», главным примером которого называет сионизм. Несмотря на несколько критическое отношение Геллнера к Израилю, он при-

---

[33] Характеристика Геллнера как «агрессора» в отношении национализма принадлежит Андерсону [Ibid.], а не мне, хотя я с ним согласен.

[34] Отвечая, например, на аргумент о том, что национализм приводит к культурной гомогенизации, он говорит: «Неграмотное, полуголодное население, высосанное из своих бывших сельских культурных гетто в плавильные котлы трущоб, жаждет влиться в какой-нибудь из тех культурных бассейнов, которые уже имеют... свое современное состояние, с последующим обещанием полного культурного гражданства, доступа к начальной школе, трудоустройству и всему остальному» [Gellner 1983: 46].

[35] В этом он не отличается от Маркса, который тоже хорошо отзывался о национализме великих индустриальных стран, но только потому, что считал национализм важным этапом в становлении капитализма, необходимым условием пролетарской революции [Nimni 1991].

знает экономические и социальные потребности, которые послужили оправданием для национального движения, приведшего к созданию этого государства [Gellner 1983: 101–109].

Напротив, Рам предпочитает описывать сионизм как «изобретший» еврейский народ, то есть ошибочно утверждающий о его существовании. Он отказывается признать, что евреям предложили представить себя принадлежащими к общей еврейской национальной общине в силу реальных обстоятельств, в которых они жили. В этом вопросе Шломо Занд пошел еще дальше, посвятив целую книгу «изобретению», а именно «подделке» еврейской нации [Sand 2008]. Оба автора опускают те элементы геллнеровской социологии национализма, которые касаются проблем евреев и иудаизма, из решения которых развился сионизм.

Хотелось бы вернуться к главной задаче данного раздела, а именно к пониманию интерпретационных шагов и исторических изменений, произведенных сионизмом с конца XIX века в отношении еврейского сообщества. Можно утверждать, что благодаря сионизму в трактовке принадлежности евреев к нации произошли два значительных изменения. Во-первых, сионизм превратил подгруппу сообщества, которая в конце XIX века могла лишь частично считаться нацией, в нацию в полном смысле этого слова, в соответствии со всеми интерпретациями понятия. Труды теоретиков, существенно отличающиеся друг от друга по описанному личному опыту и предлагаемым в качестве концепции нации идеям, все предполагают четкий и положительный ответ на вопрос о том, является ли подгруппа евреев, проживающих в Израиле, нацией. Еврейская община в Израиле — это сообщество с общей культурой, языком и единой территорией. Таким образом, она соответствует сталинскому определению нации. Во-вторых, члены этой группы «обладают богатой коллекцией воспоминаний [... и] на сегодня демонстрируют согласие, желание жить вместе, стремление увековечить ценность наследия, полученного в неразделенной форме» [Renan 1990: 19]. Следовательно, израильских евреев также можно считать нацией, в соответствии с определением термина Ренана. Они составляют группу с общей распространенной культурой, «принадлежность к которой является одним из основных факторов, по которым [они] идентифицируются [… и принадлежность к которой] является важной характеристикой, позволяющей каждому [из членов] узнать о себе» [Raz, Margalit 1994: 133]. Следовательно, евреев также можно считать нацией в смысле, заложенном Разом и Маргалитом.

Второе существенное изменение, внесенное сионистским движением в отношении национализированности еврейского народа, касается того, каким образом израильское еврейское сообщество может считаться нацией. Этот народ осознает свою принадлежность нации в соответствии с концепцией, которая позволяет всем членам еврейского коллектива, независимо от того, живут ли они в настоящее время в Израиле или где-либо еще в мире, разделить «наследие воспоминаний», выраженное в сионистском изложении еврейской истории, повествовании о суверенном народе, который жил на Земле Израиля в древности и возродился на Земле Израиля в XX веке. Более того, сионизм или определенные исторические факторы, которые способствовали его успеху (главным образом холокост), привели к возникновению реального осознания массами евреев, живущих во всех частях мира, важности израильского еврейского наследия памяти для еврейского народа в целом. Сионизм и исторические факторы, способствовавшие его успеху, позволили евреям разделить это наследие и превратили его в важную часть еврейской идентичности. Многие евреи, живущие за пределами Израиля, отождествляют себя с общим наследием, считают его частью своей идентичности и готовы работать над его сохранением в будущем. У них есть «желание продолжать ценить» это наследие вместе с израильскими евреями. Конечно, большинство из них не проявляют никакого желания жить вместе с израильскими евреями в одной политической единице. Однако утверждение Ренана о «желании жить вместе, желании продолжать ценить общее наследие» можно истолковать шире, чем совместное проживание в одной территориальной и политической единице. В этом смысле можно считать, что сионизм превратил сообщество мирового еврейства или, по крайней мере, большое число его членов в нацию в гораздо менее частичном смысле, чем в том частичном смысле, в котором они считались нацией в конце XIX века и в предшествующие ему столетия. Тогда они воспринимались как нация лишь частично только потому, что в древности были полноценной нацией или, по крайней мере, в древности сами считали себя таковой, как и представители других наций. За исключением того факта, что израильские евреи составляют нацию в парадигматическом смысле этого термина, с момента создания Израиля еврейский народ в целом стал гораздо большей нацией, чем был до этого, потому что многие неизраильские евреи теперь разделяют и ценят национальное наследие израильского еврейства, следовательно, в соответствии с концепцией Ренана, они представляют собой частный случай нации[36].

Если предположить верность моих описаний формирования единства и государственности еврейского сообщества в XIX веке и позднее, то представленная мной картина дает основания для отклонения постсионистских аргументов, которые я озвучил в начале главы относительно единства и государственности еврейского сообщества, главного героя сионистского повествования, в XIX веке. Постсионисты, отвергающие единство еврейского народа и его статус нации, отрицают факты, на основании которых в XIX веке можно было рассматривать евреев как единую нацию. Они игнорируют эти факты и нигде не обсуждают аргументы, использованные ранними сионистами для обоснования идеи понимания еврейского существования в националистических терминах. Ни Рам, ни Занд, ни Шенхав, ни Йона, никто из постсионистов не обсуждает (по крайней мере, систематически) вопрос о том, уместным ли оказалось сионистское решение проблем европейских евреев в конце XIX века и в первой половине XX века, помогло ли формирование полноценной еврейской нации на Земле Израиля. В лучшем случае они исходят из бесполезности этого решения или высказывают неодобрительные мнения. Более того, складывается впечатление, что, по их мнению, реальность, созданную сионизмом (в совокупности с другими

---

[36] Я возвращаюсь к этому вопросу в главе 6, которая посвящена отношениям между евреями в Израиле и евреями диаспоры.

историческими факторами), а именно реальность, в рамках которой еврейская нация в полном смысле этого слова существует в Израиле и которая также включает мировое еврейское сообщество в одном важном частичном смысле, нужно воспринимать как никогда не существовавшую[37].

2.3. Перипетии главного героя

В отличие от упомянутых выше израильских постсионистов, начиная с 1930-х годов главенствующий сионизм двигался в противоположном направлении.

Учитывая, что на заре сионизма еврейское сообщество могло считаться нацией лишь в ограниченном смысле этого слова и что крошечная часть этого сообщества, расселившаяся на Земле Израиля до 1930-х годов, постепенно превратилась в полноценную нацию, господствующий сионизм утверждал, что все евреи всегда были одной нацией — в XIX веке, во время зарождения сионизма, и до него, на протяжении всей своей истории.

> Основное допущение, которое служит отправной точкой как для прояснения роли еврейской историографии, так и для определения предмета исторического исследования, на наш взгляд, должно заключаться в следующем: еврейская история — это история израильского народа, которая никогда не прекращалась и значение которой не ослабевало ни в один исторический период. Еврейская история — это однородное единство, охватывающее все периоды и все локации, каждая из которых информирует других [Baer, Dinur 1936: 1].

Перед нами отрывок из манифеста, опубликованного на первых страницах первого номера периодического издания «Сион» в 1936 году под редакцией историков Ицхака Баера и Бен Цион

---

[37] Израильские постсионисты считают свой антиэссенциализм достаточным основанием (хотя и не единственным) для отрицания еврейского национализма Израиля, по крайней мере, в его сионистской версии, которая апеллирует к еврейской национальности не только израильских евреев, но и всех евреев на свете. Более подробное изложение их конкретных позиций по этому вопросу приведено в разделах 4.2, 4.4 и 6.3.

Динура. В предисловии редакторы объявляют о своем сознательном, взвешенном принятии позиции, согласно которой евреи всегда составляли нацию. В приведенном выше отрывке они выражают эту позицию еще более недвусмысленно, чем в отрывке, приведенном в начале этой главы. Динур как ведущий историк, заполняющий фактические пробелы в сионистском повествовании, и как министр образования Израиля, сыгравший решающую роль в формировании национального самосознания израильских евреев, по удачному выражению Рама, внедрил эту идею в менталитет членов нации. После провозглашения независимости Израиля она стала официальной точкой зрения государства и господствующего сионизма.

Декларация независимости, как и позиция, лежащая в ее основе, не соответствует первому утверждению, содержащемуся в версии сионистского нарратива, которую я изложил в начале книги, а именно, что евреи, проживающие на Земле Израиля, — часть мирового еврейского сообщества, продолжение еврейского народа, возникшего на Земле Израиля в древности. Это утверждение с большей точностью, чем Декларация независимости, описывает общий знаменатель сионистских устремлений конца XIX века, момента возникновения движения, и того, чем оно занималось. Эта идея согласуется с предположением, что еврейское сообщество перестало быть нацией в полном смысле этого слова после периода Античности или начала Средневековья и что лишь небольшая его часть вернулась к тому, чтобы заслужить статус нации во всех смыслах, и то в результате успешной дсятельности сионизма. И Декларация независимости, и заявления Динура рассказывают историю народа, который появился на Земле Израиля в древности и который никогда не терял своей сущности как единое сообщество и нация.

2.3.1. Лежит ли националитет в основе иудаизма? Ложь и домыслы во имя объективности

Версия сионистского нарратива Динура основана на предположении, что сущность евреев заключается в том, что они — нация. Для убедительной иллюстрации идеи Динура я бы сравнил соотношение между нацией и еврейской общиной с соотношением между молекулой H_2O и водой: вода не перестает содержать H_2O в своем жидком, замерзшем или парообразном состоянии, так и евреи не переставали быть нацией, независимо от того, были ли они (или остаются ли) религиозными общинами или различными диаспорами. Чтобы этот образ, наряду с утверждением о том, что в сути еврейской общины лежит национальность, стал еще ярче, Динур и его историография должны были как-то обосновать его; ведь если группа должна соответствовать определенным условиям, чтобы считаться нацией, и если евреи не соответствовали этим условиям на протяжении длительного периода времени гонений, то их состояние нельзя сравнить с состоянием воды, меняющимся от жидкого к твердому или газообразному, его скорее следует сравнить с водой, которая потеряла H_2O, то есть перестала быть водой. В конце концов, молекула H_2O в своей целостной атомной форме неизменно характеризует воду, независимо от формы: льда, жидкости или пара. Евреи в период своего изгнания не отличались «молекулярной структурой» территориальной и культурной общины в сочетании с осознанием общего наследия и желанием сообща сохранить его. Как единый всемирно представленный коллектив, они не обладали ни одной из этих характеристик, и с момента основания Израиля они подпадают только под одну, и то лишь частично. Какая «молекула» была у еврейского народа раньше (или действительно есть сейчас), которая оправдывала бы утверждение о том, что они никогда не теряли своей национальной сущности?

Динур мог бы ответить на этот вопрос, придерживаясь упрощенной версии теории форм Платона: существует форма еврейской общины, а именно форма нации, конкретная история евреев во всей ее полноте — их расселение среди народов, а также их возвращение на Землю Израиля — это лишь слабое отражение исходной формы. Однако, по крайней мере в том, что касается рассматриваемого вопроса, Динур поклонником Платона не был. Наряду с господствующей сионистской историографией он пытался гораздо более традиционными средствами преодолеть проблемы, вытекающие из общего тезиса о том, что сущность евреев является национальной: просто отрицая отсутствие или важность отсутствия национальных особенностей у евреев в течение всего периода, на протяжении которого казалось, что им не присущи такие характеристики.

Идеологи сионизма настаивали на том, что одну из характеристик еврейского народа представляет собой территориальность. А. Б. Иегошуа формулирует это следующим образом:

> [Эти идеологи] с энтузиазмом подсчитывают количество евреев в Эрец-Исраэль в каждом столетии, чтобы доказать непрерывность еврейского присутствия там, они восхваляют семью, которая веками жила в галилейском городе Пекиин. Они приходят в восторг, встречая каждого приехавшего со своими последователями в Эрец-Исраэль раввина, который умудряется задержаться там на пару лет [Yehoshua 1981: 33][38].

Самая известная из всех *алий* (церемония возвращения евреев на Землю Израиля), о которой упоминает Иегошуа, — это *алия*, совершенная рабби Иегудой Хахасидом в 1700 году[39]. Именно на основе этой *алии* и существования еврейской культуры на Земле Израиля до мусульманского завоевания в VII веке Динур ухитрился сократить время отсутствия еврейской жизни на Земле Израиля с двух тысячелетий до одного [Myers 1995: 144–148; Ram 2006: 37].

Однако Динур и Декларация независимости главным образом стремились отрицать не как таковое отсутствие общей еврейской территории и распространенной культуры на протяжении тысячи или двух тысяч лет их кочевничества, а *значимость* этого

---

[38] Иегошуа высмеивает усилия Динура и господствующего сионизма. То же самое делают академические историки, которые подкрепляют свое неприятие Динура систематическими историческими доказательствами [Barnai 1995: 57–58]. О попытке поддержать Динура в манере, которая, на мой взгляд, делает его историографию еще более нелепой, см. [Morgenstern 2002].

[39] Об *алиях*, совершенных другими раввинами, см. также [Morgenstern 2002].

отсутствия. Они утверждали, что евреи отсутствовали не по своей воле. Вот что говорится в Декларации независимости:

> Изгнанный со своей земли, еврейский народ оставался верен ей во всех странах своего вынужденного пребывания, никогда не переставая молиться и надеяться на возвращение, восстановление на родине своей национальной свободы. Побуждаемые этой исторической ассоциацией, евреи в каждом последующем поколении стремились вновь утвердиться на своей древней родине[40].

Сам Динур высказывается еще более определенно:

> Даже когда Земля Израиля вышла из-под власти израильтян, израильский народ не стал бездомным. Их страну отобрали и разграбили, в то время как они «цеплялись за ее границы», «хватались за ветви своих пальм» и утверждали, что «это все это им принадлежало» [Dinur 1938: 14].

Динур, как и Декларация независимости (хотя и менее явно), ссылается на замечательные строки раввина Иуды ха-Леви (Галеви) в литургической поэме «Ода Сиону»:

> Совершенный по красоте, Сион, как в тебе
> соединяются любовь и благодать!
> ...Они цепляются за бахрому твоих одежд и спешат
> Схватить и удержать ветви твоих пальм[41].
> [Halevi 1917, строки 68–69, 77–78]

Выражение тоски Иуды Галеви и аллюзии Декларации независимости на некоторые стихи из «Амиды» — центральной молитвы в еврейской литургии — и на «Агаду» — текст, который читается в канун Пасхи и устанавливает порядок ритуального застолья, — очевидно, доказывают, что физическое отсутствие евреев на исторической территории — отсутствие как часть

---

[40] См. Декларацию о создании Государства Израиль, 1 LSI 3 (1948).

[41] Раввин Иегуда Халеви был еврейским поэтом и религиозным философом, родившимся в средневековой Испании (около 1075–1141 годов н. э.).

объективного критерия для получения статуса нации не имело места — на самом деле не лишает евреев территориальности, поскольку ее отняли у них против их воли. Более того, утверждение о том, что евреи были вынуждены покинуть Землю Израиля не по собственной воле, возможно, также косвенно указывает на второй основной компонент объективистского определения национальности, а именно на то, что у евреев есть всеобъемлющая культура. Даже если они не сохранили своей культуры во время изгнания, в результате экспроприации Земли Израиля, так это потому, что у них отобрали не только территорию, но и общую культуру. Наконец, потеря Земли Израиля, тоска по ней и стремление вернуться, несомненно, могут служить доказательством того, что еврейское сообщество никогда не переставало соответствовать субъективистскому критерию принадлежности нации по Ренану. Если в Декларации независимости справедливо утверждается, что евреи в каждом поколении стремились вернуться и поселиться на своей древней родине, то, безусловно, их воспоминания о жизни там в древности представляют собой наследие, которого они неустанно придерживались и которое хотели возродить и возобновить все вместе. Если это так, то у нас нет иного выбора, кроме как принять утверждение Динура и позицию, лежащую в основе Декларации независимости, а именно: сущность еврейского народа никогда не переставала быть национальной, даже когда менялись условия его жизни и существования[42].

И все же все эти утверждения неверны. А. Б. Иегошуа выражается на их счет особенно резко. Он утверждает, что попытки «всех этих идеологов... доказать непрерывность еврейского присутствия [на Земле Израиля]», под которыми он понимает

---

[42] История изгнания римлянами и последующего страстного и неустанного стремления многих поколений вернуться на Землю Израиля сыграла важную роль не только в поддержке притязаний господствующего сионизма на непрерывную государственность еврейского коллектива, но и в обосновании господствующей позиции в отношении институционального, территориального и демографического аспекта еврейского самоопределения на Земле Израиля. Я пишу об этом в главе 3.

попытки, подобные попыткам Динура или Декларации независимости, удручающи по своей природе [Yehoshua 1981: 33][43]. Затем он добавляет:

> Я думаю, что не сильно ошибусь, если скажу, что за все эти столетия, от разрушения Второго Храма до зарождения сионизма и фактически вплоть до настоящего времени, еврейский народ не предпринимал серьезных усилий для возвращения в Эрец-Исраэль, не пытался восстановить свою политическую независимость или хотя бы попытаться там обосноваться. Этот народ проявил находчивость, гибкость и изобретательность, добираясь практически до любой точки земного шара — от Атласских гор до степей Китая, от Огненной земли в Южной Америке до сибирских пустошей, — но не предпринял ни одной реальной попытки вернуться в Эрец-Исраэль и закрепиться там. ...Евреи в большом количестве расселились по всем землям Средиземноморского бассейна, за исключением Эрец-Исраэля. В своих странствиях евреи кружили неподалеку от своей страны, их тянуло к ней, но они боялись и избегали ее [Yehoshua 1981: 32–33].

Иегошуа прав. Если кто-то хочет обосновать претензии, связанные с общими, абстрактными понятиями «воля» народа, «стремление» к достижению определенных целей (наряду с концепциями «изгнания» народа с территории, «присутствия» народа на территории и подобными), необходимы гораздо более достоверные факты, чем те, на которые ссылается официальная сионистская историография в своей попытке заполнить фактические пробелы в сионистском нарративе.

На протяжении многих поколений существования еврейской диаспоры были евреи, которые пытались добраться до Земли Израиля и поселиться там, и кому-то из них удалось добиться

---

[43] Здесь я процитировал Иегошуа, а не академических историков [Barnai 1995: 57–58; Ben-Sasson 1976: 22; Myers 1995: 144–148], потому что он отражает прямолинейность общественного мнения и потому что его общественный статус оправдывает представление о нем как о представителе сионизма, а не просто как о наблюдателе этого движения.

там фрагментарной общинной жизни. Но этих фактов недостаточно для обоснования утверждений относительно преемственности еврейского народа на Земле Израиля или его стремления вернуться туда. Евреи, живущие на Земле Израиля, составляли ничтожное меньшинство мирового еврейства и, в отличие от современной еврейской общины Израиля, никогда не занимали лидирующего положения среди мирового еврейства.

Тот факт, что евреи в конце ежегодного Пасхального Седера (ритуального праздника) произносят «в следующем году в Иерусалиме», также не может служить основанием для утверждения, что евреи «на протяжении веков стремились вернуться и поселиться на своей древней родине». Британский философ Элизабет Энскомб определяла «намерение» как «попытку получить» [Anscombe 1963: 69]. Само собой разумеется, что «стремиться» к чему-либо равносильно попытке получить желаемое. Однако молиться, надеяться и писать великие стихи — это не то же самое, что «пытаться получить».

Многие выражали сомнения в том, что евреи, провозглашая «в следующем году в Иерусалиме», выражали реальную личную или общественную надежду оказаться там. Произнося этот тост, они не собирались высказывать реальное желание оказаться там в следующем году или через год. Скорее всего, они выражали надежду на утопическое воссоединение без малейшего намерения реализовать его [Raz-Krakotzkin 1993: 50–51].

Сионизм приписал этим восклицаниям новое значение. Даже если незадолго до зарождения сионизма, в течение XIX века и впоследствии, некоторые евреи, произносившие эти слова, на самом деле выражали реальное желание вернуться в Сион, это не означает, что именно это имели в виду поколения евреев до XIX века. Обсуждаемая нами официальная сионистская историография приписывает желание вернуться на Землю Израиля поколениям евреев задолго до возникновения сионизма, а не только в период, близкий к этому, или время после его популяризации. Следовательно, было бы неверно утверждать, что эти поколения стремились и действительно надеялись вернуться на Землю Израиля.

В своей книге «Израиль и семья народов» Александр Якобсон и Амнон Рубинштейн цитируют фразу из Декларации независимости, в которой говорится, что изгнанный еврейский народ «никогда не переставал молиться и надеяться на свое возвращение и восстановление своей политической свободы» [Yakobson, Rubinstein 2009: 79]. Они признают, что выражение «политическая свобода» представляет собой современное понятие националитета, которое не совсем точно отражает суть традиционной «молитвы и надежды». Тем не менее они добавляют, что «можно рассматривать сионизм как современную интерпретацию или воплощение традиционного еврейского видения возвращения в Сион, адаптированное к потребностям современного еврейского национализма» [Ibid.: 119][44].

Я полностью согласен с этим утверждением. Первоначальная позиция сионизма о том, что евреи — это нация, должна рассматриваться как интерпретирующая, равно как и его позиция в отношении молитв и благословений, таких как «Пусть наши глаза станут свидетелями вашего возвращения в Сион» и «В следующем году в Иерусалиме». Однако Якобсон и Рубинштейн, наряду со многими другими ведущими сионистами, игнорируют одну важную вещь: Декларация независимости претендует на утверждение исторического факта на основе традиционного текста, а не на новую интерпретацию этого текста. В Декларации независимости утверждается, что поколения евреев молились о том, чтобы стать свидетелями возвращения Бога на Сион, надеялись на восстановление Иерусалима, выражали реальное желание вернуться туда и, более того, намеревались восстановить свою политическую свободу. По определению переосмысление молитвы и благословения предполагает, что предыдущие интерпретации отличались. Если бы Декларация независимости поставила целью переосмысление молитв и благословений, то она противоречила бы сама себе, утверждая, что поколения евреев, жившие до XIX века, тоже молились о политической свободе. Напротив, если новый текст — переосмысление, то это свиде-

---

[44] Это утверждение встречается только в еврейской версии их книги.

тельствует о том, что предыдущие поколения евреев не молились о свободе и, безусловно, не стремились к ней. Я провожу это различие не из педантичных научных соображений. Как я покажу в главе 3, это недопонимание имеет очень серьезные практические последствия: утверждение о том, что евреи стремились вернуться в Сион, произнося «Да будут наши глаза свидетелями вашего возвращения в Сион», может помочь им заявить о своих правах собственности на Сион; и напротив, утверждение о том, что стремление к политической независимости — это лишь еще одна интерпретация древней молитвы, опровергает притязания на такое право.

Чтобы представить евреев никогда не перестававшей быть нацией, господствующий сионизм избегает правды о надеждах евреев и их стремлении вернуться на Землю Израиля. Хуже того, сионисты не озвучивают *всю правду* о том, что делали евреи, перестав быть полноценной нацией. Здесь я имею в виду «отрицание изгнания». Эта базовая сионистская концепция несет моральную нагрузку в том смысле, что неодобрение должны вызывать сам способ и содержание существования в изгнании [Shapira 2009: 13; Shimoni 2000: 47–48]. Однако эта концепция также имеет историографическое значение: она отрицает (или скрывает) тот факт, что евреи диаспор часто также жили полноценной, осмысленной и сложной жизнью, достойной одобрения и принятия, никак не полного отрицания[45]. Очевидно, многие евреи диаспоры ведут такой вполне полноценный образ жизни и сегодня. И снова пригождаются цитаты Рама, на этот раз взятые из еврейской образовательной энциклопедии и касающиеся преподавания еврейской истории:

> Преподавание должно строиться на национальной истории, а его центральной осью должны стать еврейский народ и Земля Израиля. Необходимо уделять больше внимания периодам, в течение которых еврейский народ проживал на

---

[45] См. [Raz-Krakotzkin 1993: 24. 2] о различии между «концепцией истории, обозначаемой концепцией "отрицания изгнания", и культурными ценностями, вытекающими из нее».

своей Земле. Различные случаи изгнания… можно объяснить как «эпизоды» в жизни нации, как переходные периоды; необходимо подчеркивать, что евреи веками стремились вернуться на свою Землю [Hendal, Levi 1959: 257].

Изучение отдельных случаев изгнания и расселения евреев по разным странам недостаточно подчеркнет дух нашего единства. Требуется обсуждать вопрос об изгнании как единый целый феномен [Hendal, Levi 1959: 268; Baer, Dinur 1936: 2–3].

Говорить неправду о стремлении евреев вернуться на Землю Израиля — все равно что не говорить всей правды о существовании еврейской диаспоры: и то, и другое направлено на поддержание тезиса о том, что националитет составляет суть еврейского сообщества, даже если у них на самом деле такой сути не было. Именно эта потребность, а не историческая правда о еврейском народе, является определяющей в преобладающей историографии классического сионизма.

Независимо от того, ошибочен ли эссенциализм как таковой, он определенно вводит в заблуждение в том смысле, в каком его использовали Динур и доктрины, развивавшиеся после 1930-х годов. Я надеюсь, мне удалось доказать, что эссенциализм привел официальную сионистскую историографию к откровенной фальсификации и распространению художественной литературы. Тем не менее из этого не следует, что сионизм не должен быть эссенциалистским ни в каком смысле или что любой тип эссенциализма обязательно заставит сионизм заполнить выдумками фактические пробелы в своем нарративе.

2.3.2. Сионистская историография иудаизма: что общего между иудаизмом и водой?

Рассмотрим следующее утверждение: «Сущность человека заключается в его способности рассуждать, быть свободным, выбирать между добром и злом». Эта позиция в эссенциалистской формулировке, по-видимому, поддерживается важными постулатами морали, а также лежит в основе уголовного и других областей права. Тем не менее в этих областях она, по-видимому, работает иначе, чем утверждение из области химии «Сущность воды заключается в молекуле H_2O». Если с этим утверждением соглашается химик, он обязательно ожидает, что каждый отдельный образец воды также представляет собой образец H_2O. Однако эксперты по уголовному праву и философы-моралисты, которые исходят из того, что сущность человека заключается в его способности рассуждать и выбирать между добром и злом, не имеют в виду, что каждый человек в любой момент времени обладает способностью рассуждать или действовать рационально. Все понимают, что это не так. Философы только и сделали, что выделили характерные человеческие способности, которые могут служить рабочим предположением для предписаний: как относиться к людям и какие ожидания можно возлагать на окружающих. Это различие между эссенциализмом в области науки и эссенциализмом в области морали отражает описательный характер естественных наук в целом, в отличие от нормативного характера права и морали. В естественных науках эссенциализм должен носить описательный характер, в то время как в других областях, о которых я упоминал, его можно интерпретировать в основном как нормативный. Хотя это и не совсем случайный описательный признак рассматриваемой категории, названная характеристика не обязательно должна присутствовать в каждом конкретном случае соответствующей категории. Нормативный эссенциализм означает рассмотрение характеристики определенной категории, которая является типичной, но не обязательно всегда присутствует, которая должна лежать в основе желательного поведения индивидов, составляющих эту категорию, или желательного поведения по отношению к ним.

Если принять предположение, что эссенциалистские позиции в определенных областях гуманитарных и социальных наук в основном нормативны, и если согласиться с тем, что ошибочно предполагать, что они в каждом проявлении якобы применимы ко всем без исключения представителям категории, на которую ссылаются, тогда возникает вопрос о правдивости утверждения сионистов о том, что еврейское сообщество, по сути, является нацией, и это вопрос политической морали, а не исторического факта. Когда сионист говорит, что евреи, по сути, являются нацией, он выражает свою твердую приверженность норме, согласно которой еврейское сообщество, в силу наличия определенных национальных особенностей, должно действовать как нация, и к нему должны относиться как к единому государству. Приверженность этой норме не влечет за собой веры в то, что атрибут государственности полностью воплощен во всех конкретных проявлениях нынешнего еврейского сообщества, не говоря уже об их истории. Это норма того же типа, что и та, которая гласит, что к людям следует относиться исходя из предположения, что они способны отличать правильное от неправильного и что они должны вести себя так, как будто обладают этой способностью. Это нормативное «рабочее допущение» не подразумевает, что способность отличать правильное от неправильного полностью реализуется в каждом конкретном проявлении человеческих существ в прошлом или настоящем[46].

---

[46] В постколониальной литературе, которая вдохновляет на работу постколониальных постсионистов (см. раздел 4.4), фигурирует понятие «стратегический эссенциализм». Вот как Йосси Йонах описывает это понятие, предложенное Гаятри Чакраворти Спивак: «Спивак считает, что политика идентичности может избежать эссенциализма ради него самого и вместо этого принять "стратегический эссенциализм". Автор подчеркивает важность коллективной идентичности как источника расширения политических прав и возможностей и как основы для политических перемен в отношении групп, которые подвергаются угнетению и дискриминации. Однако она предлагает нам признать наличие случайных элементов в этих идентичностях, утверждая, что социальные группы отказываются от своей коллективной идентичности, как только достигают своих целей» [Yonah 2005: 52.13]. Стратегический эссенциализм, несомненно, является подклассом нормативного эссенциализма. Его придерживаются как по моральным соображениям, чтобы преодолеть такие пороки, как угнетение и дискриминация, так и по причинам, вытекающим из социальной реальности. Иегуда Шенхав иллюстрирует это, когда предлагает евреям-мизрахи в Израиле, приехавшим из исламских стран Ближнего Востока, стратегически принять мизрахиут, то есть восточную идентичность. По «стратегическим» соображениям Шенхав предпочитает называть этих евреев «арабами» и рассматривать эту арабскую природу как их сущность, независимо от того, что они из разных стран и что они во

Ранее я утверждал, что у сионизма в конце XIX века не было (да и сегодня нет) оснований утверждать, что евреи всегда были (и остаются) нацией в полном смысле этого слова или что они являются нацией по своей сути. Теперь я могу добавить важный нюанс к этому утверждению: сионизму не было необходимости доказывать, что сущность еврейского народа в том, что он составляет нацию так же, как H_2O составляет сущность воды.

Тот факт, что евреи существовали как нация на Земле Израиля в древности, и центральное значение этого факта для их идентичности как в их собственных глазах, так и в глазах других, должны обеспечить достаточную эмпирическую основу для нормативной позиции сионизма, согласно которой крайне важно, чтобы евреи рассматривали себя как нацию, относились к себе как к таковой и требовали, чтобы другие относились к ним (или к тем из них, кто считает себя таковыми) как к нации. На данный момент я не собираюсь утверждать, что эта сионистская позиция полностью оправдана. Я лишь утверждаю, что концептуальная возможность поддержки этой нормативной позиции не зависит от истинности утверждения о том, что евреи были нацией в каждый момент истории или что в настоящее время они являются нацией в полном смысле этого слова.

Поэтому поддержка нормативного эссенциализма в отношении принадлежности евреев к нации не должна терпеть лжи в описаниях еврейской истории, как ее терпит официальная

многом отличаются друг от друга [Shenhav 2003: 20]. Существуют некоторые различия между нормативным и стратегическим эссенциализмом. Нормативный эссенциализм — это не обязательно маневр со стороны угнетенных групп. Аргумент о том, что люди по своей сути рациональны, принимается угнетенной группой не для того, чтобы избавиться от угнетения. В основном он служит для объяснения того, почему люди обязаны вести себя определенным образом (хотя следует признать, что он также используется при угнетении животных, не являющихся людьми). В отличие от «стратегического эссенциализма», нормативный эссенциализм не обязательно должен быть временным шагом. Когда мы рассматриваем людей как разумных существ по своей сути, мы делаем это не на основе черт, которые мы считаем временными или которые мы хотели бы считать временными, и мы делаем это не для временных целей.

сионистская историография. Британский историк Эрик Хобсбаум, один из духовных отцов израильских постсионистов, считает, что сионисты по определению не способны написать серьезную историю еврейства:

> Ни один серьезный историк, исследующий нации и национализм, не может быть убежденным политическим националистом... Быть фением или оранжистом, я бы сказал, так же несовместимо, как быть сионистом несовместимо с написанием по-настоящему серьезной истории евреев; если только историк не откажется от своих убеждений, входя в библиотеку или кабинет [Hobsbawm 1990: 12–13].

Если национализм определяется как идеология, требующая самоуправления для групп, существующих с незапамятных времен, являющихся частью мира природы в том смысле, в каком, согласно иллюстрациям Хобсбаума и Геллнера, вода, лошади, ящерицы и гора Эверест есть часть мира природы, тогда Хобсбаум прав, утверждая, что ни один историк, пишущий о нациях и национализме, не может считаться серьезным историком, если он — убежденный националист [Hobsbawm 1990: 13; Gellner 1983: 28]. Если историографические предпосылки основного течения сионизма, процитированные выше из Бена Цион Динура и Ицхака Баера, определяют сионистскую идеологию в целом, тогда Хобсбаум также прав, утверждая, что сионист не может называться серьезным знатоком еврейской истории.

Вместе с тем нет никаких оснований безоговорочно принимать определения националистических идеологий, данные Хобсбаумом и Геллнером, или принимать позицию Динура и Баера в отношении еврейской историографии как часть определения сионистской идеологии[47]. Националистические идеологии можно определить как такие, которые либо требуют самоуправления для групп, связанных с распространенными культурами, либо утверждают, что группы, имеющие государственное самоуправление, должны обладать более-менее однородной распростра-

---

[47] Мое определение сионистской идеологии приведено в книге [Gans 2008: 6].

ненной культурой[48]. Деятельность исторических движений, которые придерживались этих двух идеологий и пытались их реализовать, и то, как эти движения характеризуют группы, от имени которых они действуют, — характеризуют их как исторические явления, но не являются частью национализма как политической идеи. Что касается сионизма: тот, кто принимает историографический тезис Динура и Баера, прочно вошедший в историографию основного течения сионизма, как часть определения самого сионизма, тем самым придерживается тезиса о том, что некоторые из наиболее выдающихся основателей сионизма не были сионистами [Mintz 1982: 37; Peled 1995; Shimoni 2000: 179–186][49]. Те, кто соглашается, в частности, подтверждают, что многие историки еврейского народа, поддержавшие сионизм, не могут считаться сионистами, если они не проводили свои исследования в соответствии с требованиями эссенциализма Динура и господствующего сионизма[50].

---

[48] Первая часть этого предложения отражает тип национальных идеологий, которые называются «этнокультурными». Его последняя часть выражает основополагающий принцип типа идеологий, называемых «гражданско-территориальными». О различии между этими двумя типами как нормативном различии между теориями политической морали (в отличие от обычного социолого-исторического различия, проводимого Коном [Kohn 1955: 29–30]), см. [Gans 2003: 7–38].

[49] Например, Дов Бер Борохов, марксист-сионист и один из основателей Рабочего сионистского движения, совершенно очевидно, не предполагал в своем социалистическом сионизме того эссенциализма, который предполагали Баер и Динур. Он, должно быть, понимал, что изменившиеся обстоятельства могут стать веской причиной для изменения характера еврейского коллектива. Он также считал возможным интерпретировать причины возникновения наций и национальных движений в «законных материалистических» терминах.

[50] Сам Ицхак Баер, партнер Динура по разработке руководящих принципов сионистской историографии иудаизма, был крупным специалистом по испанскому средневековому еврейству. Бенцион Нетаньяху тоже изучал их. Исраэль Хайльперин исследовал автономные институты евреев Восточной Европы и результаты антисемитского восстания Хмельницкого в 1648–1649 годах. Исраэль Барталь изучал польских евреев в XIX веке — список можно продолжать и продолжать. Многие из этих ученых также выступают против историографического «отрицания изгнания» Динура и господствую-

Общим знаменателем различных версий сионизма является требование создания еврейского национального очага на Земле Израиля в силу того, что как еврейское, так и иудео-христианское сознание воспринимает связь евреев с этой землей как историческую. Все остальное — просто разновидности этого общего знаменателя в той или иной версии сионизма — прошлой, настоящей или будущей. Этот общий знаменатель неизбежно предполагает, что евреи последних столетий поддерживают отношения с нацией, которую западное сознание воспринимает как еврейскую, жившую в древности на Земле Израиля. Тем не менее этот общий знаменатель не означает, что еврейское сообщество с незапамятных времен существовало как единая нация в полном смысле этого слова. Таким образом, историк-сионист может считаться серьезным знатоком истории еврейского народа до тех пор, пока не присоединится к господствующему течению сионизма последних десятилетий. Такой историк, как упоминалось выше, должен признать связь между евреями последних столетий и древним еврейским народом на Земле Израиля. Очевидно, ему придется также расшифровать детали этой связи, например, ответить на вопрос, является ли это родство генетическим, или скорее сродни тому, когда дети усыновляют своих родителей, или же это смесь того и другого. Кстати, именно этим на самом деле занимаются многие историки-сионисты[51]. Такой историк может

щего сионизма. Барталь пишет: «Эта историографическая традиция [относительно связей между евреями и Землей Израиля], которая была создана в большей степени в соответствии с идеологическими моделями и меняющимися политическими условиями, представляется нам сегодня, с точки зрения более чем ста лет, прошедших с первых дней [раннего сионизма], частью истории нового националистического движения, а не как критическое исследование этой истории» [Bartal 2007: 49]. Уже более 25 лет назад Хаим Гилель Бен-Сассон писал, что, по его мнению, историографическое «отрицание изгнания» сионизмом было внеисторическим явлением [Ben-Sasson 1984: 35–38, 48–49].

51 Книга Занда «Изобретение еврейского народа», в которой ставится под сомнение то, как развивались эти отношения, опирается на публикации, которые уже давно приняты сионистским каноном; так, например, обстоит дело с «происхождением хазар». См. [Bartal 2008; Shapira 2009].

также согласиться с Геллнером и его израильскими постсионистскими последователями в том, что разговоры о древней еврейской
нации не имеют того значения, которое придается понятию нации
в эпоху современного национализма. Он может также признать —
как того требует Геллнер в отношении народов, от имени которых
с конца XVIII века выступали национальные движения, — что
современная еврейская нация не существовала и не могла существовать как нация в современном смысле этого слова до наступ-
ления новой эры.

В то же время он может также опираться на то, что показали
Геллнер и Хобсбаум, а также их израильские студенты-постсио-
нисты, а именно, что современные нации, включая современную
еврейскую нацию, формируются на основе языковых и культурных групп, которые предшествовали современной эпохе [Ram
2006: 22–23; Gellner 1983: 49; Hobsbawm 1990: 46–47].

Современные нации — это не просто изобретения националистической идеологии, в том смысле, что они были созданы,
хотя и не имели реального существования в качестве социальных
образований. Их не изобрели и в том смысле, что они представляют собой сообщества, которые националистическая идеология
породила из ничего.

Чтобы образовать нации, националистическая идеология
должна была соотноситься не со Святым Духом, а с культурами,
которые существовали в социально-историческом плане до
возникновения потребности в такой идеологии или ее социально-исторической возможности. Эта идеология решила объединиться с определенными культурами: в случае с евреями она
объединилась с культурой идиш при посредничестве Бунда
и с древней еврейской культурой при посредничестве сионизма.
Лишь некоторым из этих объединений удалось создать нации
в современном понимании этого понятия: в случае с евреями
вторая попытка, предпринятая сионизмом, увенчалась успехом.
Само по себе это не является достаточным основанием для того,
чтобы упускать из виду само существование этих наций или
ценность, которую они представляют для своих членов. В нашем
случае, конечно, это относится к той ценности, которую израиль-

тяне и евреи в целом придают еврейскому государству, созданному сионизмом. В следующих главах, где я буду обсуждать моральные пробелы в сионистском изложении еврейской истории, я среди прочего рассмотрю, есть ли аргументы в пользу отказа от ценности, которую евреи как в Израиле, так и в других диаспорах приписывают современной еврейской нации.

Как мы помним, в этой главе меня больше всего интересует вопрос о том, как заполняются фактические пробелы в сионистском повествовании. Я полагаю, что большинство исследователей истории еврейского народа и иудаизма в Израиле и остальном мире, независимо от того, являются ли они сионистами или нет, правильно восполняют эти пробелы с точки зрения приведенной выше аргументации[52]. Тем не менее главенствующий сионизм — по крайней мере, в его преобладающей официальной версии — восполняет эти пробелы довольно неправдоподобно. В этом отношении постсионисты, о которых говорилось выше, ничем не лучше классических сионистов; они в основном критикуют ошибки, от которых и сами не застрахованы. В противоположность официальной сионистской историографии, которая тщетно пытается утвердить сионистский принцип, согласно которому евреи должны вести себя как нация, с помощью необоснованного и громкого предположения, что евреи никогда не переставали быть нацией, постсионисты, о которых говорилось выше, пытаются отвергнуть этот принцип, отрицая, что евреи должны вести себя как нация, утверждая, что они никогда не были нацией, и никогда не считали себя таковой, и другие их нацией не признавали. Точно так же, как господствующий сионизм, они пытаются сделать моральные выводы из констатации исторических фактов.

Обе доктрины поддерживают необоснованные фактологические утверждения, основанные на сочетании четверти от всей правды и глобальных подделок. Господствующие сионисты, с одной стороны, утверждают, что еврейский народ на протяже-

---

[52] Я упоминаю нескольких ученых, занимавшихся этим вопросом: Баера, Хайльперина, Нетаньяху и Барталя.

нии многих поколений «стремился» вернуться на Землю Израиля; постсионисты, с другой стороны, утверждают, что в XVIII и XIX веках представление о евреях как о нации считалось «странным». Эти недостатки в случае господствующего сионизма приводят к перекармливанию и вероятной гибели главного героя сионистского нарратива (наряду со многими палестинцами), в то время как постсионисты открыто желают уморить главного героя голодом до смерти.

Господствующий сионизм заполнял пробелы в сионистском нарративе из страха оказаться неспособным оправдать определенные исторические шаги, предпринятые сионизмом, или определенные выдвинутые им политические требования. Постсионизм отверг инфраструктуру и лишил сионистский нарратив смысла из-за опасений, что, если от него не отказаться полностью, будет невозможно исправить великую несправедливость, которую совершили и продолжают совершать доктрина сионизма и государство Израиль. Обе стороны неправы. Сионизм может оправдать значительное число своих политических требований и исторических шагов, не заполняя фактические пробелы в сионистском нарративе так, как это происходило начиная с 1930-х годов. Равно как и вопиющие несправедливости, совершенные сионистами и Израилем в настоящее время и в прошлом, можно исправить без полного лишения этого нарратива всякой структуры и смысла.

Глава 3
Моральные основы сионистского нарратива

3.1. Три вида сионизма

В дополнение к досионистским сомнениям в отношении евреев, сионистский нарратив рассказывает об истории своего сообщества с момента зарождения самого сионизма, о проектах, осуществляемых и вдохновленных сионизмом, об *обоснованиях* этих проектов. Это история о стремлении еврейского сообщества реализовать право евреев на самоопределение и проживание в рамках своей культуры на Земле Израиля, а также об оправданности этого проекта, в условиях постоянного присутствия там арабов. Сионистская доктрина объясняет перечисленные стремления историческими связями между евреями и Землей Израиля, всеобщим правом на самоопределение и преследованиями евреев.

В различных нормативных компонентах нарратива есть много пробелов неоценимого практического значения, и они требуют разъяснения. Что именно означает право на национальное самоопределение в рамках этой конкретной истории? Какие факты в этой истории оправдывали утверждение права на самоуправление в месте проживания другой этнокультурной группы и что придавало этим фактам моральное значение? Как можно соотнести институциональные и территориальные аспекты еврейского самоуправления на Земле Израиля с другими группами, живущими там, особенно с палестинскими арабами?

По крайней мере, с конца 1930-х годов господствующий сионизм восполнял эти нормативные пробелы в нарративе, ссылаясь на концепции и принципы, безоговорочно максималистские по своим институциональным аспектам. Они требуют еврейской гегемонии над арабами, а в некоторых сферах даже исключительного еврейского присутствия и контроля. Что касается территориального аспекта, то они колеблются между принципиальным максимализмом (право на всю страну) и компромиссом, который, судя по риторике влиятельных представителей мейнстрима, проистекает из тактических или прагматических соображений.

Постсионисты отвергают или, по крайней мере, игнорируют саму необходимость восполнения этих пробелов в обосновании претензий. По мнению многих из них, абсолютно все варианты оправдания сионистского нарратива совершенно неприемлемы, независимо от того, как в нем восполняются пробелы. В главе 2 мы обсуждали, как постсионисты отвергли фактические элементы нарратива, опровергнув не только его исторические детали, но и базовые предпосылки, то есть предполагаемое единство и национальность главного героя нарратива. Аналогичным образом они опровергают не только причины, по которым евреи боролись за право еврейского самоуправления на Земле Израиля, но и основания продолжать отстаивать это право после того, как оно было реализовано.

Обсуждение в этой главе, а также в главах 4 и 5, посвящено главным образом интерпретации господствующим сионизмом нормативных компонентов сионистского нарратива, а также постсионистскому неприятию этих компонентов. Мои аргументы против этих интерпретаций имеют структуру, аналогичную приведенной в главе 2, но представлены в обратном порядке. Вместо обсуждения постсионистской критики и объяснения позиции господствующего сионизма и принципов, которые, на мой взгляд, представляют собой наилучшую возможную интерпретацию сионистского нарратива, я начну с проблем, возникающих из-за господствующей позиции, предложу альтернативную интерпретацию пробелов, оправдывающих сионистский нарратив. После этого, в главах 4 и 5, я рассмотрю проблемы, порожденные постсионистской критикой, и сравню последствия различных интерпретаций, объясняющих сионизм и постсионизм в отношении сионистской историографии и потенциальных политических и правовых механизмов, в рамках которых на Земле Израиля могли бы жить евреи и палестинцы.

Господствующий сионизм предлагает две основные интерпретации нормативных недостатков сионистского нарратива. В основе обеих интерпретаций лежит Декларация независимости Израиля и то, как ее преподали израильтянам, как они привыкли читать ее. Первая интерпретация полностью основывается на истории и правах собственности. Это согласуется с представленной в главе 2 концепцией сионизма, эссенциалистской в отношении фактических пробелов в сионистском нарративе. Согласно такой собственнической интерпретации, еврейский народ с древнейших времен обладал правом собственности на Землю Израиля, внешнюю и внутреннюю, на всю ее территорию и политические институты. Эта интерпретация популярна среди широкой общественности Израиля и выражается многими политическими лидерами. Она описана во второй части главы.

Вторая общепринятая интерпретация, представленная в третьей главе, утверждает, что право этнических наций на самоопределение — это, по выражению известного израильского ученого-юриста, право на государство, которое «предоставляет особые преимущества людям, с которыми отождествляется государство, [и] в то же время... ставит в невыгодное положение тех граждан, которые не являются членами предпочитаемого национального сообщества» [Gavison 2003: 74–75]. Среди широкой общественности этот аргумент, основанный на иерархической концепции права на самоопределение, рассматривается лишь как второстепенное оправдание сионизма. Многие политики мейнстрима колеблются между этим и историко-правовым обоснованием. Уважаемые ученые, чьи взгляды отражают официальный консенсус и помогают ему формироваться, а также ряд судей Верховного суда Израиля считают право на самоопределение в соответствии с его иерархической концепцией главным аргументом сионизма[1]. Называя исторические связи между евреями и Землей Израиля и историю преследований евреев дополнительными поводами оправдать сионизм, они ссылаются на приведенное выше право на самоопределение, как на основной аргумент в пользу еврейской гегемонии в Израиле.

В заключительной части главы я излагаю интерпретацию сионистского нарратива, основанную на аргументах, на которые опираются ведущие ученые и юристы: внеисторическое право на самоопределение, исторические связи между евреями и Землей Израиля, а также история преследований евреев. Однако, в отличие от принципиального иерархического подхода этих ученых к национальному самоопределению, я предлагаю эгалитарную интерпретацию. Более того, я утверждаю, что точка зрения, согласно которой каждое из этих трех оправданий само по себе узаконивает гегемонистский статус евреев на Земле Израиля, является ошибочной. Сионизм может считаться правомерным только в условиях сочетания этих трех факторов, каждый из которых необходим, но достаточен только в совокупности. Я называю версию сионизма, которая вытекает из этого обсуждения, «эгалитарной». Моя главная цель — объяснить наиболее существенные преимущества этого вида сионизма как над двумя другими интерпретациями, описанными выше, так и над постсионизмом.

3.2. Собственнический сионизм

Даже когда земля Израиля не находилась под властью израильтян, израильский народ нельзя было назвать бездомным, у них отобрали их страну, в то время как они «цеплялись за ее границы», «хватались за ветви своих пальм» и утверждали, что «это все, что у них осталось» [Dinur 1938: 14].

Эти слова Бена Цион Динура я привел в главе 2, чтобы проиллюстрировать, как официальная сионистская историография пыталась установить неизменную национальную сущность евреев со времен Античности и вплоть до зарождения сионизма.

---

[1] См. главу 1.

Цитата отвечает на утверждение о том, что евреи различных диаспор до появления сионизма не составляли нацию, поскольку у них не было общего наследия воспоминаний, в сохранении которого они были заинтересованы (наследия, составляющего в определении нации так называемый субъективный компонент). Слова Динура подразумевают, что евреи действительно обладали наследием воспоминаний, лелеяли память о национальной жизни, которая когда-то существовала на Земле Израиля, и неустанно стремились восстановить ее.

Цитата также оппонирует утверждению о том, что евреи различных диаспор до сионизма не были нацией, поскольку у них не было общей территории или общей культуры (так называемый объективный компонент в определении нации), ведь отсутствие общей территории или распространенной культуры лишено нормативного значения, поскольку евреи не выбирали свое положение, им его насильно навязали.

Таким образом, история изгнания, экспроприации территории и стремления каждого последующего поколения вернуться на свою землю призвана продемонстрировать, что, поскольку евреи сохранили Землю Израиля как свою территорию и как свое наследие, эта земля сохранила сущность евреев как нации. Однако она должна показать, что по этим же причинам Земля Израиля никогда не переставала быть собственностью евреев. Другими словами, нарратив сосредоточен на симбиозе национальной собственности, существующем между евреями и Землей Израиля. Динур выражается ясно и недвусмысленно:

> Евреи никогда не были нацией без страны, бездомной нацией. Даже находясь в изгнании, они могли считаться ограбленной и эксплуатируемой нацией, чью землю отобрали и разграбили; они никогда не переставали оспаривать происходящее, жаловаться на ситуацию, требовать восстановления прав на свою территорию, и их претензии и жалобы были адресованы всем, кто только мог их услышать [Dinur 1925: 11][2].

---

[2] Барнаи цитирует интервью Динура, в котором последний недвусмысленно обвиняет арабов в разграблении земли Израиля: «Арабская традиция разграбления еврейской собственности веками передается из поколения в поко-

В глазах большинства израильских евреев собственнический/ эссенциалистский нарратив оправдывает создание современного Израиля. Большинство израильтян, ссылаясь на него, готовы защищать привилегированный статус евреев на Земле Израиля по сравнению с арабами. Нормативной основой нарратива является собственническо-историческая справедливость, а моральная онтология, которую он предполагает, носит коллективистский характер: основными единицами политической морали являются нации, а не отдельные люди.

3.2.1. Аргумент о собственности как основа еврейского суверенитета в Земле Израиля

Собственническо-исторический аргумент в пользу еврейского суверенитета в Земле Израиля и определения нормативных отношений между евреями и арабами в Израиле — это аргумент, на который чаще всего ссылаются «израильтяне с улицы». Он выдвигается не только Динуром, но и видными лидерами сионизма основного течения: Жаботинским, Бен-Гурионом, Табенкиным, Бегином, а также нынешними израильскими лидерами. Следует признать, что интерпретация лидерами-форматорами оправданности сионизма и их оценка территориальных и институциональных аспектов развивались сложно, и в ходе политической карьеры они колебались между аргументацией права собственности и аргументами, основанными на праве на самоопределение и преследовании евреев.

Однако в критические периоды своей карьеры ученые мужи пропагандировали институциональный и территориальный максимализм, основанный на историческом праве евреев на владение Землей Израиля[3]. Более того, те, кто отказывался от

ление вплоть до наших дней, и в этом контексте важно отметить, что разграбленной "собственностью" была не только сама земля, но и ее священность. Арабы, так же как и христиане, не только экспроприировали святые для иудаизма места, но и превратили их в святыни для христианства и ислама, изменив их названия и фальсифицировав их традиции" [Barnai 1995: 83].

3   Что касается Бен-Гуриона, то в дополнение к приведенным ниже цитатам из письма 1937 года, которое он написал своему сыну Амосу после того, как выступил одним из главных сторонников решения 20-го Сионистского

территориального максимализма, делали это главным образом по тактическим и прагматическим соображениям, а не в результате отказа от принципа о праве собственности евреев на Землю Израиля. Бен-Гурион в знаменитом письме к своему сыну Амосу в 1937 году, объясняя свою поддержку плана лорда Пиля по разделению страны, писал:

> Я полагаю, что частичное еврейское государство — это не конец, а начало, и поэтому я с энтузиазмом поддерживаю государство, даже если на данный момент речь идет о его разделении... Происходящее послужит очень мощным подспорьем в наших исторических усилиях по освобождению нашей территории во всей ее целостности [Shimoni 1995: 384][4].

конгресса принять план Пиля по разделению, он еще в разных местах намекал на возможность расширения государства, как только оно будет создано на основе еврейского права собственности на Землю Израиля. См. [Naor 2001: 109. 29; Teveth 1977: 216–217; Galnoor 1995: 218–219]. С другой стороны, Бен-Гурион сказал, что притязания евреев на суверенитет на Земле Израиля проистекают из неразрывной связи между еврейским народом и его исторической родиной; из права еврейского народа на независимость и национальное обновление в равной мере с правами других народов мира; из статуса евреев в диаспоре как кочующего меньшинства, зависящего от милости незнакомцев; из необходимости найти дом для миллионов еврейских иммигрантов; из малонаселенности земли Израиля; из возможностей для заселения и возможности сделать плодородной землю Израиля и ее бесконечные природные богатства, ныне невостребованные; из еврейского поселенческой деятельности на этой земле, предпринятой за последние несколько поколений [Ben-Gurion 1931: 88]. Жаботинский, который больше, чем любой другой сионистский лидер, обычно отождествляется с нерелигиозным утверждением исторического права евреев на Землю Израиля, также осознавал ограниченность этого аргумента и необходимость подкрепить его другими аргументами. Он говорил о всеобщем праве на самоопределение и с пониманием отнесся к тому факту, что одного исторического права недостаточно для обоснования права собственности. Автор считал, что, чтобы оно служило надлежащей основой для территориальных требований, к нему должна быть добавлена реальная необходимость. См. [Shimoni 2000: 367].

[4] Шимони, который также цитирует этот отрывок из Бен-Гуриона, излагает позиции многих других сионистских лидеров по этому вопросу. Особенно важно мнение раввина Меира Берлина, почетного президента Всемирной ассоциации Мизрахи. В 1937 году в речи, произнесенной на 20-м Сио-

Аналогичным образом Менахем Бегин, пытаясь смягчить напряженность и опасения короля Иордании Хусейна по поводу намерений своего правительства, заявлял: «После холокоста у нас нет сил и, следовательно, намерений реализовать наше право на Трансиорданию» [Naor 2001: 92]. Заметим, что Бегин не говорил о том, что евреи не имеют исторического права собственности на Трансиорданию, не отказывался от этого права[5].

нистском конгрессе, принявшем план Пиля, он сказал: «Основа сионизма заключается в том, что земля принадлежит нам, а не арабам» [Shimoni 2000: 339].

[5] Все это еще более убедительно проявляется в отношении тех, кто в настоящее время стоит во главе гегемонистского сионизма. Я имею в виду поселенцев, которые живут в местах, которые на официальном английском языке называются «несанкционированными аванпостами», а на разговорном иврите «незаконными поселениями», как будто существует различие в законности различных типов поселений, как предполагает израильский ивритский дискурс. Эти поселенцы часто занимают земли, на которые палестинцы имеют право в соответствии с имущественным законодательством, действующим на территориях, находящихся под израильской оккупацией. В результате деятельности поселенцев Израиль нарушает четвертую Женевскую конвенцию, которая запрещает перемещение населения на оккупированную территорию. Согласно законам о собственности, получаемой на оккупированных территориях, эти поселенцы являются грабителями. Однако, с учетом оговорки, которую я сразу же сделаю: с точки зрения интерпретации сионистами-гегемонами сионистского нарратива, они определенно грабителями не являются. Это суждение, очевидно, разделяют правительственные власти Иудеи и Самарии (библейское название, и, следовательно, оно согласуется с моей характеристикой собственнического сионизма, официального израильского названия оккупированных территорий Западного берега). В 2004 году премьер-министр Ариэль Шарон назначил для расследования несанкционированных аванпостов в Иудее, Самарии и Газе адвоката Талию Сассон. В официальном отчете, который последовал за расследованием, Сассон заявила: «Таким образом, кажется, что нарушение закона [связанное с несанкционированными поселениями] приобрело институциональный характер. Мы имеем дело не с преступником или группой преступников, нарушающих закон. То, что мы видим здесь, является грубым нарушением закона, допущенным некоторыми государственными органами, должностными лицами, региональными советами в Иудее и Самарии и некоторыми поселенцами, которые делают вид, что действуют согласно юридическим полномочиям на правонарушения. Это является сигналом для ЦАХАЛа, его солдат и командиров, израильской полиции и полицейских

По сей день используется подобная смесь принципиальных претензий на собственность и прагматических или психологических уступок. Авторы недавно опубликованного манифеста под названием «Левые националисты», который произвел большое общественное впечатление, также придерживаются гибридного подхода. На странице 7 манифеста авторы пишут: «Мы убеждены, что Бен-Гурион прав — мы здесь потому, что Библия является нашим документом о праве собственности на нашу любимую страну» [Hasfari, Yaniv 2009: 7]. Затем они приводят прагматические причины отказа от части этого документа. То, что подобный двоякий подход преобладает в Израиле, подтверждается также систематическими исследованиями [Magal et al. 2003][6].

Аргумент об исторической собственности также находит свое отражение в Декларации независимости Израиля. В первом параграфе Декларации говорится:

> Эрец-Исраэль [Земля Израиля] всегда была родиной еврейского народа. Здесь сформировалась его духовная, религиозная и политическая идентичность. Здесь евреи впервые обрели государственность, создали культурные ценности национального и общечеловеческого значения и подарили миру вечную Книгу Книг[7].

Безусловно, в их тексте рассказывается (правдивая) история о первенстве Земли Израиля в еврейской истории, подчеркива-

---

чинов, общины поселенцев и общественности. А суть в том, что заселение несанкционированного аванпоста, хотя и незаконно, является актом сионизма. Поэтому налицо недосмотр, "подмигивания", двойные стандарты» [Zertal, Eldar 2007: 333–399].

[6] Согласно этому исследованию, руководство и бо́льшая часть населения были готовы разделить землю еще со времен Первой интифады в конце 1980-х годов, хотя до этого они готовы не были. Эта готовность продиктована прагматическими соображениями и страхом потерять еврейский и демократический характер Израиля, а не сомнениями в отношении прав собственности евреев на Землю Израиля. Вера в это право среди населения Израиля и его лидеров остается такой же твердой, как и сразу после Шестидневной войны.

[7] Декларация о создании Государства Израиль, 1, часть 3 (1948).

ется, что именно из Земли Израиля евреи завещали миру Библию. Однако израильские евреи, придерживающиеся господствующего течения сионизма, а также политики обычно опровергают то, что изложено в первом разделе Декларации независимости Израиля. Вместо того чтобы подчеркивать то, что в нем на самом деле утверждается, а именно *первенство Земли Израиля в еврейской истории и идентичности*, они обычно делают акцент на *первенстве евреев в истории Земли Израиля*. И вместо того, чтобы отметить, что *евреи завещали Библию миру*, живя на Земле Израиля, они говорят о том, что сама *Библия завещала Землю Израиля евреям*.

Такое смещение акцента служит оправданием их имущественных претензий на Землю Израиля. Второй и третий разделы Декларации независимости поощряют такое переосмысление:

> После насильственного изгнания со своей земли народ сохранял веру в нее на протяжении периода скитаний и никогда не переставал молиться и надеяться на свое возвращение на родину и восстановление в ней своей политической свободы. ...Движимые этой исторической и традиционной привязанностью, евреи в каждом последующем поколении стремились вновь утвердиться на своей древней родине[8].

Сомнительные утверждения, что признают даже историки, связанные с господствующим сионизмом (например, Анита Шапира и Исраэль Барталь). Цель подобного заполнения пробелов заключается в поддержке утверждения о непрерывной преемственности еврейской государственности со времен Античности. Этот тренд во многом основан на отличительных признаках и доктринах имущественного права, а также на лежащих в их основе моральных принципах. Во-первых, подобное заполнение пробелов указывает на элементарное имущественное различие между *физическим владением* имуществом и правом *собственности* на него — два положения вещей, относящиеся к разным сферам: физической и нормативной, которые необязательно

---

[8] Там же.

должны совпадать. Можно физически занимать помещение, не являясь его владельцем, и можно быть владельцем помещения, не имея к нему физического доступа. Один из способов завладеть имуществом, не будучи его владельцем, — это обойти разрешение владельца, то есть украсть. Один из способов владеть имуществом, не удерживая его физически, — это отдать его ворам и грабителям. Во-вторых, восполнение пробелов в третьем параграфе Декларации независимости происходит за счет ссылок на доктрины имущественных ограничений, согласно которым утрата физического владения приведет к утрате права собственности, если владелец перестанет стремиться вернуть себе владение. Подводя итог: господствующий сионизм рассказывает историю народа, который появился на Земле Израиля в древние времена, который насильственно изгнали с нее, но который никогда не прекращал попыток вернуться. Господствующий сионизм использует Декларацию независимости, чтобы рассказать историю владельца, который вынужденно физически расстался со своей собственностью — землей и политической свободой, — но никогда не терял права собственности на них.

Согласно такой интерпретации сионистского нарратива, история права собственности евреев на Землю Израиля служит оправданием самого формирования современного еврейского сообщества на этой земле с конца XIX века и позднее, даже несмотря на то, что страна была в основном арабской, как по демографическому составу, так и по культурному содержанию общественных сфер. Арабское присутствие не обязательно выступало сдерживающим или разрушительным фактором, поскольку речь шла о присутствии людей, занимающих собственность, украденную у евреев[9].

---

[9] Элиэзер Швейд прямо высказывает этот аргумент. В английском издании книги он воздерживается от характеристики неевреских землевладельцев как «грабителей». Однако в еврейском оригинале этот аргумент приводится вместе со всей его патентованной лексикой и вытекающими из него последствиями, включая аргумент о том, что землевладельцы-неевреи являются «грабителями» [Schweid 1985: 210]. Однако позже он обсуждает права арабов и упоминает решения, предложенные Динуром и другими сионистскими

Моральные основы сионистского нарратива

Нарратив оправданий служит источником для заполнения других нормативных пробелов в истории, связанных с демографическими, институциональными и территориальными правами, на которые евреи претендуют в рамках проживания на Земле Израиля; связанных со статусом евреев в стране по сравнению со статусом арабов; с аналогичными вопросами, имеющими решающее значение для всех, кто живет в Палестине / на земле Израиля с конца XIX века. Общая схема выводов, сделанных из этого нарратива оправдания пробелов, довольно ясна (хотя и не относится к деталям этих выводов): если жертва ограбления всегда стремится вернуть похищенный предмет, то индивиду, владеющему предметом, должно быть известно, что он пользуется украденным. Нарратив предполагает, что предмет собственности — Земля Израиля и ее политический суверенитет, политические институты — принадлежат ограбленному еврейскому народу.

Последним не нужно извиняться за свое возвращение на украденную у них землю; более того, им даже позволено ожидать от арабских владельцев молчаливого согласия на возвращение собственников и покорного ожидания указаний. Арабские жильцы вообще не могут иметь никаких претензий к физическому

лидерами, например социалистом Ицхаком Табенкиным, касающиеся проблемы столкновения между правом собственности евреев на Землю Израиля и правами арабов [Schweid 1985: 194]. Эти авторы придерживаются мнения, что права евреев имеют приоритет (а) потому, что евреям больше некуда идти и (б) потому, что арабы не развивали национальное самосознание до возвращения евреев. Похоже, что эти авторы не считают арабов полноценными грабителями. Тем не менее их позиция противоречива. Из их притязаний на собственность и из убеждения, что срок действия этих притязаний не истек («собственность, которую человек не передал расхитителям, продолжает оставаться его собственностью», как утверждает Швейд в книге [Schweid 1985: 210]), следует, что нынешние нееврейские оккупанты части территории Израиля, а именно палестинские арабы, удерживают украденное ими имущество. Именно политика поселенцев и Израиля после Шестидневной войны является последовательной в этом вопросе. Их действия согласуются с тем, что подразумевает аргумент о собственности, который заключается в реституции собственности, экспроприированной арабами у евреев.

возвращению собственников в свое жилище, поскольку арабы — оккупанты и грабители[10], пусть и не самые первые по счету. Современная концепция сионистского нарратива о еврейской истории, в дополнение к общеизвестным историческим знаниям, может подвести к выводу, что арабы украли Землю Израиля у евреев после того, как римляне до этого ограбили их самих, и после того, как византийцы переняли от Рима эстафетную палочку завоеваний.

Следует отметить, что жертвой кражи в первой части Декларации независимости Израиля выставлена еврейская община, а не отдельные евреи. Декларация начинается с рассказа о *еврейском народе*. Конечно, далее говорится о евреях как об *индивидуумах*, а не только как о коллективе, но эти индивидуумы упоминаются как действующие от имени коллектива, а не от себя лично. Динур также говорит, что Землю Израиля украли у *еврейского народа*. По его словам, именно еврейский народ, еврейская община «хватались за ветви пальм» Земли Израиля. Этот коллективизм должен исходить из аргумента исторической собственности, обоснованного только в том случае, если исходить из того, что основными субъектами политической морали являются нации, а не отдельные личности.

Позвольте мне объяснить: даже если евреи хозяйничали на Земле Израиля в VII веке и вторжение арабов на нее тогда можно было бы рассматривать как акт грабежа, при чем тут отдельные арабы, жившие на Земле Израиля в XIX, XX, XXI веках, — разве они несут ответственность за то ограбление? И как можно считать

---

[10] Следует отметить, что закон проводит различие между правом собственника на владение своим имуществом и право на реализацию этого права. По соображениям общественного порядка собственник не всегда может по своему усмотрению в одностороннем порядке реализовать свое право на владение имуществом. Тем не менее Декларация независимости предусматривает в имущественном праве решение даже этого вопроса: по возвращении евреи претендовали не только на свою собственность на Землю Израиля. Они действовали с одобрения «полиции»: они вернулись на Землю Израиля под защитой Декларации Бальфура и мандата Лиги Наций, как указано в Декларации независимости.

евреев, рассеянных в эти века по всему миру, наследниками евреев, которые владели Землей Израиля в VII веке? Это стало бы возможным только в том случае, если бы проживание отдельных арабов на Земле Израиля в последние столетия воспринималось как длинная рука арабской нации, завоевавшей Землю Израиля в VII веке, и только если бы проживание отдельных евреев по всему миру за последние столетия воспринималось бы как длинная рука еврейского народа, который когда-то был владельцем оспариваемой ныне территории.

Таким образом, согласно этой концепции, главными действующими лицами спора являются не отдельные люди — арабы и евреи XIX–XXI веков, — а скорее сами исторические сообщества, к которым эти люди принадлежат. Другими словами, моральная онтология, лежащая в основе историко-имущественного аргумента, является коллективистской. Согласно ей, основными субъектами морали являются не индивиды, а национальные коллективы. Исайя Берлин описывает эту онтологию следующим образом:

> Важнейшей человеческой единицей, в которой полностью реализуется природа человека, является не индивид или добровольное объединение, которое по желанию распускается, меняется или исчезает, а нация; именно от создания и поддержания нации зависит жизнь подчиненных единиц: семьи, племени, клана, провинции; ибо их природа и предназначение, то, что часто называют их смыслом, вытекают из природы и целей этой нации [Berlin 1979: 346].

Согласно Берлину, в рассматриваемой онтологии нации считаются живыми организмами. Можно расширить эту метафору и сравнить индивидов, из которых состоят нации, с клетками этого организма. Эта онтология может иметь интерпретации, согласно которым индивиды, составляющие национальный организм, не обладают ни независимым существованием, ни независимой ценностью вне своего коллектива, точно так же, как клетки живого организма не имеют жизни или ценности вне организма, частью которого они являются. Более умеренные возможные интерпретации признают, что у отдельных индивидуумов есть ценность независимо от принадлежности национальному организму, но тем не менее она вторична и подчинена ценности нации.

3.2.2. Моральные и практические последствия принципа права собственности

Идея собственности порождает ряд затруднений. Одно из них, как я отмечал выше, касается истинности двух фактических предпосылок, из которых получают выводы сторонники этой идеи. Согласно их восприятию, право собственности евреев на Землю Израиля никогда не исчезало: евреи утратили физическое владение территорией, потому что их вынудили к этому, и они всегда надеялись и стремились вернуть его. Однако ведущие сионистские историки и представители власти пишут, что такие утверждения ложны. Еще одно затруднение, возникающее из-за идеи о собственности, связано с теорией справедливости, с помощью которой можно обосновать древнее еврейское владение Землей Израиля.

Согласно этой версии, право собственности вытекает из факта, изложенного в первых словах Декларации независимости Израиля: «Эрец-Исраэль [Земля Израиля] была колыбелью еврейского народа». Как указано выше и как я подробно покажу далее, этот факт может служить основанием для определения географического местоположения для реализации права нации на самоопределение. Он не может служить основанием для прав собственности на территорию и политическое образование. Однако сейчас я сосредоточусь на, как мне кажется, главной проблеме, вытекающей из идеи о собственности: на актах вопиющей несправедливости, к которым подобные утверждения приводили евреев и Израиль в прошлом и на которые они обрекают их в будущем. Необходимость участвовать в вопиющей несправедливости проистекает из сочетания концепции собственности и коллективистской онтологии, лежащей в основе современной интерпретации сионистского нарратива.

Теории справедливости и моральной онтологии, лежащие в основе собственнического сионизма, дают важные объяснения двум центральным элементам гегемонистской позиции сионизма в отношении прав арабов, живущих под еврейским суверенитетом на Земле Израиля. Они могут объяснить почти единодушный консенсус в рамках господствующего сионизма против предоставления *коллективных* прав арабам, живущим в еврейском государстве, при этом, конечно, о предоставлении прав, основанных на их истории и национальной представленности в Палестине, речь не идет[11]. Согласно концепции собственности, арабы *как исторический коллектив* должны пониматься как враги, укравшие землю евреев, и, следовательно, невозможно даже думать о предоставлении им коллективных прав; ибо это было бы равносильно предоставлению прав вору на объект его кражи. И наоборот, тип справедливости и коллективистская моральная онтология, лежащие в основе собственнического сионизма, могут объяснить ожесточенные споры, которые часто возникают внутри господствующего сионизма по вопросам, касающимся *индивидуальных* прав арабов в еврейском государстве.

Арабов можно заклеймить как укравший Земли Израиля коллектив, но не обязательно как индивидуумов, и, следовательно, господствующий сионизм не может дать четкого и окончательного ответа на вопрос, следует ли предоставлять им индивидуальные права, и если да, то какие. Ответ зависит от различных вопросов, на которые у собственнического сионизма нет одно-

---

[11] Судья Верховного суда Израиля Михаэль Чешин утверждает, что с юридической точки зрения «коллективное право арабской общественности... сохранять и развивать свою национальную и культурную идентичность... не признается израильским законодательством» (Дело № 4112/99 Адала против муниципалитета Тель-Авива-Яффо 56(5), с. 393, 459 [1999]). Далее в этой главе я приведу некоторые из бесчисленных примеров отказа евреев предоставить коллективные права арабам в Израиле. Одним из важных примеров являются различные толкования понятия еврейского государства, которые были предложены Конституционным комитетом Кнессета 16-го созыва, которому было поручено разработать конституцию Израиля. Этот комитет даже не рассматривал вопрос о присутствии в Израиле коренного арабского меньшинства [Gavison 2003].

значного ответа: является ли отдельный араб не более чем клеткой в организме своей нации, лишенной вне ее жизни и ценности? И если его нация вообще не может претендовать на какие-либо права, лишена ли прав индивидуальная личность? Или, возможно, отдельный араб, хотя и имеет второстепенное значение по сравнению со своей нацией, тем не менее обладает моральной ценностью? Если да, то какова природа этой ценности и какие права она оправдывает? Более того, даже если обосновать предоставление таких прав, в какой степени оно должно подчиняться прагматическим соображениям, вытекающим из необходимости помешать арабскому сообществу снова поднять голову и возобновить кражу земли у ее хозяев?

Ответ на последний вопрос, конечно, зависит от соображений, вытекающих из меняющихся обстоятельств. Однако те из сторонников собственнического сионизма, кто не руководствуется прагматическими соображениями, отказываясь уступить какую-либо часть земель к западу от реки Иордан, расходятся во мнениях только по таким вопросам: следует ли разрешить арабам Иудеи и Самарии (которые Израиль контролирует с 1967 года) продолжать там жить, или же их убрать, или же им нужно гарантировать право самим принимать решения по таким вопросам, как образование и санитария.

Ни один из тех, кто придерживается собственнической интерпретации сионизма, но не руководствуется прагматическими соображениями, не согласится предоставить арабам, живущим в Иудее и Самарии, коллективные права, признающие их палестинскую национальность и историчность[12]. С другой стороны,

---

[12] Партия «Ках» Кахане, партия «Молодет» Рехавама Зеэви и политические партии, пришедшие им на смену, считали и продолжают считать, что арабы в Иудее и Самарии не имеют коллективных прав и, более того, что они даже не должны иметь права проживать там как частные лица. Они хотели и продолжают желать их устранения. «Ликуд» (и партии, из которых он возник) всегда считал, что арабы, живущие на Земле Израиля, имеют индивидуальные права на проживание на территориях этой земли и что их нельзя изгонять. «Ликуд» (под руководством Бегина и Шамира, которые интерпретировали некоторые расплывчатые заявления Жаботинского по этому вопросу) был даже готов предоставить арабам Иудеи и Самарии

все ведущие сионистские партии отказываются предоставлять коллективные права национальных меньшинств арабам, которые стали гражданами Израиля до 1967 года [Saban 2002: 269][13]. Ципи

право самостоятельно управлять своими делами в определенных областях (в личных, а не территориальных рамках; без права принимать окончательные решения; и с учетом безопасности и национальных потребностей евреев). Партия «Техия» считала, что арабы не имеют права даже на это. Однако до недавнего времени между партиями «Техия», «Моледет» и «Ках», с одной стороны, и «Ликудом» — с другой, не было абсолютно никаких дебатов относительно отказа арабам в территориальных и политических правах в Иудее и Самарии. В 2009 году премьер-министр Нетаньяху объявил, что арабам в Иудее и Самарии также будут предоставлены территориальные и политические права. Однако сомнительно, что при этом Нетаньяху руководствовался какими-либо иными мотивами, кроме тактических. Если он говорил серьезно, то его мотивация была исключительно прагматичной и, конечно же, не отражала принципиального признания коллективных политических прав арабов. Глубоко укоренившееся отрицание этих прав в рамках собственнического сионизма может также объяснить консенсус, существующий среди таких различных партий, как «Авода», «Кадима», «Ликуд», «Исраэль Бейтену», «Хабаит Хайехуди» и «Ихуд Халеуми», по вопросу о коллективных политических правах арабов в границах 1967 года, в отличие от серьезных разногласий между ними относительно индивидуальных прав арабов в пределах этих границ. Именно по прагматическим соображениям «Авода» и «Кадима» — в отличие от партии «Хабаит Хайехуди», — хотят освободить часть территорий, которые Израиль оккупирует с 1967 года.

[13] Израиль разрешает арабам частично управлять системой образования и учить детей на арабском языке. Но это разрешение, вероятно, не вытекает из признания их права на автономию в сфере образования. Послабление, по-видимому, продиктовано двумя явно противоречивыми целями: (а) избежать обучения на иврите, чтобы уменьшить шансы арабов на успешную интеграцию в еврейское общество, и (б) сократить риск восстаний, возникающих из-за того, что арабов полностью лишают их этнокультурной принадлежности. Обе эти цели, какими бы противоречивыми они ни были, отражают желание евреев отделиться от арабов в Израиле. Очевидно, что частичная автономия израильских арабов в сфере образования не основана на признании их морального права на автономию, поскольку их учебная программа продиктована евреями и в основном является сионистской. Это объясняет, почему названия арабских населенных пунктов, хотя и написаны арабскими буквами, официально пишутся в соответствии с их ивритским произношением, а не с арабским: например, Акко вместо Акка, написанное арабской вязью. Учебные планы государственных школ содержат всеобъемлющие требования, предъявляемые к арабским школам в области изучения

Ливни, бывший министр иностранных дел Израиля, известная своими умеренными взглядами на сионизм, однажды порекомендовала израильским арабам выражать свою национальную принадлежность за пределами Израиля[14]. Когда бывший государственный контролер Мириам Бен-Порат на публичной лекции предложила добавить в национальный гимн Израиля (по сути, полностью еврейский) раздел, с которым могли бы также идентифицировать себя арабские граждане Израиля, из зала в знак протеста вместе вышли Рехавам Зеэви, глава партии, поддерживавшей изгнание арабов из Израиля, и Ицхак Навон, бывший президент Израиля, в молодости секретарь Бен-Гуриона[15]. При этом Лейбористская партия, в которой состоит сам Ицхак Навон, и группа партий, которые сегодня следуют по пути, избранному Рехавамом Зеэви, яростно выступают против по вопросам, касающимся индивидуальных прав израильских арабов — например, их индивидуального права продолжать жить в Израиле, их права на объединение семьи, их права голосовать на всеобщих выборах без заявления о лояльности к еврейству государства и т. д.[16]

языка иврит, еврейской истории и культуры, по которым в еврейских школах нет аналогичных требований. Кроме того, в таких областях, как история и литература, из учебной программы, особенно обязательной для поступления в высшие учебные заведения, тщательно вычищается любой национальный палестинский нарратив.

14 В своей речи на мероприятии в Израиле, посвященном 13-й годовщине исторического визита президента Египта Садата в Израиль 20 ноября 1977 года, Ливни добавила, что «Израиль будет уважать индивидуальные гражданские права своих арабских жителей, но их национальные права будут реализованы в палестинском государстве» [Ravid et al. 2007].

15 Согласно газете «Маарив дейли», сообщившей о предложении Бен Порат во время церемонии посвящения в раввины-реформаторы в колледже Еврейского союза в Иерусалиме, «член Кнессета Рехавам Зеэви и пятый президент Ицхак Навон покинули церемонию в знак протеста [против ее предложения]» [Golan, Bender 2000].

16 Во время работы в Кнессете пятнадцатого созыва член Кнессета от правого крыла Михаэль Кляйнер представил законопроект, призванный «побудить людей, которые не отождествляют себя с еврейским характером государства [т. е. палестинских граждан Израиля], покинуть страну». Законопроект Кляйнера, озаглавленный «Законопроект о поощрении эмиграции в арабские

Такое несогласие можно истолковать как проявление противоречивых убеждений участников спора относительно зависимости ценности отдельных людей от ценности нации, к которой они принадлежат. Одна сторона, по-видимому, считает, что каждый араб обладает ценностью, отличной от ценности своей нации и независимой от нее, и поэтому ему, в отличие от всей нации, необходимо предоставить некоторые права. Другая сторона полностью подчиняет ценность личности ценности нации и, таким образом, отрицая коллективные права арабов, спокойно лишает их базовых индивидуальных прав.

Как уже отмечалось, такое несогласие может проистекать не только из противоречивых позиций оппозиционеров по вопросу о том, кто является основными единицами политической морали: нации или отдельные личности. Возможно, они также вытекают из различных оценок риска последствий: что, если арабам предоставят основные индивидуальные права и они получат возможность снова отнять у евреев землю. Следовательно, даже те, кто считает, что отдельные арабы имеют ценность, вне зависимости от ценности их нации, утверждают, что эта ценность должна быть поставлена на второй план по сравнению с риском, который они представляют для евреев из-за своей национальной принадлежности.

После Шестидневной войны Израиль был полон решимости установить контроль над теми частями Иудеи и Самарии, которые в соответствии с действующим там законом о собственности

государства», 5761/2001, не был включен в «Официальный вестник: законопроекты», по-видимому, потому что не дошел до стадии обсуждения на пленуме Кнессета. Позже израильское правительство внесло законопроект, который был принят, о внесении поправок в закон о гражданстве Израиля таким образом, чтобы арабы — граждане Израиля и вступившие в брак с палестинскими жителями оккупированных территорий, были лишены права проживать в Израиле со своими супругами и детьми (Закон о гражданстве и въезде в Израиль [Временное положение], 5763–2003, SH № 1901, 544). Законопроект, внесенный в Кнессет 18-го созыва партией «Исраэль Бейтену» и ставящий право участвовать в голосовании на израильских выборах в зависимость от присяги на верность еврейскому демократическому государству, до сих пор отклонен правительственным комитетом министров по законодательству.

классифицируются как «государственные земли»[17]. Эта решимость Израиля в сочетании с провалом предотвращения захвата поселенцами земель, которые являются частной собственностью местных арабов, и с упорством, продемонстрированным самими поселенцами в стремлении установить контроль над этими землями, — все это отражает практическую значимость теории справедливости, основанной на собственности, и коллективистской моральной онтологии, которая лежит в основе авторских интерпретаций сионистского нарратива. Именно легитимностью, которой такое толкование наделяет государство и поселенцев, можно объяснить ту смелость, с которой поселенцы отбирают частные земли палестинцев. Поселенцы — идеалисты по натуре, далекие от психологии обычных преступников, ни в коем случае не стали бы участвовать в захвате чужой собственности, если бы считали его незаконным. Они присваивают себе чужое, потому что верят, что захват контроля над этими землями следует рассматривать не как оккупацию, а, скорее, как возвращение себе своего же. Более того, это искупление они совершают не из корыстных побуждений, а, скорее, во благо сообщества, к которому они принадлежат[18]. Поселенцы криминального толка — а я предполагаю, что их немного, — полу-

---

[17] Согласно османскому законодательству, которое все еще применяется на территориях Иудеи и Самарии, а также согласно его толкованию израильскими властями, государству принадлежит земля, которая не обрабатывалась и находится на расстоянии не менее двух с половиной километров от любого населенного пункта или за пределами слышимости человека.

[18] Понятие *геулат адамот* (выкуп земель), как и понятие *алия* (которое используется для обозначения иммиграции евреев в Израиль и буквально означает восхождение [на Землю Израиля]), отлично характеризует пропитанный сионизмом иврит. Точно так же, как понятие *алии* придает позитивное значение иммиграции еврея в Страну Израиля, понятие *геулы* имеет отношение к приобретению евреями земли в Стране Израиля, независимо от того, включает ли оно покупку или экспроприацию земли у ее частных владельцев. Бен-Гурион использовал термин *геулат гаарец* в письме к своему сыну Амосу, которое цитировалось в основном тексте; а Иегошуа Ханкин, который получил землю в Изреельской долине от арабских эффендиатов в начале XX века, получил титул *го'эль адмот ха'эмек* [«искупитель земель долины»], а именно Изреельской долины, которая стала, пожалуй, самой масштабной скупкой земли евреями в годы становления сионизма.

чают огромное удовольствие от своих деяний, поскольку знают, что их поддержат родственники и они избегут серьезного наказания со стороны государственных властей.

Государственные чиновники и армия действительно закрывают глаза на оккупацию / возвращение себе этих земель, поскольку колеблются между представлением о себе как о представителях военной оккупации, подчиняющихся международному праву, стремящихся обеспечить соблюдение частного права на конкретной занятой территории, и как о представителях государства еврейского народа, у которого, согласно собственническому сионизму, поселенцы — лучшие дети, ведь они спасают свои земли от расхитителей и грабителей. Следует отметить, что государственные чиновники и армия вовсе не проявляют беспечности, когда речь заходит о «государственных землях» в Иудее и Самарии. Такие земли, судя по определению в позитивном земельном законодательстве оккупированных территорий, принадлежат сообществу, причем не арабскому, поскольку арабы не пользуются правами коллективной собственности на Земле Израиля. Такими правами может обладать только еврейский коллектив.

Израиль обречен продолжать решать проблемы такими способами до тех пор, пока его политика вдохновляется и формируется на основе собственной интерпретации сионистского нарратива. Логика этой интерпретации одобряет такое поведение, и помешать им могут только прагматические соображения и физические ограничения. Арабы, поселившиеся там до 1967 года и на оккупированных после того года территориях, по-прежнему будут жертвами такой интерпретации. Стабильность кажется им прочной во всем, что касается арабов как общины: все требования о коллективных правах будут отклонены. Напротив, отношение к индивидуальным правам арабов будет колебаться из-за расплывчатости коллективистской доктрины в вопросе о статусе индивида по сравнению с коллективом. Из-за этой неопределенности в каждом соответствующем случае необходимо заново оценивать опасности, ожидаемые в случае предоставления или не предоставления индивидуальных прав арабам, живущим на Земле Израиля. На эти изменения также будет влиять изменение политической мощи партий, придерживающихся той или иной версии коллективистской доктрины, или делающих прогноз будущих событий той или иной значимости исходя из соответствующих прагматических соображений.

Когда у власти стояла Лейбористская партия и, возможно, даже находилась в кругах режима «Ликуд», арабы могли рассчитывать на относительную щедрость в отношении их индивидуальных гражданских и политических прав, как потому, что некоторые лидеры этих партий колебались между собственнической концепцией сионизма и его менее экстремальной иерархической интерпретацией, так и из-за индивидуалистических и прагматических соображений в числе коллективистских убеждений их лидеров. Однако смена поколений в руководстве «Ликуда» и приход к власти правых от «Ликуда» партий, как это произошло в Кнессете 18-го созыва, избранном в 2009 году, и Кнессете 19-го созыва, избранном в 2013 году, поставили эти права под угрозу. Ситуация может улучшиться, если эти партии потеряют власть в пользу «Ликуда», и, соответственно, она усугубится, если эти партии получат еще большую власть.

Личные права арабов на Земле Израиля всегда будут зависеть от или даже находиться в рабстве дискуссий среди евреев о гражданских и политических правах, на которые арабы имеют право. Также эти права зависят от политического влияния представителей, занимающих те или иные позиции по этому вопросу. Чтобы быть реализованными, инициативы, направленные на ущемление этих прав в границах Израиля 1967 года, должны будут пройти парламентское и судебное рассмотрение. На оккупированных территориях им не придется преодолевать подобные препятствия. Отдельные евреи нарушали гражданские и политические права арабов в прошлом и, вероятно, продолжат эту практику в будущем. Защита властями от подобных нарушений всегда будет зависеть от сложного взаимодействия личного и политических сил государственной системы.

Со всеми этими неопределенностями с 1967 года сталкиваются не только израильские арабы и арабы, живущие на спорных территориях. Я упоминал, что Менахем Бегин развеял опасения короля Иордании Хусейна относительно намерений своего правительства, отметив: «После холокоста у нас нет сил и, следовательно, желания реализовать наше право на Трансиорданию» [Naor 2001: 92]. Другими словами, по словам Бегина, срок действия еврейского права собственности на Трансиорданию еще не истек. Это означает, что, когда евреи накопят достаточно сил, у них также появится желание реализовать свои права, и они это сделают. Если это произойдет, динамика, знакомая по территориям к западу от Иордана, повторится на востоке. Арабы вообще не смогут пользоваться никакими правами как сообщество, а их права как отдельных личностей будут зависеть от политического влияния различных партий, представляющих различные оттенки гегемонистского сионизма.

Коллективистская онтология, лежащая в основе собственнического сионизма, угрожает главным образом арабам, но не только им; она также угрожает демократии еврейского общества в Израиле. Эта онтология антидемократична, поскольку метаэтические предпосылки демократии индивидуальны, а не коллективны по природе. Согласно этим предпосылкам, именно отдельные люди, а не сообщества, являются основными единицами морали. Равенство между людьми и свобода личности составляют основные ценности, лежащие в основе демократии. Она предоставляет каждому человеку равное право участвовать в определении политики и авторизует ограничение прав и гражданских свобод человека. Мораль, основной единицей которой является отдельный человек, не обязательно отрицает ценность коллективов; она лишь выводит эту ценность из того, что индивиды сами приписывают своим сообществам. Это противоположно этике, лежащей в основе идеи о собственности, которая в своей крайней форме выводит ценность индивида из ценности коллектива. Не только израильские переселенцы, объявленные вне закона, но и ведущие политики принимают антидемократические предпосылки идеи о собственности. Как мы знаем, со времен Шестидневной войны Израиль контролирует всю территорию к западу от реки Иордан, и с тех пор переселенцы, а также ведущие политики заявляют, что израильские правительства, избранные большинством, не имеют полномочий уступать территорию «Земли Израиля». Они утверждают, что «мандат» на отказ от территории не принадлежит ни одному еврейскому поколению, даже нынешнему; он принадлежит еврейскому народу как единому целому на протяжении веков. Они считают, что правительства Израиля призваны представлять интересы не народа, который их избирает, а еврейского народа в целом, как это следует толковать в соответствии с Библией и другими классическими еврейскими текстами. Приведенные ниже заявления, написанные после одностороннего «выхода» Израиля из сектора Газа в 2005 году, включавшего эвакуацию и демонтаж всех израильских поселений, типичный тому пример:

> Шок и потрясение среди верных граждан Земли Израиля вызваны многими факторами, но они особенно глубоки, поскольку в первый раз государство, претендующее на то, чтобы озвучивать интересы сионизма и еврейского народа, отказывается от территорий, на которых зародился наш народ. В этом смысле существует существенная разница между уступкой в 1948 году и нынешней. Тогда, как и в течение 2000 лет изгнания, у нас просто не было достаточной власти. На этот раз земля принадлежит нам, и тот, кто говорит от нашего имени, подписывает исторический отказ, впервые со времен образования еврейского народа.
>
> Значение этого отказа само по себе побудит многих отказаться от каких-либо обязательств в отношении действий государства. Правительство, которое откажется от Иерусалима, Храмовой горы и Старого города, больше не будет представлять единый еврейский народ на протяжении поколений. И самое главное, израильское государство, которое будет упорствовать в своем отчуждении от Шило, Анатота, Мицпы и города Давида [тех библейских мест, где за последние несколько десятилетий были созданы поселения], в конечном счете придет к самоуничтожению — или, по крайней мере, к разрушению своей сионистской структуры. Невозможно поддерживать сионистскую идею и неотъемлемые привилегии, которые она предоставляет сынам еврейского народа, не имея связи с источниками, которые ее взрастили, — Библией, еврейской культурой и Землей Израиля. Тот, кто готов отказаться от всего этого, уже сегодня

находится за чертой сионизма. Некоторые из них все еще называют себя «сионистами», но между ними и Герцлем или Бен-Гурионом нет никакой связи [Haetzni 2005].

Откровенно антидемократический стиль этого текста и откровенно антидемократическая интерпретация, которую он приписывает сионизму, предполагая, что концепция собственности является его единственной жизнеспособной интерпретацией, характерны не только для автора-переселенца. Они также характерны для вполне «нормативных» политиков из мейнстрима сионизма — они выражают аналогичные антидемократические настроения[19], утверждая, что в своих решениях по вопросам, касающимся права собственности еврейского народа на Землю Израиля, они подотчетны всему еврейскому народу, а не большинству населения, участвующему в выборах[20].

3.3. Иерархический сионизм

История симбиоза национализма и собственности, существующего между евреями и Землей Израиля, глубоко укоренилась в сознании тех, кто получил образование в рамках господствую-

---

[19] Например, на волне общественных дебатов о замораживании израильского строительства в (Арабском Восточном) Иерусалиме из-за давления со стороны президента Обамы газета «Гаарец» сообщила, что министр Сильван Шалом (бывший министр иностранных дел Израиля) заявил в радиоинтервью следующее: «Как мы пришли к ситуации, при которой строительство в Иерусалиме стало препятствием [мирному процессу]? Мы в мгновение ока можем все потерять... У премьер-министра есть разрешение еврейского народа, представителей многих поколений, и мы не можем принять никакого другого решения» [Mualem 2010]. Кроме того, интернет-сайт Nana10 сообщил, что в 2008 году Лимор Ливнат, тогдашний министр культуры и спорта, а ранее министр образования, заявила на политической конференции своей партии: «Тот, кто осмелится оторвать одну часть Иерусалима, свяжет еврейский народ на многие поколения» [Leibovich 2008].

[20] Демократия, по крайней мере в ее основных вариантах, также исключает некоторые вопросы из сферы полномочий большинства по принятию решений. Однако это происходит по причинам, вытекающим из ее внутренней логики, чтобы защитить отдельных лиц или меньшинства от репрессий со стороны большинства. И никогда для того, чтобы защитить права собственности коллектива от отдельных лиц, которые к нему не принадлежат.

щего сионизма, а именно большинства израильтян. Для них этот симбиоз служит главным аргументом в пользу права евреев на гегемонию на Земле Израиля. Однако, как отмечалось выше, это не единственный аргумент в его пользу. Провозглашение независимости Израилем также основывается на двух других аргументах: преследованиях, которым подвергаются евреи, и всеобщем праве на национальное самоопределение[21]. Видные представители господствующего сионизма интерпретируют последнее как право на национальное государство и основу для гегемонии. По словам Рут Гэвисон, ученого-юриста, которую мы уже цитировали в начале этой главы, еврейское государство — «это государство, в котором еврейский народ реализует свое право на самоопределение, или, другими словами, Израиль является национальным государством еврейского народа» [Gavison 1999: 26].

> Национальное государство, институты и официальная общественная культура которого связаны с определенной национальной группой, предлагает особые преимущества людям, с которыми оно отождествляется. В то же время оно ставит в невыгодное положение граждан, не являющихся членами предпочитаемого национального сообщества [Gavison 2003: 74–75][22].

---

[21] Декларация включает в себя не только аргументы политической морали, такие как аргумент собственности или аргумент права на самоопределение, но и юридические аргументы, в основном относящиеся к международному признанию сионизма: Декларация Бальфура, мандат, предоставленный Лигой Наций Великобритании на управление Палестиной, приказ о создании там родины для евреев и решение Генеральной Ассамблеи Организации Объединенных Наций 1947 года о разделе. Юридические аргументы призваны подкрепить аргументы политической морали.

[22] Аргументация Гэвисон состоит из двух этапов. Сначала она отождествляет право на самоопределение с правом на национальное государство. Затем она дает определение концепции национального государства, приведенное в тексте, на который ссылается эта сноска. Хотя я считаю, что ее определение концепции национального государства является точным в той мере, в какой оно призвано описать то, как эта концепция понимается в целом, ее отождествление права на самоопределение с правом на национальное государство является необоснованным с точки зрения как международного права, так и политической теории. Более полное обсуждение самоопределения в этой книге приведено в разделе 3.3.2 ниже, включая ссылки на общую литературу по международному праву и политической теории по этой теме.

Как упоминалось выше, в то время как концепция о собственности, определяющая иерархию между евреями и неевреями в Израиле, популярна среди израильских «обывателей», ученые — представители политических дисциплин и общественных наук, люди академических профессий, служащие основным политическим партиям, предпочитают концепцию иерархической интерпретации всеобщего права на самоопределение[23]. Именно на аргументы этой теории они опираются при сравнении статусов евреев и арабов в Израиле. По-видимому, они рассматривают исторические утверждения из Декларации независимости — историческую связь между евреями и Землей Израиля и преследования, от которых пострадали евреи, — как дополнительные аргументы, подкрепляющие претензии на самоопределение[24].

3.3.1. Самоопределение как основа гегемонии: сравнение с концепцией о собственности

Аргумент в пользу гегемонии, основанной на самоопределении, — исторический по своей сути. В отличие от исторических прав собственности, группы имеют право на национальное самоопределение не в силу односторонних присвоений, осуществляемых в течение реальной истории, а в силу своей принадлежности к определенной общей категории, в нашем случае к нациям, и по общим соображениям, например, из-за потребностей, которые влечет за собой принадлежность к этим категориям. Идея о самоопределении отличается от исторической идеи тем, что она не основана на праве собственности, которое распреде-

---

[23] Примеры приведены в главе 1, сноска 5.

[24] Такое «разделение труда» между общественностью в целом и представителями академических кругов, а также политики, колеблющимися между этими двумя лагерями, не должно вызывать удивления. Аргумент о собственности отвечает основным собственническим инстинктам большинства людей. Более того, это простой и незамысловатый аргумент. Как будет объяснено ниже, в отличие от аргумента о праве на самоопределение, он также затрагивает внутренние ресурсы, которые могут объяснить институциональную природу и территориальные рамки самоопределения евреев в Палестине / на Земле Израиля.

ляет полномочия главным образом путем ссылки на односторонние акты приобретения и вращается вокруг отношений между людьми и объектами. Это система правосудия, которая стремится регулировать распределение благ между отдельными лицами или группами на основе таких общих критериев, как материальные потребности, свобода и достоинство человека. Право на самоопределение является одним из компонентов теории справедливости распределения, относящейся к разделению политической власти и территорий в мире между его жителями. Согласно этой теории, основными единицами для целей такого распределения должны быть национальные группы или народы, а не другие типы коллективов, не социальные классы и не профсоюзы. Другие компоненты этой теории затрагивают такие вопросы, как надлежащий объем политической власти, предоставляемый этим группам, и географические территории, на которых они будут осуществлять свою политическую власть.

Моральные последствия гегемонии, основанной на иерархической концепции права на национальное самоопределение, гораздо менее ужасающи, чем последствия гегемонии, основанной на концепции собственности. Во-первых, гегемония, основанная на самоопределении, касается только институциональных аспектов еврейского правления на Земле Израиля, а не его территориального аспекта. Таким образом, гегемония, о которой идет речь, не обязательно будет распространяться на всю территорию Земли Израиля и, таким образом, не будет угрожать всем арабам (и другим неевреям), живущим в Палестине, и, возможно, также Королевству Иордания[25]. Она затронет только тех, кто проживает в пределах района, в котором евреи осуществляют самоопределение. Во-вторых, гегемония, основанная на самоопределении, не может привести к шокирующей несправедливости, подобной той, к которой может привести идея о собственности: в отличие от прав собственности, которые в первую очередь являются правами на контроль над объектами, права на самоопределение

---

[25] Большинство территорий этого королевства являются частями библейской Земли Израиля. См. главу 1, раздел 2.

и автономию (а также права на управление и политический суверенитет в целом), — это права на контроль над людьми[26].

В таком случае обоснование еврейской гегемонии в Израиле правом на самоопределение, а не правом собственности, затрудняет рассмотрение вопроса об изгнании арабов из Израиля (не говоря уже о всей Земле Израиля), нарушении их прав частной собственности, наделении их политическими правами в зависимости от верности еврейскому населению Израиля и совершении других вопиющих несправедливостей, некоторые из которых Израиль на деле совершает (другие регулярно предлагаются политическими партиями Израиля). С точки зрения права собственности, все, что происходит, справедливо. Однако с точки зрения тех, кто основывает еврейскую гегемонию на иерархической концепции права на национальное самоопределение, вокруг творится бессовестный произвол. Возможно, это одно из главных объяснений разницы между интенсивностью притеснения арабов на территориях, оккупированных Израилем с 1967 года, и интенсивностью притеснения тех, кто находится в территориальных границах, имевшихся к 1967 году. Ключевыми пропагандистами еврейской гегемонии на территориях 1967 года являются официальные лица; и если верно мое утверждение, что они оправдывают эту гегемонию, ссылаясь на концепцию самоопределения, а не на право собственности, то это раскрывает источник защиты, которую они (особенно судьи в их числе) установили против притеснения неевреев в Израиле.

---

[26] Эту формулировку различия и подробные разъяснения смотрите в книге Кофмана «Территориальные претензии» [Kofman (unpublished)]. Возможно, также важно отметить, что многие права собственности ограничены требованиями, вытекающими из интересов других людей. Это, однако, не меняет того факта, что права собственности воспринимаются людьми в целом как права, которые позволяют их владельцам практически неограниченно контролировать объект собственности, и особенно как право не допускать других к этому объекту. В том случае если право собственности человека на свой дом ставится под сомнение, такое толкование прав собственности не очень далеко от трактовки в юридической практике. Большинство представителей (израильской) общественности рассматривают право евреев на Землю Израиля аналогично праву собственности человека на свой дом.

Академические представители иерархического сионизма также подчеркивают важность этих мер защиты, даже более горячо, чем представители правоохранительных органов. Например, Александр Якобсон и Амнон Рубинштейн хвастаются решениями Верховного суда, такими как по делу «Комитет глав местных арабских советов в Израиле против Министерства строительства и жилищно-коммунального хозяйства»[27]. В этом деле суд

> поручил государству предпринять шаги для обеспечения того, чтобы бюджет, выделяемый арабскому сектору в рамках финансирования обновления проектов для... модернизации существующих жилищных проектов, был не меньше, чем предусмотренный, пропорционально доле населения [Yakobson, Rubinstein 2009: 116].

Они также считают, что арабская общественность в Израиле имеет все основания требовать официального, недвусмысленного признания в качестве национального меньшинства и требовать определенных коллективных, а не только индивидуальных прав [Ibid.: 118]. Кроме того, Рут Гэвисон предостерегающе говорит, что

> возмутительно, что за все годы, прошедшие с момента создания государства, построены сотни новых еврейских поселений и ни одного арабского. Большой разрыв между бюджетами еврейской и арабской систем образования был зафиксирован в отчете государственного контролера.... Помимо неравенства в распределении ресурсов, существует неравенство в распределении власти... Арабы страдают от заметной недостаточной представленности в секторе государственных услуг, среди экономической элиты [Gavison 1999: 113–114][28].

---

[27] Дело № 727/00, Комитет глав местных арабских советов в Израиле против Министерства строительства и жилищно-коммунального хозяйства 56(2) PD 79 [2001].

[28] Гэвисон обсуждает многие другие случаи дискриминации в других местах своей книги.

Тем не менее писатели, судьи и многие другие сторонники еврейской гегемонии в Израиле, основанной на иерархической концепции права на самоопределение, считают, что право на самоопределение может служить основой для некоторых форм неравенства, которые, по их мнению, оправданы. Они считают, что это право означает право евреев на национальное государство, которое идентифицируется как исключительно (или почти исключительно) еврейское в своей общественной сфере, в своих символах, языке, гимне, иммиграционной политике и «праве на монополию [которой обладает еврейский народ] над всем общественным и символическим пространством государства» [Ibid.: 28]. Таким образом, даже несмотря на то что иерархическая интерпретация права на самоопределение санкционирует несправедливости, которые и близко не стоят с ужасающим угнетением и дискриминацией, вытекающими из концепции собственности, тем не менее она тоже поощряет Израиль ежедневно принимать дискриминирующие решения. Именем конституционного принципа, отправной точкой которого является неравенство, они лишают арабов коллективного присутствия в политической, символической и общественной сферах Израиля.

3.3.2. Самоопределение как основа гегемонии: аргументы

Сторонники гегемонистской интерпретации права на самоопрсделение считают, что неравенство можно оправдать[29], и черпают тому обоснования не из моральных ценностей, воплощенных в праве на самоопределение, а, скорее, из двух других источников: один якобы носит концептуальный характер, а другой практический. Концептуальный аргумент заключается в следующем: право на самоопределение по сути своей является правом на национальное государство-гегемон. Евреи имеют право на самоопределение в своем государстве. Следовательно,

---

[29] Аргументы в этом разделе кратко обобщают некоторые из аргументов, которые я привел в главе 3 своей книги «Справедливый сионизм» [Gans 2008].

евреи имеют право на гегемонию в своем государстве[30]. Практический аргумент можно резюмировать следующим образом: многие этнонациональные группы, такие как немцы, греки, латыши и сербы, рассматривают государства, в которых они реализуют свое право на самоопределение, как государства, в рамках которых они имеют право на гегемонию над другими группами. Отсюда следует, что евреи тоже имеют право на гегемонию над другими народами, проживающими в их государстве[31].

Оба аргумента несостоятельны. Концептуальный аргумент несостоятелен, будучи основан на ложной предпосылке, согласно которой право на самоопределение по сути является правом на национальное государство-гегемон.

Международное право и политическая теория признают или обсуждают два различных значения права на самоопределение применительно к этнонациональным группам, а именно: право на самоуправление и право на отделение. Важно проводить различие между этими двумя правами, поскольку они существуют независимо друг от друга и очень разные по сути. Право на отделение — это право осуществить разовый акт выхода из состава одного государства и присоединиться к другому государству или создать новое (например, как это сделали словенцы, отделившись от Югославии и основав Словению, и как это сделали косовские албанцы, отделившись от Сербии и основав независимое государство Косово). Этот вид права применим в основном в международной сфере. Напротив, право на самоуправление — это право на постоянное институциональное положение дел, которое несет конституционные последствия для государства, в котором данная группа пользуется этим правом, а иногда и международные последствия[32]. Эти два составляющих само-

---

[30] Главным сторонником этого аргумента является Гэвисон. Смотрите цитаты выше.

[31] Основными сторонниками этого аргумента являются Якобсон и Рубинштейн [Yakobson, Rubinstein 2009], но его также используют многие другие [Gavison 1999: 39; Walzer 1974: 6; Walzer 2003: 57].

[32] Международное право проводит различие между внешним и внутренним самоопределением. Первое относится к единичному акту определенной группы, образующей независимое государство, или к выбору группы при-

определения не подразумевают права этнокультурных наций на «монополию на все публичное и символическое пространство государства», поскольку самоуправление можно ограничить конкретными областями государственного управления, конкретными группами или территориями внутри государства. Право на отделение от государства и создание независимого государства также автоматически не влечет за собой права отделяющейся группы на гегемонию в созданном ею государстве. Право на отделение может быть обосновано соображениями правовой защиты групп: если в государствах проживания у членов группы отбирают собственность или ущемляют их права. Из этого обоснования, безусловно, не следует, что цель права на отделение состоит в том, чтобы позволить отделяющимся группам подвергать аналогичным лишениям и дискриминации другие группы, проживающие во вновь созданном государстве. Население Македонии имело право на отделение от Югославии и создание независимого государства, но этнические македонцы ошибочно истолковали это право как право исключить албанское этническое меньшинство в пределах границ Македонии из присутствия в общественной сфере, а также право отказать албанскому меньшинству в получении доли политической власти. После того как Европейский союз указал македонцам на их ошибку, у них не было иного выбора, кроме как исправить ее в качестве предварительного условия для вступления страны в ЕС[33].

Этот пример — и еще множество подобных ему [Kymlicka 2007: 202] — может помочь объяснить проблему со вторым аргументом, приводимым сторонниками гегемонистской интерпретации права на самоопределение, а именно практико-ориентированным аргументом. Согласно этому аргументу, многие этнические группы осуществляют гегемонию в государствах, в которых

надлежать к определенному государству. Последнее связано с правом на создание постоянных условий ограниченного самоуправления на территории этого государства и на участие в управлении этим государством. Об этом читайте в постановлении Верховного Суда Канады относительно отделения Квебека (Сецессия Квебека, [1998] 2 S.C.R. 217).

[33] Это было сделано в рамках Охридского соглашения от 13 августа 2001 года.

пользуются правом на самоопределение, и поэтому евреи вправе делать то же самое в Израиле. Александр Якобсон и Амнон Рубинштейн посвящают этому вопросу большую часть своей книги «Израиль и семья народов» [Yakobson, Rubinstein 2009]. Они пытаются показать, что еврейская этнокультурная гегемония, в том виде, в котором она институционализирована в Израиле, схожа со многими подобными случаями во всем мире. Аргумент, который пронизывает многие приводимые ими примеры, банальный «все так делают», пользуется большим успехом у других представителей господствующего сионизма.

Можно усомниться в достоверности многих примеров, на которые опираются эти авторы. Например, Якобсон и Рубинштейн упоминают о льготной иммиграционной политике Греции для этнических греков и считают ее аналогом израильского закона о возвращении; но они упускают из виду, что греческая политика не запрещает лицам негреческого происхождения въезжать в Грецию и приобретать там гражданство [Ibid.: 129]. Они ссылаются на преференциальный режим Германии в отношении иммигрантов немецкого этнического происхождения [Ibid.: 127–128], но не упоминают, что это относится не ко всем этническим немцам, только к этническим немцам из Восточной Европы и главным образом к гражданам бывшего Советского Союза, которые подверглись дискриминации при тогдашнем режиме; на американцев немецкого этнического происхождения привилегии не распространяются. Якобсон и Рубинштейн также не упоминают, что Германия и Греция являются родиной для одной этнонациональной группы: Германия для немцев и Греция для греков[34].

Израиль, напротив, контролирует территории, которые являются родиной как для евреев, так и для палестинцев. В этом случае Израилю следует проводить аналогии не с Грецией и Германией, а, скорее, с другими многонациональными странами,

---

[34] Численность этнокультурных меньшинств в этих странах незначительна. В Германии проживают сербские, датские, фризские и цыганские меньшинства, каждое из которых насчитывает несколько десятков тысяч человек. В Греции есть незначительные меньшинства мусульман и армян, составляющие не более одного процента населения.

такими как Великобритания, Швейцария, Канада, Румыния, Словакия и Македония. Будучи страной с либеральными претензиями, Израиль должен провести аналогии с первыми тремя. Безусловно, заявляя, что «все так поступают», люди обычно пытаются оправдать свои скорее несправедливые, чем справедливые действия. Если бы нас спросили, почему мы не даем и не берем взяток, мы, естественно, ответили бы, что «взяточничество запрещено», а не «большинство людей не дают и не берут взяток». А вот если мы иногда все же даем или берем взятки, мы, скорее всего, оправдаемся тем, что взяточничество довольно широко распространено. Таким образом, мы можем понять, почему те, кто пытается оправдать гегемонистскую интерпретацию Израилем своего права на самоопределение, так часто указывают на то, что почти все человечество живет в рамках национальных государств-гегемонов, вместо того чтобы пытаться рассмотреть суть национальных государств-гегемонов. Они не рассматривают ценности, которыми можно было бы объяснить самоопределение, и вопрос о том, подразумевают ли эти объяснения гегемонистскую концепцию этого права. Конкретные обоснования этого права не могут служить основой для гегемонистской концепции права на самоопределение таким образом, чтобы она допускала гегемонию одной национальной группы над другими группами. Они допускают существование такой гегемонии между национальными группами и сообществами иммигрантов, а не между самими национальными группами.

3.3.3. Самоопределение на Земле Израиля. Почему именно там? По всей ли территории?

Одно из преимуществ собственнического сионизма в разъяснении статуса евреев на Земле Израиля заключается в том, что он одним махом оправдывает их институциональный статус как самоопределяющегося народа, реализацию этого самоопределения именно там, а не где-либо еще, его реализацию там, несмотря на то что там жили арабы, и территориальные рамки этого самоопределения. Если срок владения евреями Землей Израиля с древних времен не истек, то понятно, каков их статус на Земле Израиля: статус хозяев. Понятно, почему они имеют такой статус на Земле Израиля, а не где-либо еще, ведь они собственники именно этой земли. Также ясно, почему почти исключительное демографическое и культурное присутствие арабов на Земле Израиля в конце XIX века не помешало евреям вернуться туда — арабы на Земле Израиля пользовались наследием, украденным у евреев в VII веке в ходе вторжения; также очевидно, что территориальный охват еврейского самоопределения распространяется на всю страну, даже если по прагматическим соображениям евреи не вступают в физическое владение всей ее территорией.

Напротив, если внеисторическое право евреев на самоопределение лежит в основе их институционального статуса на Земле Израиля, то тогда речь идет только об их институциональном статусе. Поскольку на заре сионизма на Земле Израиля проживало мало евреев, доминировало арабское культурное и демографическое присутствие, которое и сегодня по-прежнему носит прочный и весомый характер, заполнение пробелов в сионистском нарративе должно касаться следующих вопросов: почему историческое право евреев на самоопределение реализуется именно на Земле Израиля? Почему принято решение реализовать его именно там, несмотря на почти исключительное демографическое и культурное присутствие арабов? Какими должны быть территориальные рамки самоопределения евреев на Земле Израиля? В отличие от теории собственности, концепция самоопределения не обладает достаточными ресурсами, чтобы дать ответы на эти вопросы. Академические представители иерархического сионизма не рассматривают эти проблемы достаточно четко и систематически. Они даже не проводят между ними различий. Они упоминают историческую связь между евреями и Землей Израиля и историю преследований евреев, но рассматривают их как второстепенную поддержку концепции о самоопределении, а не как источники для заполнения вышеупомянутых конкретных пробелов в моральности сионистского нарратива.

Так, например, Якобсон и Рубинштейн посвящают несколько страниц своей книги историческим связям между евреями и Землей Израиля и «историческому праву» евреев на этой земле. Однако они недостаточно проясняют роль, которую играют эти связи и права в оправдании сионизма. Они справедливо упоминают, что эти связи и это право не могут служить единственной или главной основой легитимности еврейского государства [Yakobson, Rubinstein 2009: 43]. Они также подчеркивают, обоснованно и согласованно, различие

> между государством, требующим суверенитета на территории соседнего государства на основании притязаний на свое историческое право, с одной стороны, и бездомным народом, пытающимся вернуться на свою древнюю родину — не за счет суверенной территории любого чужого государства, а, скорее, в определенных с самого начала территориальных рамках, с целью создания условий для национального пристанища [Ibid.: 42][35].

Эта цитата подразумевает, что, несмотря на некоторые оговорки, Якобсон и Рубинштейн рассматривали историческое право как приемлемую основу для легитимности притязаний сионистов на Землю Израиля — в отличие, например, от притязаний канцлера Германии Отто фон Бисмарка на Эльзас-Лотарингию в конце франко-прусской войны в 1870 году. Однако Якобсон и Рубинштейн быстро уточняют свои замечания, добавляя: «Тем не менее сам факт выдвижения территориальных претензий, основанных на исторических аргументах, вопреки воле большинства современных жителей оспариваемой территории, показался проблематичным международному сообществу» [Ibid.: 42–43].

Похоже, в связи с выдвижением территориальных претензий, основанных на исторических правах, Якобсона и Рубинштейна беспокоит ожидаемая реакция международного сообщества, а не несправедливый характер этого требования сам по себе. Даже если мы полностью согласны с тем, что ожидаемую реакцию международного сообщества необходимо рассматривать серьез-

---

[35] См. также [Gafni 1933; Ben-Gurion 1931: 188; Shimoni 2000: 333–388]

но, Якобсон и Рубинштейн игнорируют вопрос о том, прав ли сионизм, поощряя евреев селиться на Земле Израиля в силу их «исторического права», *несмотря на сопротивление арабского населения*. Акцент Якобсона и Рубинштейна на том, что подобный подход может спровоцировать международную оппозицию, указывает на их сомнения в справедливости использования подобных аргументов в сионизме. Однако, учитывая, что они написали целую хвалебную книгу, посвященную сионизму, нельзя предполагать, что они сомневаются всерьез.

Якобсон и Рубинштейн также не затрагивают вопрос о территориальных масштабах еврейского самоопределения на Земле Израиля. В процитированных выше заявлениях они называют историческое право основой для территориальных требований в тех случаях, когда бездомные возвращаются в свои древние дома «не за счет суверенной территории чужого государства, а за счет территориальных рамок, определенных с самого начала с целью создания условий для национального прибежища» [Ibid.: 42].

Несомненно, земли Королевства Иордания представляют собой территорию суверенного государства, и поэтому нет никаких сомнений в том, что между Якобсоном и Рубинштейном с одной стороны, и Менахемом Бегином, например, с другой наблюдаются значительные практические разногласия по поводу того, кто должен обладать суверенными правами над Трансиорданией. Как мы видели выше, Бегин отвергает осуществление исторического права собственности евреев на Трансиорданию только из соображений акразии; он не отказался от права как такового. Когда его преемники обретут способность и желание реализовать это право, они попытаются это сделать. Напротив, Якобсон и Рубинштейн отказываются не только от реализации исторического права на Трансиорданию, но и от самого этого права, причем по соображениям мирового общественного порядка. Таким образом, гарантируется, что их последователи не смогут позднее этого потребовать.

А что думают Якобсон и Рубинштейн о территориях Западного берега (тех, которые официальный Израиль называет библейскими «Иудеей и Самарией»)? Если территориальные рамки, которые, по словам Якобсона и Рубинштейна, были «определены для еврейского народа с самого начала с целью создания национального прибежища» в тексте, изданном Лигой Наций в 1922 году для британского мандата, являются решающими территориальными рамками, то, значит, поселения, основанные после 1967 года, все еще находятся в пределах законной территориальной реализации исторического права, как ее видят Якобсон и Рубинштейн; эти районы включены в мандат, который Лига Наций предоставила британцам. Однако, если решающими территориальными рамками являются те, которые определены решением Генеральной Ассамблеи ООН о разделе в ноябре 1947 года, то даже территории, отобранные евреями в 1948 году за пределами границ раздела 1947 года, необязательно должны быть частью еврейского государства. Возможно, Якобсон и Рубинштейн больше не считают евреев бездомными, по крайней мере после завершения войны Израиля за независимость, и, следовательно, с тех пор у них не было оснований ссылаться на исторически правильный аргумент в пользу территориальной экспансии; ибо Якобсон и Рубинштейн убеждены, что только бездомные имеют право ссылаться на него. Если это так, то поселения на Западном берегу, основанные после 1967 года, незаконны. Даже в этом случае неясно, что ответили бы Якобсон и Рубинштейн тому, кто считает, что строительство Еврейского Дома не завершилось в 1948 году. Если полностью не отрицать легитимность исторического права, возможно, все еще возможно продолжать строительство Дома в территориальных рамках, «определенных с самого начала с целью создания [прибежища]». Другими словами, Якобсон и Рубинштейн проигнорировали моральный вопрос, который после окончания Шестидневной войны стал самым важным и неотложным для заполнения нормативных пробелов в сионистском нарративе: законны ли поселения на завоеванных в то время территориях?

Рут Гэвисон, которая вместе с Якобсоном и Рубинштейном обосновывает свою позицию в отношении еврейской гегемонии иерархической концепцией права на самоопределение, также ссылается на историю преследований евреев и историю их связей с Эрец-Исраэль. В ее случае также неясно, какую роль играют эти истории и какую силу они имеют в оправдании реализации права евреев на самоопределение. На вопрос, оправдывает ли она попытку «создать... сообщество и человеческую инфраструктуру для обеспечения суверенитета в Эрец-Исраэль или в некоторых ее частях», автор отвечает, что, «используя законные, ненасильственные средства, *евреи обладали моральным и юридическим правом*» так поступать [Gavison 1999: 61][36]. По ее словам, арабы, которые долгое время составляли единственное население страны, обладали аналогичными свободами. Говоря о свободах, она использует концепцию, разработанную теоретиком права Уэсли Хохфилдом: права, которыми человек обладает не потому, что закон их предоставил, налагая обязательства на других для их удовлетворения, а потому, что он прямо не отрицает их, есть права на деятельность, которая законом не запрещена [Hohfeld 1913–1914]. Поскольку закон содержит общий запрет на применение насилия, юридические права на свободу важны: они очерчивают границы законной конкуренции. Если два человека видят бумажник, лежащий на тротуаре, ни один из них не имеет права на этот бумажник, но любой человек волен поднять его, тем самым помешав сделать это другому, при условии что все произойдет ненасильственно [Hart 1982: 171–172]. По мнению Гэвисон, Эрец-Исраэль — это кошелек; евреи и арабы имели право — как юридическое, так и моральное — завладеть этим имуществом, то есть основать там самоопределяющуюся общину.

Однако действительно ли евреи обладали «юридической и/или моральной свободой» «организовывать сообщество и человеческую инфраструктуру для обеспечения суверенитета в Эрец-Исраэль или в некоторых ее частях»? Обладали ли арабы только *свободой* на то же самое или также полноценным правом (притом что остальное мировое сообщество и соседи берут на себя кон-

---

[36] В англоязычной версии этой статьи, «Право евреев на государственность» [Gavison 2003], Гэвисон говорит только о юридической свободе, не упоминая о моральной.

кретные обязательства поддерживать их или, по крайней мере, не вставать у них на пути)? Чтобы ответить на первый из этих вопросов, а именно, имели ли евреи *законные* основания осуществить свое самоопределение в Палестине, нет необходимости знакомиться со сводами законов Османской империи, которая управляла территориями Ближнего Востока вплоть до своего распада после Первой мировой войны. Достаточно знать некоторые элементарные вехи в истории сионизма, например, что одним из первых дипломатических шагов Герцля было обращение к турецкому (османскому) султану за разрешением на поселение евреев в Палестине. Если бы евреи пользовались той юридической свободой, которую предоставляет им Гэвисон, почти наверняка Герцль не оказался бы втянутым в исторический эпизод, окончившийся сильным разочарованием [Halpern 1969: 262–265]. В учебниках истории для средних школ Израиля сообщается, что в начале образования сионистских поселений, еще в 1881 году, Османское правительство установило

> ограничения, направленные на то, чтобы остановить рост *ишува* [еврейского поселения] на Земле Израиля и не допустить его территориальной концентрации и превращения в отдельное национальное меньшинство... 8 апреля 1884 года Блистательная Порта [Министерство иностранных дел Османской Империи] опубликовала фирман [указ султана], который запрещал въезд евреев на Землю Израиля и разрешал въезд только паломникам и на тридцать дней [Bartal, Ben Arieh 1983: 264].

Запреты попеременно то смягчались, то расширялись, и после первого Сионистского конгресса в Базеле «17 мая 1898 года был объявлен общий, тотальный запрет на *алию*» [Ibid.]. Другими словами, на протяжении большей части первых дней существования сионизма евреи не обладали никакой юридической свободой, термин Гэвисон, «чтобы попытаться создать инфраструктуру для обеспечения суверенитета»; мало того, у них даже не было *законных прав* иммигрировать в Эрец-Исраэль *в частном порядке*.

А как насчет *моральной* свободы «создавать сообщество и человеческую инфраструктуру для обеспечения суверенитета в Эрец-Исраэль или в некоторых ее частях»? Гэвисон безапелляционно отвечает «да» и на этот вопрос. Однако действительно ли с точки зрения политической морали уместно позволять общинам селиться на территориях, населенных другими общинами, и устанавливать суверенитет над такими общинами, если только они не делают этого насильственно? Является ли морально оправданным разрешение оседлым общинам сопротивляться попыткам иммигрантских общин навязать суверенитет политическими и экономическими средствами, не насилием? Если мы ответим на этот вопрос утвердительно, мы очень порадуем все мировые сообщества, обладающие экономической и политической властью, поскольку такое право равносильно легализации колониализма при условии ограничения права державы-поселенца на применение военной силы; это означало бы что Германия имеет право (скорее, свободу) без применения силы основать изоляционистскую немецкую колонию в Греции; это означало бы, что французы имеют аналогичное право в отношении Португалии. Из взглядов Гэвисон следует, что Греция и Португалия не могут юридически запретить Германии и Франции создавать колонии на своих территориях, поскольку такой запрет позволил бы им применить силу, чтобы помешать Германии и Франции воспользоваться своими моральными свободами. Говоря о моральных свободах, Гэвисон, возможно, имеет в виду то, что Х. Л. А. Харт, вслед за Джереми Бентамом, называл «базовыми привилегиями», то есть привилегиями, которые существуют в естественном состоянии (по Гоббсу). В государстве нет закона (в позитивистском смысле этого слова), нет юридических обязательств, нет юридических запретов в отношении каких-либо действий; таким образом, существует законная свобода совершать любые действия. Это и есть «голые» привилегии, которые никоим образом не защищены общим запретом на насилие [Hart 1982: 169–173]. В этом естественном состоянии также нет закона, запрещающего насилие. Только в таких рамках можно оправдать позицию Гэвисон, согласно которой евреи и арабы обладали неправовыми свободами при попытках создать для себя политическое сообщество в Эрец-Исраэль / исторической Палестине.

Неясно, может ли Гэвисон принять такое значение понятия свободы в ее естественном состоянии по Гоббсу, поскольку она определяет свободы через запрет на насильственные действия против другого обладателя свободы. В таком случае мне кажется, что смысл слов Гэвисон остается расплывчатым.

3.4. Эгалитарный сионизм

Три аргумента, перечисленные в Декларации независимости Израиля, — всеобщее право на национальное самоопределение, историческая связь между еврейским народом и Землей Израиля и преследования, которым подвергались евреи, — служат источниками для заполнения пробелов в обосновании нарратива как собственнического, так и иерархического сионизма[37]. Они играют ту же роль, что и в эгалитарном сионизме, но, по аналогии с иерархическим сионизмом и в отличие от собственнического сионизма, не историческая связь между евреями и Землей Израиля и ее интерпретация как имущественных отношений служат основой для заполнения пробелов, а право евреев — как и всех других народов — на национальное самоопределение. Однако, в отличие от иерархического сионизма и следуя моей критике того, как эта версия сионизма интерпретирует право на самоопределение, я отстаиваю эгалитарную интерпретацию этого права. Роль, которую в оправдании сионизма как политической идеи играют историческая связь между евреями и Землей Израиля и преследования евреев, является более сложной и перспективной, чем допускают сторонники иерархического и собственнического сионизма. Я покажу, что историческая связь с Землей Израиля и преследования евреев могут служить источниками ответов на основные вопросы, касающиеся статуса евреев на Земле Израиля, на которые не может ответить право на само-

---

[37] Некоторые аргументы в этом разделе повторяют аргументы, которые я приводил во 2-й и 3-й главах моей книги «Справедливый сионизм».

определение само по себе: (а) почему евреям позволено реализовывать свое право именно на Земле Израиля? (б) Как так случилось, что им позволили реализацию этого права несмотря на то,
что страна была преимущественно арабской по своей культуре
и демографии? (в) Какими должны быть территориальные рамки
самоопределения евреев на Земле Израиля?

Наконец, я утверждаю, что если принять мои ответы на эти
три вопроса, то, наряду с дополнительными чрезвычайно важными соображениями, они обеспечат основу для реализации прав
на самоопределение евреев и арабов на Земле Израиля, главным
образом как двух отдельных государств. Демографический профиль каждого государства позволит каждой группе доминировать, не обязательно исключительно, в одном из этих государств.
Это доминирование вытекает из соображений равенства, а не из
самого смысла или общей практики права на самоопределение,
как в случае с еврейским доминированием в Израиле, согласно
идеям иерархических сионистов. Более того, доминирование,
о котором идет речь, не обязательно подразумевает «монополию
на все общественные и символические сферы государства», как
на том настаивают сторонники иерархического сионизма.

3.4.1. Национальное самоопределение: эгалитарная интерпретация

Право этнокультурных групп на самоопределение — это
право, вытекающее из заинтересованности их членов в том,
чтобы придерживаться культуры, которая сформировала их и их
предков, заниматься жизнедеятельностью в рамках своей культуры и сохранять многонациональный характер своей культуры.
Это универсальное право, основанное на том факте, что интересы, оправдывающие его, в настоящее время разделяют многие
представители всех этнокультурных групп. Большинство совре-
менников хотят жить в рамках своей культуры. Это важно для
их благополучия, поскольку их различные решения и начинания
имеют смысл только или по крайней мере в первую очередь
в рамках данной культуры [Kymlicka 1995: 75–106; Tamir 1993:

57–77; Miller 1995: 81–118; Raz, Margalit 1994; Gans 2003: 39–66]. Более того, большинство людей хотят также обеспечить дальнейшее существование своей конкретной культуры. Они должны знать, что их культура продолжит существовать и процветать. Безнадежность относительно дальнейшего существования их культуры может легко подорвать веру в значимость собственных начинаний[38].

Тот интерес, который люди проявляют к своей культуре, к жизни в ее рамках и к ее сохранению через много поколений, обычно связан с исторической родиной. Однако совсем не обязательно члены групп определенной культуры, проживающие в государстве, имеют превосходство над другими подобными группами, живущими в том же государстве, чтобы удовлетворить этот интерес. Примечательно, что тем современным авторам, которые утверждают, что национальное государство есть *желательное* средство защиты культурных интересов людей, не удается доказать, что оно совершенно *необходимо* для достижения этой цели. В лучшем случае они доказывают, что это наилучшее из доступных средств защиты соответствующих интересов, и в этом отношении оно превосходит многонациональные государства, про которые говорят, что каждая из составляющих этнокультурных групп чувствовала бы себя в большей безопасности, проживая в отдельном национальном государстве [Miller 1995: 88].

Однако я не уверен даже в правильности последнего утверждения. Вопрос о том, является ли предлагаемый набор средств защиты интересов людей в их культуре оптимальным или нет, зависит от многих факторов. К ним относятся не только размер

---

[38] Националистический/мультикультуралистский тезис о заинтересованности людей в продолжении существования своей культуры после окончания их жизни следует отличать от националистического/мультикультуралистского тезиса, согласно которому люди заинтересованы в том, чтобы жить в рамках своей культуры, упомянутой в предыдущем примечании. См. аргументы в поддержку первого тезиса («исторический тезис») и в пользу необходимости отличать его от второго («тезис о приверженности») [Gans 2003: 39–66; Gans 2007a].

и богатство группы, к которой они принадлежат, но и способность этой группы приспосабливаться к меняющимся обстоятельствам, степень солидарности членов группы и их приверженности своей культуре, а также характеристики соседних этнокультурных групп. Отсюда бесполезность обобщений и необходимость рассматривать каждый случай в отдельности. Однако, даже если бы национальное государство вообще или в каком-либо конкретном случае могло называться оптимальным механизмом, позволяющим индивидам процветать в рамках своей этнокультурной группы, спор на этом не закончился бы по двум причинам.

Во-первых, для достижения намеченных целей могут оказаться достаточными неоптимальные механизмы. Во-вторых, каким бы идеальным ни было национальное государство, определенные реализованные интересы вряд ли останутся *единственными*. Люди не только стремятся развивать свое культурное наследие и пытаются передать его будущим поколениям: они в равной степени заинтересованы в том, чтобы к ним относились справедливо и уважительно. Не очевидно, что гегемонистская интерпретация самоопределения однозначно работает на это право, эту потребность. А если так, то гегемонистская интерпретация самоопределения должна быть отвергнута. В государствах, населенных несколькими национальными этнокультурными группами, осознание гегемонистской интерпретации самоопределения одной группой нанесет ущерб интересам представителей других национальных групп: к ним невозможно демонстрировать уважительное отношение, как к равным. По самому своему определению предоставление гегемонии одной группе означает отказ в ней другим и неравноправное к ним отношение.

Я уже упоминал, что статус иммигрантских сообществ в этом вопросе отличается от статуса национальных групп. Это происходит по двум причинам. Менее важной из них является то, что сообщества иммигрантов создаются в результате добровольного выбора их членов. Решив мигрировать, их члены отказались от своего права на самоуправление в рамках своей исконной культуры в государстве, в которое они мигрировали, и от права сохранять там свою культуру[39]. Однако более важная причина, на мой взгляд, проистекает из идентичности: между этнонациональными культурами и их родиной обычно существует связь. Заинтересованность членов этнокультурных групп в том, чтобы существовать как нации в рамках культуры своей группы и сохранять ее на протяжении поколений, связана с их исторической родиной. Следовательно, члены иммигрантских сообществ обычно не проявляют такого интереса к странам, в которые они мигрируют.

В таком случае отказ от предоставления им прав на самоуправление в этих государствах в рамках их самобытной культуры и предоставление этих прав только членам национальных групп не может рассматриваться как неравноправное отношение к сообществам иммигрантов. Отказ от предоставления им этих прав подобен отказу от предоставления лекарств здоровым людям [Gans 2003: 88–89][40].

Отношения между общинами коренного населения в одном и том же государстве нельзя сравнивать с отношениями между общинами коренного населения и общинами иммигрантов. Например, в Канаде правами самоуправления пользуются англоязычные, франкоязычные и коренные народы. Ни один из них не обладает преимуществом в силу конституционных и других

---

[39] На мой взгляд, это рассуждение применимо только к иммигрантам в первом поколении, тем, кто мигрировал сам, но не к их потомкам. См. [Kymlicka 1995: 62; Walzer 1982: 6–7, 10; Glazer 1983: 149; Patten 2014, ch. 8].

[40] Еще одна упомянутая там причина, по которой в вопросе о праве на самоуправление местные сообщества предпочитают иммигрантские общины, связана с нехваткой территорий в мире. Предоставление прав на самоуправление на определенной территории определенной этнокультурной группе означает в какой-то степени навязывание культуры этой группы всем, кто живет на этой территории. Поскольку в мире недостаточно места для того, чтобы все группы могли пользоваться этими правами, где бы ни находились их подгруппы, местным группам должен быть предоставлен приоритет перед иммигрантскими группами при распределении этих прав, поскольку группы иммигрантов обычно могут, если пожелают, жить в рамках своей культуры в других местах, то есть там, где их первоначальная группа осуществляет свое самоопределение.

правовых норм. Каждый из них самоуправляем и способен жить в рамках своей культуры и сохранять ее для будущих поколений. Этого нельзя сказать о еврейских, сикхских или украинских иммигрантах, которые живут в Канаде. Языки канадских национальных групп и их символы доминируют в общественной сфере Канады. Территориальные и институциональные аспекты права канадских национальных групп на самоуправление, конечно, зависят от их размера: англоговорящих в общественных сферах Канады гораздо больше, чем франкоговорящих, и, следовательно, их способность влиять на безопасность и внешнюю политику намного выше. Однако эти преимущества не обусловлены особыми привилегиями, которые вытекают из самого смысла права на самоопределение. Они возникают потому, что число англоговорящих в Канаде несравнимо больше, чем число франкоговорящих. Аналогичная ситуация со Швейцарией: присутствие немецкоговорящих и франкоговорящих людей в общественной сфере этой страны гораздо более заметно, чем итальянцев или ретороманцев, поскольку первые более многочисленны, чем вторые — соответственно, выше их влияние. Члены отдельных групп в Швейцарии имеют преимущества и привилегии по сравнению с проживающими там турками и славянами, но это не те привилегии, которыми обладают сообщества по сравнению с меньшинствами в этой стране. Члены родных швейцарских групп не мигрировали туда добровольно. Что еще более важно, ни одна страна в мире, кроме Швейцарии, не может удовлетворить их интересы в том, чтобы жить в рамках своей культуры и истории. Их интересы в своей государственности связаны с этой страной, а не с какой-либо другой страной, в то время как интересы швейцарцев славянского или турецкого происхождения в их изначальной государственности связаны с другими странами, которые могут служить этим интересам. Таким образом, право на самоопределение в некоторых отношениях должно быть правом на гегемонию, но речь идет о гегемонии национальных групп над группами иммигрантов, а не о гегемонии национальных групп над другими национальными группами, проживающими в их странах. То же самое относится к Бельгии:

фламандцы и валлоны имеют там права на самоуправление и сохранение культуры, что дает им преимущества перед иммигрантскими общинами, проживающими в их стране, но не друг перед другом. Поскольку фламандское и валлонское население Бельгии более или менее одинаково по численности, и поскольку ни у одного из них нет особых потребностей, которые оправдывали бы предоставление ему преимуществ перед другим, у них нет преимуществ, вытекающих из этих эмпирических фактов. Таким образом, Бельгия является двунациональным государством как в принципе, так и в политической реальности, в отличие от Канады и Швейцарии, в основе своей многонациональных государств, в которых некоторые группы политически доминируют из-за численной представленности.

Все вышесказанное должно относиться к евреям и палестинцам на Земле Израиля / исторической Палестине. Обе группы заслуживают того, чтобы им были предоставлены привилегии на самоопределение в пределах этой страны, потому что обе они считают ее родиной, каждая по-своему. С этим связана идентичность каждой из групп как нации. Однако речь идет о привилегиях, которыми должен обладать каждый из них по отношению к группам иммигрантов, а не привилегии одного из них по отношению к другому. Возможно, было бы уместно разделить Землю Израиля / историческую Палестину на два государства таким образом, чтобы в каждом из них одна из групп имела большее фактическое присутствие и власть.

Но это неравенство между ними в каждом государстве проистекало бы не из иерархической и неэгалитарной интерпретации права на самоопределение, а из численного преимущества одной из групп по сравнению с другой внутри каждого государства и, возможно, даже из других различий. Ниже я рассмотрю эту возможность, но сначала позвольте объяснить, почему евреям целесообразно осуществлять свое самоопределение именно в исторической Палестине, почему это было уместно сделать, несмотря на присутствие арабского населения, и каковы соответствующие территориальные границы еврейского самоопределения на Земле Израиля.

3.4.2. Земля Израиля из разных мест: история как источник идентичности, а не как основание для права собственности

Земля Израиля — колыбель еврейского народа. Здесь сформировалась его духовная, религиозная и политическая идентичность. Здесь он впервые обрел государственность, создал культурные ценности национального и общечеловеческого значения и подарил миру вечную Книгу Книг[41].

Этот абзац, открывающий Декларацию независимости Государства Израиль, цитировался в начале этой главы. Там я утверждал, что сионизм, основанный на праве собственности, противоречит тому, что изложено в этом абзаце. Рассказывая историю о первенстве евреев в истории Земли Израиля и о праве на эту землю, дарованном евреям Библией (Ветхим Заветом), этот вид сионизма отстаивает право еврейской собственности на эту страну.

Однако речь здесь идет не о первенстве евреев в истории Земли Израиля, как привыкли думать большинство израильтян, а о первенстве Земли Израиля в истории и идентичности евреев. Имеется в виду не о то, что Библия (Ветхий Завет) даровала евреям Землю Израиля, как привыкли утверждать израильтяне, а то, что евреи вынесли Библию с Земли Израиля и распространили по всему миру. Более того, даже если бы в цитате рассказывалось о первенстве евреев на Земле Израиля и о правовом акте на эту землю, дарованном Евреям Библией, этого недостаточно, чтобы предоставить им право собственности на эту землю. Поспешу внести ясность в этот вопрос. История, о которой на самом деле говорится в цитате из Декларации независимости, а именно история о первенстве Земли Израиля в истории и идентичности евреев, а также о том, что евреи распространили Библию из Земли Израиля всему миру, может послужить основой для выбора Земли Израиля в качестве подходящего места для реализации права евреев на национальное самоопределение.

---

[41] Декларация об основании Государства Израиль, 1, часть 3 (1948).

Главенство наций в истории определенных территорий — главенство, которое так любят подчеркивать господствующие сионисты в отношении статуса евреев на Земле Израиля, — не может служить основанием для права собственности наций на эти территории. Жан-Жак Руссо ясно изложил причины этого, описав первые методы захвата территорий, распространенные среди европейских королей его времени:

> Как может человек или народ захватить огромную территорию и отгородить ее от остального мира, кроме как путем наказуемой узурпации, поскольку в результате такого акта все остальные лишаются места обитания и средств к существованию, которыми их наделила природа? [Rousseau 1920: 20]

Эти слова также применимы к важности территорий в истории народов [Gans 2003: 111]. Однако важность территорий в истории и идентичности народов может служить основой для определения географического положения, в котором реализуется право нации на самоопределение. Это происходит потому, что если само по себе самоопределение не интерпретируется как эквивалент независимой государственности, то опасения, выраженные в цитате из Руссо, во многом теряют свой вес. Это особенно верно, если такие соображения, как материальные потребности, свобода и достоинство человека, служат для определения институциональных и территориальных аспектов прав конкретных наций на самоопределение. Основываясь на принципах справедливости, территории и политическую власть можно распределить между нациями в соответствии с численностью их населения, спецификой их культур, потребностями культур, степенью приверженности нации своим членам или тем, как эта нация к ним относится.

В таких рамках исторические права могли бы служить критерием при выборе конкретного географического местоположения, в котором должно реализовываться самоопределение. Территория, отведенная для самоопределения нации, может быть больше или меньше исторической территории этой нации, что зависит от универсальных соображений справедливости распределения согласно размеру территорий, на которые имеет право каждая нация. Если эти соображения определяют разделение территорий мира по национальному признаку, и если исторические права интерпретируются как показатели для мест самоопределения, а не как основа права на суверенитет, то обязанности, соответствующие этим правам, не угрожают средствам к существованию и автономии потенциальных ответственных лиц. Последних насильственно убрали бы из тех конкретных районов, где другие нации осуществляют свое право на самоопределение; но эти территории были бы не больше тех, из которых их в любом случае убрали бы в результате справедливого распределения территориальных прав, сопутствующих самоопределению, между национальными группами.

Преимущество при получении территорий в истории нации должно иметь отношение к выбору мест самоопределения наций не только по этим прагматическим причинам, но и потому, что люди, для которых национальная принадлежность имеет большое значение, придают большое значение поддержанию связей с родной землей. Потеря родины может привести к чувству отчуждения и болезненной ностальгии. Большое значение таких территорий для национальной идентичности людей позволяет предположить, что они образуют существенную связь с правом на национальное самоопределение[42].

Следует подчеркнуть, особенно в случае с евреями и Землей Израиля, что эти соображения актуальны даже в том случае, если прямой контакт с исторической территорией был утрачен. Верные члены нации сохраняют сентиментальную связь со своей землей, на которой они формировались, даже если они перестали ее занимать, поскольку это место по-прежнему является частью

---

[42] В поддержку этой точки зрения я мог бы упомянуть, что ее придерживаются такие далекие друг от друга авторы, как Росс Пул, австралийский философ, автор работ о правах австралийских аборигенов, и Иехезкель Кауфман, еврейский историк [Poole 1999: 127–128; Kaufman 1930: 211–212].

их идентичности. Можно утверждать, что физическое отделение членов группы от этой территории напоминает насильственное расселение членов родственной группы. Поскольку они продолжают формировать идентичность людей, есть веские основания для того, чтобы разместить самоопределение на формирующейся территории, даже если первоначальная физическая связь была разорвана.

Аргумент, аналогичный тому, который я только что привел в отношении нормативного значения первенства евреев в истории Земли Израиля и первенства этой Земли в еврейской истории, может быть также приведен в отношении нормативного значения Библии как подтверждения права собственности евреев на Землю Израиля, место, откуда евреи «подарили миру вечную Книгу Книг». То, что Библия даровала евреям Землю Израиля, действительно создает право, но это право действительно только для религиозных общин, для которых Библия является Священным Писанием: ортодоксальных евреев и американцев-евангелистов [Shimoni 2000: 60–65; Wagner 2002: 52–57; Shragai 1995: 252][43]. Декларация независимости неспроста игнорирует этот акт собственности, поскольку в ней выдвигаются гуманистические аргументы, считающиеся убедительными во всем мире. Тот факт, что евреи завещали миру Библию из Земли Израиля, в отличие от того факта, что Библия завещала евреям Землю Израиля, мог бы стать основой для универсального аргумента, на который евреи могли бы опереться при выборе места для реализации — не собственнических, территориальных прав, — но своего неисторического универсального права на самоопределение.

Тот факт, что из Земли Израиля евреи передали миру Библию, отождествляется с самым важным вкладом евреев в человеческую цивилизацию. Подчеркивание этого факта означает подчеркивание ключевого компонента идентичности евреев в их собствен-

---

[43] Здесь также уместно упомянуть британских христиан, одних из предвестников сионизма, основанного на христианских представлениях. Евангелисты США поддерживают взгляды, созвучные собственническому сионизму, по крайней мере с 1970-х годов.

ных глазах и в глазах всего мира[44]. Право на самоопределение связано с заинтересованностью народов в сохранении своей самобытности и в том, чтобы жить своей жизнью в его рамках. Таким образом, если для евреев желательно придерживаться своей идентичности, жить в ее рамках и сохранять ее на протяжении поколений, или если желательно дать им эту возможность, то желательно также, чтобы это осуществилось на Земле Израиля, с которой они идентифицируют себя как исторический коллектив.

3.4.3. Земля Израиля и ее арабское население: глобальная справедливость, преследования евреев и границы 1967 года

Я интерпретировал историческую связь евреев с Землей Израиля не как основание для имущественных прав на нее, а как основание для выбора этой земли в качестве места, где необходимо реализовать историческое право евреев на самоопределение. Согласно Декларации независимости Израиля, они имеют это право, «как и все прочие народы». Это право было истолковано выше как универсальное и равное право *национальностей* на самоуправление у себя на родине. Утверждения о том, что права евреев на Земле Израиля вытекают из всеобщего права на самоопределение и что исторические связи с определенной территорией являются основой для ее выбора в качестве географического местоположения для осуществления самоопределения, предполагают идеальную теорию глобальной справедливости для распределения культурных и политических прав между нациями. Именно из этой теории справедливости вытекают право на национальное самоопределение и историческая связь как фактор, учитываемый при выборе территории для реализации этого права. Однако мы должны напомнить себе, что, даже если пред-

---

[44] См. аргументы в пользу территориальных прав, а не просто определения их географического местоположения, которые основаны на интерпретации таких фактов в духе Джона Локка, в [Miller 1995: 110–124; Miller 2007: 201–230; Meisles 2005: 63–74].

положить, что общие принципы этой теории справедливости ясны, их реализация столкнулась бы в современном мире с непреодолимыми трудностями. Это происходит потому, что в этом мире не хватает законодательных институтов для достаточной разработки этих принципов, обеспечивающей их реализацию, судебных институтов для разрешения споров, которые могут возникнуть в связи с толкованием таких принципов, и прежде всего — институтов для обеспечения соблюдения этих принципов всеми субъектами правосудия, о которых идет речь, а именно мировыми нациями.

Другими словами, для достижения справедливости при распределении благ, необходимых для реализации национальных прав, большинству стран мира необходимо координировать свои действия, придерживаясь всеобъемлющей системы принципов, которые могли бы помочь в решении подобных вопросов. Выполнение одного изолированного действия в соответствии с одним изолированным принципом, который, как предполагается, является частью всеобъемлющей и институционализированной системы, вполне можно сравнить со сбором подоходного налога только с одного налогоплательщика. Даже если налоговая ставка как-то оправдана, взимать ее только с одного физического лица все равно было бы несправедливо. Таким образом, обстоятельства, при которых отсутствуют институты для скоординированного применения системы правосудия ко всем ее субъектам, оправдывают приостановление деятельности на основе этой справедливости. Представляется, что сионистский план по обеспечению самоопределения евреев на Земле Израиля тоже должен быть приостановлен[45].

Другими словами, даже если формирующая связь, которую та или иная нация лелеет в связи с определенной территорией, в идеале должна быть причиной для того, чтобы сделать эту территорию местом для реализации национального самоопреде-

---

[45] Подобный аргумент, касающийся трудностей, связанных с понятием глобальной справедливости, исходит от Томаса Гоббса. С тех пор его высказывали многие философы. См. [Nagel 2005: 114].

ления, в нашем неидеальном мире учитываются соображения справедливости, а именно равное распределение бремени и выгод для всех вовлеченных сторон, насильственное приостановление любых действий в соответствии с этим идеалом в тех случаях, когда рассматриваемая нация фактически не проживает на своих формирующихся территориях.

Чтобы убедиться в этом, представим себе, что Саудовская Аравия должна делиться доходами от продажи своей нефти с очень бедными странами, такими как Сомали. Такое предположение можно посчитать законной принципиальной позицией, но из нее необязательно следует, что Сомали или любая другая бедная страна имеет право силой завладеть частью нефтяных богатств Саудовской Аравии. Можно по аналогии утверждать, что другие богатые нефтью страны, например Кувейт, должны поделиться своим богатством, а другие бедные страны, такие как, например, Чад, должны извлечь из этого выгоду.

Возможно, богатство, получаемое не только за счет природных ресурсов, но и за счет человеческого капитала, также должно распределяться подобным образом. Наверняка вопросы распределения, возникающие в связи с этими соображениями, должны регулироваться общепринятыми принципами и последовательно соблюдаться рядом международных государственных органов. Однако, пока такие государственные органы не существуют, любые единичные и односторонние действия, предпринимаемые против стороны, подпадающей под действие этих принципов, будут несправедливыми, по крайней мере в некоторых отношениях, и могут возыметь печальные последствия независимо от того, является ли справедливость самого́ принципа бесспорной.

Последний аргумент кажется мне достойным и при нормальных обстоятельствах должен убедить представителей государств отказаться от ирредентистских амбиций. Однако я рискну утверждать, что, если действительно нет другого способа добиться своего самоопределения или, по крайней мере, каждому индивидууму вести сносную жизнь, члены национальной группы, тем не менее, могут разумно апеллировать к принципам идеальной глобальной справедливости между нациями. Можно утверждать, что чрезвычайная ситуация могла бы узаконить отмену приостановления, которое обычно должно применяться в соответствии с этими принципами. Это могло бы узаконить использование аргумента об исторических правах или, по крайней мере, освободить от ответственности тех, кто действует в соответствии с ним.

Как мы знаем, преследования евреев в Европе в XIX веке продолжались, несмотря на проведенную в течение этого столетия эмансипацию. В XX веке преследования также продолжались, достигнув кульминации в холокост. Европа предоставила евреям крайне ограниченные возможности для достижения самоопределения, как это предусматривал Бунд, да и просто не предоставила возможности сохранить человеческое достоинство или попросту выжить[46]. Поскольку евреи подвергались преследованиям, им, несомненно, позволительно воспринимать кровопролитие и попрание своего достоинства как установленные факты. С другой стороны, кровопролитие, которое вызовет их возвращение на историческую родину, хотя его почти наверняка можно было предсказать, еще не стало свершившимся фактом. Процесс мог сопровождаться надеждой на то, что они смогут защитить себя и свое достоинство, а также положить конец кровопролитию. В тех местах, где евреи жили раньше, у них не было такой надежды. Они могли бы утешиться тем, что частичную несправедливость, которую они совершат, установив самоуправление на своей родине, они и другие народы исправят, когда придет время.

Таким образом, у евреев было оправдание, которое можно назвать восстановительным, — оправдание, основанное на необходимости спасти самих себя и, в частности, свое достоинство, реализовать свое основное право на самоопределение на своей

---

[46] Этот компонент обоснования стремления сионизма вернуть евреев на Землю Израиля занимает видное место в традиционных сионистских аргументах, начиная с Пинскера и Герцля и заканчивая Бен-Гурионом, Жаботинским и Вейцманом. Жаботинский писал: «Вполне понятно, что арабы Палестины предпочли бы, чтобы Палестина была арабским государством № 4, № 5 или 6... но когда притязания арабов сталкиваются с нашим еврейским требованием о спасении, это похоже на противостояние притязаний аппетита и притязаний голода» [Shimoni 2000: 367].

исторической родине, даже если они фактически там не проживали[47]. Согласно текущему отчету, необходимость, поддерживающая обращение к аргументу исторических прав, очень похожа на «необходимую оборону» в уголовном праве. Эта защита часто используется для оправдания действий, которые в обычных обстоятельствах были бы юридически и морально противозаконны, или, по крайней мере, для освобождения от ответственности тех, кто совершает эти действия. Примером может служить оправдание того, что смертельно раненый человек вломился в закрытую аптеку, чтобы украсть жизненно необходимое лекарство[48].

---

[47] *Оправдание*, или право на возмещение ущерба — это оправдание или право, которым люди обладают в силу ущерба, причиненного их основным интересам или тем интересам, которые защищены основными правами. Право на возмещение ущерба предоставляется для того, чтобы остановить или устранить такой ущерб. *Основное право* — это право, которым люди обладают в силу интересов, возникающих у них в ходе обычной жизни, которые оправдывают возложение на других обязательств по защите этих интересов. Основные права предоставляются для защиты или продвижения этих интересов не только в тех случаях, когда им наносится ущерб. Например, право человека не подвергаться нападениям является основным правом. Права на исправление положения или оправдания — это те права, которые позволяют нам совершать определенные действия, чтобы защитить себя от нападений или потребовать компенсацию за вред, причиненный нападениями.

[48] Конечно, можно было бы возразить, что проникновение больного человека в аптеку с целью получения жизненно необходимого лекарства на самом деле не является аналогом проникновения евреев на Землю Израиля, поскольку ясно, что, вломившись в аптеку, избежать необратимого зла (то есть смерти раненого нарушителя) намного важнее, чем временное зло, причиненное этим проникновением (а именно: ущерб, причиненный аптеке, и, возможно, также нарушение общественного порядка). Напротив, предсказуемо, что еврейское «вторжение» на Землю Израиля, хотя и предотвратило бы очень большое зло, привело бы не просто к незначительному и временному ущербу. Вот почему в отрывке, к которому прилагается эта записка, я не решался утверждать, что необходимость возвращения евреев на Землю Израиля оправдывала это возвращение с точки зрения всех соответствующих соображений. (О различии между необходимостью, оправдывающей преступное деяние, и необходимостью, которая освобождает агента от ответственности, не оправдывая его действия, а также о содержательной и увлекательной дискуссии, которая, вероятно, также прольет свет на моральный аспект возвращения евреев на Землю Израиля, читайте в книге [Fletcher 1978: 774–835].)

Исходя из этой аналогии, арабы могут задаться вопросом: почему именно в нашей аптеке? Ответом будет либо то, что в ней есть необходимые лекарства, либо то, что в ней есть лекарства лучшего качества, чем в других аптеках (то есть в таких местах, как Уганда, Восточная Европа, Аргентина). То есть это лекарство уникально или, по крайней мере, лучше любого другого лекарства. Если то, что я утверждал в предыдущем разделе, верно, то, по-видимому, попытка реализовать самоопределение на формирующейся территории имеет больше шансов на успех, чем любые попытки реализовать самоопределение на других территориях. В этом отчете с самого начала следовало бы подчеркнуть необходимость самообороны в целом и аналогии с аптекой в частности. Именно острая необходимость евреев защитить свое выживание и достоинство преодолела или отбросила аргументы против достижения самоопределения евреев в Палестине. Таким образом, случившееся не было следствием их права на самоопределение как такового и обычного обоснования этого права, то есть заинтересованности людей в том, чтобы жить и определять свою судьбу в рамках своей культуры[49]. Подобное сопоставление исторических связей евреев с Землей Израиля и истории преследований евреев может послужить основой для ответа не только на вопрос о том, почему Палестину выбрали как подходящее место для реализации права евреев на самоопределение, несмотря на то что там давно укоренилась арабская культура. Оно также дает ответ на вопрос о территориальной сфере действия этого права. Если мы согласимся с тем, что необходимость, вызванная преследованием евреев, склонила дело в пользу реализации их

---

[49] Это относится не только к потребности отдельных евреев, живших в Европе с конца XIX века до середины XX, защищать свое достоинство и физическую неприкосновенность, но скорее — и, возможно, главным образом — к необходимости, с которой, как эти евреи могли разумно ожидать, их потомки столкнулись бы в будущем в Европе, если бы еврейское самоопределение не было установлено в Палестине. Эта необходимость возникла не только из-за преследований евреев в период с 1880 по 1945 год, но и потому, что эти преследования последовали за столетиями гонений, которые, казалось, закончились с освобождением евреев в XIX веке. См. [Gans 2011: 669–673; Føllesdal, Perlmann 2011: 629–630].

права на самоопределение на Земле Израиля, несмотря на то что она является арабской демографически и культурно (или в пользу освобождения их от ответственности за неправильность предпринятых шагов), тогда территориальный масштаб их самоопределения там не может выходить за границы, установленные, когда такая необходимость действительно существовала, то есть границ Израиля, определенных в конце 1940-х годов. Эти границы были очерчены сначала планом раздела, принятым Генеральной Ассамблеей ООН в 1947 году, а затем договором о перемирии 1949 года.

Эти соглашения положили конец цепи событий, произошедших в результате плана раздела: отказ арабов принять этот план и последовавшая за ним война между арабами и евреями. Границы, установленные этими соглашениями, и 19 лет стабильности, а также относительный рост численности евреев после определения этих границ, в дополнение к их впечатляющей победе в Шестидневной войне, положили конец необходимости, которая лежала в основе самоопределения евреев в Палестине/Израиле. Таким образом, именно эти границы должны маркировать территории для еврейского самоопределения в этой стране[50].

3.4.4. Еврейское и палестинское самоуправление: принципы равенства и разделения политической власти

Даже несмотря на то, что после Шестидневной войны такая необходимость отпала, Израиль не слишком занимался реализацией своего права на самоопределение в границах 1949–1967 го-

---

[50] Это зависит от того, оправдывает ли рассматриваемая необходимость вред, причиненный евреями арабам, или же она просто освобождает их от ответственности за это, помимо выплаты компенсации за причиненный вред. Более того, важно отметить, что рассматриваемый вред с арабской точки зрения заключается в самом установлении права евреев на самоопределение на Земле Израиля, а не в злодеяниях, совершенных в ходе его создания или с целью его упрочения, таких как, например, изгнание беженцев в ходе войны Израиля за независимость или других бедствий, вызванных этим шагом или другими действиями, предпринятыми сионистским движением в ходе его истории.

дов. Начиная с 1970-х годов, государство настойчиво переселяло сотни тысяч евреев за установленные пределы. Такое упорство можно объяснить только как проявление того, что Израиль интерпретирует сионизм в соответствии с концепцией собственности, в пику эгалитарной интерпретации. Если мои утверждения о равном праве национальных групп на самоопределение обоснованны и если Израиль хочет справедливо воплотить идеи сионизма, он может пойти по одному из двух путей. Он может согласиться на создание единого государства к западу от реки Иордан, в котором обе нации будут управлять совместно, и каждая будет пользоваться автономией, равной автономии другой. Из-за небольших различий в численности евреев и арабов в этом государстве разделение власти между двумя группами должно быть эгалитарным не только в принципе, но и в фактическом распределении коллективных благ: политической власти и представленности в символах государства и в общественной жизни. Другой путь к достижению равенства между евреями и палестинцами — это создание двух государств. Согласно моим аргументам, приведенным выше, их территориальный и демографический профиль должен основываться на данных 1967 года. Демографические характеристики государств, расположенных непосредственно к западу и востоку от границ 1967 года, позволят каждой из двух наций занять в одном из них политическое и культурное положение.

Я считаю, что для того, чтобы реализовать равные права евреев и палестинцев на самоопределение в Израиле/Палестине, им нужно выбрать второй путь, потому что большинство членов каждой из двух групп предпочитают жить в стране, в которой их группа составляет большинство и пользуется политической гегемонией. Другие основания, возможно, даже более важные для предпочтения этого решения, вытекают не просто из пожеланий членов двух групп, а, по существу, из фактов, относящихся к истории и нынешнему характеру конфликта между ними. Наиболее важным и сложным фактом является то, что конфликт между евреями и палестинцами — это конфликт между двумя группами, большинство членов которых отрицают саму законность присутствия другой группы на земле, которую они считают полностью своей, или, по крайней мере, законность притязаний другой группы на равный статус. Большинство евреев понимают историю сионизма в соответствии с собственной интерпретацией, согласно которой арабы — нация-грабитель. Большинство из отказавшихся от собственнической интерпретации поддерживают иерархическую концепцию, согласно которой палестинцы должны нести бремя еврейского самоопределения.

Как большинство палестинцев, так и большинство арабов в целом не принимают сионистский нарратив ни в одной из его концепций. Они справедливо не могут принять собственнические и иерархические концепции, которые колеблются между полным неприятием арабов на Земле Израиля и пониманием их статуса как более низкого по сравнению с положением евреев. Такие интерпретации оскорбляют достоинство палестинцев и угрожают их благополучию как индивидуально, так и коллективно. Однако, по моему мнению, палестинцам придется принять представленную мной эгалитарную концепцию сионизма, если евреи ее поддержат. У этой идеи также больше шансов на претворение в жизнь, чем у других[51].

Вероятность того, что палестинцы примут эгалитарную интерпретацию, будет возрастать по мере того, как с ней согласятся большинство населения и израильское руководство, и после того, как оно сделает все необходимое для ее принятия, а именно признает различные цены, которые палестинцы заплатили за реализацию сионизма, и компенсирует им ущерб с помощью других стран и международных организаций. Однако, даже если евреи, и особенно их руководство, официально одобрят эгалитарную концепцию сионизма, исторические и институциональные последствия этой концепции, и даже если палестинцы официально примут евреев в соответствии с их эгалитарной сионистской идентичностью, практически реализовать проект через ведение политики в единых рамках, при которых политическая власть двух групп будет равной, в Палестине. будет невоз-

---

[51] Подробное обсуждение приведено в разделе 5.3.4.

можно. Внутри каждой из этих групп существуют — и будут существовать в обозримом будущем — подгруппы, обладающие достаточной мотивацией и политической властью, чтобы помешать этому взаимному приятию.

Дополнительные соображения в пользу создания двух государств вытекают из ряда сложных фактов. Во-первых, доверительные отношения между противниками в спорах, как правило, не возникают до тех пор, пока не будут урегулированы сами конфликты, и то только по прошествии достаточного времени, когда обе стороны предпримут усилия для выстраивания таких отношений. Это справедливо независимо от того, какая сторона изначально несла ответственность за конфликт. Поскольку этот закон применим ко всем конфликтам, он также относится к еврейско-палестинскому конфликту.

Во-вторых, по крайней мере с точки зрения израильских евреев, вопросы, в отношении которых евреи, палестинцы и арабы в целом должны доверять друг другу, не являются второстепенными, а, скорее, касаются самого физического существования евреев и их выживания как отдельного общества, осуществляющего самоопределение на земле между рекой Иордан и Средиземным морем. В-третьих, евреи в Израиле вскоре могут перестать составлять большинство, и такая перспектива вызывает значительное беспокойство среди израильских евреев. И хотя евреи составляют незначительное меньшинство на всем Ближнем Востоке, палестинское общество обладает этнокультурной идентичностью всего региона. Принимая во внимание эти три хорошо известных факта, у евреев есть веские основания полагать, что арабы в целом и палестинцы в частности в конечном счете не примут интересы еврейского народа, который стремится выжить как самостоятельное общество на Ближнем Востоке. До тех пор, пока конфликт остается неразрешенным и пока между сторонами не установятся доверительные отношения, обе стороны должны поддерживать политические рамки, которые позволяют каждой из них сохранять свои собственные полномочия по принятию политических решений и способность защищать себя. С точки зрения евреев, это означает, что для них лучше жить в рамках государства, обладающего военной мощью, в котором они составляют значительное большинство: государства, вся или бо́льшая часть территории которого расположена к западу от границ 1967 года.

Такова минималистская позиция большинства в Израиле (которая принята этим большинством не потому, что оно в настоящее время придерживается эгалитарного сионизма, а в основном по прагматическим соображениям). Напротив, интерпретации, которые израильское большинство дает сионистскому нарративу, свидетельствуют о его нежелании смириться с необходимостью предоставить права на самоуправление палестинскому меньшинству в государстве к западу от границ 1967 года. Арабы проживали на территории государства еще до 1967 года, и поэтому государству придется предоставить им права на самоуправление. Они имеют на это право в силу того, что являются национальной группой в той же мере, в какой ею является еврейское большинство.

Следовательно, это государство не может быть еврейским в том смысле, о котором говорит судья Илон в решении Бен-Шалома, а именно: исключительно еврейским[52]. Однако оно может быть еврейским в более скромном смысле: евреи, живущие там, — в отличие от евреев, живущих, например, в Соединенных Штатах или Великобритании, — получат в рамках государства право на самоуправление, которое позволит им жить согласно своей культуре, сохранять ее на протяжении многих поколений и принимать участие в управлении этим государством[53]. Государство будет *преимущественно* еврейским, поскольку в нем будет еврейское большинство, которое получит ограниченные возможности для сохранения своего статуса большинства в этом государстве.

---

[52] ЕА 2/88 Бен Шалом против Центрального избирательного комитета 43(4), с. 221, 272 [1998].

[53] Права евреев в Великобритании или Соединенных Штатах могут быть в лучшем случае полиэтническими, а не национальными. Типологию культурных и национальных прав см. у Кимлички [Kymlicka 1995: 26–33]. Более подробные аргументы относительно статуса этнокультурных групп в государствах, которые управляют территориями проживания этих групп, см. [Gans 2003: 67–96].

Еврейское большинство оправдывает господство евреев с точки зрения самого равенства, поскольку численное преимущество, очевидно, оправдывает неравное распределение различных ресурсов, включая политическую власть, присутствие и представленность в общественной сфере, государственных символах и во многих других областях. Что касается особых потребностей евреев в сохранении большинства, которых, по-видимому, нет у палестинцев, то они проистекают из того факта, что евреи составляют незначительное меньшинство на всем Ближнем Востоке, а также из факта еврейско-арабского конфликта. Эти два факта порождают опасения по поводу безопасности, оправдывающие сохранение еврейского большинства в государстве к западу от границ 1967 года и контроль над его силами безопасности в обозримом будущем. Такие меры иногда справедливы. Они приняты, например, в резервациях для коренных американцев в Северной Америке из-за огромной относительной силы культуры большинства, среди которого они живут, и из-за угроз, которые эта культура большинства накладывает на их интерес к жизни в рамках своей культуры. Кроме того, франкоязычные жители в Квебеке, например, приняли такие меры, главным образом в области коллективных языковых прав, поскольку их слабость по сравнению с англоязычным большинством в Северной Америке может представлять угрозу интересам членов франкоязычного сообщества жить в рамках своей культуры. Несмотря на существенные различия между положением евреев в этнокультурной демографии Ближнего Востока и положением коренных меньшинств в Северной Америке, есть некоторые сходства, которые также оправдывают принятие определенных мер для защиты способности евреев поддерживать самоопределение в рамках своей культуры на Ближнем Востоке. Несомненно, сходство между положением евреев на Ближнем Востоке и франкоязычных стран Северной Америки подтверждает это [Gans 2007a].

Важно еще раз подчеркнуть, что преимущества по сравнению с арабами, отмеченные выше, которыми евреи пользуются или на которые имеют право в соответствии с эгалитарным сионизмом, — контроль над безопасностью, меры по обеспечению большинства и преимущества, вытекающие из того, что они сами являются большинством, — не превращают эгалитарный сионизм в эквивалент иерархического сионизма. Базовые принципы, используемые этими двумя типами сионизма для распределения культурных и политических благ между евреями и арабами в преимущественно еврейском государстве, различны. Основой эгалитарного сионизма является арифметическое равенство. Отклонение от него должно быть обосновано разумной концепцией справедливости. В основе иерархического сионизма лежат привилегии евреев. Согласно ему, только что упомянутые приоритеты основаны не на особых потребностях евреев, а на предполагаемом значении, которое иерархические сионисты приписывают праву на самоопределение и его общей практике.

Кроме того, согласно иерархическому сионизму, в государстве, состоящем из еврейского большинства, только евреи могут иметь право на самоопределение, никак не палестинцы. С его точки зрения, право палестинцев на самоопределение полностью исчерпано тем, что оно реализуется за пределами еврейского государства, в другом государстве, которое существует в Палестине / на Земле Израиль. И наоборот, с точки зрения эгалитарного сионизма, арабы, живущие в государстве, которое в основном является еврейским, имеют право на самоуправление внутри него, даже если существует другое государство, в котором реализует свое право на самоопределение этнокультурная нация, к которой они принадлежат. Более того, евреи в государстве, состоящем в основном из евреев, законно пользуются преимуществами не потому, что только они имеют право реализовать там свое право на самоопределение, а из-за предполагаемого значения этого права. Они имеют право на эти преимущества, потому что составляют большинство в этом государстве, и из-за их специфических потребностей как людей, принадлежащих к особому этнокультурному меньшинству на Ближнем Востоке, потребностей, которых нет у палестинцев, живущих в этом государстве. Другими словами, в то время как иерархический сионизм объясняет приоритет евреев над палестинцами в преимущественно еврейском государстве так, как в дореволюционной Франции объясняли преимущества знати перед народом, эгалитарный сионизм оправдывает эти преимущества так же, как предоставление лекарств больным, а не здоровым. По причинам, объясненным выше, эгалитарный сионизм считает, что преимущества, на которые имеют право евреи в рамках осуществления своего права на самоопределение, применимы только в сферах демографии и безопасности. Демографическое доминирование евреев и их контроль над вооруженными силами не оправдывают умаления равенства в распределении ресурсов, в распределении рабочих мест и равных возможностей. Более того, они даже не оправдывают отказ арабам в коллективных правах по вопросам, не связанным с демографией и контролем над вооруженными силами, таким как автономия в определенных областях (например, образование) и права на представительство в общественной сфере.

Нет никаких причин, по которым арабы в Израиле не могли бы пользоваться такой автономией при соблюдении соответствующих ограничений, которые должны применяться ко всем гражданам Израиля. Отказ арабам в такой автономии не способствует безопасности евреев. Он не повышает их безопасность и не относится к причинам, по которым евреи опасаются за себя. Напротив, такое отрицание создает почву для антагонизма арабов и, следовательно, для беспокойства евреев. То же самое относится и к отрицанию, с которым сталкиваются арабы в вопросах, касающихся их коллективного представительства в общественной сфере Израиля и его символике. Они должны быть справедливо представлены в соответствии с их процентной долей в населении в целом и в соответствии с важностью их присутствия в различных государственных сферах[54]. Точно так же, как отказ в автономии

---

[54] Это может привести к некоторым серьезным конкретным практическим различиям между эгалитарным и иерархическим сионизмом, например, в сфере политической, а не просто символической и культурной представленности. Согласно эгалитарному сионизму, арабское меньшинство в Израиле может обоснованно требовать права на коллективную представленность в Кнессете, которая справедливо отражает их демографический вес в населении Израиля. Я вовсе не уверен, что авторы, которые в этой книге классифицируются как иерархические сионисты, согласятся с этим. Их прин-

при воспитании их молодого поколения, отказ арабам в присутствии в публичной сфере государства не способствует безопасности евреев и не влияет на их демографическое положение. Как и отказ в автономии в сфере образования: он приводит к обратному результату. Из-за своей репрессивной природы дискриминация создает почву для недовольства арабов[55].

В дополнение к вышесказанному я должен также упомянуть, что, согласно эгалитарному сионизму, преимущества в области

ципиальная позиция не потребует от них этого. Национальный комитет глав арабских местных органов власти в Израиле опубликовал в 2006 году документ, названный «Видение будущего палестинских арабов в Израиле», в котором они выдвинули несколько требований. Среди них было требование о коллективном представительстве, о котором я только что упомянул. Амнон Рубинштейн, один из главных сторонников иерархического сионизма, комментирует их требования так: «Арабское меньшинство должно осознать, что любая кампания, направленная на превращение Израиля в двунациональное государство, тем самым лишая еврейский народ его права на самоопределение, только ухудшит его положение в общественной сфере» [Rubinstein 2010: 39–40]. Помимо повторения вводящего в заблуждение отождествления Гэвисон права на самоопределение с правом на национальное государство и ложного намека на то, что самоопределение несовместимо с двунационализмом, Рубинштейн, по-видимому, не просто выражает прямое неприятие требования палестинских граждан о коллективном политическом представительстве, но и снисходительно отчитывает их за то, что они выдвинули это требование. Я не уверен, что эгалитарный сионизм поддержал бы все требования, изложенные в «Видении будущего палестинских арабов в Израиле», особенно требование о «праве вето в вопросах, касающихся их жизни» [Ibid.: 15]. Однако я совершенно уверен, что он поддержал бы справедливую версию особых прав на представительство палестинских граждан в Израиле. Подробный анализ этого и подобных применимых вопросов выходит за рамки данной книги.

55   Репрессивный характер запрета на присутствие арабов в государственных символах, во многом схожий с запретом на предоставление им автономии в образовании молодого поколения и репрессивным неравным распределением ресурсов между ними и евреями, мог бы способствовать укреплению еврейской гегемонии, если бы арабы убедились, что они заслуживают такой дискриминации. Однако они не пришли к такому убеждению, по крайней мере большинство из них, и даже если бы они так считали, разумно предположить, что на каком-то этапе это убеждение исчезло бы и уступило место ожесточению, которое, безусловно, не послужило бы безопасности евреев.

демографии и безопасности, обеспеченные евреям в Израиле, должны ограничиваться требованиями прав человека. Например, помимо Закона о возвращении, в последние годы в Израиле был предложен и реализован ряд мер по достижению демографических целей и увеличению еврейского большинства. В течение срока полномочий Кнессета пятнадцатого созыва член Кнессета от правого крыла Михаэль Кляйнер представил законопроект, призванный «побудить людей, не отождествляющих себя с еврейским характером государства [т. е. палестинских граждан Израиля], покинуть страну». Законопроект не был вынесен на пленарное обсуждение в Кнессете и, следовательно, утратил силу. Однако позже во время работы Кнессета 16-го созыва израильское правительство внесло законопроект, впоследствии он был принят, о внесении поправок в Закон об израильском гражданстве таким образом, чтобы лишить арабов, граждан Израиля, вступивших в брак с палестинскими жителями оккупированных территорий, права проживать в Израиле со своими супругами и детьми[56].

В отличие от приоритетов в иммиграции, предоставляемых евреям Законом о возвращении, который можно ввести в действие без нарушения прав граждан Израиля, как евреев, так и арабов, закон, отказывающий арабам в праве на объединение семьи, и не только предложенный Кляйнером законопроект, наносит ущерб этим правам[57]. В рамках политического и демографического господства, на которое евреи имеют право на основании приведенных выше аргументов, необходимо запретить меры, предусмотренные настоящим законом для сохранения или увеличения еврейского большинства. Само собой разумеется, что для сохранения этнонационального большинства невозможно

---

[56] Закон о гражданстве и въезде в Израиль (временное положение), 5763–2003, SH № 1901, с. 544. Несмотря на то что поправка носила временный характер, с момента вступления закона в силу она неоднократно обновлялась.

[57] Подробные аргументы, обосновывающие эти утверждения, а также более широкое обсуждение рассматриваемой темы приведены в книге Ганса «Справедливый сионизм» [Gans 2008: 133–138].

принять еще худшие меры, чем ограничение рождаемости или изгнание из страны.

Подведем итог: трехстороннее обоснование сионизма, которое я изложил в начале этого раздела, — обоснование, основанное на эгалитарном распределении прав на самоуправление между нациями, на оправданности реализации этих прав на территориях, с которыми нации имеют идентичные связи, и на необходимости, возникающей в результате преследований евреев, — дает ответы на все важные вопросы, возникающие из-за моральных пробелов в сионистском нарративе. В нем рассматриваются институциональные аспекты еврейского самоуправления, вопрос о том, почему самоуправление было реализовано именно на Земле Израиля, несмотря на то что там жили арабы, и вопрос о его территориальном охвате. Разумеется, эгалитарный подход не решает проблем одним махом, как собственнический сионизм. Однако, в отличие от собственнического сионизма, концепция работает на основе обоснований, которые можно принять и защищать.

Преимущества эгалитарного сионизма перед собственническими и иерархическими интерпретациями не исчерпываются заполнением пробелов в морали сионистского нарратива. Преимущества эгалитарного сионизма также заключаются в заполнении в нем фактических пробелов. Он позволяет сионистской историографии иудаизма и сионизма сохранять верность истории этих двух явлений. Более того, он может послужить более прочной основой для будущего мирного сосуществования евреев и палестинцев на Земле Израиля. Эти преимущества эгалитарной версии сионизма применимы не только к основным версиям сионизма, обсуждаемым в этой главе, но и к позиции, которую занимают по отношению к сионизму большинство постсионистских отрицателей сионизма.

Я продемонстрировал некоторые из этих утверждений в главе 2, описав сионистскую идею как интерпретирующую идею иудаизма, и сионистское движение, реализовавшее эту интерпретирующую идею и стремящееся продолжать это делать. Примеры ждут нас в главе 5, но сначала в главе 4, где я представлю читателям три версии постсионизма.

Глава 4
Три вида постсионизма

4.1. Между гегемонией и постсионизмом

В главе 1 я объявил целью книги опровержение как общепринятых интерпретаций сионистского нарратива, так и полного его отрицания со стороны постсионизма. Переход от предыдущей главы к этой является кульминацией этого опровержения: назвав минусы общепринятых интерпретаций сионизма и разъяснив его эгалитарную версию, я хочу представить вашему вниманию три версии антисионистского постсионизма и те механизмы, которые они предлагают в качестве замены сионизму, и назвать их недостатки. В главе 5 я продолжу аргументировать свое неприятие как основного течения сионизма, так и постсионизма, подробно остановившись на некоторых основных преимуществах эгалитарной интерпретации перед ее конкурентами, как сионистскими, так и постсионистскими.

Все постсионистские критики сионизма подчеркивают его колониальный характер и отвергают продолжение еврейского национального самоопределения на Земле Израиля. Некоторые из них также оспаривают оправданность самого исторического стремления сионизма к такому самоопределению. Большинство постсионистских авторов, о которых пойдет речь далее, приводят две группы аргументов в поддержку своего неприятия сионизма: (а) концептуальные и исторические аргументы, отрицающие возможность понимания иудаизма в терминах государственности; и (б) аргументы, вытекающие из общечеловеческой морали, еврейской истории и традиций, осуждающие различные аспекты сионизма.

Я начинаю обсуждение постсионизма во второй части этой главы с изложения аргументов его сторонников, направленных на то, чтобы отвергнуть саму оправданность стремления сионизма к самоопределению евреев на Земле Израиля. После этого я рассмотрю аргументы, с помощью которых постсионистские авторы отвергают законность продолжающейся реализации права евреев на самоопределение в Израиле, и меры, которые они предлагают для его замены. Некоторые из них утверждают, что Израиль должен преобразоваться в государство всеобъемлющей *израильской гражданской нации* (вместо того чтобы оставаться государством *еврейской этнокультурной нации*). Израильские интеллектуалы, отвергающие саму теоретическую возможность существования еврейской нации, полагаются на так называемые требования либеральной политической морали. Я называю их позицию *гражданским постсионизмом* и рассказываю о ней в третьей части главы. Другие израильские интеллектуалы, отвергающие теоретическую возможность существования еврейской государственности, сосредотачиваются главным образом на несправедливости, допущенной сионизмом в отношении евреев мизрахи и палестинцев. Опираясь в основном на постколониальную теорию, они считают, что в виде компенсации причиненного им зла Израиль должен предоставить этим группам мультикультурные права. Я называю эту позицию *постколониальным постсионизмом* и обсуждаю ее в четвертой части главы. Третью версию постсионизма отстаивают еврейские интеллектуалы неизраильского происхождения, в основном американцы. Они утверждают, что все евреи, включая израильтян, должны принять идентичность диаспоры. В отличие от гражданских и постколониальных постсионистов, представители этой третьей группы не отрицают *концептуальной возможности* представления еврейского сообщества как нации, однако они считают ее *аморальной*, выдвигая ряд аргументов. Во-первых, еврейская история в основном связана с диаспорой и породила множество достойных похвалы традиций и ценностей, которые намного превосходят националистические идеалы. Во-вторых, за победы сионистского еврейского национализма заплачено ценой вопиющей несправедливости, установления гегемонистского и репрессивного режима. Однако без него сионистский еврейский национализм нельзя реализовать ни в прошлом, ни в настоящем, ни в будущем. Таким образом, авторы, приводящие эти аргументы, приходят к выводу, что еврейская идентичность не только за пределами Израиля, но и внутри него должна вернуться к своей диаспорной версии. Я называю эту версию постсионизма *неодиаспорической* и раскрываю ее суть в пятой части главы. На протяжении всей этой главы я доказываю, что многие идеи, на которых основаны постсионистские аргументы, по крайней мере частично, обоснованы. Тем не менее я утверждаю, что ни один из этих аргументов на самом деле не подтверждает выводов, которые постсионисты пытаются из них сделать, например, что сионизм нужно полностью отбросить и заменить гражданским, постколониальным или неодиаспорическим видением Израиля и евреев. Что действительно подтверждается приведенными аргументами, так это необходимость замены основных версий сионизма, реализуемых в настоящее время Израилем, на эгалитарную версию, раскрытую в этой книге. Постсионистское гражданское, постколониальное и неодиаспорическое видение Израиля и альтернативные вненациональные идентичности, которые они предлагают как израильским, так и неизраильским евреям, можно принять в лучшем случае как вспомогательные концепции, которые нужно добавить к реализации еврейской этнокультурной государственности в Израиле, а не заменить ими оную[1].

---

[1]   Израильскую гражданскую государственность можно рассматривать как выходящую за рамки еврейской этнокультурной государственности, палестинской этнокультурной национальности, различных этнических групп иммигрантов и компенсирующий мультикультурализм в отношении евреев мизрахи и палестинцев. Члены всех этих групп могут интерпретировать свою принадлежность к своим конкретным группам и к израильской гражданской нации так, как им заблагорассудится. Например, отдельным евреям может быть разрешено интерпретировать свое еврейство как национальную еврейскую или как национальную израильскую идентичность, а также как еврейскую идентичность в диаспоре. Все это может функционировать примерно так же, как британская гражданско-культурная государственность объединяет английские, шотландские и валлийские нации, а также иммигрантские сообщества, проживающие в Британии.

4.2. Оспаривание исторического проекта сионизма

Постсионисты используют два аргумента против того процесса, в результате которого возникло государство Израиль. Один из них, антиэссенциалистский или концептуальный, отвергает саму идею представления о евреях в терминах национальности и территориальности. Другой, квазиморальный исторический и социологический аргумент представляет историческое сионистское движение как преимущественно колониальный, а не национальный феномен. Далее я объясняю, почему эти аргументы несостоятельны. Первый неудачен тем, что лоббирует собственнически-эссенциалистскую интерпретацию сионистского нарратива и игнорирует другие его интерпретации. Второй аргумент нерабочий потому, что в нем игнорируется необходимость проведения различия между оправданностью стратегий, проводимых сионизмом как историческим движением, и оправданностью описания этой политики как колониальной.

4.2.1. Составляли ли евреи нацию к концу XIX века?

Означает ли отказ от возможности описания еврейства XIX века как нации (как это делает Рам) или как территориальной или генетической нации (как это делают Эврон и Занд соответственно), что стремление сионизма к самоопределению евреев в Палестине, начиная с конца XIX столетия, не имело справедливых оснований? Похоже, именно так полагают Рам, Эврон и Занд [Sand 2009: 268]. Я считаю, что справедливость стремления сионизма к самоопределению евреев в Палестине может быть оспорена отрицанием того, что евреи составляли нацию, если единственный способ оправдать возвращение евреев на Землю Израиля — это прибегнуть к аргументу сионизма: право собственности евреев на Палестину / Землю Израиля никогда не прекращалось. Если в конце XIX века этой нации вообще не существовало, как предполагает Рам, то как процесс, начавшийся в конце XIX века, можно назвать возвращением нации, владелицы этой земли в древности? Обоснованно ли еврейские поселенцы на Земле

Израиля заявляли о своем происхождении от народа, владевшего этой землей в древности, если на самом деле, как считает Занд, они едва ли имеют с ней какую-либо генетическую связь? И как это возвращение можно назвать справедливым, если поселенцы забыли о своей территориальной принадлежности и не стремились в течение длительного периода между Античностью и концом XIX века вернуться на свою древнюю землю, как пишет Эврон?

Тем не менее справедливость стремления сионизма к самоопределению евреев на Земле Израиля в конце XIX века можно обосновать аргументом, гораздо более близким к реальной истории сионизма, чем аргументы, выдвигаемые собственническим сионизмом. Этот аргумент сочетает в себе всеобщее право на национальное самоопределение и приоритет Земли Израиля в самоидентификации евреев (которые в XIX веке не имели собственной территории, независимо от того, были ли они генетическими потомками древних евреев или нет), во-первых, с тем фактом, что евреи конца XIX века сформировали частичный пример нации (как я объяснил в главе 2); во-вторых, с тем фактом, что в результате упадка религии и их эмансипации евреи страдали от проблем, связанных с коллективной идентичностью; и в-третьих, с тем фактом, что они подвергались унижениям и преследованиям как иностранцы.

Постсионисты, конечно, могут утверждать, что этот сложный аргумент не дает достаточного обоснования сионистским устремлениям, но на них лежит бремя обсуждения этого обоснования, а они от него воздерживаются. Следует отметить, что для этого обоснования не имеет никакого значения, составляли ли евреи в XIX веке и в предшествующие ему столетия нацию в полном смысле этого слова, были ли они генетически идентичны древнему еврейскому народу, отказывались от стремления вернуться на родину, Землю Израиля, или нет. Это обоснование скорее предполагает, что тот факт, что к концу XIX века евреи представляли собой пограничный случай нации (каким он описан в главе 2), позволял им вести себя как полноценная нация, и требовать, чтобы другие относились к ним как к таковым, и соответствующим образом решать практические проблемы, с которыми они в то время сталкивались. Выбор подобного решения проблем тогда не требовал, чтобы они составляли либо полноценную нацию, либо нацию, генетически идентичную древнему еврейскому народу, и, более того, он не подразумевал, что они должны были последовательно стремиться вернуться на Землю Израиля с незапамятных времен древнего еврейского государства, переставшего существовать на этой земле. В аргументе, который сочетает частичную государственность евреев конца XIX века с их реальными потребностями того времени, с правом на самоопределение и с их самобытной принадлежностью к Земле Израиля, вопрос о справедливости их возвращения не является вопросом частной исторической справедливости. Это вопрос глобальной распределительной справедливости, которая направлена на удовлетворение их потребностей в том виде, в каком они возникали с конца XIX века и вплоть до создания Израиля.

Странно, что постсионисты упускают этот момент из виду. Ури Рам, которого я по ряду причин считаю их главным представителем, определяет национализм среди прочего как «коллективное самосознание, которое выбирает материалы прошлого для удовлетворения текущих политических потребностей» [Ram 2006: 23]. Он утверждает, что это определение национализма согласуется с примордиалистской теорией национализма, согласно которой национализм «является кристаллизованным выражением культурной традиции или древней устойчивой этнической идентичности», а также с модернистской теорией, в которой национализм представляется как «функциональный эквивалент общественных структур, разрушенных современностью (индустриализацией, урбанизацией, мобилизацией, секуляризацией и прочим...)» [Ibid.: 21].

Если это правда — то есть если, согласно не только примордиалистской, но и модернистской теории национализма, которой придерживаются постсионисты, национализм использует материалы прошлого для удовлетворения потребностей текущей политики, тогда Раму и другим постсионистам следовало бы обратиться к вопросам политической морали по отношению к использованию сионизмом материалов еврейской истории. Поскольку их доктрина по сути своей является нормативной и моральной, а не описательной и социологической, постсионистам следовало бы задать себе следующий вопрос: учитывая часто меняющиеся условия жизни европейского еврейства (а впоследствии и условия жизни евреев в Израиле и других местах — в Америке, Африке и Азии) с конца XIX века и до основания Израиля, оправдывали ли политические обстоятельства выбор фактов и условий из еврейского прошлого, сделанный сионистскими политиками, а не, например, подборку таковых, сделанную бундовскими политиками, или последователями Дубнова, или евреями, которые приняли политическое решение заниматься личными делами и мигрировать в Соединенные Штаты?

Постсионистские писатели почти не поднимают эти вопросы политической морали. Они, похоже, верят, что их антиэссенциализм, согласно которому нации возникают в результате существующих в то или иное время человеческих потребностей с использованием ранее существовавших исторических материалов, — это позиция, с помощью которой они могут отвергнуть и, возможно, также подорвать (я полагаю, вполне справедливо) националистический эссенциализм собственности. Однако постсионисты забывают о том, что их собственный антиэссенциализм порождает определенные вопросы политической морали, которые требуют ответа. Они забывают, что антиэссенциализм не влечет за собой автоматически антинационалистическую моральную позицию, а, скорее, заменяет концептуально-онтологический вопрос «Является ли определенная группа людей нацией?» моральным вопросом «Справедливо ли для определенной группы считать себя нацией при определенных условиях и предпринимать некие меры для того, чтобы реализовать эту национальную принадлежность?» В главе 2 я отмечал, что Геллнер, в отличие от израильских постсионистских ученых, на которых он оказал глубокое влияние, не упускал из виду эту важную истину. Как один из отцов-основателей модернистской националистической теории, Геллнер внимательно относился к вопросам политической морали, связанным с возникновением национализма в целом в конце XVIII века и появлением сионизма в частности столетием позже [Gellner 1983: 46, 101–109].

4.2.2. Всегда ли сионизм был колониалистским?

Другой вопрос, касающийся фактических пробелов в сионистском повествовании, касается его интерпретации как акта колониализма. Постсионистские ученые уделяют большое внимание исследованиям в области истории и описательной социологии колониализма, чтобы осудить стремление сионизма к самоопределению евреев на Земле Израиля. В прошлые века колониализм означал оккупацию чужих земель европейскими странами в целях экономической и стратегической выгоды. По крайней мере, после окончания Второй мировой войны слово стало синонимом политического и социального зла, творимого Западом против стран третьего мира. Поэтому довольно много постсионистских авторов присоединилось к научной попытке доказать сходство между сионизмом и европейским колониализмом [Kimmerling 1983; Shafir 1993; Shafir, Peled 2005; Pappé 2008]. Двое из них — Гершон Шафир и Йоав Пелед — хотя и признают, что «тот факт, что сионизм является национальным движением, неоспорим», все же добавляют, что, «будучи национальным движением, сионизм также представляет собой движение колониальное» [Shafir, Peled 2005: 34][2]. Их исследование претендует на научность и теоретичность; они заявляют, что оно не предназначено «служить средством осуждения сионизма или принуждения его представителей к раскаянию» [Shafir, Peled 2005: 27]. Постсионисты осознают, что на самом деле они порицают сионизм, морально его осуждают и выражают раскаяние в его первичных грехах. «Многие исследователи рассматривают поселения на территориях [оккупированных с 1967 года] как колониальное мероприятие [Шафир и Пелед ссылаются на исследователей Моше Лиссака и Йехошафата Харкаби], которые, с одной стороны, не принимают описание сионизма как колониального в период до 1967 года», а с другой стороны, рассматривают израильские поселения на террито-

---

[2]   Эта цитата, а также те, на которые ссылаются следующие два примечания, приведены в переводе английской версии книги Шафира и Пеледа на иврит. В английском оригинале ее нет.

риях, оккупированных в 1967 году, как падение сионизма. По мнению Шафира и Пеледа, «история Израиля не началась заново в 1967 году, подобно тому, как колониальная Афина не родилась совершенной из головы своего неколониального отца Зевса» [Ibid.: 36][3]. То есть, по их мнению, сионизм был коррумпирован с самого начала, возможно, даже в самом своем стремлении создать еврейскую колонию на земле Израиля.

Я не хотел бы вмешиваться в подробности социологической дискуссии между этими двумя школами социологов, а именно теми, кто придерживается мнения, что только сионизм после 1967 года эквивалентен колониализму, и теми, кто считает, что сионизм колониален в самой своей сути. Я считаю, что обе стороны неправы как с социологической, так и с моральной точки зрения. В своих социально-логических дебатах обе стороны опираются на сравнение различных типов европейского колониализма — например, «поселение на земле, где поселенцы являются чужими для местного населения»; заселение, проводимое «под эгидой другой страны»; заселение «военными средствами»; «эксплуатация и экспроприация коренного населения»; «колониализм плантационной колонии»; «колониализм этнической плантационной колонии» — с целью доказать или опровергнуть применимость этих видов колониализма к еврейским поселениям на Земле Израиля, до или после 1967 года. Эта полемика создает впечатление, что соперники стремятся к различиям по принципу «все или ничего», как будто вопрос ставится только так: был ли и до сих пор остается ли сионизм полностью колониалистским, или же в нем нет и никогда не было ничего подобного.

Мне кажется, что на карту поставлено различие в степени проблемы: был ли сионизм полностью колониальным, или только в некоторой степени колониальным, или где-то посередине между этими двумя показателями. В сионистском предприятии всегда должна была присутствовать определенная доля колониализма (в социологическом смысле этого слова), поскольку,

---

[3] Пелед и Шафир критикуют Лиссака и Харкаби главным образом на основании статей [Lissak 1996] и [Harkabi 1988].

в конце концов, сионистское начинание должно было включать в себя переселение одной этнокультурной группы на землю, где другая группа проживала на протяжении поколений. У новых поселенцев не было намерения смешаться с местным населением и интегрироваться в его культуру: они стремились создать общество, обособленное как в национальном, так и в культурном отношении.

Впоследствии эта инициатива приобрела более колониальный характер, поскольку поселенцы прибегли к военным действиям, чтобы одержать верх над коренным населением в результате сопротивления последнего действиям первого. Сионистский проект стал еще более колониалистским (в описательно-социологическом смысле) после 1967 года, поскольку заселение оккупированных с тех пор территорий происходило при явной поддержке родного государства за пределами этих территорий (то есть Израиля). Еврейское расселение в Османской империи, а затем в Подмандатной Палестине в период с 1882 по 1948 год, если его действительно правильно описывать (начиная с определенного момента) как расселение под эгидой родного государства (Соединенного Королевства, согласно Пеледу, Шафиру и другим), носило гораздо менее явный колониалистский характер [Pappé 2008; Shamir 2000]. Этот социологический спор между Лиссаком и Харкаби, с одной стороны, считающими, что только расселение после 1967 года является «актом колониализма» (в описательном смысле), и Шафиром и Пеледом, с другой стороны, уверенными, что заселение до 1967 года тоже было «актом колониализма», похож на знаменитый спор между теми, кто считает, что эпитет «лысый» относится только к тому, кто потерял все волосы, и теми, кто считает, что тот, у кого осталось немного волос на висках, также подходит под это определение. По правде говоря, оба эти человека лысые, только один в большей степени, чем другой.

Вот и весь описательно-социологический спор. Кроме того, между двумя противниками существует моральный спор по вопросу о том, был ли сионизм коррумпирован с самого начала из-за самого его стремления создать еврейскую колонию на Земле Израиля, как считают Шафир и Пелед, или же коррупция началась только после 1967 года, как считают Лиссак и Харкаби. Не имеет смысла решать этот спор по степени колониальной природы сионизма (с социологической точки зрения). Справедливость сионизма зависит от справедливости его национальных целей и от вопроса о том, оправдывали ли эти цели колониальные средства, которые он использовал для их достижения. Ответ на этот вопрос не может основываться только на том факте, что значительная часть приложенных усилий носила колониальный характер, сионизм стремился достичь национальных целей. Согласно Шафиру и Пеледу, сионизм преследовал (и до сих пор преследует) национальные цели, это «факт, который никто не может оспорить» [Shafir, Peled 2005: 34]. Если колониальные методы, использованные сионизмом при создании еврейского поселения в арабской Палестине в конце XIX века, преследовали национальные цели, то те, кто считает, что национальные цели сионизма оправданы, не могут называть сионизм несправедливым только потому, что он использовал, в частности, колониальные методы, даже если была допущена некоторая несправедливость. Это объясняется тем, что, учитывая положение евреев в конце XIX века, было бы невозможно реализовать национальные цели сионизма без создания еврейской колонии на арабской земле Израиля XIX века. Думать иначе равносильно тому, чтобы считать справедливым взимать с людей подоходный налог, не отнимая у них плодов их труда. Присвоение плодов их труда само по себе предполагает очевидную степень несправедливости; однако тот, кто верит, что налогообложение может преследовать справедливые цели и что изъятие плодов труда людей для этой цели оправдано, не считает это воровством или неправомерным присвоением.

В этом смысле не колониализм, который исследователи приписывают сионизму, превращает его в коррумпированный проект, — причем ни колониализм, который Харкаби и Лиссак приписывают ему после мероприятий 1967 года, ни колониализм, в котором Шафир и Пелед обвиняют сионизм с 1882 года. Оба утверждения ставят телегу впереди лошади, поскольку вопрос о том, был ли сионизм коррумпирован на каждом из этих этапов, зависит от вопроса о справедливости его национальных притязаний на каждом из этих этапов и от справедливости определенных колониальных поступков, которые он совершил для достижения своих целей. Тот, кто думает, что национальные причины, по которым ранний сионизм основал еврейскую колонию на Земле Израиля, оправдывали этот поступок, также считает, что ее создание было справедливым. Это, однако, не означает, что можно считать справедливыми и другие колониальные средства, использованные в ходе этой колониальной компании. Несомненно, сионизм отбирал у арабов собственность и эксплуатировал их еще до 1967 года и, безусловно, в этих колониальных методах и их последствиях присутствовала определенная доля несправедливости. Подобная политика несправедлива, даже если бы она не была колониалистской[4]. И все же из этого не следует, что само стремление сионизма, начиная с 1882 года, основать еврейскую колонию на Земле Израиля несправедливо как средство достижения национальных целей или что их национальные цели несправедливы. По аналогии, существуют несправедливые законы о налогообложении, но это не значит, что налогообложение несправедливо по своей сути, независимо от предполагаемого использования налоговых поступлений. Чтобы доказать, что основной колониальный акт сионизма — создание еврейской колонии на арабской земле Израиля — несправедлив, необходимо доказать, что национальная цель, ради которой он был осуществлен, была несправедливой или что применение этих средств для достижения этой цели было неоправданным. Пелед и Шафир даже не обсуждают эти вопросы, придерживаясь мнения, что само толкование основного сионистского проекта — создания еврейской колонии в Палестине — как акта колониализма доказывает всю несправедливость произошедшего.

Заявление Лиссака и Харкаби о том, что именно израильские поселения, построенные после 1967 года, являются колониальны-

---

[4] Это касается, среди прочего, стратегий завоевания земель («возвращение земли») и стратегий завоевания рынка труда («еврейский труд»), которые вытеснили коренное население с территорий и рынков труда. См. [Shafir 1993; Pappé 2008; Morris 1999: 37–39, 50–56; Kimmerling 1983]

ми, заслуживает такой же критики. Эти поселения незаконны не потому, что они колониальные. Если то, что я утверждал в главе 3, верно, а именно, что оправдать расселение можно только в рамках собственнической интерпретации сионизма, и если я прав, утверждая, что эта интерпретация развращает сионизм, то колониальный характер поселений, возникших после 1967 года, противозаконен. Другими словами, не колониализм поселений после 1967 года подразумевает их незаконность, а наоборот: именно потому, что проект создания поселений после 1967 года противозаконен, ошибочен и его колониальный характер.

Я надеюсь, что мне удалось показать, что два основных аргумента, опираясь на которые постсионистские ученые отрицают оправданность стремления сионизма создать еврейскую родину на Земле Израиля, — отрицание того, что евреи составляют нацию, и обвинение сионистов в том, что они, по существу, колониалисты, — недостаточны для обоснования вышеприведенного вывода. Однако постсионисты также отвергают непрерывное существование давно сформированного права на самоопределение. Как уже отмечалось, некоторые из них стремятся заменить форму устоявшегося самоопределения на «израильскую гражданскую нацию», или заменить сегодняшние тенденции постколониальными компенсаторными мультикультурными механизмами или неодиаспорической организацией и образом жизни. Рассмотрим эти подходы.

4.3. Гражданский постсионизм

Эпоха постсионизма, пишет Ури Рам, это эпоха, в течение которой «доминирующий в Израиле этнический национализм, согласно которому народ как этнокультурная единица идентичен "государству" как административно-конституционному образованию», нужно заменить на

территориальный национализм, согласно которому можно отделить нацию от государства таким образом, что общинная (или культурная, религиозная, этническая и т. д.) принадлежность не защищена конституцией (хотя и может продолжать существовать добровольно на уровне гражданского общества) [Ram 2006: 17][5].

Другими словами, для Рама, Израиль действительно не должен воспринимать себя, а именно это он и делает, как реализацию права евреев на самоопределение, и даже более того: необходимо перестать рассматривать страну как реализацию права на самоопределение местного еврейского населения. Согласно Раму и некоторым другим постсионистским авторам, ни мировое еврейство, ни даже само израильское еврейство не должны защищаться на конституционном уровне Государства Израиль. Подобно евреям во многих других странах мира и подобно нееврейским группам в Израиле, евреи в Израиле могут свободно объединяться в свои собственные ассоциации. Либеральный принцип свободы объединения в группы подразумевает, что у них есть на это право точно так же, как у футбольных команд и верующих в определенного Бога, объединиться под эгидой своих предпочтений.

Постсионистские авторы приводят три основных аргумента в поддержку вышеприведенного тезиса. Во-первых, они утверждают, что существует фундаментальное противоречие в восприятии Израилем самого себя как одновременно «демократического и еврейского» государства[6] [Ibid.: 187]. Во-вторых, они утверждают, что либеральный идеал государственного нейтралитета требует разделения (этнокультурной) национальности

---

[5] Рам подразумевает, что суть этнокультурного национализма заключается в гармонии между этнокультурной нацией и государством как административно-конституционным образованием и что территориально-гражданский национализм полностью отделен от культурной национальности. Его аргументы также подразумевают, что культурная принадлежность граждан государств, чья государственность является гражданской, является результатом простого выбора и что они существуют только на гражданском уровне. Далее он подразумевает, что эти два вида государственности — этнокультурная и гражданская — исчерпывают диапазон возможностей, из которых могут выбирать государства или нации. Все эти предположения неверны. О взаимосвязи между культурой и гражданским национализмом см. [Gans 2003].

[6] Это популярный тезис, и, учитывая преобладающие интерпретации еврейства Израиля, вполне оправданный.

и государства, вероятно, по тем же причинам, по которым требуется отделение от государства церкви [Там же: 191]. В-третьих, они ссылаются на предполагаемое моральное превосходство гражданско-территориального национализма, такого как в Соединенных Штатах или во Франции, над этнокультурным национализмом, таким как в Германии или Сербии [Ram 2006: 188; Sand 2009: 47–54]. В основе этих аргументов против продолжения самоопределения евреев на Земле Израиля лежат две основные нормативные проблемы: равенство и свобода.

Критика с позиции равенства обоснована, но не влечет за собой вывода, который пытаются сделать постсионисты: отказ от самоопределения евреев на Земле Израиля. К такому выводу могла бы привести критика с позиции свободы, но предпосылки этой критики, как я покажу далее, неубедительны.

4.3.1. Самоопределение и равенство евреев

Когда постсионистские авторы утверждают, что еврейство Израиля противоречит его притязаниям на статус демократического государства, они не имеют в виду, что в Израиле нарушается принцип правления большинства или что его гражданам не предоставлены право голосовать или быть избранными, право на собрания или право на свободу слова. На самом деле имеется в виду, что в случае арабских граждан Израиля эти права в значительной степени ущемлены, в то время как еврейские граждане пользуются иммунитетом от любого вмешательства арабов в преследование евреями своих интересов. Арабы в Израиле имеют право голосовать и быть избранными, но по конституции они лишены возможности отстаивать свои коллективные интересы как арабы, поскольку они не могут голосовать и быть избранными с целью продвижения своих коллективных интересов как этнокультурной группы на родине, в Израиле. Только евреи в Израиле имеют такое право[7]. Таким образом, предполагаемый

---

[7] Это особенно связано со статьей 7А Основного закона «Кнессет». Эта статья позволяет дисквалифицировать политические партии, которые придерживаются расистского течения, и политические партии, которые отрицают

конфликт между еврейским характером государства и демократией связан с неравным распределением политической власти между евреями и арабами.

Обвинения постсионистов в нарушении Израилем ценности либерального нейтралитета или их обвинения, исходящие из превосходства гражданского национализма над национализмом этнокультурным, также в конечном счете сводятся к жалобам на нарушение равенства. Если государство идентифицирует себя с членами одной этнокультурной нации и не проявляет нейтралитета по отношению ко всем проживающим там этнонациональным группам, оно позволяет гражданам, принадлежащим к нации, с которой оно идентифицирует себя, жить полноценной жизнью в рамках своей культуры во всех областях: экономической, культурной и политической. В то же время государство ограничивает права тех граждан, которые не принадлежат к нации, с которой государство себя идентифицирует, полноценно жить в рамках своей культуры[8].

Если воспринимать эти утверждения как критику господствующего сионизма, то они покажутся одновременно слишком слабыми и слишком сильными. Они слишком слабы в той мере, в какой нацелены на частную версию господствующего сионизма, распространенную среди широкой общественности и политиков, и слишком сильны в отношении иерархической концепции права на самоопределение, которой придерживаются академические представители господствующего сионизма.

Постсионистская критика слишком слаба по отношению к собственническому сионизму, поскольку этот сионизм обрекает Израиль не только на неравенство между его еврейскими

право Израиля на существование как государства еврейского народа. За прошедшие годы в этот раздел закона были внесены поправки, и сегодня он требует дисквалификации партий, которые отрицают право Израиля на существование как еврейского и демократического государства.

8   Гражданские постсионисты считают, что только гражданский национализм, подобный тому, который практикуется во Франции или Соединенных Штатах, при котором нация состоит из всех граждан государства, допускает равное гражданство [Ram 2006: 188; Sand 2009].

и арабскими гражданами, но и на постоянное нарушение прав человека в отношении палестинцев, живущих на Земле Израиля. В своей книге «Закон народов» Джон Роулз проводит различие между типами народов с точки зрения их морального совершенства [Rawls 1999a: 23–25, 63–66, 80–81]. На вершине лестницы он ставит «либеральные» народы — те, которые поддерживают демократию и равенство среди своих членов. После них он описывает «достойные» народы — те, которые не поддерживают демократию и равенство, а вместо этого навязывают иерархию прав, относящихся к различным группам и сообществам. Однако эти народы, по крайней мере, защищают права человека тех, кто находится под их властью. В третью категорию Роулза, и она важна для нашего обсуждения, попадают государства «вне закона»: они угрожают миру, пытаясь расширить сферу своего влияния и нарушая основные гуманитарные права людей, населяющих их территории.

Если то, что я сказал в главе 3 о роли собственнического сионизма в израильской политике, верно, Израиль не только следует отнести к категории стран, которые не являются ни либеральными, ни эгалитарными, его и «достойным» государством назвать нельзя. Если в основе израильской политики лежит собственнический сионизм, а с учетом политики создания поселений нет другого способа интерпретировать теорию, лежащую в основе нынешней израильской политики, то более подходящей характеристикой современного Израиля, по Роулзу, является третья категория. Соглашаться с постсионистской критикой того, что существует противоречие между еврейством и демократией Израиля, которое превращает его в неэгалитарное общество, — значит высказывать слишком слабые претензии и упускать из виду то, что больше всего нуждается в критике.

И наоборот, если постсионистская критика направлена на иерархическую интерпретацию сионизма, построенную на гегемонистской концепции самоопределения, то критика преувеличена. Хотя ее предпосылки вполне обоснованы, практический вывод, который постсионистские авторы делают из этих предпосылок, не верен. Израиль, согласно концепции, которой придерживаются Рут Гэвисон, Амнон Рубинштейн, Алекс Джейкобсон и другие, по их собственному признанию, является неэгалитарным, иерархическим обществом, страной, которая

> связана с определенной национальной группой... [и] предоставляет особые преимущества людям, с которыми ассоциируется государство. В то же время Израиль ставит в невыгодное положение граждан, не являющихся членами предпочитаемого национального сообщества [Gavison 2003: 74–75].

Однако практический вывод, сделанный постсионистскими авторами из этой критики, а именно, что от самоопределения евреев в Израиле следует отказаться, не вытекает из условия неравенства, подразумеваемого гегемонистской концепцией самоопределения: ее необходимо заменить эгалитарной концепцией, согласно которой, поскольку и евреи, и арабы в Израиле являются национальными группами, то и тем и другим, в принципе, должна быть предоставлена гегемония по отношению к сообществам иммигрантов, но не друг к другу. С другой стороны, в связи с обстоятельствами, Землю Израиля нужно разделить между евреями и арабами, создав два государства, одно из которых является преимущественно еврейским, а другое — преимущественно палестинским. Еврейское доминирование в одном из этих государств и арабское доминирование в другом определялось бы численностью и особыми потребностями, которые и приводят к дисбалансу основанными на равенстве причинами неравенства, а не тем, что в принципе самоопределения есть что-то такое, что делает его, по сути, иерархическим.

4.3.2. Еврейское самоопределение и свобода

В действительности и несмотря на противоположное впечатление, которое они создают, постсионистские авторы осознают, что неравенство, порожденное гегемонистской интерпретацией права на самоопределение, не влечет за собой необходимости полностью устранить еврейское присутствие с конституционного уровня государства. В ответ на возможность создания двунационального государства Ури Рам говорит, что не следует путать нынешнюю ситуацию, в которой могут быть основания требовать национального равенства, с идеальным положением дел (с постсионистской точки зрения), при котором национальность не будет иметь конституционного или государственного статуса. Возможно, что при нынешнем положении дел в стране, которая является двунациональной по составу населения, двунациональное управление было бы более демократичным, чем мононациональное. Тем не менее нет необходимости продвигать решение, которое только удваивает мононациональность и фактически увековечивает репрессивные националистические структуры, контролирующие каждую национальность в отдельности и по отношению к другой [Ram 2006: 191].

Другими словами, проблему неравенства можно решить, предоставив конституционный статус не только еврейской, но и арабской группе[9]. Тем не менее, по словам Рама, нужно поднять и решить проблему свободы. Он считает, что этнокультурные правительственные структуры «репрессивны» по отношению к лицам, находящимся под их властью, даже если они поддерживают равенство между различными национальными группами.

Тот факт, что Рам озабочен ограничением свободы, а не равенства, подчеркивается во многих сделанных им заявлениях при обсуждении решения Верховного суда Израиля (выступающего в качестве Высшей судебной инстанции) по делу «Орнан против Министерства внутренних дел» [Ibid.: 196–200][10]. В этом деле суд рассмотрел ходатайство многих израильских знаменитостей

---

[9] Именно этот подход я поддерживал в главе 3. Однако следует помнить, что при таком подходе конституционное равенство не обязательно означает равенство политической власти.

[10] Дело, которое он обсуждает — HCJ 11286/03 Узи Орнан и другие против Министра внутренних дел (20 сентября 2004 года), Юридическая база данных Nevo (по подписке) (Isr.), — было прекращено без каких-либо предубеждений. Более позднее решение Верховного суда Израиля (рассматривающего гражданские апелляции) смотрите в: CA 8573/08. Узи Орнан против Израиля. Министерство внутренних дел (6 октября 2013 года), Правовая база данных Nevo (по подписке) (Isr.).

о получении пометки «израильтяне» вместо «евреи» в графе «национальность» в удостоверениях личности. Рам описывает эту петицию как выражение постсионистской концепции, которая стремится заменить этническую принадлежность (восточно-европейская и немецкая модели), согласно которой Израиль является государством еврейского народа, гражданской принадлежностью (франко-американская модель), согласно которой Израиль является государством своих граждан (и людей, населяющих его) и только их [Ibid.: 196].

Если эта петиция направлена на то, чтобы «выстроить принцип национальности на принципе гражданства, — говорит Рам, — она стремится применить к национальной идентификации основные принципы демократии — личный выбор (а не государственное принуждение) и признание ряда альтернатив (а не ограничение предоставленных возможностей)» [Ibid.: 200]. То есть проблема еврейства Израиля заключается не просто в его еврействе, но и в том, что это еврейство является реализацией этнокультурного национализма, национализма, который останется проблемой, даже если Израиль перестанет быть моноэтнонациональным и станет биэтнонациональным. «Принцип двунациональности благословляет национализм, вместо того чтобы предлагать ему достойную альтернативу», — говорит Рам [Ibid.: 191]. «С демократической точки зрения, — добавляет он, — государству подобает представлять аналитически абстрактных граждан, а не культурные сообщества» [Ibid.].

Но реально ли создание такого государства? И будет ли такое государство на самом деле служить свободе своих граждан? Эти вопросы занимали центральное место в дебатах между основными политическими теориями нейтрального либерализма, которые вызывали большой интерес начиная с 1970-х годов, в частности, теорией справедливости Джона Роулза, нелиберальными ответами на нейтральный либерализм, под названием «коммунитаризм», а также внутрилиберальными ответами на них, под названием «либеральный мультикультурализм» и «либеральный национализмом». Эта дискуссия — точная копия знаменитого столкновения между мыслителями эпохи Просвещения и антипросвещения, имевшего место за 200 лет до того. Однако главная новизна нынешних дебатов заключается в том, что аргументы против нейтрального либерализма приводятся не только противниками либерализма, но и писателями из либерального лагеря: либеральными мультикультуралистами и либеральными националистами.

Их аргументы, изложенные в тысячах статей и сотнях книг, вышедших с 1980-х годов, почти не упоминаются Рамом. Тем не менее эти аргументы оправдывают отрицательные ответы на два вопроса, поставленные в начале этого раздела. Даже если «государству подобает представлять аналитически абстрактных граждан, а не культурные сообщества», такое государство с человеческой точки зрения на самом деле невозможно. Альтернативы, которые можно было бы рассматривать как приближенные к этому, в основном не отстаивали бы свободу человека, по крайней мере не больше, чем государства, которые служат гражданам, принадлежащим к культурным сообществам.

Ряд авторов уже отмечали, что государства не могут быть так же нейтральны, поддерживая культуры, как они могут быть нейтральны в отношении религии [Kymlicka 2001b; Patten 2014]. Причина в том, что невозможно не отдавать предпочтение определенному языку или определенным языкам, на которых говорят граждане страны. Предпочтение одних языков другим является неизбежной практической необходимостью. В результате в многонациональном государстве не получится сохранить нейтралитет в отношении интересов своих граждан по сохранению своих исконных языков и культур. На практике выбор государством одного конкретного языка из других означает демонстрацию предпочтения культурной группы, говорящей на этом языке. Тот факт, что выбран их язык, позволяет членам этой группы придерживаться своей культуры и сохранять ее на протяжении поколений, в то время как другие граждане лишены этой возможности.

На практическом уровне из этого затруднительного положения нет выхода. Таким образом, идеал, согласно которому государства должны быть в культурном смысле нейтральными, неизбежно недостижим, не был и не может быть реализован ни одним государством.

В этом контексте Уилл Кимличка отметил языковую политику, проводимую Соединенными Штатами, «предположительно типично "нейтральным" государством». В Соединенных Штатах дети юридически обязаны изучать английский язык в школах. Знание английского языка — это условие, предъявляемое к иммигрантам для получения гражданства, а также условие для трудоустройства в правительстве. Кимличка отмечает, что границы штатов и даты вступления новых штатов в Союз были намеренно определены таким образом, чтобы обеспечить там англоязычное большинство. По его словам, эти требования и решения «сыграли ключевую роль в определении того, какие этнолингвистические группы процветают, а какие исчезают» [Kymlicka 2001b: 17]. Ситуация во Франции еще более поразительна: стремление сохранять и продвигать французскую культуру явно является частью политической повестки дня этого гражданского национального государства, лежит в основе его политических и бюджетных решений.

Франция принимает нормативные акты для защиты песен местных исполнителей на французском языке, устанавливая квоты на распространение иностранной музыки на своих радиостанциях, предоставляет огромные субсидии своим кинематографистам. Франция делает это по культурным, а не экономическим соображениям: страна могла бы отказаться от чрезмерного культурного протекционизма, но не могла бы воздержаться от принятия языка или небольшого числа языков в качестве своего национального. Это означает, что на самом деле страны не могут выбрать культурный нейтралитет.

Более того, государства, граждане которых лишены своей культуры и которые позволяют человеческой свободе реализовываться в отрыве от реальных конкретных культур, не только нереальны, но и нежелательны. Наиболее близкое приближение к идеалу культурного нейтралитета, который можно себе представить, является ситуация принятия всеми странами мира единого языка и культуры. Если бы человечество объединяла одна общая культура, не возникало бы культурного неравенства между людьми, принадлежащими к разным культурам, в рамках различных существующих государств, и тогда исчезла бы культурная дискриминация при переездах по всему миру. Однако очевидно, что такая реальность, в определенных отношениях расширяющая свободу личности, сократила бы ее в других отношениях: в первую очередь — по сравнению с преобладающим положением дел на сегодняшний день — сократился бы диапазон возможностей, доступных людям в отношении выбора образа жизни. Создание реальности, при которой в мире существует только одна культура и общий язык, лишило бы людей свободы жить в рамках культур, с которыми они идентифицируют себя и к которым у них есть чувство исторической принадлежности. Огромное количество людей во всем мире делают все возможное, чтобы сохранить свою самобытную культуру для последующих поколений, они заинтересованы в этом не меньше, чем люди, принадлежащие к определенному полу, стремятся продолжать принадлежать к этому полу, или люди с той или иной сексуальной ориентацией выбирают жить в соответствии с ней. Это ключевые компоненты человеческой идентичности. Политика и законодательство должны поддерживать политические и правовые реалии, которые позволили бы людям, для которых эти компоненты идентичности важны, продолжать придерживаться их. Существование политических и правовых реалий, которые не позволяют людям придерживаться тех компонентов идентичности, которые оказывают решающее влияние на их благополучие, есть угнетение, по сути, попрание их свободы, достоинства и прав. Точно так же, как не должно существовать политической или правовой реальности, мешающей людям с гомосексуальной ориентацией реализовать свою ориентацию, не должно быть политической или правовой реальности, которая мешала бы людям с еврейской культурной идентичностью реализовать ее. Отказ от еврейского самоуправления на Земле Израиля — и, по причинам, которые я перечислил в главе 3, даже отказ от еврейского большинства — препятствует реализации права всеми евреями, заинтересованными в сохранении своей национальной идентичности. Поэтому мне кажется, что постсионистское предложение отказаться от конституционной защиты в этом отношении не только не способствовало бы свободе, а, наоборот, серьезно нарушило бы права многих евреев.

Конечно, не следует понимать как утверждение, что для достижения цели большинства подходят любые законные средства. В главе 3 я упомянул несколько средств, которые, на мой взгляд, неуместны. Более того, я убежден, что отказ в регистрации граждан, которые хотят, чтобы их по национальности причисляли к израильтянам, а не к евреям, действительно ненадлежащее юридическое средство поддержания еврейской идентичности на политическом и конституционном уровнях в Израиле. Такие средства наносят ущерб свободе. Но, как я уже неоднократно упоминал, не следует путать вопрос о справедливости цели сохранения еврейского самоопределения в Израиле с вопросом о справедливости тех или иных средств достижения этой цели. Справедливость цели не означает, что все средства, предлагаемые для ее достижения, хороши, а недопустимость того или иного средства для достижения данной цели не означает, что цель неоправданна.

4.4. Постколониальный постсионизм

Постколониальные постсионисты, как и их гражданские сородичи, считают, что с «эпохой после» пришло время сменить доминирующий в Израиле этнический национализм. Однако они считают, что на смену ей должна прийти не израильская гражданская нация, стирающая все правовые различия между культурными и другими группами, а мультикультурная, многоцентристская нация, в которой правовой статус получают в основном группы, подвергшиеся угнетению со стороны сионизма. Постколониальных постсионистов в основном интересуют условия жизни и статус евреев мизрахи и палестинцев. Они считают, что палестинцам в Израиле необходимо предоставить правовой коллективный статус, обосновывая эту необходимость понесенными палестинцами страданиями от рук сионизма, а не тем фактом, что палестинцы составляют отдельную этническую нацию, проживающую на своей родине [Yonah, Shenhav 2005: 147–176].

Этот радикальный тезис постколониального постсионизма состоит из трех компонентов. Во-первых, он выступает против еврейского этнонационального самоопределения в Израиле. Главные представители этой позиции, Иегуда Шенхав и Йосси Йонах, выступают против дальнейшего самоопределения евреев, поскольку такой способ формирования идентичности «способствует культурной, политической и экономической гегемонии западных евреев в Израиле» [Ibid.: 154][11]. Во-вторых, постколониальные постсионисты возражают против замены еврейского этнонационального самоопределения в Израиле самоопределяющейся гражданской израильской нацией [Ibid.: 175], считая, что либеральная демократия и гражданский национализм неспособны обеспечить «основные права всех граждан государства и его жителей, независимо от их религии, пола, расы, нации и этнической принадлежности» [Ibid.: 174]. В-третьих, постколониальный постсионизм поддерживает политику предоставления особого правового статуса угнетенным группам с целью исправления несправедливости, совершенной по отношению к ним в прошлом. Они ссылаются на «освободительную ценность идентичности и исторического нарратива для угнетенных групп, которая может оправдать риск предоставления им эссенциалистского статуса» [Ibid.: 153].

Шенхав и Йона обосновывают три компонента своего тезиса, как выражено в приведенных выше цитатах, теми же опасениями, которые мотивировали гражданских постсионистов: равенство и свобода. Они выражают, пожалуй, еще одну озабоченность: о человеческом достоинстве. Гражданские постсионисты сосредоточивают внимание на неравенстве между евреями и арабами,

---

[11] Йона и Шенхав выступают против «создания идентичности этнокультурного характера, которая способствует установлению культурной гегемонии», и неясно, является ли для них этническая природа идентичности государства достаточным основанием для отказа от этой идентичности, или же гарантирующая гегемонию идентичность является достаточным основанием для отказа от этой идентичности, или же это совокупные основания.

проистекающем из самого факта, что Израиль считает себя еврейским государством, и на нарушениях свободы, которым подвергаются как евреи, так и арабы в результате того, что они по закону обязаны вступать в одну из этих двух групп. Постколониальные постсионисты, напротив, сосредотачиваются на гораздо более серьезных и запущенных нарушениях социального, экономического и культурного равенства и свобод — не только юридического равенства и свобод арабов, но и свобод евреев-мизрахи, ультраортодоксальных евреев, рабочих-иммигрантов, и представителей других групп.

Маргинализация этих групп или даже их вынужденное существование за пределами израильского общества в результате того, что сионистский проект стал главной целью Израиля — если очень кратко сформулировать постколониальную постсионистскую риторику, — привело к ограничению свободы членов этих групп. Они зажаты в клещи: извне, за счет сокращения возможностей выбора, доступных для них в социальной, экономической и культурной сферах Израиля; и внутри страны, за счет подрыва их чувства собственного достоинства в результате маргинализации. Во всех этих критических замечаниях есть доля правды, но я считаю, что перед нами лишь накопление множества полуправд и, как всегда бывает с полуправдами, постколониальные постсионисты смешивают эти полуправды между собой. Их критика главным образом не позволяет выявить первый и наиболее важный компонент постколониального постсионизма, как я его вижу и описываю в этой книге: его оппозицию сионизму и продолжающемуся существованию этнокультурного еврейского самоопределения в Израиле. Как упоминалось выше, постколониальные постсионисты выступают против такого самоопределения, поскольку считают его способом создания идентичности, способствующей гегемонии западных евреев в Израиле. Если это утверждение верно, то только в отношении того, каким образом сионизм как историческое движение сформировал эту идентичность; оно не относится к сионизму как политической идее (и идеалу), которая пытается создать и поддерживать этнокультурное самоопределение евреев в Израиле.

4.4.1. Притеснение евреев мизрахи: сионизм как историческое движение и сионизм как политическая идея

Утверждение о том, что сионизм есть средство формирования идентичности, целью которого было содействие гегемонии евреев не восточного происхождения в Израиле, не может быть основано ни на одной из интерпретаций сионистской политической идеи, представленных в этой книге: собственнической, иерархической или эгалитарной. Хотя все три версии оправдывают культурную, экономическую и политическую гегемонию одной конкретной группы в Израиле, и это гегемония евреев над неевреями. Ни одна из версий сионизма даже отдаленно не оправдывает гегемонию западных евреев над восточными на территории Израиля. Собственнический сионизм не просто оправдывает гегемонию евреев над неевреями: он влечет за собой постоянное нарушение гуманитарных прав арабов, а постколониальные постсионисты, как и их гражданские коллеги, полностью игнорируют этот факт. Собственнический сионизм также влечет за собой гегемонию евреев над евреями, — однако не обязательно западных евреев над евреями из арабских стран, а, скорее, евреев из Земли Израиля над евреями из диаспор, в основном с запада, например американскими. Иерархический сионизм действительно оправдывает еврейскую гегемонию над всеми неевреями в Израиле, включая арабов. Эгалитарный сионизм, хотя и не оправдывает гегемонию евреев над арабами в Израиле, поскольку и евреи, и арабы составляют там равнозначные национальные группы, вместе с тем оправдывает гегемонию евреев и арабов в Израиле над иммигрантскими общинами, как нееврейскими, так и неарабскими. Речь идет скорее о гегемонии коренных народов — как арабских, так и еврейских — над общинами иммигрантов. Более того, эгалитарный сионизм оправдывает такую гегемонию только в определенных областях, таких как культурное присутствие в общественной сфере и национальная символика. Он не оправдывает такую гегемонию в социальной и экономической сферах [Gans 2003: 58–65][12].

---

[12] В главе 3 я не обсуждал подробно статус евреев и арабов как народов, у которых есть родина, по отношению к сообществам иммигрантов. Такое обсуждение отвлекло бы нас от главного вопроса. Позвольте мне просто

Как упоминалось выше, если в определении постсионистами еврейского этнонационального самоопределения «как средства содействия культурной, политической и экономической гегемонии неевреев Востока над восточными евреями в Израиле» есть доля правды, то оно относится скорее к сионизму как историческому движению, нежели как к политической идее. Однако здесь нам необходимо провести различие между гегемонией западных евреев над евреями мизрахи в Израиле в период, когда эта гегемония считалась неизбежной и необходимой в определенных областях и, следовательно, не должна осуждаться, и периодами/областями, в которых этой гегемонии можно было избежать и, следовательно, ее нужно осудить. Особенно важно проводить различие между средствами, которые подходят для того, чтобы положить конец такой гегемонии и компенсировать ее прошлые ошибки, и средствами, которые не подходят, даже если к ним прибегли во имя компенсации.

> Еврейский национализм зародился в Европе, и его политическая мысль — чисто европейская. Все мыслители, писатели и практики, которые считаются предшественниками еврейского национального движения — от Цви Греца, Моше

упомянуть, что в экономической и социальной сферах — в отличие от конкретных сфер представительства в общественной сфере, в области национальных символов, коллективных языковых прав и так далее — националистическая позиция, подобная той, которую поддерживает эгалитарный сионизм, не оправдывает гегемонию родной нации над сообществами иммигрантов, только временную и только сразу после осуществления иммиграции. Даже в этом случае это будет оправдано не как юридически-политическое соглашение, а, скорее, как безупречная неизбежность переходного периода до тех пор, пока иммигрантские сообщества не будут полностью интегрированы в эти сферы, с признанием их права выбирать: либо полностью ассимилироваться в одной из общин на родине, либо оставаться связанными со своей самобытной культурой в вопросах частной собственности, при этом интегрируясь только в общество и экономику. Мне кажется, что в этом вопросе мы должны согласиться с проведенным Кимличкой различием между полиэтническими правами и национальными правами, хотя эта типология должна подкрепляться аргументами в дополнение к тем, которые он предлагает, с включением категории права на сохранение культуры как приложения к национальным правам.

Гесса... до Теодора Герцля... и Ахада Хаама — жили в Европе. Шломо Авинери, который прослеживает историю сионистской мысли в своем исследовании интеллектуальных источников сионизма, не упоминает ни одного арабского еврея, который оказал бы формирующее влияние на это движение. ...Более того, еврейская национальная историография возникла в Европе в середине XIX века как ответвление современной европейской — и особенно немецкой — историографии [Shenhav 2003: 26–27].

То, что Иегуда Шенхав пишет в этом отрывке о превосходстве европейского еврейства в понимании сионистской идеи и ее исторической реализации, несомненно, верно. Он также упоминает ту высокую степень, в которой их преследовали, и он прав, критикуя утверждение сионизма о том, что евреи мизрахи тоже подвергались преследованиям. Именно это утверждал сионизм, когда приписывал колоссальное значение единственному погрому, которому подверглись иракские евреи [Ibid.: 140–141]. Шенхав утверждает, что в случае евреев, живущих в арабском мире, по крайней мере в период, предшествовавший появлению сионизма, преследования вообще не могли служить мотивацией и оправданием для сионизма.

Приведенный Шенхавом список причин первенства Европы и ее евреев в истории сионизма, а именно тот факт, что европейские евреи действительно подвергались преследованиям и играли первостепенную роль в разработке и осуществлении сионистского проекта, следует дополнить тем фактом, что сионизм породили европейская история в целом и различные уголки континента, в которые разметало евреев: упадок религии, провал европейской эмансипации евреев, возникновение национализма как исторического явления и политической идеи в результате перехода от аграрной экономики к индустриальной. Первенство европейских евреев во всех аспектах сионизма как политической идеи, да и как исторического движения давало им преимущества «первопроходцев», которыми пользуется любой, к примеру, предприниматель: у тех, кто присоединяется к нему позже в реализации его идеи, идеала или проекта, таких преимуществ нет. Некоторые из этих преимуществ неизбежны и оправданны на первых этапах реализации проекта; другие проистекают либо из злоупотребления предпринимателями этими преимуществами, либо из их предубеждений. И все же ни оправданные, ни неоправданные преимущества в случае сионизма не связаны с сионистской идеей как таковой. Любая несправедливость, творящаяся в результате этих преимуществ, должна быть остановлена и компенсирована, равно как и все, что было оправдано некоторое время назад, но больше таковым не является. Это вполне осуществимо с помощью компенсаторного постколониального мультикультурализма того типа, который предлагают Шенхав и Йона. Из всего этого, однако, не следует, что нужно отказаться от сионистской идеи еврейского этнонационального самоопределения на Земле Израиля. Компенсационный мультикультурализм с участием общин евреев-мизрахи, арабов, ультраортодоксов и рабочих-иммигрантов в Израиле может сосуществовать с этнонациональным самоопределением евреев. Эти два фактора не обязательно следует рассматривать как взаимоисключающие.

Я хотел бы сравнить логику аргумента о том, что идею еврейского этнонационального самоопределения на Земле Израиля нужно отвергнуть из-за зла, совершенного европейским сионизмом против евреев мизрахи, с логикой аргумента о том, что мы больше не должны уважать ценности свободы и равенства, которые вдохновляли Французскую революцию, потому что эта революция использовала террор для их осуществления. Однако постсионисты не согласятся с такой аналогией: они справедливо напомнят нам об огромной разнице в значимости между идеями свободы и равенства, с одной стороны, и идеей этнонационального самоопределения — с другой, к чему они добавят, что идея этнонационального самоопределения по самой своей природе обречена нарушать человеческое равенство, свободу и чувство собственного достоинства. Без этого никак, потому что, по их мнению, она запятнана худшим интеллектуальным грехом из всех когда-либо существовавших — эссенциализмом.

4.4.2. Притеснение евреев-мизрахи:
сионизм и грех эссенциализма

С социальной или политической точки зрения эссенциализм действительно может оказаться большим грехом, если не преступлением. Насколько я могу судить, это особенно верно в двух типах случаев. К первому типу относятся случаи, когда те, кто поддерживает его, воспринимают социальные образования, такие как нация, государство или семья, как естественные: словами Эрнеста Геллнера, «естественные формирования, которые просто существуют, как гора Эверест, с незапамятных времен» [Gellner 1983: 49]. Это приводит к путанице и неправильным представлениям, поскольку те, кто придерживается «нормативного эссенциализма», склонны путать его с «описательным эссенциализмом» (см. раздел 2.3.2) и, таким образом, порождать мифы, придуманные сионистской историографией. Последняя отошла от интерпретационно-нормативного утверждения конца XIX века, согласно которому евреи имели право интерпретировать свое коллективное существование в национальных терминах и вести себя так, как если бы они были полноценной нацией, и приняла утверждение, что евреи всегда были полноценной нацией и никогда не переставали быть таковой.

Как упоминалось ранее, именно из-за этого утверждения официальная сионистская историография и историография, распространяемая Бен Цион Динуром, ошибочно основывались на изгнании евреев с Земли Израиля и последующих попытках вернуться на нее, а также преуменьшали и скрывали некоторые аспекты истории евреев в диаспорах («историографическое отрицание изгнания»). Если отнестись осторожно и не путать нормативный эссенциализм и дескриптивный эссенциализм, необходимость в распространении этих историографических ложных представлений отпадает. Если мои аргументы, приведенные в главе 2, верны, то мнение о том, что евреи должны вести себя как нация и что другие должны относиться к ним как к нации, не обязательно должно основываться на утверждении, что евреи на самом деле никогда не переставали быть полноценной нацией.

Можно признать, что они перестали быть нацией в полном смысле этого слова на период в несколько веков, и посчитать достаточным заявить, что история, которую евреи пережили в течение этих столетий, вместе с условиями, сложившимися к концу XIX века, оправдывают их попытку вернуться к состоянию нации в полном смысле этого слова. Такая интерпретация сионистского эссенциализма, как я далее объясняю более подробно, позволяет избежать историографического преуменьшения значения изгнания и распространения мифов об изгнании евреев с Земли Израиля и их непрерывном стремлении вернуться на нее.

С социальной точки зрения эссенциализм также полон серьезных интеллектуальных и практических недостатков, ведь его поклонники относятся к человеческим индивидам так, как будто в силу самой своей природы они должны принадлежать к определенным типам сообществ или участвовать в определенных типах социальных практик. Геллнер иллюстрирует это на примере националистического эссенциализма, согласно которому

> у человека так же непременно должна быть национальность, как у него должны быть нос и два уха; недостаток любого из этих элементов не является чем-то невероятным и время от времени возникает, но только в результате несчастного случая, и само по себе может считаться своего рода катастрофой [Ibid.: 6].

Легко понять, как такое восприятие отношений между социальными образованиями — будь то нации или другие коллективы, например религиозные общины или семьи, — и отдельными людьми может в итоге ограничить человеческую свободу и нарушить баланс. Если семья или нация являются частью природы человека точно так же, как ими являются глаза и уши, мы склонны рассматривать их как социальные формы существования, в которых люди обязаны принимать участие. Мы склонны думать о людях, которые не создают семьи или воздерживаются от национальной принадлежности, как о людях, страдающих каким-то ужасным недугом, который необходимо, по возможности, устранить. Путь, ведущий от этого к применению внутреннего и внешнего принуждения, с тем чтобы заставить людей приспособиться к нормализованным способам существования, очень короток. Однако можно и воспринять нации и семьи как нечто важное для людей, но в более скромных масштабах. Например, можно сформулировать так: большинство известных нам людей выражают желание участвовать в рамках этих категорий; или характеристики большинства, каким оно нам известно, таковы, что категории нации и семьи важны для его благополучия, поэтому следует поддерживать политические и социальные структуры, которые облегчили бы существование большинства и позволили индивидуумам принадлежать к ним. Следует помнить, что люди как субъекты социального или политического мышления являются не только людьми в биологическом смысле, но и социальными конструкциями, основанными на нормативном эссенциализме. Сущность человека в том виде, в каком она понимается моралью и уголовным правом, — это социальный конструкт, который присущ не каждому человеку в биологическом смысле: не каждый человек, имеющий 46 хромосом и тысячи генов в каждой хромосоме, способен отличать правильное от неправильного. И все же эта способность характерна для большинства людей, которые биологически являются людьми, и отличает их от особей, принадлежащих к другим биологическим видам. Я полагаю, именно поэтому способность отличать правильное от неправильного считается сутью человека с точки зрения уголовного права и морали. Я предполагаю, что психоанализ, как и другие научные дисциплины и области культуры, рассматривает другие человеческие характеристики как существенные для своих целей.

Согласно сионистской политической идее, отличительной чертой евреев, которая заслуживает рассмотрения в качестве их существенной характеристики с позиции политической морали, является их принадлежность к еврейской нации, существовавшей на Земле Израиля в древности. Этот «нормативный эссенциализм» был преобразован господствующим сионизмом в описательный эссенциализм таким образом, что ввел в заблуждение не только сионистскую историографию, но и — в еще большей степени — сионистскую политику.

Поскольку сионизм как политическое движение исходил из того, что существенной характеристикой евреев является то, что это нация на Земле Израиля, он принуждал многих евреев жить на Земле Израиля (и продолжал бы, была бы воля, бесконечно). Из эссенциалистско-собственнического сионизма следует, что евреи должны жить на Земле Израиля. При любой возможности им предписывается также действовать соответствующим образом. В 1950-х годах именно так поступили со многими евреями из исламских стран потому, что они были евреями, а не потому, что они были арабскими евреями, как их называет Иегуда Шенхав. То же самое произошло в 1990-х годах со многими российскими евреями. Сионистское движение заставило их эмигрировать в Израиль, хотя они предпочли бы эмигрировать в другие страны. Эти серьезные ошибки со стороны сионизма заслуживают всяческого осуждения. Однако из всего сказанного не следует, что нужно отказаться от идеи еврейского этнонационального самоопределения на Земле Израиля. Если интерпретировать идею еврейского самоопределения так, как ее интерпретирует эгалитарный сионизм, то в природе самой идеи нет ничего, что могло бы привести к несправедливостям, подобным тем, которые совершало историческое сионистское движение, действуя в соответствии с собственнически-эссенциалистской интерпретацией сионистской идеи, включая несправедливость, совершенную против евреев мизрахи. Поэтому я возвращаюсь к сходству между отказом от идеи этнонационального самоопределения евреев на Земле Израиля из-за ошибок, совершенных сионистским движением в отношении евреев мизрахи, и отказом от ценностей свободы и равенства, потому что во время Французской революции применялся террор.

Есть и другие причины, по которым постколониальным постсионистам не нужно выступать против нормативного эссенциализма, ассоциируемого с сионизмом. Одной из этих причин является согласованность с другими позициями, которых они придерживаются. Постколониальные постсионисты не выступают категорически против предоставления группам эссенциалистского статуса. Они готовы предоставить его евреям-мизрахи в Израиле по так называемым «эмансипаторским соображениям». По общему признанию, при этом они паникуют, что ощущается, например, когда они определяют организацию мизрахи как «неэссенциалистскую организацию», а несколькими строками позже — как организацию, имеющую «эссенциалистский статус» [Yonah, Shenhav 2005: 153]. Однако, если серьезно отнестись к нынешней постсионистской готовности предоставить социальным образованиям «эссенциалистский статус» в целях эмансипации, то есть все основания предоставить такой статус и еврейской этнической нации. Во-первых, сам сионизм оправдывал «эссенциалистский статус» национализма, которым он наделил еврейскую общину, ссылаясь на необходимость эмансипации евреев. Йона и Шенхав рассуждают о евреях мизрахи примерно так же, как многие сионистские мыслители рассуждали о всех евреях вообще. Когда Иуда Лейб Пинскер назвал свое основополагающее для сионизма эссе «Автоэмансипация», он, несомненно, ссылался на идеи, оправдывающие, согласно Йоне и Шенхаву, эссенциализм[13]. Во-вторых, если аргументы в пользу эмансипации могут санкционировать (нормативный) эссенциализм, то трудно понять, почему человеческие потребности и ценности, кроме освобождения, нельзя считать оправданием.

Бенедикт Андерсон и Энтони Смит объясняют рост национализма в современную эпоху потребностью людей преодолеть свою смертность, с чем больше не справляется религия [Anderson 1991: 10–11; Smith 1991: 160–161]. Другие теоретики объясняют силу национализма различными человеческими потребностями и интересами, например потребностью людей придерживаться основных составляющих своей идентичности [Margalit A., Halbertal 1994; Raz, Margalit 1994] или надеяться на то, что их усилия будут долгосрочными, а не эфемерными [Gans 2003: 52–55]. Именно под знаменем этих законных потребностей люди справедливо «изобретают» (или «придумывают») социальные образования, удовлетворяющие их потребности и отражающие их ценности. Социальное образование «государство» призвано,

---

[13] См. главу 2.

среди прочего, удовлетворять потребность в безопасности. Институт семьи удовлетворяет потребность в несколько ином типе безопасности. Эти два социальных образования также способствуют распространению определенных ценностей. Продолжительность жизни различных социальных образований определяется степенью постоянства ценностей и потребностей, которым они служат. Историческая продолжительность жизни «наций» как социальных образований может оказаться короче, чем продолжительность жизни социальных образований, называемых «государствами», и долгосрочнее, чем того требуют Йона и Шенхав для мизрахи-сообщества в Израиле. Тем не менее все три социальных образования имеют место, и каждый — по отдельным причинам. Некоторые более условны, чем другие, но это не значит, что «эссенциализм» в одних случаях более оправдан, чем в других. Различная продолжительность жизни, степень постоянства и случайности также характерны для различных природных видов, особенно биологических. Виды, которые Дарвин наблюдал на Галапагосских островах, существовали гораздо дольше, чем биологические виды в других частях света; и все же и первые, и вторые являются естественными видами с «эссенциалистским статусом», то есть обладают свойствами, без которых они не отличались бы от других видов. Нынешняя критика постсионистской позиции, кстати, направлена не только против постсионистов, но и против Геллнера.

Из этой критики следует, что трудности с социальными образованиями связаны не с их эссенциалистским статусом, а, скорее, с нормативными вопросами, связанными с обоснованием их эссенциалистского статуса, с выбором одной из их характеристик в качестве отличительной черты, значимой для одних потребностей, а не для других. Еврейское этнонациональное самоопределение на Земле Израиля нельзя отвергать только на том основании, что оно выбрало государственность на Земле Израиля как необходимую для освобождения и других целей евреев. Необходимо также показать, что такой нормативный эссенциализм в целом неоправдан или что он неоправдан в конкретном случае с евреями. Постсионисты не обсуждают эти вопросы.

4.5. Неодиаспорический постсионизм

Джудит Батлер, Даниэль и Джонатан Боярины (американские евреи) и Амнон Раз-Кракоцкин (израильтянин) также отвергают национальное самоопределение еврейской общины в Израиле. Они стремятся заменить его самоопределением в диаспоре или даже в изгнании, которое, по их мнению, подходит не только для евреев, живущих за пределами Израиля, но и в самом Израиле [Raz-Krakotzkin 1993: 26; Cooper 2015: 84–87][14]. Придерживаясь этой точки зрения, они не намерены идеализировать какую-либо историческую реальность изгнания или утверждать, что евреи за пределами Израиля и внутри него должны вернуться к состоянию, в котором они, а не другие, на самом деле подвергаются угнетению и преследованиям [Raz-Krakotzkin 1994: 26; Boyarin 1997b: 311]. Насколько я понимаю, они утверждают два положения. Первое заключается в том, что главный урок, который евреи должны извлечь из истории преследований, заключается в том, что они, в свою очередь, не должны дискриминировать других. Это противоречит сионистской точке зрения, согласно которой главный урок, который следует извлечь из истории преследований евреев, состоит в том, чтобы никогда больше не допускать подобного в их отношении в минуты слабости. Второе неодиаспорическое утверждение состоит в том, что евреи должны возродить свой диаспорный дух учености, антимахоизма, деликатности, внимания и мира с другими народами, в противовес милитаризованному и ура-патриотическому духу, которые призывал развить сионизм[15].

---

[14] Батлер и Боярины в основном, хотя и не всегда, говорят о существовании евреев в диаспоре, а не в изгнании. Раз-Кракоцкин в основном использует последний термин, но он не стремится вернуть евреев в состояние вынужденного переселения. Как будет показано ниже, он хочет, чтобы их историческое сознание вытеснения служило им путеводной звездой при проведении дальнейшей политики.

[15] Батлер, Боярины и Раз-Кракоцкин рассматривают диаспору не только как вариант выбора, но и как миссию, роль, которую евреи должны играть в Израиле и во всем мире. В этом смысле они похожи на многих классических сионистов,

Идею о том, что для евреев было бы лучше продолжать свое существование в качестве диаспоры по всему миру, не в качестве национальной группы в Палестине, высказывали несколько выдающихся еврейских мыслителей еще до основания Израиля, а также в течение первых нескольких десятилетий его существования. Гегелевскую концепцию духа иудаизма, воплощенного в вечном отчуждении от мира и от территориальной целостности родины, позже поддержали такие еврейские мыслители, как Герман Коэн, Франц Розенцвейг и Георг Штайнер[16].

Они выступали против сионизма во имя этой концепции иудаизма. Однако Коэн и Розенцвейг, которые активно писали в первые два-три десятилетия XX века, не могли рассматривать свой диаспоризм как призыв к отказу от уже сформированного после холокоста полноценного еврейского национализма в Палестине [Meir 1994: 118][17]. Со своей стороны, Джордж Штайнер, выступавший в конце 1960-х годов за диаспоризм, по-видимому, рассматривал его как утверждение этического превосходства еврейства в диаспорах над существованием националистическим, частично соглашаясь с сосуществованием еврейского национализма в Израиле [Steiner 1969: 19; Steiner 1997: 54][18]. Это не отно-

---

которые сочетали стремление к самоопределению евреев в Палестине с социальным видением. Яркими примерами являются кибуцное движение и лейбористский сионизм таких деятелей, как Бер Борохов и А. Д. Гордон.

[16] В этом абзаце я частично придерживаюсь описания Ави Саги исторического развития того, что он называет «текстуализацией еврейского существования» в своей книге о текстуализации еврейского существования [Sagi]. Он ссылается на «Дух христианства и его судьбу» Гегеля, на «Еврейские писания» Коэна и на работы Штайнера «Странствующие евреи» и «Ошибки» в подробном и детализированном обсуждении, отдать должное которому нет места в этой книге.

[17] Франц Розенцвейг, который не был сионистом, тем не менее был анти-антисионистом.

[18] Несмотря на явное предпочтение Штайнером еврейского существования в диаспоре, он не антисионист. Напротив: как и Розенцвейг, он анти-антисионист. Говоря о феномене еврейского антисионизма, он описывает его как «уродливое и нелепое явление». Во всех своих работах на эту тему Штайнер подчеркивает, что его диаспоризм — это не антисионизм, а, скорее, этическое предпочтение, которое, тем не менее, относится к сионистскому варианту с большим почтением.

сится к мыслителям, которых я называю «неодиаспориками». Их диаспоризм требует уничтожения политической, социальной и правовой среды, созданной сионизмом в Израиле, чтобы евреи там и во всем мире, заинтересованные в интерпретации своего еврейства с точки зрения государственности, больше не могли придерживаться этой интерпретации и осознавать ее.

Неодиаспорические ученые иногда расходятся во мнениях по нюансам и не только, в выборе того, какие аспекты еврейской жизни досионистской диаспоры должны учитывать современные, будущие евреи и Израиль. Они также отличаются друг от друга тонкостями аргументов, приводимых в обоснование своей позиции. Вместе с тем их объединяет мнение о том, что сионистский исторический эксперимент по реализации националистической интерпретации еврейства потерпел неудачу, которая привела к моральной катастрофе; что на самом деле он с самого начала был обречен на такой провал; и, следовательно, этому эксперименту следует положить конец. Еврейство, по их мнению, требует новой интерпретации, основанной на ценностях, вытекающих из истории еврейских диаспор до сионизма.

Джудит Батлер, пожалуй, самый радикальный сторонник этого типа постсионизма. Примером этого может служить название ее книги «Расставание: еврейство и критика сионизма». Название выражает главный тезис книги — в ней содержится призыв к еврейскому народу полностью разорвать свои связи с сионизмом во имя самого еврейства[19]. Батлер перечисляет преступления сионизма, наиболее значимыми из которых назы-

---

[19] Батлер (как и Боярин) использует концепцию еврейства, а не иудаизма. Джули Купер утверждает, что это означает смещение акцента с рассмотрения еврейского существования как фактора, порождающего политические и религиозные проблемы, на вопросы индивидуальной и социальной идентичности. Батлер использует термин «еврейство», следуя за Ханной Арендт, проанализировавшей изменения, которые эмансипация и антисемитизм внесли в статус евреев. Вплоть до эмансипации быть евреем означало «политическую принадлежность и религиозную обязанность». После эмансипации термин «еврей» стал обозначать «признак социального отличия» или «этическую норму». Последняя концептуализация взята из книги [Cooper 2015: 84–89].

вает массовое и насильственное лишение собственности палестинцев в 1948 году, захват палестинских территорий в 1967 году и продолжающуюся с тех пор экспроприацию палестинских земель в целях строительства разделительного барьера и расширения израильских поселений [Butler 2012: 2]. Она считает, что сионизм имеет «структурную приверженность государственному насилию» и совершаемым им преступлениям [Ibid.: 32]. Израилем, утверждает она, управляют в соответствии с принципом еврейского суверенитета, даже если с точки зрения демократии государство не является полностью еврейским. Как таковое, оно должно бороться за сохранение еврейского демографического преимущества перед нееврейскими меньшинствами. Это, по ее словам, «требует проведения трех процессов в отношении палестинского народа: миноритизации, оккупации и изгнания» [Ibid.: 213]. Эти процессы продолжаются, и существование Израиля, по мнению автора, в корне зависит от них [Ibid.: 214]. Единственный способ изменить ситуацию — отказаться от Израиля в его нынешнем виде, что, по мнению Батлер, равносильно отказу от сионизма.

Батлер утверждает, что такое отречение есть этический императив, на том основании, что непременным условием этики является уход от самих себя и реакция на «требования инаковости»[20]. Одна из центральных задач, которую Батлер стремится решить в своей книге, — продемонстрировать, что, в случае евреев, определяющая истина морали вытекает не только из общей этики, но и из конкретной истории еврейской диаспоры. Другими словами, автор стремится вывести универсальное этическое обязательство из конкретной еврейской истории и утверждает, что исходя из него евреи тем более обязаны соблюдать это обязательство. История евреев как народа, не имеющего собственной территории, потребовала от них создания идентичности, которая включала бы в себя неевреев. По мнению Батлер, такое же тре-

---

[20] «Уход от самих себя — это условие определенного этического отношения, явно неэгоистического: это ответ на требования непохожести, который закладывает основу для этики распределения» [Butler 2012: 27].

бование применимо и сегодня, причем не только за пределами Израиля и оккупируемых им палестинских земель, но и внутри них. Таким образом, автор предлагает установить в обеих областях двунациональный режим, но примечательно, что она не имеет в виду двунационализм, сформированный на уровне желательных политических и правовых договоренностей между Израилем и Палестиной. Такой двунационализм, как отмечает она, периодически предлагается с самого начала истории сионизма и по сей день [Ibid.: 120]. План Батлер гораздо радикальнее. Она предлагает двунационализм на уровне индивидуальной идентичности всех людей, живущих в Израиле/Палестине, — как евреев, так и арабов[21]. В стране должно быть сформировано государственное устройство, состоящее не из индивидуумов, коллективная идентичность которых представляет собой взаимоисключающую еврейскую или палестинскую идентичность, а, скорее, из индивидуумов, которые осознают еврейско-палестинский двунационализм на уровне своей личностной идентичности. Батлер рассматривает принятие такой идентичности как «проект против идентичности» [Ibid.: 117][22].

Позиция Батлер радикальна на двух уровнях. Она трансформирует индивидуальное этическое требование выйти за пределы себя и откликнуться на требования инаковости из *требования уважения к другому*, сохраняя при этом свою индивидуальность, в требование *принять другого*, отказавшись от своей прежней личностной идентичности. Ожидается, что индивид создаст новое, гибридное «я», состоящее как из своего прежнего «я», так и из «я» другого человека. Если я правильно понимаю Батлер, она превращает общее моральное требование, адресованное поли-

---

[21] Она поддерживает эту позицию, анализируя статью Эдуарда Саида о фрейдовском Моисее и ссылаясь на стихи палестинского поэта Махмуда Дарвиша [Ibid.: 28–32, 205–224].

[22] Обсуждение этого вопроса см. также у Купера, «Диаспорическая критика диаспоризма». Антиидентификаторское отношение, с которым Батлер соотносит своих представителей двух национальностей, перекликается с ее известными антиэссенциалистскими позициями в отношении гендера и половой принадлежности [Cooper 2015: 86].

тикам, установить институциональный двунационализм в странах, которые считают своей родиной две группы, в постнационалистическое требование, адресованное отдельным людям, призывающее их стать гражданами с двунациональной идентичностью в рамках институциональной политической структуры, которая сама по себе не является двунациональной.

Даниэль и Джонатан Боярин вместе с израильскими постсионистами оспаривают автохтонное видение иудаизма, заложенное в сионистском повествовании о досионистской еврейской истории[23]. В качестве причины своего неприятия они называют моральную несостоятельность сионизма. Они тоже считают, что провал был неизбежен и что он бросает тень на еврейскую культуру [Boyarin 1997b: 310–312][24]. Как и Батлер, они стремятся заменить его обновленной интерпретацией иудаизма как опыта, полученного в основном в изгнании и жизни диаспорами, но, рассматривая моральную несостоятельность сионизма, они подчеркивают аспекты, отличные от тех, на которые ссылается Батлер.

Согласно их анализу, очевидное неравенство, с которым сталкиваются неевреи, в частности палестинцы, в Израиле более заметно, чем лишение их собственности и изгнание из собственных домов.

> В Израиле, где власть сосредоточена исключительно в руках евреев, эта дискурсивная практика [например, забота о питании и жилье евреев, и никого «другого», что оправдано

---

[23] См. главу 2.

[24] Большая часть главы книги, к которой относятся эти страницы, была опубликована на иврите под названием «Колониальный бал-маскарад». В нем есть следующий отрывок, которого нет в английском переводе: «Несмотря на то что я потрясен, казалось бы, неизбежным злом, творимым еврейским государством, моя реакция на этот этап еврейской исторической практики — отвращение... Я строю стратегическое предположение... согласно которому евреем является только антисионист. И это делается с целью вновь открыть пространство для антисионистского еврейского политического образования как внутри Палестины, так и за ее пределами одновременно» [Boyarin 1997a: 140–141].

в условиях диаспоры], направленная на обеспечение благосостояния только одного слоя населения, приобрела чудовищный масштаб и приводит к вопиюще непропорциональному расходованию ресурсов государства. ...Практики, которые в диаспоре имеют одно значение, в условиях политической гегемонии приобретают совершенно иное значение [Boyarin, Boyarin 1993: 712–713].

Даниэль Боярин также отличается от Батлер в понимании того, какие характеристики изгнания, нынешние и будущие. евреи должны себе вернуть. Она подчеркивает, что опыт еврейской диаспоры является основой для настоятельной необходимости увязки личностной идентичности отдельных евреев с личностной идентичностью других людей, с которыми евреи делят физическое пространство, что в случае израильских евреев примет форму двунациональной еврейско-палестинской личностной идентичности.

Боярин подробно пишет о гендерной неоднозначности евреев диаспоры. Во времена гонений идеальным евреем считался никак не воин, скорее, «неженка», деликатный знаток талмуда, бесконечно далекий от маскулинно-агрессивных автохтонных мужчин, которых сионизм воспитывал в духе европейского колониализма [Boyarin 1997b: 271–312; Boyarin, Boyarin 1993]. В дополнение к анализу текстов, написанных Фрейдом и Герцлем, Даниэль Боярин часто цитирует древние раввинские тексты. Батлер, со своей стороны, черпает вдохновение и аргументы из анализа текстов, написанных современными еврейскими мудрецами, Францем Розенцвейгом, Эммануэлем Левинасом, Примо Леви, Вальтером Беньямином и Ханной Арендт. Однако, несмотря на эти различия, постсионизм Батлер и Боярина приходит к одним и тем же политическим и этическим выводам и использует очень похожие аргументы. Они утверждают, что националистическую еврейскую идентичность а-ля сионизм нужно заменить индивидуальной и коллективной еврейской идентичностью, основанной на переосмыслении иудаизма и еврейства как преимущественно диаспорного. Причина — неизбежный моральный крах сионизма.

Позиция постсионистов, по диаспорам или, скорее, по изгнанию, тесно связанная с позицией Батлер и Боярина, четко и подробно изложена Амноном Раз-Кракоцкиным в работе «Изгнание в рамках суверенитета: к критике "отрицания изгнания" в израильской культуре» [Raz-Krakotzkin 1993]. «Концепция изгнания, — пишет он в начале своей статьи, — представлена и объяснена далее как этико-культурная позиция, обращающая еврейское самоопределение к отрицаемым элементам настоящего, допускающая их открытое существование и признающая их точку зрения» [Ibid.: 25]. Под «отрицаемыми элементами настоящего» автор, вероятно, подразумевает сионистское понимание отрицания изгнания (которое подробно обсуждается в главе 6 ниже) — игнорирование арабского присутствия на Земле Израиля до и после зарождения сионизма и отрицание актуальности ценностей, которые регулировали жизнь евреев на протяжении их долгой истории за пределами Земли Израиля [Ibid.].

Отвергая сионистский принцип отрицания изгнания и говоря об «изгнании в рамках суверенитета», Раз-Кракоцкин выражает пожелание возвращения израильских евреев к тому, что, по его мнению, служило центральной характеристикой еврейского существования и сознания во время изгнания, а именно к принятию критического дистанцирования от действия большинства в странах, где проживали евреи. Еврейское самосознание выиграло от этой дистанции, ибо евреи всегда были меньшинством [Ibid.: 27]. Евреи, утверждает он, всегда определяли себя «на основе знакомства с концептуальным языком доминирующей культуры и на основе принятия критической позиции по отношению к этой культуре» [Ibid.: 31]. Эта форма самоопределения основывалась на «симбиозе» с другими, неевреями. Раз-Кракоцкин утверждает, что такого же подхода следует придерживаться в Израиле/Палестине. Евреи должны стремиться к симбиозу с палестинцами. Позиция Батлер, как мы увидели, выражает схожую идею. И она, и Раз-Кракоцкин подчеркивают особую значимость этого императива для евреев.

Для Раз-Кракоцкина этот императив направлен не только на личную и политическую сферу, но и на сферу историографии.

Он приводит критику Вальтера Беньямина, согласно которой западная история — это хроника прогресса; критику позиции, отвергающей точку зрения, историю и ценности угнетенных Западом народов. Он также ссылается на требование Беньямина переписать историю таким образом, чтобы она учитывала точку зрения угнетенных, описывая исторические факты такими, какими они были на самом деле, а также признавая социальные реалии и ценности угнетенных. Раз-Кракоцкин предлагает концепцию «изгнания в рамках суверенитета» как попытку сопоставить взгляд Беньямина на историю и ее написание с представлениями о себе израильских евреев.

> Еврейское прошлое, — утверждает он, — позволяет создать альтернативный подход такого рода, возможно, потому что перед нами не исторический феномен «абсолютного подавления», когда народу совсем затыкают рот... [Еврейская община] — это народ, который, несмотря на то что воспринимался и явно определялся как нежелательное меньшинство... как правило, не принадлежал к низшим и наиболее угнетенным классам общества, в котором жил. ...Евреи хранят историю, которая не замалчивается [Ibid.: 43].

Подразумевается, что у евреев есть причины и, возможно, даже особые основания, чтобы создать историографию и реальность, которые отобразят не только их триумф над собственным угнетением, но и тот факт, что они угнетали других, чтобы добиться победы.

Поверхностное различие между позицией неодиаспорианцев и других постсионистов, обсуждаемых в этой главе, довольно очевидно. Оно заключается в природе альтернативы, которую они предлагают сионизму. Гражданские и постколониальные постсионисты предлагают превратить Израиль в государство гражданской израильской нации или в государство, которое устанавливает постколониальный мультикультурализм, чтобы исправить несправедливость, причиненную сионизмом евреям мизрахи и палестинцам. Неодиаспорические постсионисты, напротив, хотят, чтобы израильские евреи (а также евреи за пределами Израиля) интерпретировали свое существование как диаспорное, а не национальное, и признали его сущность в свете истории еврейского изгнания. Но это кажущееся различие проистекает из гораздо более глубокого разногласия между этими формами постсионизма. В отличие от гражданских и постколониальных постсионистов, неодиаспорические постсионисты признают существование иудаизма, или еврейства, как нерелигиозной идентичности, в индивидуальной и в коллективной сферах.

Они рассматривают еврейскую общность как ценную, достойную сохранения. Более того, их признание еврейской общины и забота о ее репутации и увековечении, по-видимому, являются главным мотивом их неприятия сионизма и предложения ему альтернативы. Для этих авторов иудаизм — источник не только антисионистских *ценностей*, но и особой *заинтересованности* евреев в противодействии сионизму. Последствия гражданской и постколониальной постсионистской позиции диаметрально противоположны неодиаспорским тревогам и мотивам. Как показано в главе 6, гражданские и постколониальные постсионисты отрицают возможность признания нерелигиозной еврейской идентичности и выступают за прекращение такого существования для тех, кто ее себе представляет, как в Израиле, так и за его пределами.

Неодиаспорический постсионизм совершенно иной. Раз-Кракоцкин утверждает, что одним из способов самоопределения евреев является изгнание в рамках суверенитета. По его мнению, это относится ко всем евреям, а не только к тем, кто живет в Израиле. Батлер и Боярин согласны с ним[25].

---

25   Помимо постсионистов из диаспоры, к которым я обращаюсь в тексте, я должен упомянуть еще одного писателя-постсиониста из неодиаспоры, Эфраима Нимни. Нимни утверждает, что израильских евреев следует рассматривать всего лишь как одну из общин еврейской диаспоры среди других. Его неодиаспоризм отличается от других, описанных здесь, тем, что он не мотивирован и не основан на соображениях, связанных с евреями внутри страны. Вместо этого он вдохновлен двумя источниками: (а) современными англо-американскими радикальными мультикультуралистами: Бхикху Парехом («Переосмысление мультикультурализма») и Айрис Марион Янг («Справедливость и по-

Различия между неодиаспорическим постсионизмом и двумя другими формами постсионизма частично вытекают из основного различия между аргументами, которые они приводят, чтобы оправдать свое стремление создать альтернативу сионизму. Один из таких аргументов разделяют все формы постсионизма, а также эгалитарный сионизм: он подчеркивает несправедливость, совершаемую сионизмом по отношению к палестинцам, необходимость прекращения совершения дискриминации и необходимость исправления уже совершенных ошибок. Однако гражданские и постколониальные постсионисты также в значительной степени полагаются на форму антиэссенциализма, которая отвергает не только еврейский националитет, но и любую нерелигиозную концепцию еврейской индивидуальности и коллективности. Антиэссенциализм неодиаспорических мыслителей не отрицает существования нерелигиозных еврейских идентичностей. Напротив, Боярины с энтузиазмом и подробно обсуждают подходящие интерпретации их природы [Boyarin, Boyarin 1993]. Раз-Кракоцкин критикует гражданский постсионизм за их отрицание [Raz-Krakotzkin 1994: 24]. А аргумент Батлер в пользу диаспорной альтернативы сионизму неизбежно предполагает наличие нерелигиозной еврейской идентичности[26]. Эти мысли-

_____

литика различий»), которые выступают против проведения различия между правами культурных групп, составляющих нации, и правами культурных меньшинств иммигрантов, которые не составляют национальных групп; и (b) трудами Бруно Бауэра и Карла Реннера, австрийских марксистов начала XX века, посвященными многонационализму. Возможно, стоит упомянуть, что последний также вдохновил восточноевропейский антисионистский еврейский национализм Бунда (о Бунде см. главу 2) и либерального еврейского историка Симона Дубнова (о Дубнове см. раздел 2.2.1). Диаспорный постсионизм Нимни также не вырастает из антиэссенциализма того типа, который обсуждался в разделах 2.2 и 4.4.2 в контексте гражданского и постколониального постсионизма. Это отражает главным образом отсутствие интереса к только что упомянутому различию между правами культурных групп, составляющих нации, и правами культурных меньшинств иммигрантов, которые не являются национальными группами.

26 Батлер рассматривает двунациональную идентичность, которую должны принять евреи всего мира, в частности израильские евреи, как антиидентификационный проект. Но тем не менее автор говорит о себе и косвенно обо

тели либо прямо утверждают, либо подразумевают, что иудаизм или еврейство существуют в форме индивидуальной и коллективной нерелигиозной идентичности. Их обширная озабоченность вопросом о том, как нерелигиозно интерпретировать иудаизм или еврейство, неизбежно предполагает наличие опыта, которым они и занимаются и который стоит сохранить или воссоздать заново.

В том, что касается вопросов, относящихся к интерпретации нерелигиозной индивидуальной и коллективной еврейской идентичности, неодиаспоризм больше похож на сионизм в его различных формах, чем на другие виды постсионизма[27]. Все формы сионизма и неодиаспорического постсионизма признают нерелигиозную еврейскую идентичность и стремятся увековечить ее — в отличие от других форм постсионизма.

Разница между постсионизмом диаспоры и эссенциалистским собственническим сионизмом в этом отношении подобна разнице между эгалитарным и собственническим сионизмом. В то время как собственнический сионизм рассматривает националитет как сущность иудаизма, диаспорный постсионизм и эгалитар-

---

всех субъектах, к которым, как предполагается, относится этот антииденти-фикационный проект, как о людях «еврейской национальности». Другими словами, Батлер осознает тот факт, что ее «антиидентификаторская» миссия предполагает определенные эмпирические факты об индивидах, в силу которых они становятся кандидатами на участие в этом конкретном «анти-идентификаторском» проекте или даже призваны в нем участвовать. В нашем случае важным эмпирическим фактом является то, что (выражаясь языком Батлер) они происходят из «еврейской формации», то есть это люди, которые выросли в еврейской среде и были сформированы еврейским опытом и образованием [Butler 2012: 20, 22, 27].

[27] Нынешнее противоречие между постсионистами из диаспоры и сионизмом, по-видимому, аналогично противоречию, существовавшему во времена зарождения сионизма между дубновизмом и бундизмом, с одной стороны, и сионизмом — с другой. Первые выступали за сохранение рассеянного еврейского народа. Гражданские и постколониальные постсионистские позиции напоминают позиции тех, кто во времена зарождения сионизма поддерживал культурную ассимиляцию или интеграцию евреев с народами, среди которых они жили, и их сохранение, самое большее, в качестве отдельной религиозной группы.

ный сионизм рассматривают его лишь как одну из возможных интерпретаций еврейской индивидуальности и коллективности. Разница между неодиаспорическим подходом и эгалитарно-сионистским подходом заключается в том, что последний рассматривает националистическую концепцию существования евреев как морально возможную и законную (с учетом ограничений, обсуждаемых в этой книге), в то время как неодиаспорический постсионизм категорически отвергает этот вариант интерпретации.

Как мы видели выше, неодиаспорические мыслители отвергают его по двум причинам. Первая связана с тем, как сионизм поступил и, по мнению этих ученых, обречен постоянно поступать с неевреями или евреями на Земле Израиля. Вторая состоит из причин, вытекающих из уроков досионистской еврейской истории. Я уже упоминал (в главе 2) мнение Даниэля и Джонатана Бояринов о том, что «библейская история — это не история автохтонности, а история о приходе, возвращении откуда-то еще» [Boyarin, Boyarin 1993: 715]. Далее они пишут: «Традиционная привязанность евреев к своей Земле, будь то библейская или постбиблейская, таким образом, обеспечивает самокритику, а также критику идентичностей, основанных на представлениях об автохтонности» [Ibid.]. Более того, как мы видели выше, Боярин, Батлер и Раз-Кракоцкин также утверждают, что история еврейской досионистской диаспоры создала способы существования и породила ценности, которые гораздо более близки по духу, чем те, что были созданы еврейской историей с момента зарождения сионизма: вовлечение, а не исключение других, образованность, а не милитаризм, деликатность, а не храбрость на поле боя. Таким образом, было бы лучше отказаться от националистической интерпретации индивидуальной и коллективной еврейской идентичности и принять диаспорную. Оптимальное решение — отказ от сионизма.

Действительно ли эти аргументы приводят к неодиаспорическому выводу? Неудивительно, что мой ответ — нет. Позвольте мне начать с аргументов, вытекающих из дискриминации, годами совершаемой сионизмом в отношении палестинцев. Я не уверен, что сами диаспорные сторонники постсионизма считают, что тот факт, что сионизм совершил серьезные ошибки и установил постыдный режим неравенства в Израиле, является достаточной причиной для того, чтобы покончить с сионизмом. У меня сложилось впечатление, что неодиаспорические постсионисты сами осознают, что несправедливость и неравенство, на которые они указывают, сами по себе требуют лишь признания и исправления. Они требуют компенсации за потери и страдания, причиненные несправедливым обращением сионистов с палестинцами, и выравнивания глубокого и долгосрочного дисбаланса между арабами и евреями.

Если бы не уверенность в необходимости правовой защиты, Батлер и Боярины не стали бы утруждать себя утверждениями о том, что несправедливость, причиняемая сионизмом, и неравенство, которое он увековечивает, неумолимы или что сионизм требует «структурной реформации». Действительно, если бы сионизм был структурно привержен совершаемым им преступлениям, Израилю пришлось бы сменить статус сионистского государства. Но Батлер и Боярины не поддерживают это утверждение. Батлер говорит, что, поскольку Израиль привержен еврейскому суверенитету, даже несмотря на то, что его население не полностью состоит из евреев, он вынужденно продолжает творить несправедливость, подобную той, которую он творил в прошлом. В таком случае, утверждает она, Израилю необходимо прекратить свое существование в его нынешнем виде. Получается, Израиль должен отказаться от сионизма [Butler 2012: 214]. Но этот аргумент упускает из виду самые элементарные различия, с помощью которых моральная и политическая философия оценивают моральный статус сионизма. Батлер, как и другие сторонники неодиаспоризма, не проводит различия между сионизмом как политической теорией еврейского народа и сионизмом как историческим движением. Хотя Батлер и Боярины отмечают, что в истории существовали приемлемые версии сионизма, ученые не делают различия между вопросом о правильности конкретных интерпретаций сионизма как политической теории евреев и вопросом о неправильности других схожих интерпретаций. Они также не проводят различия между вопросом о справедливости исторического сионизма в целом и вопросом о справедливости конкретной политики, проводимой историческим сионизмом, или конкретных шагов, предпринятых его проповедниками для достижения своих целей. Они не задают вопросов о взаимосвязи между справедливостью сионизма в целом и справедливостью его конкретной политики и действий. Если я правильно понимаю эти различия, было бы уместно согласиться с утверждением постсионистов-неодиаспориков о том, что несправедливость встроена в суть сионизма и что сионистское государство обязательно должно продолжать творить несправедливость — но только в собственнических и иерархических интерпретациях сионизма. Учитывая демографию Израиля/Палестины и Израиля в пределах границ 1967 года, иерархический сионизм действительно привержен, по определению своих принципов, сохранению неравенства между евреями и палестинцами. Аналогичным образом, собственнический сионизм имеет тенденцию ежедневно совершать грубые нарушения прав палестинцев.

Мои изложенные в этой книге и в книге «Справедливый сионизм» идеи аргументируют, что эгалитарный сионизм в принципе привержен неравенству и нарушению прав человека. Таким образом, кажется, что неодиаспорический вывод на самом деле не вытекает из обоснованных умозаключений некоторых критиков сионизма, высказанных Батлер, Бояринами и Раз-Кракоцкиным. Эта критика подразумевает лишь то, что следует противостоять собственническим и иерархическим интерпретациям сионизма — именно их нужно отвергнуть как политические идеи, и, поскольку они повлияли на историю сионизма в последние десятилетия, им необходимо оказывать политическое сопротивление. Но я против отказа от эгалитарного сионизма. Сторонники эгалитарного сионизма должны стремиться реализовать его, побороться за Израиль в границах, основанных на границах 1967 года, который считает себя преимущественно, но не исключительно еврейским государством. Согласно эгалитарному сионизму, Израиль признаёт справедливость действий палестинской оппозиции по отношению к ее несправедливым аспектам и надлежащим образом исправит их — в частности, изгнание местного населения в 1948 году, продолжающуюся оккупацию, начавшийся в 1970-х годах захват территорий, неравенство между израильскими евреями и арабами на территориях, установленных до 1967 года[28]. Более того, согласно эгалитарному сионизму, Израиль не только признает справедливость палестинской оппозиции в отношении ее притеснения, но и выразит понимание палестинского несогласия со справедливыми аспектами сионистской истории, оправданного несмотря на справедливость эгалитарной концепции сионизма [Gans 2008: 47–51][29].

Нечто подобное следует сказать и о конструктивных, некритических аспектах неодиаспорического предложения о необходимости формировать еврейскую жизнь и идентичность в свете таких ценностей, как интеграция других, антиингоизм и образованность. Однако, прежде чем мы обратимся к ним, отмечу, что приведенный выше мой ответ на неодиаспорическую постсионистскую критику сионизма также относится к растущему числу

---

[28] В этой книге и в книге «Справедливый сионизм» я рассмотрел конкретные вопросы, касающиеся того, что необходимо сделать на практике в связи с сегодняшними серьезными проявлениями несправедливости [Gans 2008: 84–93, 93–109]. Что касается беженцев, я утверждал, что было бы уместно выплатить им компенсацию, но не допускать их массового возвращения. Что касается оккупации, начавшейся в 1967 году, и последовавших за ней израильских поселений, я утверждаю, что правильным решением является создание палестинского государства на этих территориях в границах 1967 года (см. обсуждение в главе 3). Неравенству внутри Израиля необходимо положить конец не только на основе равенства индивидуальных прав арабов и евреев, но и путем предоставления коллективных прав арабскому меньшинству. В этом случае Израиль на конституционном уровне стал бы двунациональным государством, при этом в основном еврейским на политическом. За исключением взгляда на Израиль в границах 1967 года как на конституционно двунациональный, но в основном политически еврейский, практические аспекты моего предложения принимаются тем израильским большинством, которое поддерживает мирное соглашение между евреями и арабами Израиля/Палестины. В своих двух книгах я доказал, что эти два решения не только верны интуитивно и практически, но и вытекают из логики справедливости самой сионистской идеи и изменений, которых она требовала в свете истории, которой она сопровождалась и которую создавала.

[29] См. далее раздел 5.3.4.

выдающихся англо-американских еврейских интеллектуалов, которые, хотя формально и не являются постсионистами, за последнее десятилетие отошли от сионизма. Среди них Тони Джадт, Джонатан Фридланд, Ян С. Люстик и Энтони Лерман [Judt 2003; Lustick 2013].

Как и постсионисты, обсуждаемые в этой главе, они утверждают, что сионизм в принципе построен на неравенстве между евреями и арабами и нарушениях прав человека и что от него следует отказаться по этой причине. Однако они заявляют это, исходя из того, что решение еврейско-палестинского конфликта на основе сосуществования двух государств перестало быть жизнеспособным в начале 2000-х годов и что евреи демографически не смогут составлять большинства в едином государстве, охватывающем всю историческую Палестину. При таких обстоятельствах еврейский суверенитет будет сопровождаться постоянным нарушением прав человека. Эти специалисты не выдвигают принципиальных возражений против политической идеи сионизма, как это делают обсуждаемые здесь постсионистские мыслители, согласно которым (а) евреев нельзя рассматривать как нацию, (б) сионизм был преимущественно колониальным, а не национальным принципом, и (в) евреи должны отдавать предпочтение диаспорной, а не националистической интерпретации своей коллективной идентичности. Напротив, перечисленные выше мыслители считали себя сионистами еще 10–20 лет назад. Они перестали быть таковыми только на рубеже веков, когда, по упомянутым выше причинам, сионизм развил структурную приверженность дискриминации и отчуждению.

Я считаю неверным предположение о том, что демографическая ситуация, сложившаяся в Израиле/Палестине за последние десятилетия, необратима и исключает возможность создания двух государств. Концепция необратимости в этом контексте не естественна и не логична, она скорее вопрос социальных, политических и моральных издержек. Я совершенно уверен, что расчет политических, социальных и моральных издержек, связанных с созданием единого государства в нынешней демографической ситуации, в сравнении с издержками, связанными с изменением демографических фактов путем установления границ, которые позволят существовать двум государствам, покажет, что пройдет еще много времени, прежде чем затраты на создание двух государств превысят затраты на создание одного государства. Эта оценка основана на фактах и моральных последствиях ожидаемых фактов, которые не место здесь описывать[30].

Однако, даже если мои интуитивные суждения по этим фактическим и моральным вопросам неверны, упомянутые аналитики слишком поспешно перешли от отрицания практичности решения о создании двух государств к полному неприятию либерального сионизма и сохранения еврейского национального самоопределения в Израиле/Палестине. Они полагают, что еврейский национализм обязательно требует государства с еврейским большинством, но это просто не верно в контексте общей концепции этнокультурного национализма, частным случаем которой является сионизм [Gans 2003: 67–96; Gans 2008: 9–24]. Также это неверно в контексте истории сионизма [Gans 2008: 53].

Отказ от идеи двух государств между рекой Иордан и Средиземным морем, в одном из которых было бы явное еврейское большинство, не означает согласия на создание на той же территории гражданского государства, лишенного еврейского национализма. Единое государство могло бы быть двунациональным, то есть таким, в котором каждая из двух национальных групп имела бы национальное самоопределение и в котором евреи составляли бы большинство на части территории и обладали бы значительной политической властью. На самом деле, на ранних этапах своего существования сионизм не требовал ничего большего: только исторический факт европейского антисемитизма в 1930-х и 1940-х годах по праву побудил сионистское движение расширить ожидания. Исторические обстоятельства, создавае-

---

[30] О возможности создания двух государств, несмотря на поселения и созданную ими геодемографию, читайте в статье Авнера Инбара и Ассафа Шарона [Inbar, Sharon 2013]. Об ожидаемых моральных последствиях создания единого государства читайте в комментариях в разделе 5.2.1 ниже.

мые сионизмом с 1967 года, расселяя евреев на территориях, которые предназначались палестинскому государству, вполне могут урезать сионистов в политических мерах и требованиях. Сионизм по-прежнему стремится к самоопределению евреев в двунациональном государстве — как на уровне сионистской политической идеи, так и на уровне исторической феноменологии сионизма. Израиль в любом случае не стал бы страной, в которой государственность была бы исключительно гражданской, как на том настаивают современные аналитики. Тогда он стал бы скорее похож на Бельгию или бывшую Чехословакию, чем на Францию, Соединенные Штаты или Южную Африку.

Однако позвольте мне вернуться к более фундаменталистскому постсионистскому неодиаспоризму и его конструктивному тезису, а именно: жизнь евреев в диаспоре породила ценности и преподала уроки, которые должны заменить националистические уроки, извлеченные сионизмом из жизни евреев в изгнании, и эти неодиаспорические ценности и уроки должны сформировать личную и коллективную идентичность евреев. Неодиаспорические постсионисты подчеркивают способности и черты характера, которые развивались на протяжении всей еврейской истории изгнания, такие как способность жить вместе с неевреями, способность оставаться политическим меньшинством, критикующим большинство, высокий статус, придаваемый образованию и учености, а также утонченное понимание мужественности. Эти, несомненно, положительные качества есть результат жизненного опыта евреев за пределами родины. Однако трудно понять, почему евреи должны довольствоваться только ими. Сионизм подчеркивает нежелательные аспекты еврейской бездомности и предлагает средство от полной зависимости евреев от сострадания окружающих. Он указывает на необходимость восстановления широко распространенной еврейской территориальной культуры, чтобы исправить затруднительное положение диаспоры, в котором евреи были вынуждены ограничивать себя узким кругом занятий. Тот факт, что историческое сионистское движение рисовало искаженную картину изгнания как исключительно негативную, нужно поправить и принять более тонкий взгляд на ценность жизни в рамках независимой, всеобъемлющей, территориальной культуры, интегрируя ее с позитивными аспектами еврейской жизни в диаспоре. Перечисленное не является причиной для отказа от сионизма и ценностей, которые он пропагандирует, их просто нужно разумно истолковать.

Призывая к возвращению исключительно к ценностям, которые развились из позитивных аспектов диаспоры, и игнорируя уроки, извлеченные сионизмом из негативных аспектов жизни диаспоры (т. е. необходимость в еврейской независимости и самообороне), неодиаспорические мыслители совершают ту же ошибку, которую совершил сионизм по мере своего исторического развития.

Они стремятся превозносить одни уроки и ценности, извлеченные из диаспоры, над другими. Сионизм в том виде, в каком его реализовали на практике, пренебрегает важностью уважения и включения меньшинств во имя еврейского суверенитета. Это усилило агрессию и милитаризм как элементы еврейской идентичности, в то же время маргинализировав науку и интеллектуальные достижения. Неодиаспорический постсионизм игнорирует ценность еврейской независимости и ценность сохранения еврейской общественной культуры, пронизывающей все аспекты и сферы жизни, включая военную, которая может процветать только на самоуправляющейся территории. Но нет причин, по которым эти ценности не могли бы сосуществовать. Очерченные выше контуры эгалитарного сионизма в вопросе статуса евреев и арабов отражают то, как это делается в еврейском государстве и его окрестностях. Эгалитарная сионистская интерпретация сионистского принципа отрицания изгнания, которая будет обсуждаться в главе 6, предлагает способ осуществить эту идею применительно к еврейской жизни во всем мире.

Позвольте мне завершить эту главу словами об антисионистском постсионизме в целом, во всех его рассмотренных выше формах. Он отвергает законность продолжающегося осуществления еврейского национального самоопределения в Израиле, выступает за создание политической реальности, которая ставит под угрозу способность огромного числа людей, живущих в Израиле, жить в рамках своей национальной идентичности, несмотря на их заинтересованность в этом. Угроза дальнейшему существованию политических и правовых реалий, которые позволяют людям реализовать основные компоненты идентичности — особенно те, которые необходимы для их благополучия, а иногда и для их свободы, — может быть оправдана только в случае идентичности, которая по самой своей природе является репрессивной по отношению к другим. Примеры мужской шовинистической идентичности и идентичности сторонников превосходства белой расы, на которые я ссылался в главе 1, довольно показательны: политическая и правовая реальность не должна допускать реализации этих идентичностей. Как я уже упоминал выше, если постсионистское требование о ликвидации еврейского самоопределения в Израиле интерпретируется как направленное на собственническую интерпретацию этого самоопределения, то это вполне обоснованное требование, поскольку собственническая интерпретация сионизма трансформирует угнетение арабского народа, живущего в Израиле. Израиль/Палестина превратились в часть «генетического кода» сионизма, но это, безусловно, не относится к той интерпретации сионизма, которую я отстаиваю. Эта интерпретация лишает постсионизм козырей.

Ход, который я предпринял в этой главе против нормативной аргументации постсионизма, в некотором смысле напоминает ход, который я предпринял в главе 2 против его историографической аргументации. Там я утверждал, что постсионистская критика еврейского национализма (по крайней мере, в том виде, в каком ее представляют израильские сторонники постсионизма) справедлива до тех пор, пока она адресована тезису, доминировавшему в мейнстриме сионизма с 1930-х годов: тезису Бен Цион Динура о том, что национальность является сутью иудаизма (в описательном смысле), что она существует с древности и никогда не переставала существовать, в том числе и в XIX веке.

Чтобы обосновать этот тезис, сионистской историографии пришлось использовать ложный нарратив об изгнании евреев римлянами с Земли Израиля, об их постоянном стремлении вернуться на нее и об отрицании факта изгнания. Эта критика теряет свою остроту, если рассматривать сионизм таким, каким он был на самом деле с самого начала: попыткой вдохновить еврейские сообщества конца XIX века, разбросанные по общинам с различными культурами и историей, призвать их к частичной национализации для решения серьезных и неотложных проблем, с которыми сталкивались его члены, стать полноценной нацией. Другими словами, если мы подумаем о реальных исторических контекстах, в которых возник и развивался сионизм, и о целях, которые могли бы быть оправданно поставлены в этих обстоятельствах, становится очевидной внеисторическая и аморальная природа как собственнического сионизма, так и постсионизма. Интерпретация сионизма, которую я предложил в главе 3, в этих двух отношениях диаметрально противоположна другим, что я и объясню более подробно в главе 5.

Глава 5
Эгалитарный сионизм

5.1. Эгалитарный сионизм и его противники

В предыдущих главах мы раскрыли некоторые очевидные моральные и теоретические преимущества, которыми эгалитарный сионизм обладает перед своими соперниками — как сионистскими, так и постсионистскими. В главе 2 разъясняются преимущества эгалитарного сионизма перед собственническим сионизмом и постсионизмом с точки зрения концептуальных основ и предполагаемых социальных онтологий. В то время как собственнический сионизм, с одной стороны, основывает свои требования на праздном предположении, что евреи как мировой коллектив никогда не переставали составлять полноценную нацию, и в то время, как постсионизм, с другой стороны, настаивает на отрицании любых условий, в которых евреи могли бы считаться нацией, эгалитарный сионизм принимает промежуточное положение между ними. Он рассматривает евреев как отдельную нацию в столетия, предшествовавшие сионизму, и в годы, прошедшие с момента его возникновения. Это концептуальное толкование отражает то, чем на самом деле был иудаизм как в течение столетий, предшествовавших возникновению сионизма в конце XIX века, так и сегодня. Оно также помогает прояснить и подчеркнуть интерпретирующую моральную роль и созидательную историческую роль сионистской идеи и движения в превращении отдельных евреев в полноценную нацию в Израиле и в укреплении национальной составляющей еврейской идентичности многих евреев, живущих за пределами Израиля.

В главе 3 я обсуждал преимущества эгалитарного сионизма перед собственническим сионизмом с точки зрения теорий справедливости, на которых они основаны, и моральных онтологий, предполагаемых этими теориями. В то время как собственнический сионизм исходит из теории справедливости, которая позволяет коллективам в одностороннем порядке «захватывать и удерживать огромную территорию» [Rousseau 1920: 20], теория справедливости, на которой зиждется эгалитарный сионизм, не допускает одностороннего «создания фактов», сопровождающегося значительными практическими и моральными последствиями, без учета других людей и общества, их равных потребностей, свободы и человеческого достоинства. Что касается моральной онтологии, предполагаемой этой теорией справедливости, то она предполагает естественное и интуитивное или, по крайней мере, либеральное понимание того, что основными единицами политической морали являются индивиды, а не нации или другие типы сообществ, как в качестве субъектов, так и в качестве бенефициаров. Предпосылки собственнического сионизма прямо противоположны.

В главе 3 я показал, что эгалитарный сионизм основывается на теории справедливости, а также сделал выводы, которые более соответствуют этой теории, чем выводы иерархического сионизма. В главе 4 я поступил так же в отношении различных версий постсионизма. Хотя иерархический сионизм и постсионизм не предполагают сомнительных по своей сути моральных установок и политической морали и не сопровождаются ими, как это свойственно собственническому сионизму, они тем не менее приходят к выводам, подтверждающим значительное неравенство или игнорирование важных человеческих интересов, не оправдывая их. Я надеюсь, что мне удалось показать, что эгалитарный сионизм избегает подобных серьезных ошибок.

Цель настоящей главы состоит в том, чтобы разъяснить некоторые важные конкретные следствия вышеупомянутых преимуществ, которыми эгалитарный сионизм обладает перед своими сионистскими и постсионистскими оппонентами, и определить его некоторые дополнительные важные преимущества. Некоторые из этих преимуществ относятся к историографии еврейского прошлого, сионистского прошлого и требованию согласованности с этим прошлым. Другие преимущества связаны с разрешением еврейско-палестинского конфликта. В первой половине этой главы я буду в основном обсуждать вопросы первого типа, связанные с историографией прошлого и соответствием ей. Во второй — поясню роль различных подходов к сионизму, рассмотренных в предыдущих главах, в поиске возможных решений во имя урегулирования еврейско-палестинского конфликта.

5.2. Сионистская последовательность и историография

Как постсионизм, так и собственнический сионизм оторваны от реального исторического и морального контекста сионизма. Я продемонстрирую эту оторванность через обсуждение их неприятия решения еврейско-палестинского конфликта через создание двух государств с границами, существовавшими до 1967 года, и их обвинения сторонников такого решения в сионистской или либеральной непоследовательности. Затем я объясню, как эгалитарная интерпретация пробелов в морали сионистского нарратива, предложенная мной в главе 3, позволяет создать объективную историографию в отношении самого сионизма и истории евреев до сионизма.

5.2.1. Моральная и историческая ценность границ, существовавших до 1967 года

Напомним себе: выше я утверждал, что территориальное ограничение еврейского самоопределения на Земле Израиля должно основываться на границах, очерченных в период, когда необходимость в установлении этого самоопределения в результате преследований евреев достигла своего пика: на границах, до которых Израиль и арабские государства договорились в ходе перемирия в 1949 году. Благодаря этим достигнутым через несколько лет после холокоста соглашениям, война Израиля за независимость подошла к концу. Проведенные тогда границы с тех пор получили название «зеленая линия» или «границы 1967 года»[1]. Левые сионисты и многие наблюдатели за еврейско-палестинским конфликтом придерживаются мнения, что конфликт должен быть урегулирован путем создания двух государств с границами, аналогичными границам 1967 года.

Многие из них обосновывают свою позицию прагматическими соображениями или моральной интуицией. Изложенная мной эгалитарная интерпретация сионизма отводит важную роль в оправдании сионизма связи евреев с Землей Израиля и предлагает не просто прагматическое/интуитивное, а подробное принципиальное обоснование этой позиции. Как собственнические сионисты, так и постсионисты критикуют эту позицию, опираясь главным образом на два аргумента. Первый: решение о создании двух государств непрактично, учитывая демографические и социально-экономические условия, сложившиеся в Израиле/Палестине после 1967 года. Второй: разделение земли вдоль «зеленой линии» несовместимо с историей и моралью сионизма.

Больше меня, конечно, интересует второй аргумент; что касается первого, я лишь мимоходом отмечу, что в нем есть определенный смысл, но его недостаточно для обоснования вывода. Повторное разделение Израиля и Палестины на основе границ 1967 года, после того как Израиль застроил оккупированные им территории, безусловно, представляет собой труднопреодолимое практическое препятствие. Следующие из этого практические, моральные и политические выводы, на самом деле, неясны. Если косвенные доводы, на которые я опирался в главе 3 в поддержку создания двух государств к западу от реки Иордан, обоснованны, то решить практические проблемы, которые возникнут в случае создания совместного еврейско-палестинского государства на землях к западу от реки Иордан, будет во много раз сложнее, чем

---

[1] Они называются «зеленой линией», потому что были выделены зеленым цветом на картах, приложенных к соглашению о перемирии, положившему конец войне Израиля за независимость в 1949 году. Их также называют «границами 1967 года», потому что они определяли границы территориального контроля Израиля с 1949 года до начала Шестидневной войны 1967 года.

те, что возникнут, если эту землю переделят на основе границ 1967 года. Проблемы, возникающие в результате этого передела, предпочтительнее проблем, которые могут возникнуть в результате создания совместного государства. Их продолжительность будет короткой и ясной, а именно, до тех пор, пока Израиль/Палестина не будут разделены заново. Но в объединенном государстве либо одна сторона будет подчинена другой, либо, в качестве альтернативы, объединенное государство будет практически постоянно находиться в состоянии паралича, поскольку его правительство не будет способно принимать решения. Таким образом, присутствует утверждение собственнического сионизма и постсионизма о том, что заявленные непреодолимые трудности в достижении решения о создании двух государств подразумевают попытку избежать решения большой, но временной проблемы ценой терпимости к более масштабной и долговременной практической проблеме. Но мой главный вопрос здесь, как уже было сказано, заключается не в практичности решения о создании двух государств, а в его моральности и историчности.

> В чем именно разница между Офрой [крупным поселением
> в Самарии] и Бейт-Даганом [городом в пределах «зеленой
> линии»], расположенным в Бейт-Даджане [арабское назва-
> ние деревни, которая предшествовала нынешнему израиль-
> скому городу Бейт-Даган и существовала до 1948 года]?
> ...Неужели за 19 лет, с 1948 по 1967 год, возникновение од-
> ного поселения стало нравственным, а другого — амораль-
> ным? [Sheizaf 2010].

Такие вопросы задавались бесчисленное количество раз. Данная конкретная цитата принадлежит Иегуде Шенхаву, у которого мы взяли интервью для статьи, опубликованной в израильской газете «Гаарец» 15 июля 2010 года, посвященной «удивительному видению» двунационального государства, поддерживаемому ведущими деятелями израильского правого крыла [Ibid.].

Шенхав, в своей книге «За пределами решения о создании двух государств» [Shenhav 2003] также высказывается против раздела земель к западу от реки Иордан на два государства. Он цитирует высказывания Ури Элицура, видного активиста среди поселенцев, похожие на его собственные и, возможно, даже более резкие:

> Вы [то есть левые сионисты] изгнали палестинцев в 1948 году, не позволили им вернуться, основали поселения поверх всех их деревень, а потом построили разделительный забор, и после этого вы приходите к нам с жалобами, несмотря на то что мы для строительства поселения никогда не разрушали ни одной деревни на Западном берегу — ни единой [Sheizaf 2010].

Элицур и Шенхав жалуются на непоследовательность, если не на лицемерие, израильских левых сионистов, которые, с одной стороны, поддерживают границы, нетронутые до 1967 года, а с другой — резко осуждают строительство поселений за их пределами с 1967 года. Оба утверждают, что оппозиция поселениям, созданным после 1967 года, непоследовательна, поскольку сионизм расселял евреев в Израиле за счет интересов местных арабов с самого своего основания, а не только с 1967 года; и даже если поселения, возведенные после 1967 года, привели к дискриминации, проблемы, причиненные сионизмом в 1948 году и в последующее десятилетие, являются более серьезными: его сторонники поселили евреев на принадлежащих арабам землях, находящихся в частной собственности, и, что еще хуже, изгнали массы местных арабов из их домов и не дают им вернуться.

Несоответствие заметят только те, кто верит, что сионистский нарратив — это симбиоз национралитета и собственности между евреями и Землей Израиля. Приверженцы этой позиции, с одной стороны, стоят за собственнический сионизм, а с другой — поддерживают постсионизм[2]. Сторонники собственнического сио-

---

[2] Еще одна пара, состоящая из сторонника сионизма-собственника и постсиониста, выступающего за обвинение либерального сионизма в непоследовательности/лицемерии, описанном выше, — израильский активист-каханист Барух Марзель и известный американский еврейский политолог Ян Люстик. Последний с энтузиазмом процитировал и поддержал обвинения первого в лицемерии в статье, опубликованной одновременно с выходом

низма принимают сионизм именно из-за такой интерпретации. Напротив, постсионисты отвергают сионизм, потому что именно так, по их мнению, следует интерпретировать сионизм. Собственнические сионисты приходят к выводу, что если дискриминация, допущенная в 1948 году, приемлема, то, очевидно, приемлемо и происходящее в поселениях, построенных после 1967 года. Следовательно, они поддерживают одно государство, в котором евреи — хозяева — продолжают совершать эти «приемлемые» несправедливости ежедневно с 1967 года, и, если Господь или любая другая власть того пожелают, они поддержат произвол, подобный тому, что происходил в 1948 году. Для постсионистов, напротив, принцип последовательности требует противоположного вывода: если сионизм основан на собственности и, следовательно, его следует отвергнуть, то ни несправедливая оккупация, начавшаяся в 1967 году, ни, конечно, страдания тех, кого изгнали в 1948 году, не должны продолжаться. Поэтому они поддерживают решение о создании единого государства: все палестинские беженцы вернутся, еврейские поселенцы, прибывшие после 1967 года, останутся там, где они есть, и то же самое касается еврейских поселенцев, обосновавшихся до 1948 года. В результате гражданские постсионисты, вслед за маркизой де Клермон-Тоннерр, полагающие, что «евреям необходимо отказать во всем как нации и предоставить все [только] как отдельным личностям» [Archives parlementaires 1787–1860: 754][3], считают также, что видение Французской революции об эмансипации должно быть реализовано в отношении евреев, не только тех, что жили во Франции XVIII века, но и тех, что живут в Иудее, Самарии и Филистии XXI века. Другие постсионисты, находящиеся под влия-

---

этой книги [Lustick 2015: 2]. В 2014 году Марзель распространил листовку, адресованную студентам и преподавателям Тель-Авивского университета, в которой сообщалось, что их университет стоит на землях, экспроприированных в 1948 году у арабских жителей деревни Шейх Мунис. Поэтому они должны избавиться от двуличия и либо назвать свой университет «Университет Шейха Муниса», либо прекратить критиковать поселенцев 1967 года за экспроприацию арабских земель.

3   См. также обсуждение вопроса в главе 2.

нием идей постколониальной теории, придерживаются мнения, что этой стадии можно достигнуть только установив мультикультурный, многоцентричный режим, который предоставит права группам, подвергавшимся угнетению со стороны сионизма. И, конечно же, неодиаспорический план постсионистов в отношении израильских евреев заключается в том, что они должны стать изгнанниками в своей собственной стране.

Если согласиться с трехсторонним обоснованием сионизма, которое я выдвинул в этой книге, то поддержка создания двух государств на основе границ 1967 года ни в малейшей степени не страдает от непоследовательности, в которой обвиняют постсиониста Шенхава и собственнического сиониста Элицура. Согласно этому обоснованию, существует огромная разница между поселениями, созданными после 1967 года, и несправедливыми действиями сионизма, творившимися до тех пор. Поселения, созданные после 1967 года, совершенно несовместимы со справедливой интерпретацией сионистской идеи. Напротив, несправедливые действия, совершенные до 1967 года, хотя они сами по себе могут показаться более жестокими, чем совершенные после 1967 года, возможно, рассматривались в то время и сегодня могут рассматриваться как значительные, хотя и локальные нарушения в реализации справедливой идеи. Эти нарушения, совершенные в ходе реализации идеи, необязательно ставят под сомнение ее принципиальную справедливость[4]. Как объясняется в главе 1, это

---

4 Я не убежден, что несправедливость высылки беженцев в 1948 году превосходит несправедливость поселенческой деятельности после 1967 года, поскольку я считаю, что нужно сравнивать тяжесть зла в контексте, в котором оно совершалось. Поселения, построенные в течение десятилетий в соответствии с объявленной политикой могущественного государства за счет беспомощного населения, находящегося под его властью, кажутся мне хуже, чем изгнания, осуществленные в 1948 году пострадавшим от холокоста населением, пытавшимся создать собственное государство с применением силы. Изгнания были совершены во многих местах вслед за народными освободительными кампаниями, в условиях общей нестабильности во всем мире после Второй мировой войны и окончания колониализма. Тем не менее, даже если кто-то не согласен с этой точкой зрения, но продолжает считать, что с моральной точки зрения изгнание в 1948 году было хуже, чем поселе-

различие является частным случаем общего различия между оправданием данной практики или правила и оправданием конкретного действия в соответствии с данной практикой или правилом. Это различие очень похоже на различие между *ius ad bello* и *ius in bello*[5].

Таким образом, нет никакого противоречия между утверждением, что британская бомбардировка Дрездена во время Второй мировой войны была вопиющим злодеянием, и утверждением, что это злодеяние было совершено в ходе справедливой войны, даже в высшей степени справедливой, не меньше, чем война против нацистов. Точно так же, преступления, совершенные сионистами до осуществления проекта создания поселений после 1967 года, — акты эксплуатации и лишения собственности на ранних этапах существования сионизма, включая жестокое изгнание семисот тысяч палестинцев во время войны Израиля за независимость — могут быть признаны (и компенсированы) без того, чтобы рассматривать сионизм как в целом справедливое движение. В 1948–1949 годах, когда были установлены так называемые границы 1967 года, сионизм осознал право евреев на самоопределение на своей исторической родине после столетий преследований. Эту форму сионизма можно было бы считать справедливой, даже в высшей степени справедливой, несмотря на то что ее путь полон преступлений, чего нельзя сказать о поселениях, построенных после 1967 года, поскольку непосредственной угрозой человеческой жизни и достоинству их оправ-

---

ния после 1967 года, это все равно не влияет на аргумент, основанный на различии между моралью сионизма как таковой и моральностью шагов, предпринятых для его реализации. Изгнание позорит сионизм, и к этому не следует относиться легкомысленно, но это не отменяет его общей оправданности, поскольку общее развитие сионизма в период вплоть до 1967 года можно защитить на основе его эгалитарной интерпретации.

5 Право на ведение войны, регламентирующее легитимность применения силы в международно-правовом аспекте, как основание к вооруженному столкновению. Оно берет свое начало на основе доктрины справедливой войны — bellum justum. Когда jus in bello, в свою очередь, говорит о поведении сторон возникшего вооруженного конфликта, регламентируя их права и обязанности, правовой статус нейтральных сторон. — *Прим. перев.*

дать невозможно. Как утверждают сторонники сионизма, подобное можно оправдать собственной интерпретацией сионизма, и кажется, что подобное можно оправдать только на этой основе.

Вполне можно возразить, что, даже если сионизм можно оправдать настоятельной потребностью преследуемой нации создать для себя дом, он все равно сохранит собственнический характер. Ведь на самом деле сионизм и его лидеров до 1967 года мотивировала их собственная интерпретация сионизма. Именно она руководила лидерами сионистского движения, и все, что они делали после основания этого движения — или, по крайней мере, с 1930-х годов, — вдохновлялось ею. Действительно, существует множество свидетельств того, что еще до 1930-х годов собственнический сионизм играл важную роль в мотивации многих наиболее выдающихся сионистских лидеров и активистов [Morris 1987; Shlaim 1988; Dothan 1979: 97–98; Barzilay-Yegar 2003: 30][6]. Но это не дает оснований заключать, что сионизм в то время был в целом собственническим — по двум причинам. Во-первых, и это

---

[6] Например, представленные новыми историками свидетельства о беженцах 1948 года и целях сионистского руководства, отдавшего приказ об их высылке, а также представленные ими доказательства намерения сионистского руководства сорвать формирование арабского государства, что определено решением пленума ООН о разделе в ноябре 1947 года в сотрудничестве с королем Иордании Абдаллой. Дополнительную поддержку этому тезису можно найти в словах Макса Боденхаймера, делегата первого Сионистского конгресса 1897 года, который в ходе обсуждения плана раздела 1937 года, поднявшего вопрос об истинных целях сионистов, отметил скромность базельской программы первого Сионистского конгресса. Сионистский Конгресс в 1897 году руководствовался тактическими соображениями. Аналогичные свидетельства можно найти в одном из черновиков, предшествовавших окончательному варианту Декларации Бальфура. В этом проекте говорилось не о создании национального очага для евреев в Палестине, а, скорее, о «воссоздании» Палестины «в качестве национального очага для еврейского народа». Только под давлением одного из сотрудников Министерства иностранных дел Великобритании была принята окончательная официальная формулировка. См. также письмо Бен-Гуриона своему сыну, упомянутое в главе 3, и многие из моих цитат из книги Бен Цион Динура в той же главе. Все приведенные выдержки подтверждают данный тезис.

менее важно, лидеры — приверженцы собственнического сионизма вдохновлялись не только им; они также руководствовались более скромными интерпретациями этой идеологии[7]. Во-вторых, что гораздо важнее, вопрос о том, какие цели приписываются сионизму как движению, зависит от исторической интерпретации, которая, в свою очередь, зависит от целей не только его лидеров, но и всех членов, от целей сионистского движения, выраженных в официальных заявлениях правительства, а также от целей, которые можно (в том числе с моральной точки зрения) приписать его действиям и политике, учитывая реальность, в рамках которой действовало движение.

Поэтому представляется разумным интерпретировать основные недостатки сионистской деятельности до 1967 года в свете цели, которую приписывает ей эгалитарный сионизм: *создание национального очага для преследуемого народа*. Политика Израиля, проводимая с 1967 года, — создание поселений в сопровождении военной оккупации — не может преследовать эту цель. Поселения и вся деятельность вокруг них не могут быть истолкованы иначе, как воплощение собственнической идеи. Таким образом, те, кто задается вопросом, следует ли принимать и сотрудничать с основным направлением сионизма до 1967 года и после 1967 года, должны получить разные ответы по этим периодам и, более конкретно, по поставленным в них целям. Следует объединить усилия с сионизмом, существовавшим до 1967 года, и с образованием национального очага для евреев в Палестине / на Земле Израиля, одновременно исправить и компенсировать проступки, совершенные во время и после его создания. Нельзя смириться с поселениями, созданными после 1967 года, и с оккупацией, которую они увековечивают. Постсионизм, представленный научными публикациями Шенхава, его политическими заявлениями в интервью изданию «Гаарец» и его книгой «За пределами решения о создании двух государств», в основном стремится к противоположному. В интервью «Гаарец» и в книге автор разделяет позицию поселенцев, в то время как

---

[7] См. главу 3, сноску 3.

теоретические систематические аргументы в его научных трудах подразумевают его несогласие с еврейским этнонациональным самоопределением на Земле Израиля.

Важно понимать, что очевидное сотрудничество между собственническими сионистами и постсионистами, которые обвиняют сторонников решения о создании двух государств, основанного на границах 1967 года, в непоследовательности, проистекает не только из моральных отклонений, присущих собственническому обоснованию сионизма, но и из историо-графических соображений, характерных для обеих групп. Сионисты-собственники отправляют евреев в Палестину конца XIX века прямо из Библии, чтобы те могли реализовать право на землю, данное им в этой книге. Далее они утверждают, что римляне изгнали евреев с Земли Израиля вскоре после того, как дописали Библию, таким образом игнорируя почти все, что случилось с евреями после того. В конце концов, «даже после того, как почва, на которой они стояли, была выбита из-под ног евреев и они рассеялись по народам и были поглощены царствами, полному единству еврейской нации не пришел конец», — учит нас Динур [Dinur 1930: 23–24]. Поэтому «различные эпизоды изгнания... объясняются как "эпизоды" в жизни нации, как переходные периоды, в течение которых необходимо подчеркивать стремление народа вернуться на свою Землю», — говорится в Образовательной энциклопедии, опубликованной Министерством образования Израиля [Hendal, Levi 1959: 257].

Постсионисты, отвергая эссенциализм Динура и фальсификации сионистской историографии, которым под его руководством обучались поколения израильтян, также искажают еврейскую историю, однако в противоположном направлении. В отличие от собственнических сионистов, они высаживают евреев прямо на Землю Израиля, но скорее с Марса, чем из Библии, и лишь для того, чтобы спровоцировать *Накбу* («катастрофу» по-арабски) против палестинцев. Как говорит Шенхав в книге «По ту сторону решения о создании двух государств», он хочет сместить обсуждение еврейско-палестинского конфликта с «парадигмы», закрепленной во времена «зеленой линии» (то есть Израиля, каким он был между 1949 и 1967 годами), на «исторические истоки еврейского конфликта», палестинскую *Накбу* 1948 года[8].

Если предложенный мной анализ оправдания сионизма и создания Израиля верен, то Шенхав на свой манер делает именно то, что делает собственнический сионизм. Оба они пропустили исторические истоки сионизма, лежащие в основе положения европейских евреев в XIX веке. Предложение Шенхава перенести обсуждение еврейско-палестинского конфликта с «парадигмы», основанной на «времени "зеленой линии"», на исторические корни конфликта, которые он идентифицирует как палестинскую *Накбу* 1948 года, является не чем иным, как предложением вывести дискуссию *за рамки* исторических корней конфликта. Конфликт начался не в 1948 году и не в Библии. Он берет свое начало с зарождения сионизма в Европе в конце XIX века и актуален до сих пор. В своей книге Шенхав критикует стремление, например, бывшего израильского политика Йосси Бейлина и израильского писателя Давида Гроссмана, вернуть Израиль 1949–1967 годов, «время "зеленой линии"». Такое стремление, по его словам, является «[ностальгией] по чувству нравственности и праведности» [Shenhav 2003: 22]. Автор вопрошает:

---

8   «1948 год — это произвольная дата. Мы могли бы начать анализ с Декларации Бальфура, беспорядков 1929 года, Великого арабского восстания, плана Билтмора или Плана Раздела 1947 года. 1948 год, на мой взгляд, является сбалансированной отправной точкой, поскольку он позволяет отразить палестинскую историю Накбы, пусть и не во всей ее полноте, и в то же время признает существование евреев как национального коллектива, включая их достижения с 1948 года» [Shenhav 2003: 143–144]. Ни одно из событий или цепочек событий, перечисленных Шенхавом в приведенной выше цитате, не имеет отношения к положению европейских евреев в XIX веке. Предлагаемая мной периодизация, в которой «время "зеленой линии"» представляет собой период, в течение которого сионизм претерпел изменения, безусловно, позволяет нам охватить как всю палестинскую историю Накбы, так и всю палестинскую историю с момента зарождения сионизма. Таким образом, современная еврейская история на Земле Израиля — история сионизма — может включать в себя историю Палестины, а история Палестины может включать в себя историю сионизма.

Был ли Израиль таким прекрасным и справедливым в глазах сотен тысяч палестинских беженцев, лишенных своих домов во время войны 1948 года и лишенных возможности вернуться в них после него? А в глазах палестинцев за «зеленой линией», которым до 1966 года приходилось жить в условиях жестокой военной оккупации? А в глазах мизрахи [евреев из арабских стран], вынужденных жить за пределами городских центров и объявленных Вторым Израилем? [Ibid.: 23]

Можно утверждать, что с точки зрения истории сионизма, установление «зеленой линии» и границ 1967 года имеет глубокое историческое и моральное значение, но не потому, что Израиль безупречно вел себя в тот период. Глубокое моральное значение этого периода проистекает из успеха сионизма в достижении своей цели, а именно в достижении самоопределения евреев на Земле Израиля, когда его еще можно было оправдать на основе трех аргументов, приведенных в Декларации независимости Израиля. Цель еврейского самоопределения на Земле Израиля была достигнута в 1948 году, но после 1967 года на нее больше нельзя ссылаться для оправдания сионистской политики и действий. Неудивительно, что Йосси Бейлин и Дэвид Гроссман испытывают ностальгию по тому периоду. Есть люди, желающие торжества правосудия в отношении себя, а после того, как оно свершится, они не желают участвовать в искажении правды. В данном случае, из-за господствующего в Израиле со времен Шестидневной войны собственнического сионизма, торжество правосудия, похоже, больше невозможно. Я искренне разделяю ностальгию по прежним временам.

5.2.2. Пересмотр сионистской историографии

Выдвинутое мной моральное обоснование эгалитарного сионизма определяет принцип моральной периодизации истории сионизма с момента зарождения и до настоящего времени. Этот принцип разделяет историю сионизма на периоды до и после 1967 года. При этом оно имеет два дополнительных значения для сионистской историографии. Менее важное значение имеет то, как сионисты описывали историю сионизма с момента его возникновения. Другое, имеющее решающее значение, относится к сионистскому описанию еврейской истории, до сионизма. Сионистская историография сионизма дает основания для беспокойства, ведь в этот период происходили события и предпринимались действия, заслуживающие решительного морального осуждения. В результате возникают разногласия по поводу того, действительно ли происходили такие события и были ли предприняты эти действия. Наиболее яркий пример такого противоречия касается событий, приведших к возникновению проблемы палестинских беженцев в 1948 году[9]. Официальная израильская статистика войны 1948 года утверждает, что 700 тысяч палестинцев, покинувших в то время свои дома и ставших беженцами вместе со своими семьями, сделали это потому, что к этому их поощряли представители собственной же элиты [Gelber 2004:

---

[9] Наиболее обширные израильские исследования по этому вопросу см. в книге Морриса «Проблема палестинских беженцев» [Morris 1987]. Споры о некоторых событиях, которые, как утверждается, привели к созданию Израиля, являются частыми. Ярким примером является массовое убийство, произошедшее во время войны 1948 года в деревне Дейр-Ясин близ Иерусалима. Оно было совершено боевиками группировок «Иргун» и «Лехи». Убийство сотни мирных арабских граждан продолжает вызывать бурные споры. См. [Yahav 2008]. Несколько лет назад в обществе поднялся шум по поводу так называемого дела Тантуры, обвинения, выдвинутого в магистерской диссертации, представленной в Хайфский университет, согласно которому (израильский) батальон Александрони совершил массовое убийство в (палестинской) деревне Тантура (об этом читайте в онлайн-каталоге документов, относящихся к этому событию, созданном профессором Дани Цензором; URL: http://www.ee.bgu.ac.il/~censor/katz-directory/). Другой тип действий, отмечающий историю сионизма и вызывающий аналогичные дебаты, — это приобретение земли в Палестине / на Земле Израиля «искупителями земель», как их называет собственнический сионизм; утверждается, что этот «выкуп земель» привел к лишению собственности арабских феллахов. Третьим примером является отношение сионистского руководства к спасению евреев во время холокоста, то есть вопрос о том, рассматривало ли оно спасение этих евреев как второстепенное по отношению к главной цели сионизма — возвращению евреев на Землю Израиля. См. также [Shafir 1993; Pappé 2008; Morris 1999: 46–48; Kimmerling 1983; Michman 1997a; Beit-Zvi 1991; Porat 1990; Segev 1993; Grodzinsky 2004; Yakira 2010].

185]¹⁰. Сами палестинцы, а также израильские ученые, известные как «новые историки», утверждают, что большинство палестинцев уехали в результате террора, учиненного израильской армией во время войны. Если это так, то историкам, поддерживающим сионизм на основе описанного мной эгалитарного обоснования, на самом деле не нужно отрицать эту истину. Признание того факта, что палестинских беженцев изгнали, не ставит под угрозу справедливость сионизма в целом. Была совершена огромная несправедливость, но не такая, которая могла бы подорвать общее оправдание сионистской идеи и ее реализацию сионистским движением в момент ее совершения. Ради сионизма и обоснования справедливости их идей следовало бы исправить совершенные ошибки, признать, а не отрицать их.

Как я упоминал выше, влияние, которое эгалитарная интерпретация пробелов в обосновании сионистского нарратива должна оказать на сионистское изложение еврейской истории до появления сионизма, должно быть даже больше, чем ее влияние на сионистское изложение сионистской истории. В этом вопросе существует огромная пропасть между историками — сторонниками эгалитарного сионизма и сторонниками собственнического сионизма. Собственнические сионисты распространяют три основные лжи: они утверждают, что евреев изгнали с Земли Израиля римляне; что евреи никогда не переставали стремиться вернуться на Землю Израиля; они отрицают изгнание не только в моральном, но и в историографическом смысле и фактически вычеркивают его из истории. В главе 2 я обсуждал одну из главных причин, по которой историки, поддерживающие собственнический сионизм, во главе с Динуром выдвинули подобные лживые утверждения. Должно быть, они верили, что сионизм не может стать национальным движением, если породившая его община не является полноценной нацией. Поскольку еврейский коллектив — по крайней мере, к концу XIX века — не обладал

---

¹⁰ Даже откровенно правые историки-сионисты подвергают сомнению израильскую версию, в которой утверждается, что палестинское руководство поощряло бегство, не имеющую документального подтверждения.

основными характеристиками национальной группы — общей территорией, широко распространенной культурой и общим наследием, которые хотели бы увековечить все члены группы, — историки собственнического сионизма сфабриковали ложную теорию о насильственном изгнании, отрицании изгнания и постоянном стремлении к возвращению. Эта ложь была направлена на то, чтобы позволить сионистскому движению заявить, с одной стороны, что евреям не дали иметь никакой территории и общей культуры, а с другой — что на самом деле у них было общее наследие, которое они были готовы поддерживать: воспоминания о жизни на Земле Израиля и желание вернуться туда и продолжить жить на родине. Такие фальсификации были излишни. Для того чтобы сформировать национальное движение еврейского коллектива под эгидой сионизма, им необязательно было быть нацией в полном смысле этого слова на момент зарождения движения. Для этого было достаточно быть нацией лишь в частичном смысле этого слова и иметь желание стать нацией в полном смысле этого слова. Нет сомнений в том, что на заре сионизма евреи представляли собой пограничный тип нации. Не будучи полноценной нацией в XIX веке, сами евреи и прочие народы воспринимали их как нацию, существовавшую с древности. Кроме того, их желание вновь стать полноценной нацией было оправдано ослаблением роли религии как основы коллективной идентичности, неудачей в попытках эмансипации и преследованиями. Еще одним мотивом для фальсификаций, производимых официальной сионистской историографией, является общепринятое, господствующее, собственническое оправдание сионизма. Если евреи отсутствовали на Земле Израиля более тысячелетия после того, как между VII и XI веками покинули ее, и если в течение этих столетий отсутствия они спокойно занимались повседневными делами в местах своего проживания, как тогда можно утверждать, что они никогда не переставали быть владельцами Земли Израиля, какой она была в древности, притом, что они физически отделены от нее с первой половины Средневековья? Утверждения о том, что изгнанные римлянами евреи настойчиво стремились вернуться на Землю Израиля, а также утверждения, в которых заключается отрицание изгнания, также должны дать ответ на этот вопрос. Однако сионизм нуждается во всей этой лжи только в том случае, если он основан на аргументе собственности: только тогда на сионизме лежит бремя доказательства, что сроки давности не распространяются на вековую еврейскую собственность на Израиль. Однако если корни сионизма лежат в трехстороннем обосновании, центральном в эгалитарной версии, то ничего из этого не нужно доказывать. Центральным компонентом этого обоснования является право на самоопределение — право, которое вытекает из всеобщей справедливости распределения между народами мира, основанной на потребностях, свободе и достоинстве, а не из имущественного правосудия, основанного на одностороннем историческом присвоении территорий конкретными народами. Два других компонента трехстороннего обоснования — историческая связь между евреями и Землей Израиля и преследования, которым подвергаются евреи, — также ссылаются на глобальную теорию справедливости, основанную на потребностях, свободе и достоинстве, в отличие от одностороннего присвоения территории отдельными народами. Согласно такому аргументу, евреи имели бы все основания для самоопределения на Земле Израиля, даже если бы у них не было там собственности в древности и даже если бы срок такого права истек. Чтобы подтвердить аргумент о том, что евреи были правы, когда в конце XIX века и в первой половине XX взяли на себя смелость установить свое самоопределение на Земле Израиля, достаточно показать, что в последние столетия еврейская идентичность, как в глазах самих евреев, так и в глазах других народов, ассоциируется с нацией, возникшей на Земле Израиля в древности. Тот, кто оправдывает сионизм с помощью этого аргумента, не имеет никакого отношения к утверждению, что евреев изгнали с Земли Израиля в древние времена, или к утверждению, что с тех пор они придерживались своего стремления вернуться. Также не нужно отрицать изгнание так, как оно отрицается собственническим сионизмом, не обязательно верить в генетическую преемственность между евреями древности и евреями более поздних веков.

Предложенное мной тройственное обоснование сионизма лучше согласуется с текстом Декларации независимости Израиля, чем ее же собственное обоснование, делая излишним второй абзац Декларации, а также первую часть третьего абзаца, в котором для оправдания создания государства заявляется, что «После насильственного изгнания со своей земли еврейский народ веками сохранял веру в нее» и что «движимые этой исторической и традиционной привязанностью, евреи в каждом последующем поколении стремились вновь утвердиться на своей древней родине»[11]. Однако, если убрать эти вводящие в заблуждение фрагменты текста, мы только получаем преимущество перед собственнической интерпретацией сионизма, чье оправдание сионизма должно подпитываться этими ложными доводами. Напротив, предлагаемое мной обоснование не учитывает в первом параграфе Декларации независимости Израиля того, что видят в нем те, кто придерживается собственнического толкования. Согласно эгалитарному обоснованию, в этом абзаце речь идет не о происхождении евреев на Земле Израиля, а, скорее (а так это и есть на самом деле), о роли Земли Израиля в понимании евреями своей идентичности («Эрец-Исраэль [Земля Израиля] — родина еврейского народа. Здесь сформировалась их духовная, религиозная и национальная идентичность» [Ibid.]). Кроме того, согласно эгалитарному сионизму, в этом абзаце речь идет не о правоустанавливающем документе, дарованном евреям Библией, а, скорее (а так это и есть на самом деле), о правоустанавливающем документе на Библию, которую евреи даровали миру с Земли Израиля («Здесь [на Земле Израиля] они... подарили миру вечную Книгу Книг» [Ibid.]). Другими словами, в отличие от собственнической трактовки, эгалитарная версия согласована с реальной историей, а также соответствует базовым принципам Декларации независимости Израиля.

Подведем итог: представленное в книге трехстороннее обоснование сионизма учитывает исторические факты, связанные с возникновением сионизма как исторического движения. В нем

---

[11] Декларация о создании Государства Израиль, 1, часть 3 (1948).

рассказывается о людях, чья коллективная идентичность ослабла из-за упадка религии и которые подвергались преследованиям из-за своей идентичности. Поэтому они попытались использовать реальную возможность интерпретации и преобразовать свою коллективную, к тому времени преимущественно религиозную идентичность — в национальную. В рамках этой истории не утверждается, что евреев изгнали с Земли Израиля или что они всегда стремились вернуться туда. Эта история также не требует историографического отрицания изгнания. Напротив, можно с гордостью признать, что изгнание стало для нации разнообразным и ценным опытом.

5.3. Сионисты, постсионисты и мир в Израиле/Палестине

Джон Роулз отмечает, что одной из причин предпочесть ту или иную концепцию справедливости другой является способность этой концепции естественным образом мотивировать людей следовать ей, если она реализуется их общественными институтами. Роулз считает, что способность концепции справедливости порождать такие мотивы является преимуществом, поскольку существование этих мотивов обеспечивает стабильность социального сотрудничества. Не обладающие этим преимуществом концепции справедливости не могут выполнять одну из главных своих функций, а именно создавать основу для социального сотрудничества[12]. Роулз приводит в пример утили-

---

[12] Например, возражением против концепции справедливости является то, что, если принимать во внимание законы моральной психологии, у людей не возникнет желания действовать в соответствии с ней, даже если ее придерживались бы общественные институты. Ибо в этом случае было бы трудно обеспечить стабильность социального сотрудничества. Важной особенностью концепции справедливости является то, что она должна сама по себе вызывать поддержку у населения. Ее принципы должны быть такими, чтобы, когда их воплотят в основной структуре общества, люди, как правило, испытывали бы соответствующее чувство справедливости и развивали желание действовать в соответствии с ее принципами. См. [Rawls 1999b: 119].

таризм, который способствует наибольшему счастью членов общества. Одним из следствий этой концепции справедливости является то, что некоторым из тех, кто подчиняется социальным институтам, реализующим ее, возможно, придется смириться с подчинением другим субъектам, если это может привести к счастью всего общества. По мнению Роулза, это является веской причиной для отказа от принятия утилитаризма в качестве теории социальной справедливости, поскольку, как учит нас человеческая психология, жертвы ее последствий откажутся от сотрудничества с системой и другими членами своего общества. В таком случае это негативно сказалось бы на стабильности системы и ее способности содействовать сотрудничеству между ее субъектами, которое, как утверждается, и составляет цель правосудия.

Хотя аргумент Роулза приводился в отношении стабильности внутриобщинных институтов и договоренностей, он также применим к межобщинным договоренностям, направленным на предотвращение трений между группами. Таким образом, им можно воспользоваться в нашем контексте, что позволит нам нанести практическую глазурь на многослойный торт из теоретических преимуществ эгалитарного сионизма, представленных ранее: его концептуальных основ, социальных и моральных онтологий, лежащих в его основе, теории справедливости и предполагаемой историографии. Хотелось бы подчеркнуть дополнительное преимущество эгалитарной концепции сионизма: урегулирование конфликта между евреями и арабами, основанное на эгалитарном сионизме, вероятно, будет гораздо более стабильным, чем урегулирование, основанное на других версиях сионизма и его трактовках, поскольку оно было бы основано, во-первых, на предположении равенства сторон *на момент возникновения конфликта* и, во-вторых, на необходимости обеспечения равенства статуса в рамках *договоренностей о прекращении конфликта* между ними. Все остальные подходы не способны достичь этого, и в результате любое основанное на них урегулирование, скорее всего, будет нестабильным и в итоге приведет к краху.

5.3.1. Собственнический сионизм и урегулирование еврейско-палестинского конфликта

Отправной точкой собственнического сионизма является утверждение, что еврейский народ владеет Землей Израиля. Отсюда следует вывод, что арабская или палестинская нация на Земле Израиля имеет статус грабителя. Этот вывод порождает целый спектр позиций внутри самого собственнического сионизма. Согласно позиции ограничивающих правых, все арабы, живущие на Земле Израиля, и общины, к которым они принадлежат, считаются грабителями и, следовательно, должны быть изгнаны с этой земли. Согласно ограничивающей левой позиции в рамках собственнического сионизма, грабителем является только арабская нация, а не отдельные ее представители, так что на отдельных людей распространяются полные гражданские права, но речь не идет о каких-либо правах на коллективном уровне. Ограничивающая позиция правых не имеет отношения к текущей дискуссии, поскольку касается стабильности механизмов *сосуществования* евреев и арабов в свете различных версий сионизма, в то время как правая позиция собственнического сионизма — изгнание всех арабов с Земли Израиля — хотя и может привести к высшей (внутренней) стабильности Израиля, не предполагает соглашения о еврейско-арабском сосуществовании, а, скорее, настаивает на *исключительной представленности евреев*. Все политические проявления слева от этой позиции, в том или ином смысле, базируются на сосуществовании.

Я предпочту сосредоточиться здесь на ограничивающей позиции левых в спектре собственнического сионизма, потому что это самая великодушная позиция, которую только может занять этот тип сионизма в отношении статуса арабов по сравнению со статусом евреев на Земле Израиля. Она гарантирует полные гражданские права палестинцам, а также, теоретически, групповые права, подобные тем, которые обычно предоставляются иммигрантским меньшинствам в западных странах; однако предоставление таких коллективных прав не означает признания палестинцев в качестве историко-политического явления на

Земле Израиля[13]. Определенные психологические трюизмы о людях — например, то, что они стремятся отстаивать свои собственные интересы, что им нравится считать себя справедливыми, что они обижаются и проявляют враждебность, когда нарушаются их права, — эта левая позиция и все остальные, справа от нее, относятся к спектру собственнического сионизма, что сводит на нет любую попытку достичь урегулирования на базе сосуществования двух сторон. На это есть три причины. Во-первых, нельзя ожидать, что палестинцы, в течение столетий жившие на не в меньшей степени своей территории, чем евреи, задолго до возникновения сионизма, согласятся на такое урегулирование конфликта, которое лишает их статуса полноправной нации, живущей на своей родине. Еще менее вероятно они согласятся на такие условия притом, что такой же статус предоставлен евреям. Во-вторых, нельзя ожидать, что палестинцы согласятся признать, что на момент начала конфликта с евреями их объявили грабителями страны, которые незаконно оккупировали, украли собственность, законным владельцем которой был еврейский народ. В-третьих, представьте, что собственнический сионизм, руководствуясь чисто прагматическими соображениями, проявил бы больше великодушия по отношению к палестинцам и их будущему статусу — больше великодушия, чем позволяет его внутренняя логика, — и предложил бы урегулирование конфликта, предоставляющее им коллективные права исторической нации на Земле Израиля. Такое урегулирование, основанное на прагматических соображениях, а не на соображениях справедливости, вызвало бы гнев палестинцев и побудило бы их противодействовать, пока баланс прагматических соображений не изменился бы в их пользу.

Более того, поскольку, согласно собственническому сионизму, к началу конфликта арабов представили как нацию грабителей,

---

[13] Подобную позицию недавно громогласно отстаивал Моше Аренс, бывший министр обороны Израиля, который считает себя национал-либералом и учеником Жаботинского. Похоже, что такой же позиции придерживался и Реувен Ривлин, президент Израиля на момент публикации этой книги. Другие видные представители правых сил, похоже, также разделяют ее. См. [Sheizaf 2010].

завладевших украденной собственностью, чисто прагматический компромисс породил бы (возможно, даже более сильную) враждебность и антагонизм и среди самих евреев. Среди сторонников собственнического сионизма всегда найдутся те, кто считает, что любое левое толкование (требующее изгнания всех арабов с Земли Израиля) несправедливо. Если евреи являются владельцами Земли Израиля, а арабы — грабителями, всегда найдутся люди, которым не хватит ума провести различие между арабами как нацией и арабами как личностями, или те, кому такое различие кажется несущественным ввиду доктрины национальной собственности, которую они исповедуют. Они всегда будут задаваться вопросом, какой смысл позволять хотя бы одному арабу проживать на Земле Израиля; и их недоумение и нежелание будут только расти по мере предоставления арабам больших прав.

Если реализовать теоретическое урегулирование, предложенное леворадикальной версией собственнического сионизма, а именно проживание евреев и арабов на Земле Израиля *в одном государстве*, в котором арабы обладают только индивидуальными гражданскими правами, в то время как евреи обладают как индивидуальными, так и коллективными правами, это привело бы к упомянутым выше источникам нестабильности. А это лакомый кусок. Многие арабы отказались бы признавать власть политического образования, которое ставит их нацию в положение грабителя, а многие евреи отказались бы признавать права, предоставляемые государством лицам, принадлежащим к нации-грабителю. Они восстали бы против этого во имя того, что, по их мнению, является основополагающей идеологией государства, и попытались бы спасти государство от него же самого. На самом деле, именно так развивались события в Израиле/Палестине с 1967 года.

Главным образом по этим причинам, а также учитывая тот факт, что большинство евреев в Израиле/Палестине придерживаются собственнического сионизма, и тот факт, что большинство арабов в этой стране, по-видимому, придерживаются палестинского национализма, который является зеркальным отражением собственнического сионизма, я поддерживаю решение о создании двух государств, в каждом из которых обе группы пользуются явным политическим доминированием, хотя эгалитарный сионизм полностью совместим с любым типом двустороннего решения.

Убежденные сионисты среди израильских лидеров могут отказаться от своей идеологии и согласиться, по тем или иным прагматическим причинам, принять участие в создании двух отдельных политических образований в Израиле/Палестине. В одном из них останется арабское меньшинство. В соответствии с леворадикальной версией собственнического сионизма, этому меньшинству должны быть предоставлены индивидуальные (не коллективные) гражданские права. Другое государственное образование будет состоять из преобладающего арабского большинства или даже исключительно из арабов. При таком урегулировании было бы легче преодолеть проблемы нестабильности внутри любого из этих образований. Однако, если будущие поколения будут по-прежнему воспитываться в духе собственнического, а не эгалитарного сионизма, в отношениях между двумя образованиями нестабильность найдет другие выходы. Другими словами, если в вопросе о Земле Израиля собственнический сионизм поддерживает решение о создании двух государств с присутствием арабов только по прагматическим соображениям, такое решение нестабильно по определению, что уже подтверждается прошлой историей сионизма. Большинство евреев поддерживают собственнический сионизм, и это одна из причин, по которой провалился план раздела ООН от 1947 года. По этой же причине рухнули соглашения о перемирии 1949 года, определявшие границы между Израилем и его соседями по «зеленой линии», в то время как прагматические условия 1967 года позволили добиться результата (и продолжают это делать).

Я упоминал, что большинство господствующих сионистов — это сионисты-собственники, готовые, исходя из прагматических соображений, пожертвовать всем, чего потребует от них сионизм. Во многих отношениях Бен-Гурион ничем не отличался от его нынешних последователей в партии «Национальные левые», и Биньямин Нетаньяху в своей речи в Бар-Илане высказывался в том же духе. Если мой анализ верен, то предлагаемые ими меры будут действовать ровно столько, сколько преобладают прагматические соображения, мотивы подобных мер. Однако, как только сменится баланс в этой идейной группе, эти и предыдущие договоренности попадут в ловушку событий, подобных тем, что происходят в Израиле/Палестине с 1967 года.

5.3.2. Постсионизм и урегулирование еврейско-палестинского конфликта

Постсионизм, как и собственнический сионизм, существует во многих вариантах. Не всегда ясен статус, который эти версии готовы предоставить евреям и арабам в условиях прекращения конфликта, и, конечно, соответствующие роли и обязанности, приписанные им в момент возникновения конфликта. В некотором смысле ограничивающая левая версия постсионизма, возглавляемая Ури Рамом, единственным интеллектуалом, который открыто называет себя постсионистом, является зеркальным отражением ограничивающей левой версии собственнического сионизма. Точно так же, как собственнический сионизм поддерживает предоставление индивидуальных гражданских, но не коллективных прав арабам на Земле Израиля, так и Рам поддерживает предоставление индивидуальных гражданских, но не коллективных прав евреям в Израиле/Палестине.

Однако это зеркальное отражение далеко не так идеально, как может показаться на первый взгляд, поскольку собственнический сионизм стремится предоставить индивидуальные гражданские права только арабам в государстве, явно выражающем коллективное право *евреев* на самоопределение, в то время как постсионизм Рама стремится предоставить индивидуальные гражданские права как евреям, так и арабам в государстве, явно не выражающем коллективного права на самоопределение какого-либо этнонационального образования, даже арабского. Вот что такое, по мнению Рама, «государство, принадлежащее всем его гражданам». В таком государстве арабы тоже не имели бы никаких коллективных прав, а только индивидуальные гражданские права, равные правам евреев.

Разница между исключительно гражданским статусом евреев в постсионистском государстве и исключительно гражданским статусом арабов в собственническом сионистском государстве равносильно равенству дня и ночи. Однако нет гарантий, что урегулирование, основанное только на гражданском статусе лиц, принадлежащих к каждой группе, не вызовет проблем со стабильностью в этом «государстве, принадлежащем всем его гражданам». Во-первых, проблемы вероятны, поскольку такое решение конфликта не соответствует тому, как большинство евреев и арабов воспринимают свою идентичность и свои стремления в связи с этой идентичностью. Большинство считает свою этнонациональную принадлежность центральным, если не решающим элементом своей национальной идентичности. Поэтому у них нет мотивации соглашаться с каким-либо политическим решением, которое не отражало бы эту принадлежность, даже если бы такое решение позволяло избежать неравенства между группами. Во-вторых, даже если это государство не проводило явной дискриминации евреев в своей конституции и принципах так, как собственнический сионизм призывает дискриминировать арабов, в демографической реальности Израиля/Палестины и Ближнего Востока весьма вероятно, что последствия этой версии постсионизма для евреев оказались схожими с последствиями собственнического сионизма для арабов: евреи получили бы индивидуальные политические права только в государстве, которое фактически допускало бы коллективное самовыражение только для арабов (это может произойти, например, если арабский язык доминировал бы в общественной сфере и органах государственной власти данного государства и не потому, что это определено конституцией государства, а в результате демографических реалий). В этом случае евреи были бы недовольны не только жизнью в соответствии с политическими и правовыми установками, не позволяющими им должным образом реализовать свою основную идентичность, но и жизнью в соответствии с политическими и правовыми установками, дискриминирующими их в пользу другой национальной группы.

Некоторые постсионистские авторы, как упоминалось выше, поддерживают окончательное государственное устройство, отличное от «государства, принадлежащего всем своим гражданам». Некоторые из таких механизмов вытекают из постколониального компенсаторного мультикультурализма, который лежит в основе работ этих авторов и рекомендует многоцентровые, мультикультурные механизмы для групп, угнетаемых при сионистском правлении, в основном арабов и восточных евреев; некоторые версии постсионизма поддерживают предоставление групповых прав как евреям, так и арабам независимо от компенсаторных соображений. Однако эти версии излагаются таким образом, что расходятся с теоретическими основаниями аргументов сторонников. Они поддерживают коллективные языковые права и права на коллективное представительство в общественной сфере Израиля/Палестины вплоть до того, что выступают за создание полноценного двунационального режима[14]. Очевидно, что так называемые постсионистские предложения о создании конечного государства, включающие права на коллективное представительство в общественной сфере для двух этнокультурных групп, проживающих в Израиле/Палестине, не подвержены той нестабильности, которой подвержен постсионизм «государства, принадлежащего всем своим гражданам». Если, согласно постколониальному постсионизму, каждая из двух сторон будет обладать полноценным коллективным статусом в рамках соглашения о конечном государстве, то эти «постсионистские» соглашения станут равносильны будущему двунациональному реше-

---

[14] Йона и Шенхав обсуждают такие мультикультурные механизмы, но теоретические основы их научных публикаций, как они сами утверждают, подразумевают только многоцентровый мультикультурализм для угнетенных групп. См. [Yonah 2005: 220–228; Yonah, Shenhav 2005: 147–176]. Шенхав в книге «За пределами идеи создания двух государств» высказывает общие мнения, в которых отсутствуют детали и которые не согласуются с позициями, которых он придерживается в своих более теоретических и систематических трудах относительно различных типов двусторонних соглашений для арабов и евреев. См. [Shenhav 2003: 154–164]. Раз-Кракоцкин упоминает двунационализм, не вдаваясь в его институциональные подробности. См. [Raz-Krakotzkin 1993].

нию, которое мог бы предложить эгалитарный сионизм, если бы не причины, побудившие его предложить новое решение о создании двух государств (напомню, что в главе 3 я перечислил демографические, исторические и психологические причины, по которым эгалитарный сионизм должен поддерживать идею создания двух государств). Именно на этом моменте постсионистские авторы в своих предложениях о создании конечного государства игнорируют уроки истории конфликта о факторах нестабильности при создания конечного государства между сторонами конфликта.

Постсионизму неясна история конфликта, поскольку его представители не смогли подробно обсудить вопрос о справедливости создания еврейской общины (*Ишува*) в Палестине в качестве националистического проекта, начавшегося в конце XIX века. Рам вообще не затрагивает этот вопрос; Шенхав считает, что конфликт начался с палестинской *Накбы* 1948 года, и не обсуждает вопрос о справедливости сионизма на его ранних стадиях; Занд одним предложением отвергает справедливость попытки сионизма создать еврейское поселение в Палестине; Шафир и Пелед, признавая, что сионизм — это национальное движение, рассматривают его главным образом как колониальную авантюру. Следовательно, общая картина статуса сторон в начале конфликта, которую рисует постсионизм, явно зеркально отражает позиции собственнического сионизма по этому вопросу. В то время как собственнический сионизм рассматривает евреев как ограбленных собственников, а палестинцев — как расхитителей или захватчиков собственности, постсионисты переворачивают картину с ног на голову: они рассматривают евреев как расхитителей, а палестинцев — как пострадавших[15].

---

[15] Это также относится к палестинской и арабской концепции сионизма, которая очень похожа на постсионистскую концепцию. «Помимо часто повторяемых мнений ["арабских интеллектуалов в целом и палестинцев в частности"] на колониальный и империалистический характер сионизма и утверждения о том, что евреи не являются национальной группой, — мнений, которые обсуждались и излагались десятилетиями, — предпринято очень мало попыток более глубоко изучить их и/или вернуться к [еврейскому

Если это утверждение верно, то статус, который постсионизм приписывает евреям в начале конфликта, приводит к нестабильности, как и статус конечного государства, который им предлагается. И здесь постсионизм функционирует как зеркальное отражение собственнического сионизма, согласно которому, как я упоминал выше, арабы называются грабителями. Разумно предположить, что многие арабы не захотят мириться с соглашениями, которые изображают их подобным образом. Также разумно предположить, что многие евреи откажутся от соглашений, которые предоставляют грабителям права. Постсионизм, согласно которому евреи — грабители, а арабы — ограбленные, порождает решение (внутренних) проблем нестабильности, идентичных проблемам собственнического сионизма. Смена ролей преступника и жертвы между арабами и евреями не имеет в этом вопросе никакого значения.

На эту критику постсионисты могут ответить так же, как в случае с аргументом об обратной симметрии между ними и собственническим сионизмом в отношении статуса сторон в рамках соглашений о конечном государстве. Там они утверждали, что, в отличие от собственнического сионизма, который предлагает арабам индивидуальные политические права в государстве, конституционно объявленном еврейским, они предлагают предоставить евреям индивидуальные политические права в государстве, которое конституционно является этнокультурно нейтральным, «государством, принадлежащим всем его гражданам». На утверждение о том, что их представление о евреях как о грабителях в начале конфликта может стать источником нестабильности для окончательного урегулирования, они ответили бы, что в то время, как собственнический сионизм предполагает социальную и моральную онтологию, в рамках которой нации предшествуют индивидам, их составляющим, и, следовательно,

---

вопросу и правам евреев]» [Bashir 2011: 640]. Азми Бишара, израильско-палестинский интеллектуал и бывший депутат Кнессета, возглавлявший израильско-палестинскую партию «Балад», однажды назвал Израиль крупнейшим вооруженным ограблением XX века [Shaked 2005].

определяет, по крайней мере, значительную часть моральной ответственности этих индивидов, постсионизм, напротив, предполагает, что основная моральная ответственность индивидов заключается в их собственных действиях, а не в решениях нации, к которой они принадлежат.

Таким образом, утверждают постсионисты, даже если те евреи, которые лично участвовали в социальной интерпретации сионистского еврейского национализма с конца XIX века, ответственны за ужасные последствия подобного национализма, с того момента, как они откажутся от еврейского национализма и сионизма, им придется отвечать только за свой личный вклад в достижение этих результатов. Тогда еврейская нация, которая экспроприировала Землю Израиля у арабов, перестанет существовать. Все, что останется, — это отдельные евреи, члены израильской нации. Тем евреям, которые в будущем будут жить в Израиле/Палестине, не придется чувствовать себя ответственными за несправедливость сионизма, а у арабов не будет оснований жаловаться на то, что евреям предоставлено слишком много прав, несмотря на их принадлежность к нации экспроприаторов. Тогда этой нации не будет существовать, и те евреи, которые живут в Палестине/Израиле, совершенно определенно не будут к ней принадлежать.

Эта возможная защита постсионизма основана на некоторых важных моральных различиях между ним и собственническим сионизмом. Тем не менее, обсуждая *практический вопрос* о том, насколько вероятно, что различные механизмы конечного государства, предлагаемые различными течениями сионизма, будут стабильны, мы должны помнить, что эти моральные различия имеют лишь второстепенное значение. В социальной психологии как таковой играет важную роль этнонациональная идентичность людей, определяя то, как они идентифицируют сами себя и других. Предлагаемое урегулирование конфликта между евреями и арабами в Израиле/Палестине, на основе идеи, что евреи отняли Палестину или ее часть у арабов, предполагает нарратив, который нанесет вред евреям, даже если они перестанут быть сионистами и больше не будут считать себя членами еврейской нации. Такой нарратив ослабляет мотивацию евреев принять соглашение, построенное на этой предпосылке, и стимулирует арабскую оппозицию правам, которые он обещает евреям.

5.3.3. Иерархический сионизм и урегулирование еврейско-палестинского конфликта

Шансы на то, чтобы послужить основой для будущего мирного сосуществования арабов и евреев, у иерархического сионизма несравнимо выше, чем у собственнического сионизма и постсионизма. Это связано с тем статусом, который он предоставляет обеим сторонам в рамках предлагаемых договоренностей о конечном государстве, а не с возможными последствиями того, как формулируется их статус в начале конфликта. Если мое предположение о том, что национальное самосознание большинства евреев в Израиле в основном является еврейским или еврейско-израильским, этнонациональным, верно, то будущий статус, который иерархический сионизм предлагает евреям в Государстве Израиль — превосходство над арабами, — несомненно, вызовет у них меньше антагонизма, чем статус, который установится после распада Израиля. Сионизм предоставил бы им в еврейско-арабском «государстве, принадлежащем всем своим гражданам», больший статус, чем эгалитарный сионизм предоставил бы им в конституционно негегемонистском государстве, в котором демографически преобладают евреи. Что касается арабов, то, несмотря на то что сторонники иерархического сионизма не имеют ясного представления о деталях территориального раздела между двумя самоопределяющимися коллективными образованиями в Израиле/Палестине, совершенно очевидно, что они наделяют арабов правом на территориальное самоопределение в этой стране, то есть они признают законность будущего коллективного существования арабов в Израиле/Палестине или, по крайней мере, на части территории. Они считают, что арабы должны проживать только в пределах той части Земли Израиля, которая будет передана еврейскому государству и не как политико-историческое образование, а как полноправные личности. Очевидно, что у арабов есть как моральные, так и прагматические причины соглашаться на такие условия, и что они с несравненно большей вероятностью согласятся на такое соглашение, нежели на условия, предлагаемые собственническим сионизмом. Однако, если позиция эгалитарного сионизма верна и арабы также должны иметь коллективный статус в государстве, где преобладают евреи, то отрицание иерархическим сионизмом этих прав неизбежно несправедливо. Эта несправедливость создаст элемент нестабильности в политической системе, которую иерархический сионизм предлагает в качестве окончательного государственного решения. Учитывая нынешнее преобладание сторонников собственнического сионизма, вполне вероятно, что арабы изначально приветствовали бы меры, предложенные иерархическим сионизмом: в конце концов, они значительно улучшили бы их положение. Однако также весьма вероятно, что такое соглашение развалится, как только начнут проявляться его несправедливые составляющие.

Этот элемент нестабильности, присущий иерархической сионистской концепции устройства конечного государства, дополняет другой источник нестабильности, проистекающий из такого рода сионистской концепции о статусе сторон конфликта на этапе его зарождения. Интерпретация этого вопроса автором Рут Гэвисон подразумевает большие трудности в достижении стабильного, мирного сосуществования между сторонами конфликта. Как упоминалось выше, она считает, что каждая из двух сторон конфликта обладала свободой (по Хохфельду) для реализации своего самоопределения на Земле Израиля / исторической Палестине. Автор сравнивает территорию с кошельком, потерянным на тротуаре, и каждый прохожий имеет равное право попытаться его поднять. В отличие от собственнического сионизма и постсионизма, которые рассматривают одну из сторон как владельца земли, а другую — как ее расхитителя, понимание сторон как соперников за «территориальный кошелек» не мешает сосуществованию, заранее делегитимизируя само присутствие на Земле Израиля / исторической Палестине другой стороны. Гэвисон признает законность существования обеих сторон на этой земле. Однако представление о законности их присутствия там как о законности соперников за потерянный и одновременно найденный кошелек подразумевает, что стороны имеют право физически уничтожить друг друга. Причина этого в том, что свобода, которой они обладают, чтобы завладеть кошельком, как я показал в главе 3, не может быть истолкована ни как юридическая, ни как моральная. Речь идет о свободе в гоббсовском естественном состоянии: свободе использовать любые средства, включая насилие, для победы над противником, что означало бы постоянную войну между сторонами.

Стороны, конечно, могут прийти к соглашению о прекращении бойни на взаимное уничтожение, но обосновать такое решение прагматическими, а не принципиальными моральными соображениями. Таким образом, стабильность перемирия будет зависеть от стабильности этих прагматических соображений, сведется к *modus vivendi*, согласно условиям, выдвигаемым иерархическим сионизмом. Как я утверждал выше, сущность механизмов конечного состояния, предлагаемых иерархическим сионизмом, не совсем справедлива и, следовательно, ей недостает стабильности.

К этому списку факторов, способствующих нестабильности в предложениях иерархического сионизма, следует добавить еще один. В отличие от других концепций сионизма, иерархическому сионизму не хватает внутренних ресурсов для определения территориальных границ предлагаемой им политической единицы или единиц. Собственнический сионизм должен воспринимать границы Великого Израиля как территориальные границы единого государства, которое он себе представляет; постсионизм рассматривает территорию, находящуюся в настоящее время под контролем Израиля, как территориальную единицу, соответствующую предлагаемому им решению о создании единого государства; а эгалитарный сионизм рассматривает границы, которые были проведены на пике чрезвычайного положения, оправдавшего достижение самоопределения евреев в исторической Палестине в конце 1940-х годов, как границы между двумя государствами, которые предлагает создать он. В отличие от них, иерархический сионизм не располагает внутренними ресурсами, которые позволили бы обосновать определение границ Израиля.

Его представители утверждают, что прекращение конфликта между двумя сторонами — это вопрос не свершения справедливости, а исключительно прагматических соображений. Но превратности этих соображений, скорее всего, приведут к новой вспышке конфликта. Если с точки зрения внутренней логики иерархического сионизма конфликт не имеет четкого разрешения и его прекращение или продолжение должно решаться исключительно прагматично, то почему все должно быть по-другому в вопросе границ оспариваемого пространства? Они также должны очерчиваться исходя из прагматических соображений, нестабильных по своей природе.

5.3.4. Эгалитарный сионизм и урегулирование еврейско-палестинского конфликта

В рамках эгалитарного сионистского подхода почти полностью исчезают все источники нестабильности в решении о создании конечного государства, присущие другим версиям и трактовкам сионизма. Их практически нет как в отношении статуса конечного государства, спроецированного на стороны-соперников, так и в отношении их статуса в начале конфликта.

Что касается статуса конечного государства, эгалитарный сионизм не заставляет исчезать из Израиля/Палестины ни еврейские, ни арабские общины. Он позволяет избежать ущемления интересов членов этих общин в реализации этнокультурной составляющей их идентичности, чем явно грешит в отношении обеих групп постсионизм. Он не приводит к возможному оскорблению членов обездоленной группы, что легко предположить при неравноправном удовлетворении этих интересов. Перед нами форма дискриминации арабов, которую собственнический сионизм недвусмысленно закрепляет в конституции, а постсионизм рискует спровоцировать в социальной сфере в отношении евреев. Более того, эгалитарный сионизм признает не только коллективные права арабского большинства в тех частях Земли Израиля / исторической Палестины, где предлагает создать арабское государство, но и коллективные права арабского меньшинства в тех частях страны, где предлагает создать преимущественно еврейское государство. Поступая таким образом, можно избежать нестабильности, которую провоцирует иерархический сионизм в преимущественно еврейском государстве. Другими словами, в отличие от механизмов, предлагаемых другими версиями сионизма, те, которые предлагает эгалитарный сионизм, могли бы обеспечить сосуществование общин в любом месте страны, где проживают представители этих общин. Эти механизмы не предусматривают существования отдельных общин в какой-то части страны и совершенно определенно не пропагандируют размещения одной общины по всей стране. Эгалитарный сионизм не допускает ситуации, при которой какие-либо люди где бы то ни было на Земле Израиля / в исторической Палестине могут оказаться недовольны отсутствием возможностей для политического выражения своего коллективного проживания.

Все это ясно следует из вышесказанного о статусе обеих сторон в рамках *договоренностей о конечном государстве*, которые предлагает эгалитарный сионизм. Менее очевидными в деталях представляются *будущие* преимущества эгалитарного сионизма перед соперниками, вытекающие из формулировки статуса сторон *на момент начала конфликта*. В отличие от собственнического сионизма и постсионизма, которые возлагают всю вину за конфликт на одну из сторон и рассматривают другую сторону как жертву преступлений первой, и в отличие от иерархического сионизма, который рассматривает противоборствующие стороны как обладающие одинаковыми правами на захват одной и той же утраченной и одновременно обнаруженной собственности, эгалитарный сионизм рассказывает историю о *двух пострадавших сторонах*. В его нарративе арабы фигурируют как случайные прохожие, которым не повезло поселиться на территории, с которой евреев связывает национальная идентичность; арабы становятся невинными жертвами евреев. Евреи, в свою очередь, тоже пострадали, потому что их поселение на арабской земле на территории Израиля в XIX веке и первой половине XX века является результатом (в рамках эгалитарной интерпретации) чрезвычайной ситуации, вызванной преследованиями в Европе, — чрезвычайной ситуации, аналогичной истории с тяжелораненым человеком, ворвавшимся в аптеку, чтобы заполучить лекарство, которое может спасти ему жизнь.

Более того — подчеркну момент, упущенный при описании эгалитарной интерпретации выше, — именно в силу своей интерпретации сионистский нарратив оправдывает не только расселение евреев по Палестине, но и сопротивление этому со стороны арабов.

Можно вернуться к двум очевидным различиям между взломом закрытой аптеки с целью получения жизненно необходимого лекарства и потребностью евреев добиться самоопределения на Земле Израиля. Врываясь в аптеку, человек, скорее всего, возьмет с полки жизненно важное лекарство, а затем уйдет. В случае с еврейским расселением на Земле Израиля не совсем ясно, что это за лекарство, известно только, что его не оказалось на полке и что из аптеки так никто и не вышел — скорее, человек там поселился, по крайней мере, занял один угол аптеки, а возможно, даже и всю. Можно привести аналогию с плотом, на котором должны спастись выжившие после кораблекрушения, в то время как на плоту уже находится другой выживший. Должны ли арабы пассивно наблюдать, как евреи взбираются на плот, на котором уже расположились арабы, недоумевая, что будет дальше: что они будут спасаться на плоту вместе или же всех арабов в итоге столкнут за борт?

Второе принципиальное различие между бытовым преступлением из необходимости (ограбление аптеки) и делом о переселении евреев на Землю Израиля заключается в том, что бытовые правонарушения рассматриваются в рамках национальных правовых систем. Закон может (и обычно применяет) принципы компенсации, которые предусматривают возмещение всех или части расходов, понесенных фармацевтами в результате того, что закон разрешает пострадавшим проникать в их магазины. Закон может, например, возложить на сторону, причинившую вред грабителю, обязательство выплатить компенсацию владельцу аптеки. Но на глобальном уровне нет таких законодательных, судебных и правоохранительных институтов, которые существуют в государствах. Таким образом, когда евреи решили реализовать свое право на самоопределение на Земле Израиля после преследований в Европе, не было органа власти, который мог бы потребовать от европейских государств компенсации арабам за ту цену, которую те заплатили за преследование евреев первыми, или гарантировать получение такой компенсации в будущем. Более того, если мое обоснование поселения евреев на Земле Израиля обоснованно, то арабы, жившие на Земле Израиля, стали жертвами чрезвычайной ситуации, созданной преследованиями евреев в Европе, по причине, основанной на принципе международной справедливости в отношении распределения национальных прав. Согласно этому принципу, нации имеют право на самоопределение на своей исторической родине. В отсутствие эффективных глобальных законодательных, судебных и исполнительных институтов никто не смог бы взять на себя ответственность за распределение между арабами и другими нациями мира расходов, связанных с реализацией права евреев на самоопределение на их исторической родине, которая на момент зарождения сионизма принадлежала арабам. Следует помнить, что все страны являются субъектами глобальной распределительной справедливости, и все они должны нести ее бремя. Все перечисленные различия между бытовыми преступлениями, вызванными необходимостью и нашим случаем, представляют собой веские причины для сопротивления арабов инициированному сионистами еврейскому расселению на Земле Израиля, несмотря на справедливость такого урегулирования. Эти различия позволяют каждой из сторон утверждать, что справедливость была на ее стороне в момент возникновения конфликта, *несмотря на* справедливость позиции другой стороны, а не *из-за* несправедливости другой стороны. Можно даже морально обязать признавать справедливость позиции другой стороны, одновременно заявляя о справедливости своей собственной. Таким образом, существует четкое различие между эгалитарным сионизмом, с одной стороны, и собственническим сионизмом и постсионизмом — с другой. Согласно собственническому сионизму и постсионизму, каждая сторона заявляет о справедливости своего дела в момент возникновения конфликта из-за несправедливости другой стороны, а не вопреки справедливости другой стороны. Вот почему соглашения о конечном государстве, которые стороны могут предложить друг другу на основе этих версий сионизма, являются не соглашениями о сосуществовании двух коллективов, а, скорее, соглашениями, в которых только одна из сторон спокойно живет как община. В этих механизмах встроена несправедливость коллективного присутствия другой стороны на Земле Израиля / исторической Палестине, и, таким образом, они служат неисчерпаемым источником недовольства одной из сторон. В отличие от них, механизмы создания конечного государства, предлагаемые эгалитарным сионизмом, основаны на равенстве коллективного статуса, на временных и пространственных ограничениях, на необходимости, которой евреи руководствовались, населяя Израиль, и могут обеспечить сосуществование двух полноценных общин. Более того, эти договоренности позволяют каждой стороне осознать, в дополнение к справедливости своего собственного присутствия в стране, справедливость присутствия другой стороны, таким образом, чтобы это не мотивировало ни одну из сторон к нарушению соглашения.

Эгалитарный сионизм обладает этим преимуществом не только перед собственническим и постсионизмом, но и перед иерархическим сионизмом. Иерархический сионизм, в отличие от собственнического и постсионизма, не предполагает, что конфликт проистекает из абсолютной асимметрии между сторонами с точки зрения справедливости, то есть из абсолютной вины одной стороны и абсолютной невиновности другой. Если вернуться к примеру о споре двух прохожих за кошелек, мы действительно имеем дело с симметрией между соперниками, которая не создает никаких мотивов для мирного сосуществования между ними. Напротив, они имеют право жестоко друг с другом обойтись. Нет никакой власти, которая могла бы вмешаться и положить конец ожесточенному противостоянию, в то время как прагматические соображения, которые могут привести к его прекращению, по своей природе таковы, что могут побудить стороны только согласиться приостановить, но не разрешить конфликт. Эгалитарный сионизм, напротив, придерживается концепции, в которой евреев и арабов нельзя сравнивать с прохожими, дерущимися из-за найденного кошелька. Скорее, евреи — жертвы злополучной своей судьбы в Европе, которые стремились обеспечить себе и своим потомкам безопасность. А арабы — жертвы этих самых пострадавших евреев. В годы расцвета конфликта арабам пришлось заплатить фатальную, с их точки зрения, цену, и, следовательно, они получили право на отказ от такой цены. Симметричный статус сторон в начале конфликта вытекает не из того, что они были равными конкурентами, а из их всеобщей необходимости: евреи пытались избежать преследований, а арабы пытались избежать расплаты за эту попытку. В этом смысле истоки конфликта могут помочь определить общие контуры его справедливого урегулирования. Но если, как и в примере с оспариваемым кошельком, игнорировать истоки конфликта, то только за их пределами можно найти основания для его прагматического приостановления, но не для его разрешения. До сих пор я утверждал, что существуют огромные различия в степени стабильности между механизмами конечного государства, вытекающими из эгалитарного сионизма, и механизмами, вытекающими из двух других его версий. Эгалитарный сионизм имеет огромное преимущество перед своими конкурентами. В отличие от них, эта концепция по своей сути не содержит зачатков неустойчивого соглашения, и все же не может (как, впрочем, и никакая другая моральная позиция по любому вопросу) обещать абсолютную стабильность: по двум причинам. Прежде всего, как и со всеми позициями, включая моральные, нет способа убедиться, что все, кто должен их принимать, действительно это сделают. Вспомните психологические трюизмы, о которых я упоминал ранее, а именно, что людям нравится отстаивать свои собственные интересы и считать себя справедливыми и что поэтому они склонны обижаться и враждовать, когда считают, что их права нарушаются. В свете этих прописных истин шансы эгалитарного сионизма на достижение стабильного окончательного урегулирования еврейско-палестинского конфликта выше, чем у других версий сионизма, потому что эту версию скорее примет *большинство с обеих сторон*. Однако стабильность предлагаемых в нем договоренностей зависит от их активного принятия — а не от вероятности их принятия — *достаточно большим числом* представителей конфликтующих сторон. Я бы не хотел утверждать прямо сейчас, во время написания этой книги, что эгалитарный сионизм, скорее всего, действительно возымеет популярность у достаточного количества людей с обеих сторон, я утверждаю только то, что эта вероятность выше, чем у двух других версий сионизма. Поэтому я полагаю, что решение о создании двух государств является на данный момент кардинальным, так как собственнический сионизм прочно закрепился в сознании большинства евреев, а его зеркальное отражение нашло поддержку у большинства арабов. Сосуществование в рамках единого государства не представляется возможным без подавления одной из конфликтующих сторон другой. Политическое разделение между еврейским и арабским большинством на Земле Израиля / в исторической Палестине нейтрализовало бы практическую вероятность широкомасштабного притеснения на ежедневной основе. Оно также позволило бы политическому руководству обеих сторон пересмотреть отношение своих представителей к истокам конфликта. Шансы на то, что эгалитарный сионизм укоренится среди большого числа людей с обеих сторон, возрастут в результате просветительских усилий. Только тогда станет возможным мирное сосуществование, будь то в форме двунационального государства или двух отдельных государств.

Вторая причина, по которой эгалитарный сионизм не может полностью гарантировать стабильность предлагаемых механизмов, проистекает из неизбежной лингвистической и моральной неопределенности, присущей этим механизмам и нарративу эгалитарного сионизма (как и любым человеческим механизмам и нарративам). В эгалитарной интерпретации сионистского нарратива у арабов был ряд оснований для оправданного сопротивления созданию еврейской колонии в Палестине, даже если, по сути, создание этой колонии было правомерным. Одно из объяснений проистекает из того факта, что они не могли знать ни предполагаемой территориальной площади этого поселения,

ни степени риска того, что их «загонят в море» (или в пустыню), — именно их, а не евреев, которые обычно жалуются на
притеснения. Другое оправдание вытекает из того факта, что
вызванное необходимостью еврейское расселение по Палестине
произошло при обстоятельствах, при которых арабы могли
предвидеть, что никто не заставит другие страны мира разделить
с ними цену сионизма или, точнее, не заставит европейские
страны компенсировать арабам созданную ими же чрезвычайную
ситуацию, которая превратила их, арабов (не только евреев),
в пострадавшую сторону. Эти оправдания арабского сопротивления сионизму поднимают серьезные вопросы, касающиеся
любого урегулирования между арабами и евреями. Например,
потеряла ли силу первая проблема (вполне обоснованное опасе-
ние, что их «загонят в море или пустыню») в связи с решением
Генеральной Ассамблеи ООН о разделе от 1947 года, оставившим
за арабами часть «спасительного плота» и вызвавшим арабское
сопротивление этому несправедливому решению, независимо от
двух других причин их несогласия, которые я привел ранее?
Достаточны ли эти причины, чтобы оправдать продолжающееся
сопротивление арабов, и по-прежнему ли оправдано их сопротивление сегодня? В конце концов, до сегодняшнего дня осталь-
ной мир не вызвался разделить с арабами цену сионизма; и довольно много стран Европы, участвовавших в преследовании
евреев, не взяли на себя ответственность за выплату компенсации
арабам за то, что они стали жертвами чьей-то необходимости.
Нужно обсудить эти вопросы, если мы хотим прояснить — и тем
самым, возможно, повысить — степень стабильности, создавае-
мой эгалитарной интерпретацией, в отличие от других, сионистского нарратива в отношении окончательного урегулирования
конфликта между сторонами. Со своей стороны, я считаю, что
сказанное служит доказательством того, что степень стабильности, обеспечиваемая эгалитарной интерпретацией, превышает
ту, которую обеспечивают другие. Хотя эти другие интерпретации
и подходы по своей сути содержат семена неустойчивых соглашений, достигнутых на их основе, к эгалитарной интерпретации
сионизма это не относится.

Глава 6
Еврейский национализм, Израиль и мировое еврейство

6.1. Мировое еврейство: изгои или диаспора?

Сионистский нарратив рассматривает израильских евреев как часть мирового еврейства, а мировое еврейство — как продолжение еврейской нации, возникшей на Земле Израиля в древности. Утверждается, что современная еврейская община, которая постепенно формировалась на Земле Израиля с конца XIX века, стремилась дать евреям возможность вернуться к полноценной жизни в рамках общей еврейской культуры и воспользоваться правом на самоопределение на фоне образовавшейся государственности и в свете преследований, от которых они пострадали. В главе 2 я описал способы, с помощью которых господствующий сионизм, эгалитарный сионизм и постсионизм интерпретировали фактические пробелы в этой истории, касающиеся единства, характера и истории ее главного героя. В главах 3, 4 и 5 представлены соответствующие версии интерпретаций пробелов в морали сионистского нарратива, особенно с целью прояснения статуса евреев на Земле Израиля / исторической Палестине по сравнению со статусом арабов, которые жили там на заре сионизма и которые продолжают жить там сегодня.

Интерпретации фактических и моральных пробелов в сионистском нарративе влияют не только на различие между статусом еврейского коллектива и арабов в Израиле/Палестине; они в равной степени влияют на статус израильского еврейского коллектива по отношению к мировому еврейству и на статус мирового еврейства в Израиле. Согласно сионистскому нарративу, современная еврейская община в Израиле, которая постепенно сформировалась с конца XIX века, стремилась к тому, чтобы евреи могли полноценно вернуться к жизни в рамках своей общей еврейской культуры. Это утверждение, наряду с изложением сионистского нарратива о статусе Земли Израиля как древней родины еврейского коллектива, отражает принцип, имевший решающее значение для сионизма, и был практически идентично ему на ранних стадиях развития. Это и есть понятие «отрицания изгнания». Сионизм сделал этот принцип «всех катастроф, трудностей, невзгод, несчастий... вражды поколений и вражды народов, зависти непросвещенных и презрения просвещенных, насмешек толпы и жестокости насильников, оскорблений конкурентов и ненависти отверженных» [Dinur 1938: 12] центральным в жизни европейских евреев и предложил себя в качестве решения всех проблем и несчастий.

С самого его зарождения сионизм окружали споры о том, как интерпретировать доктрину отрицания изгнания. Максималистская интерпретация предусматривала абсолютный отказ от любой еврейской жизни за пределами Земли Израиля; это был принцип, согласно которому *ни один еврей не должен был жить за пределами своей земли* [Shimoni 2000: 95; Shapira 2009: 10][1]. Минималистская интерпретация предусматривала, что *не все евреи должны жить за пределами Земли Израиля*, то есть отрицала только то, что все еврейское существование должно происходить за преде-

---

[1] Это толкование само по себе может быть по-разному воспринято. Герцль, например, считал, что еврейское государство может быть создано только для тех, кто либо не хочет, либо не может ассимилироваться с нациями, в которых они проживают. Таким образом, его отрицание изгнания подразумевает, что не все евреи должны находиться в изгнании, но не обязательно в результате их массовой миграции на Землю Израиля.

лами этой земли. Требовалось, чтобы там находилось их само-определяющееся ядро, а не чтобы там жили все евреи[2].

Максималистская интерпретация стала доминировать в главенствующем сионизме с 1930-х годов. Тогда отвергалось как само существование евреев за пределами Земли Израиля, так и образ жизни, характерный для этого существования. Такое отрицание привело к авторитарному и снисходительному отношению еврейского *Ишува* в Стране Израиля ко всем, кто не смог сделать надлежащий вывод из максималистской интерпретации сионистского принципа отрицания изгнания и не поселился на Земле Израиля. Начиная с 1980-х годов отношение смягчилось[3]. С тех пор вопросы, касающиеся изгнания, обсуждались с менее осуждающей и безапелляционной точки зрения, не только с точки зрения отрицания изгнания[4]. В настоящее время они рассма-

---

[2]   Пинскер, например, верил, что как только патология евреев — то есть отсутствие родины — будет излечена, они смогут наслаждаться безопасным существованием и за пределами этой родины. Наиболее ярким примером минималистской интерпретации отрицания изгнания является теория Ахада Хаама, выраженная в его теории духовного центра. Иуда Лейб Магнес никогда не возражал против существования еврейской диаспоры, даже несмотря на то, что сам мигрировал на Землю Израиля. См. [Shimoni 2002: 32–34; 108–112; Avineri 1981: 73–82; Zipperstein 1993: 102–104; Shimoni 2000: 52]

[3]   Габи Шеффер и Хадас Рот-Толедано утверждают, что до 1970-х годов «большинство сионистских и израильских лидеров, израильских официальных лиц и израильской общественности поддерживали отрицание изгнания и считали Израиль единственным центром еврейского народа» [Sheffer, Roth-Toledano 2006: 39]. Некоторые ученые относят переломный момент в этом вопросе к довольно раннему периоду. Анита Шапира утверждает, что тенденция началась в 1960-х годах и стала более выраженной в 1970-х годах [Shapira 2009: 63–64, 83]. Гидеон Шимони утверждает, что переходный период начался в 1970-х годах [Shimoni 2000: 60]. Я предполагаю, что одним из факторов, позволяющих отодвинуть этот вопрос на второй план в сионистской повестке дня, является постоянный и неотложный вопрос о статусе евреев на Земле Израиля по сравнению со статусом арабов, — вопрос, который со времен Шестидневной войны затмевает все остальные проблемы, стоящие перед сионизмом.

[4]   Некоторые важные сведения об истории понятия отрицания изгнания и его различных проявлениях см. в книге Шапиры «Отрицание диаспоры» [Shapira 2009], Шимони «Шлилат Хагалут пересмотрен» [Shimoni 2000]. См. также

триваются как «Отношения Израиля и диаспоры». Этот переход от дискурса «отрицания изгнания» к дискурсу «отношений с диаспорой» подразумевает отход от максималистской интерпретации отрицания изгнания и обращение к минималистской интерпретации.

Во второй части этой главы я утверждаю, что, с точки зрения эссенциалистской версии сионизма, этот переход от максималистской к минималистской интерпретации отрицания изгнания нельзя объяснить принципиальными соображениями. Собственнический сионизм проявляет максималистский подход в отношении статуса евреев на Земле Израиля по сравнению со статусом мирового еврейства за пределами Земли Израиля по причинам, аналогичным тем, по которым он проявляет максимализм в отношении статуса евреев по сравнению со статусом арабов на этой территории. Я покажу, как этот максимализм вытекает из собственнической сионистской интерпретации как фактических, так и моральных пробелов в сионистском нарративе. Эти интерпретации не позволяют этому типу сионизма относиться к еврейским общинам за пределами Земли Израиля как к представителям «диаспоры», не говоря уже о том, чтобы одобрять их дальнейшее там существование. Собственнический сионизм должен рассматривать еврейские общины за пределами Земли Израиля как проявления «изгнания», которые необходимо искоренить. Его активисты смягчили свой максимализм по прагматическим и тактическим соображениям, а также из-за решающих физических ограничений, налагаемых географической удаленностью евреев Диаспоры от Земли Израиля. Когда эти ограничения не действуют, что я проиллюстрирую далее, собственнический сионизм без колебаний демонстрирует суровость своего мировоззрения.

статью Раз-Кракоцкина «Изгнание в рамках суверенитета», состоящую из двух частей [Raz-Krakotzkin 1994]. Притом что центральный тезис Раз-Кракоцкина носит в основном нормативный, а не описательный характер и касается еврейского суверенитета в Израиле, а не еврейского изгнания, в этой статье также содержится много важных отличий, касающихся феноменологии принципа отрицания изгнания, особенно в многочисленных сносках.

В третьей части этой главы я обсуждаю постсионистскую позицию по рассматриваемым вопросам. По причинам, требующим немедленного объяснения, я обсуждаю не диаспорную версию, которую поддерживают некоторые американские и еврейские ученые, а исключительно израильские версии постсионистских противников сионизма: гражданскую и постколониальную.

В то время как сионистский принцип, касающийся жизни евреев за пределами Израиля, называется «отрицание изгнания», принцип, лежащий в основе преобладающих израильских постсионистских позиций, носит название «отрицание диаспоры». Теоретические основы этих позиций влекут за собой отказ не только от самой концептуализации и онтологии, которые составляют любые обсуждения *изгнания* евреев и, следовательно, любые дискуссии об отрицании существования евреев за пределами Земли Израиля; в равной степени необходимо противостоять самой концептуализации и онтологии, лежащим в основе любых разговоров о еврейской *диаспоре*. Как и в случае с абсолютным отрицанием эмиграции со стороны собственнического сионизма, гражданская и постколониальная версии постсионистской позиции в отношении диаспоры также вытекают из интерпретации фактических пробелов и поддерживаются концепцией моральных пробелов в сионистском нарративе. Неодиаспорический постсионизм не может привести к таким выводам. Он не отрицает существование, ценность существования или ценность сохранения существования индивидуальной или коллективной нерелигиозной еврейской идентичности. Их позиция заключается в том, что еврейская идентичность должна сохраняться через принадлежность диаспоре или через изгнание, причем не только по отношению к евреям за пределами Израиля, но и по отношению к израильским евреям. Преимущества и недостатки этой позиции уже обсуждались в разделе 4.5.

Значение эгалитарного сионизма для Израильского вопроса и мирового еврейства обсуждается в четвертой части этой главы. Эгалитарный сионизм занимает в этом вопросе промежуточную позицию между собственническим сионизмом и постсионистскими позициями. В отличие от гражданской и постколониальной версий постсионизма и подобно неодиаспорической версии этой позиции, эгалитарный сионизм не предполагает отрицания изгнаннической природы еврейского существования до расцвета сионизма и не влечет за собой отрицания существования еврейской диаспоры после успеха этой теории. Однако, в отличие от неодиаспорического постсионизма, эгалитарный сионизм отвергает позицию, согласно которой существование в диаспоре должно быть всеобъемлющим еврейским идеалом, который должна реализовать израильская еврейская община. С другой стороны, в отличие от собственнического сионизма, эгалитарный сионизм не подразумевает полного отрицания любого существования евреев за пределами Земли Израиля. Это позволяет данному типу сионизма интерпретировать существование евреев за пределами Израиля одновременно с политическим и ивритокультурным существованием евреев в Израиле как диаспору, а не изгнанный народ, и поддерживать их дальнейшее существование как таковое.

6.2. Собственнический сионизм: отрицание изгнания и диаспоры

Собственнический сионизм утверждает, что историю еврейских общин диаспоры в еврейской историографии можно игнорировать или преуменьшать ее значимость, а также что жизнь евреев за пределами Земли Израиля нужно либо сводить на нет, либо сокращать — как сейчас, так и в будущем. Такое категоричное отрицание изгнания подразумевается всеми теоретическими слоями, составляющими эссенциалистский собственнический сионизм, и имеет два значения. Во-первых, с точки зрения всего мирового еврейского сообщества, никакие еврейские общины, продолжающие существовать за пределами Земли Израиля, не могут сравниться по статусу с еврейской общиной на Земле Израиля. Во-вторых, жизнь отдельных евреев, готовых продолжать жить в изгнании, нельзя приравнять к жизни тех, кто решил жить на Земле Израиля. Я покажу, что эти позиции действительно вытекают из собственнического сионизма, а затем продемонстрирую их реализацию в израильской политике и израильском дискурсе.

6.2.1. Полное неприятие еврейской жизни за пределами Земли Израиля

В основе эссенциалистской интерпретации сионистского нарратива, рассмотренной в главе 2 (которая слилась с собственническим сионизмом, как объясняется в главе 3), лежали два тезиса. Первый тезис основан на социальной онтологии, согласно которой еврейский коллектив по своей сути является нацией; второй тезис носит историографический характер и утверждает, что Земля Израиля находилась в центре жизни евреев, даже когда они проживали за ее пределами. Как мы видели в главе 2, второй тезис помог обосновать первый и позволил представителям эссенциалистского собственнического сионизма утверждать, что еврейский коллектив обладает характеристиками нации, даже если у его членов нет общей территории, культуры и наследия, в рамках которых они могли бы стремиться и продолжать жить вместе. Утверждение о национальной сущности еврейского коллектива и историография, на которой основан собственнический сионизм, влекут за собой — как по отдельности, так и в еще большей степени совместно — полное отрицание еврейской жизни за пределами Земли Израиля. Если Земля Израиля действительно никогда не переставала находиться в центре еврейского существования, то почему еврейские общины за пределами Израиля продолжают процветать, почему их члены не возвращаются в Израиль даже сейчас, когда он представляет собой еврейское государство, возглавляемое евреями? Подобный отказ переезжать есть не что иное, как экзистенциальное опровержение историографии собственнического сионизма, распространяемой на ежедневной основе. Чтобы избежать такого постоянного опровержения, этот тип сионизма вынужден призывать всех евреев вернуться на Землю Израиля и принижать статус и ценность жизни тех, кто отказывается это делать.

Там, где эссенциалистская онтология присоединяется к поддерживающей ее историографии, результирующее отрицание изгнания становится более радикальным, превращая центральную роль Земли Израиля в еврейском существовании из случайного исторического факта в исходные характеристики природы евреев, а также превращает их нынешнее существование за пределами Земли Израиля в предательство этой природы — ненормальность и извращение. Позвольте мне повторить слова Геллнера:

> с точки зрения эссенциалистской онтологии, нации — это естественный, данный Богом способ классификации людей... неотъемлемая, хотя и надолго отложенная политическая судьба; политическая версия доктрины естественных видов; ...предполагаемые сущности, [которые] просто существуют, подобно горе Эверест, с давних времен, предшествовавших эпохе национализма [Gellner 1983: 48–49].

Предположим, что природа и сущность еврейской нации полностью зависят от связи между евреями и Землей Израиля. Затем, чтобы исправить недостатки, от которых страдает нация в силу физической оторванности от этой сущности, а также из-за психического невроза, жертвой которого она стала, как выразился бы автор А. Б. Иегошуа, — весь еврейский народ должен вернуться на Землю Израиля[5]. Только там евреи перестанут отклоняться от «данного Богом способа классификации людей», как выразился Геллнер.

Приверженность собственнического сионизма отрицанию любого существования евреев за пределами Земли Израиля вытекает не только из понимания онтологического статуса еврейской нации и ее родины, но и из понимания роли национальности в жизни отдельных людей. И снова процитируем Геллнера, выступающего от имени националистической идеологии, частным примером которой является эссенциалистский сионизм:

---

[5] Иегошуа считает, что изгнание есть выражение национального невроза. Это отражено в названии его статьи, отрицающей изгнание: «невротическое решение».

у человека так же непременно должна быть национальность, как у него должны быть нос и два уха; недостаток любого из этих элементов не является чем-то невероятным и время от времени возникает, но только в результате несчастного случая, и само по себе может считаться своего рода катастрофой [Gellner 1983: 6].

Другими словами, националистический эссенциализм называет национальные коллективы творением природы и утверждает, что принадлежность каждого индивида к коллективам является такой же частью природы такого индивида, как и части тела. Если отдельные евреи хотят сохранить в неприкосновенности свою природу, избежать увечий, жить в гармонии со своим естеством, они должны жить на Земле Израиля. Евреи, которые соглашаются на жизнь за пределами Земли Израиля, ничем не отличаются от людей, которые соглашаются прожить жизнь без носа и ушей. Иоганн Готфрид Гердер, немецкий философ XVIII века, которого можно назвать главным участником формирования эссенциалистского этнокультурного национализма, рассуждал примерно так же. По его словам, «араб принадлежит пустыне так же, как его благородный конь и его терпеливый неутомимый верблюд» [Ergang 1931: 91]. То же самое относится и к евреям, живущим на Земле Израиля. Евреи, живущие за его пределами, подобны верблюдам, живущим в альпийских снегах. К сожалению для евреев, именно в этом заключается их затруднительное положение: число евреев, живущих за пределами Земли Израиля, намного превышает число верблюдов, обитающих в Альпах. Тем не менее приспособление евреев к жизни за пределами Земли Израиля равносильно принятию жизни, оторванной от собственной природы, природы своего вида.

Точно так же, как полное отрицание изгнания собственническим сионизмом вытекает из социальной онтологии, на которой он основан, а также из сопутствующей ей историографии, оно также вытекает из лежащей в его основе теории справедливости и моральной онтологии, предполагаемой этой справедливостью. Отрицание изгнания вытекает из собственнического характера

этого типа сионизма, поскольку присутствие как можно большего числа евреев на Земле Израиля необходимо для полной физической реализации еврейской коллективной собственности на
нее. Если евреи вернутся на Землю Израиля лишь частично, еврейская община не сможет полностью занять ее физически или
полностью реализовать свою собственность на нее. Можно
утверждать, что этот аргумент имеет решающее значение: отрицание изгнания вытекает из права собственности евреев на
Землю Израиля, поскольку их присутствие там необходимо для
полной физической реализации этого права. Моральная онтология, лежащая в основе этой имущественной справедливости,
обеспечивает еще более прочную основу для полного отрицания
изгнания, поскольку она утверждает, что присутствие на Земле
Израиля всех еврейских общин и всех отдельных евреев необходимо не только как средство достижения имущественной цели,
но и как самоцель.

> Важнейшей человеческой единицей, в которой полностью
> реализуется природа человека, является не индивид или
> добровольное объединение, которое по желанию распуска-
> ется, меняется или исчезает, а нация; именно от создания
> и поддержания нации зависит жизнь подчиненных единиц:
> семьи, племени, клана, провинции; ибо их природа и пред-
> назначение, то, что часто называют их смыслом, вытекают
> из природы и целей этой нации [Berlin 1979: 346].

Это описание Исайей Берлином моральной онтологии, лежащей в основе националистических идеологий, в частности собственнического сионизма, представлено в главе 3. Там мой аргумент заключался в том, что собственнический сионизм должен
опираться на эту моральную онтологию, ибо как иначе он мог бы
возложить ответственность за арабское вторжение в VII веке
(часть мусульманского завоевания Леванта) на арабов, живущих
на Земле Израиля с XIX века по настоящее время, даже притом,
что евреи владели Землей Израиля в древности или до этого
вторжения? Как могут евреи, рассеянные по всему миру в течение
этих столетий, считаться наследниками евреев, живших на Зем-

ле Израиля в VII веке? Этого можно достичь только в том случае, если суть жизни отдельных арабов, проживавших в Палестине в прошлые века, сводится к их принадлежности к нации, вторгшейся на Землю Израиля в VII веке, и если суть жизни отдельных евреев, живших по всему миру в прошлые века, заключается в их принадлежности к нации, у которой отняли Землю Израиля. Это и есть тот коллективистский аргумент, который так точно описывает Берлин: «Основной человеческой единицей, в которой полностью реализуется природа человека, является не индивид... а нация... жизнь подчиненных ей единиц... их природа и предназначение... вытекают из природы нации и ее целей» [Ibid.].

Если природа и судьба еврейского народа зависят от Земли Израиля, то же самое относится к природе и судьбе его составляющих, еврейских коллективов и отдельных лиц, рассеянных по всему миру. Все они должны посвятить себя Земле Израиля. Действительно, до тех пор, пока они этого не сделают и не осознают свою истинную природу и предназначение, они препятствуют не только своему собственному освобождению от статуса изгнанников, но и полному освобождению всего коллектива, отдельных сообществ, людей, которые уже находятся на Земле Израиля. Процесс искупления должен быть завершен для всего коллектива. Для эссенциалистского национализма еврейская община в точности подобна биологическому организму: если ноги и туловище находятся на Земле Израиля, а уши и нос — вне ее, то страдают не только эти уши и нос, но и ноги и туловище.

Следовательно, долг отдельных евреев и общин за пределами Земли Израиля, долг, который они несут не только перед самими собой, но и перед всеми еврейскими общинами и отдельными лицами, уже возвратившимися на Землю Израиля, — вернуться на родину. Если они этого не сделают, то останутся без ног и туловища, а также лишат ушей и носов те общины и отдельных лиц, которые все-таки вернулись на Землю Израиля. Если все это соответствует действительности, то с точки зрения собственнического сионизма переход от разговоров об «отрицании изгнания» к разговорам об «отношениях Израиля и диаспоры» невозможен *в принципе*. И это еще не все: для собственнического сионизма разговоры об «отношениях Израиля и диаспоры» невозможны не только в онтологическом принципе, но и концептуально.

В отличие от понятия «изгнание», «диаспора» морально нейтральна. Определение сообщества и его составляющих как сообщества диаспоры делает их частью более крупного коллектива, центр которого находится в другом месте, без какого-либо предположения, что в этом есть что-то неправильное. Однако описание сообщества и отдельных людей как находящихся «в изгнании» означает, что они отсутствуют в центре своего коллектива и, что еще хуже, в этом отсутствии есть что-то неправильное. Собственнический сионизм считает существование евреев за пределами Земли Израиля неправильным и, следовательно, характеризует это существование как изгнание, а не как диаспору. Иными словами, собственнический сионизм морально отвергает условия еврейского изгнания, а также отрицает концептуальную возможность существования еврейской диаспоры. Согласно ему, все евреи, живущие за пределами Земли Израиля, живут не в диаспоре, а исключительно в изгнании.

6.2.2. Переход от дискурса «отрицания изгнания» к дискурсу «отношений между Израилем и еврейской диаспорой»: ограничения реальности

Собственническая сионистская интерпретация сионистского принципа отрицания изгнания может демонстрировать максимализм; однако в последние десятилетия господствующий сионизм воздерживался от его открытого выражения и, безусловно, от действий, направленных на его реализацию. Даже основные сионистские партии, которые являются собственническими (например, партия «Ликуд»), избегают максимализма в вопросе отрицания изгнания и полной реализации территориального максимализма в вопросе об израильской территории. Сдерживание происходит даже тогда, когда господствующий сионизм находится у власти, что отражает главным образом прагматические и тактические соображения. Однако в вопросе отношений между евреями на Земле Израиля и за ее пределами эта сдержанность также отражает серьезные физические ограничения.

Бо́льшая часть территории Израиля находится под прямым контролем Израиля, и вся она находится под его влиянием. Современный Израиль, в котором господствует собственнический сионизм, воздерживается от захвата полного контроля над всей Землей Израиля и от навязывания своего суверенитета всем тем ее частям, которые уже находятся под его контролем, но не потому, что правительство считает, что навязывание своего суверенитета сомнительно с моральной точки зрения. Их сдержанность в основном обусловлена политическими последствиями моральных возражений, которые предсказуемы со стороны всего мира. Когда дело доходит до максимализма, связанного с отрицанием изгнания, физические реалии имеют гораздо большее значение, чем прагматические или тактические соображения. В отличие от территорий Земли Израиля и ее жителей, независимо от того, евреи они или арабы, большинство евреев за пределами Израиля не находятся ни под прямым контролем Израиля, ни в сфере его влияния. Физическая реальность не позволяет эссенциалистскому собственническому сионизму заставить евреев сделать то, что на самом деле хотелось бы, а именно мигрировать на Землю Израиля.

Однако, наряду с физическим ограничением, у господствующего сионизма также есть некоторые прагматические и тактические причины не принуждать к миграции в Израиль всех западных евреев, особенно американских. Израиль очень заинтересован в поддержке, которую может оказать ему эта группа евреев, главным образом в политической поддержке израильского лобби США и в том импульсе, который они могут придать американской поддержке Израиля. Тот факт, что североамериканские евреи находятся вне сферы влияния Израиля, не позволяет Израилю принудить их мигрировать на Землю Израиля; более того, в интересах Израиля оставить большинство из них там, где они есть. Израиль, учитывая его основанную на собственническом сионизме политику в отношении арабов, вряд ли смог бы выжить без поддержки Соединенных Штатов. Таким образом, прагматические соображения мешают Израилю стремиться к реализации своего принципиального максимализма в отношении отрицания изгнания везде, где это касается американского еврейства. Именно по этой причине в отношении американского еврейства Израиль не выражает твердо, регулярно и официально принципиальную позицию по всеобщей необходимости съезжаться в Израиль, вытекающую из собственнического сионизма. Реальность, в которой такие выражения не могут иметь никакого практического значения, наряду с прагматическими соображениями, которые в значительной степени нейтрализуют базовое стремление придать им практический смысл, объясняют переход от дискурса изгнания к дискурсу диаспоры. Это объясняет молчание, характерное для отношений последних нескольких десятилетий между собственнически-сионистским Израилем и американским еврейством по вопросу миграции последнего в Израиль.

Совсем по-другому обстояли дела в период с 1930-х по 1970-е годы, и это не относится к связям Израиля с незападными евреями после окончания Второй мировой войны. Что касается незападных евреев, то им собственнический сионизм готов почти буквально навязать то, что юристы называют «конкретным выполнением» своих принципов.

6.2.2.1. Принуждение евреев к миграции в Израиль

Наиболее ярким примером готовности собственнического сионизма буквально навязывать свой принцип отрицания изгнания является политика Израиля в отношении евреев Советского Союза после распада страны в начале 1990-х годов. Сотни тысяч евреев, большинство из которых не были сионистами, захотели эмигрировать из разваливающегося государства из-за царящего антисемитизма, экономического хаоса и отсутствия гарантий личной безопасности. Премьер-министром Израиля в то время был Ицхак Шамир, вся жизнь которого была посвящена скрупулезному воплощению идей собственнического сионизма[6]. Под

---

6 Шамир стал членом руководства «Лехи» после смерти Авраама Штерна (Яир), который был основателем и первым лидером этого ревностного правого подпольного движения. Об идеологии «Лехи» см. главу 1.

руководством Шамира и по его инициативе Израиль начал борьбу за то, чтобы помешать Соединенным Штатам предоставить советским евреям статус беженцев и заставить их отказать им во въезде, с единственной целью — лишить евреев бывшего Советского Союза иной альтернативы, кроме как эмигрировать в Израиль. Правительство Шамира утверждало, что нельзя предоставить статус беженца евреям, которые бежали из страны своего гражданства, когда существовало еврейское государство: именно Израиль был их истинным (и подобающим им) государством. Поэтому правительство США не могло относиться к евреям, бежавшим из распадающегося Советского Союза, как к настоящим беженцам и предлагать им соответствующий статус [Lazin 2006: 400–401; Pinkus 1999: 347; Sheffer, Roth-Toledano 2006: 218–219; Hoffman 1989][7]. Другими словами, когда Израиль в определенной степени контролировал направление миграции евреев из диаспоры и в отсутствие прагматических причин не принуждать их мигрировать на Землю Израиля, он, не колеблясь, буквально воплощал эссенциалистский сионизм в жизнь[8]. Ко всему этому, конечно, следует добавить тот факт, что многих евреев, мигрировавших в Израиль из распадавшегося Советского Союза, поселили на территориях, оккупированных Израилем

---

[7]   Еще в 1987 году премьер-министр Шамир призвал правительство США не предоставлять статус беженца советским евреям, которые мигрировали в Соединенные Штаты. В октябре 1989 года президент Джордж Буш — старший ввел квоты на иммиграцию советских евреев в Соединенные Штаты. Заявление властей США об ограничении числа еврейских мигрантов из СССР, которым будет разрешен въезд в качестве беженцев, также привело к изменению отношения еврейских организаций США к открытию ворот своей страны для представителей этой группы.

[8]   Незадолго до выхода в печать еврейской версии этой книги израильская ежедневная газета «Едиот Ахаронот» опубликовала интервью с Яковом (Яшей) Кедми, бывшим главой израильской секретной организации «Натив», которая отвечала за иммиграцию советских евреев в Израиль в 1990-х годах. Кедми признался в этом интервью, что «обманул около миллиона иммигрантов из Советского Союза. Цель аферы состояла в том, чтобы убедить людей, что они не смогут иммигрировать в Америку и что Израиль — их единственный выбор» [Bergman 2011].

в 1967 году, и что волна иммиграции 1990-х годов также привела к росту поселений израильских евреев на этих территориях. Вынужденная миграция в Израиль не только была основана на эссенциалистско-коллективистском компоненте собственнического сионизма, но и фактически способствовала реализации его собственнического компонента.

Этот эпизод знаменателен, но не уникален и не случаен. Он завершает серию других подобных событий. Кроме того, в 1970-х годах в результате потепления в отношениях между Соединенными Штатами и СССР[9] многим евреям впервые за 50 лет разрешили покинуть Советский Союз. Общество помощи еврейским иммигрантам (HIAS), основанное в Соединенных Штатах еще в конце XIX века на волне масштабной еврейской миграции из России, пыталось помочь бывшим советским евреям мигрировать куда угодно, включая Америку. Они открыли офис в Риме, который принимал решение о статусе беженцев, предлагал им помощь и, в соответствии с законами о защите прав человека в США, стремились принять в Соединенных Штатах тех, кто выражал желание туда мигрировать. Открытие представительства HIAS в Риме привело к сокращению миграции советских евреев в Израиль. Еврейское агентство (основная организация с 1929 года, ответственная за иммиграцию и расселение евреев из диаспор в Израиль) назвала произошедшее словом на иврите *«нешира»*, в переводе «падение» или «осыпание», сравнив бывших советских евреев с листьями еврейского дерева, которое может расти только в Израиле. Еврейское агентство и израильское правительство отреагировали на этот «листопад», привлекая на свою сторону еврейское руководство в Америке с помощью аргумента, который позже использовал Шамир: существование Израиля и статус еврейского беженца — понятия несовместимые. Они даже не позволяли советским евреям, покинувшим

---

9 Политика смягчения, начатая в 1969 году, относится к ослаблению напряженности, вызванной холодной войной, то есть политическим соперничеством между Соединенными Штатами и Советским Союзом после окончания Второй мировой войны.

свою страну, останавливаться в Европе и отправляли их прямиком в Израиль [Lazin 2006: 402–403]. Принуждение евреев к миграции в Израиль на основе аргументов, вытекающих из концептуальной и онтологической логики собственнического сионизма, является конечной практической реализацией максимализма этого сионизма в вопросе отрицания изгнания. Этот максимализм господствовал на протяжении десятилетий. Везде, где этому не препятствовали реальные обстоятельства и прагматические соображения, израильское руководство без колебаний заставляло отдельных евреев делать то, что вытекает из принципиальной позиции собственнического сионизма по отрицанию изгнания. Менее экстремальные проявления этой принципиальной позиции можно наблюдать в высокомерном, доходящем до презрения отношении к евреям, которые не эмигрировали в Израиль, а также в авторитаризме, граничащем с пренебрежением, которым было отмечено отношение к еврейским общинам, оставшимся в изгнании.

6.2.2.2. Авторитаризм и высокомерие по отношению к евреям диаспоры

С самого начала своего существования сионистское руководство Израиля проводило два типа политики по отношению к общинам диаспоры, находящимся вне его контроля. Оно относилось к несионистам прагматично, в зависимости от меняющихся обстоятельств, и до тех пор, пока могло противостоять своим принципам. К сионистам среди диаспорских общин относились так, как предписывают принципы собственнического сионизма. Эксплуатируя первую группу, оно подчиняло себе вторую. Наиболее ярким примером этого выступает политика Бен-Гуриона в отношении еврейского руководства США в течение десятилетий, последовавших за созданием Израиля. Бен-Гурион согласился поступиться своими сионистскими убеждениями в отношении евреев, которые, будучи несионистами, не подчинялись его сионистской власти. Он нуждался в их политической поддержке и в их посредничестве между Израилем и правительством США. Он опубликовал декларацию, согласно которой американские евреи не обязаны проявлять лояльность Израилю, только Соединенным Штатам, на том основании, что такие евреи находятся в диаспоре, а не в изгнании и что Израиль не имеет права вмешиваться в их дела. Бен-Гурион дал это ясно понять в ходе беседы с Джейкобом Блауштейном, президентом Американского еврейского комитета, который представлял несионистские организации американского еврейства. Беседа состоялась в начале 1950-х годов — с тех пор и до конца его премьерства в середине 1960-х годов сионистские порывы Бен-Гуриона заставляли его довольно часто отступать от своего слова. Затем он был вынужден снова и снова подтверждать принципы, изложенные в разговоре с Блауштейном [Ganin 2005: 9–11; Gorny 1986: 68; Eilam 2007; Sheffer, Roth-Toledano 2006: 37, 40]. Те заявления, которые он был готов сделать лидерам американского *еврейства* в 1950-х годах, Бен-Гурион оказался не готов перенести на лидеров американских *сионистов*. Эти лидеры не интерпретировали сионизм в соответствии с его эссенциалистской версией. В их понимании идеология не требовала, чтобы каждый отдельный еврей в силу своей еврейской сущности мигрировал на Землю Израиля. Они рассматривали жизнь в Израиле как один из вариантов, и каждый отдельный еврей имеет свободу выбора, никто ничего не должен непременно принять. Сорок лет спустя американское еврейское руководство под давлением Израиля воздержалось от отстаивания такой же позиции в отношении советских евреев, пожелавших эмигрировать после распада своей страны. По отношению к самим себе, напротив, американские евреи-сионисты неуклонно придерживались этой позиции начиная с 1950-х годов. Такой подход требовал от них вложений в воспитание у молодежи национального еврейского самосознания и обучение ивриту. Такое образование позволило бы молодым людям выбирать между миграцией в Израиль и пониманием своего иудаизма как этнической принадлежности, второстепенной по отношению к их основной национальности, а именно гражданству США. Абба Гилель Сильвер, лидер сионистов США в 1940-х и 1950-х годах, считал, что для евреев диаспоры отлично подходит такая сионистская программа. Такого рода «независимую и эгалитарную сионистскую программу для диаспоры», как пишет Офер Шифф в своей книге «Сионизм побежденных: путь Аббы Гилеля Сильвера за пределы национализма» [Shiff 2010], израильское руководство просто не могло одобрить. Бен-Гурион считал, что, согласно сионистскому принципу, единственным решением для евреев из-за пределов Земли Израиля считалась *алия* (иммиграция) и переселение на ПМЖ.

По мнению Бен-Гуриона, воспитания национального еврейского самосознания и владения ивритом, позволяющего евреям выбирать, совершать ли *алию* или оставаться, где бы они ни были, недостаточно для осознания своего сионизма[10]. Подобные властные и самонадеянные высказывания израильского эссенциалистского сионизма по отношению к американскому еврейству не утихли и к концу правления Бен-Гуриона, во время которого неограниченно преобладал мейнстрим. В некотором смысле риторика стала даже более властной и высокомерной по мере того, как эволюционировала от навязывания собственнической сионистской интерпретации еврейского национализма к навязыванию преобладающей среди собственнических сионистов ортодоксальной интерпретации еврейской религии. Свежими примерами оных можно назвать решение Верховного суда Израиля по делу «Женщин у Стены Плача», которое запретило евреям, принадлежащим к неортодоксальным течениям, молиться на главном месте у Стены Плача, и попытка Кнессета принять закон, запрещающий признание обращений представителей неортодоксальных еврейских течений в другие[11]. Моше Кацав, бывший президент Израи-

---

[10] Шифф утверждает, что Моше Шарет тоже не был готов принять сионистскую программу Аббы Гилеля Сильвера наравне с израильским сионизмом, хотя и более умеренно выражался в вопросе о том, кто такие сионисты, чем Бен-Гурион [Shiff 2010: 241–243].

[11] Что касается дела «Женщин у Стены Плача», то в 1989 году группа женщин, которые хотели помолиться у Западной стены в Иерусалиме и почитать вслух отрывки из Торы, завернувшись в молитвенные платки, обратилась в Верховный суд Израиля. Различные ортодоксальные авторитеты утверждали, что это запрещено Галахой (еврейскими религиозными законами). Кульминацией конфликта стало насильственное вмешательство нескольких мужчин

ля, привел превосходный пример готовности навязать ортодоксальную интерпретацию еврейской религии нам, евреям, большинство из которых принадлежат к реформаторскому движению. Чтобы продемонстрировать непризнание Израилем неортодоксальной интерпретации, распространенной среди таких евреев, он отказался обратиться к президенту организации «Евреи — реформаторы Америки», раввину Эрику Йоффи, еврейским термином «равва, раввин» на сионистском конгрессе в Иерусалиме в 2006 году. Единственным титулом, который он использовал, стало американское слово Rabbi[12].

Снисходительное отношение Израиля к отдельным евреям и общинам за пределами Земли Израиля выражается и многими другими способами. В главе 3 я упоминал о сотрудничестве между представителями откровенно и принципиально придерживающихся эссенциалистских взглядов правых и представителями центра, которые, возможно, лишь частично осведомлены о значении мировоззрения, лежащего в основе их позиций. Эти

в женскую молитву. После серии апелляций в Верховный суд Израиля и безуспешных судебных разбирательств в специально созданном правительственном комитете Верховный суд постановил, что подходящим альтернативным местом для молитвы у Западной стены станет Арка Робинсона (арка, которая когда-то стояла на юго-западном углу Храмовой горы, названа в честь Эдварда Робинсона, который обнаружил ее в 1838 году). См.: Дело 257/89 Хоффман против Комиссара по Западной стене 48(2) ПД 265 [1994] (Изр.); HCJ 3358/95 Хоффман против Генерального директора 54(2) ПД 345 [2000] (Изр.); HCJ 4128/00 Генеральный директор против Хоффмана 54(1) ПД 258 [2000] (Изр.). Что касается обращения в иудаизм, то Главный раввинат, как правило, непреклонен в признании даже тех обращений, которые совершаются ортодоксальными еврейскими властями за пределами Израиля, особенно когда это касается Соединенных Штатов. Десятки ортодоксальных раввинов из Соединенных Штатов недавно направили письмо по этому вопросу министру по делам религий Израиля Эли Ишаю.

[12] Общий обзор этого дела и реакцию раввина Йоффе на поведение Кацава см. в статье Неты Селлы «Рабби Йоффе оскорблен Кацавом» [Sella 2006]. Это выражение исключительного присвоения иудаизма главным направлением израильского сионизма очень напоминает другое выражение такого же типа присвоения: город с долгой арабской историей и значительной долей арабских граждан называется на иврите Акко и именно так пишется в арабской транскрипции, вместо исходного арабского названия Акка.

группы объединились в знак протеста против идеи добавить в национальный гимн Израиля «Хатиква» еще одну строфу, с которой могло бы отождествлять себя арабское население страны. Аналогичное сотрудничество можно наблюдать и по другому вопросу. Рехавам Зеэви, израильский политик (убит в 2001 году палестинцами), который также возражал против предложения упомянуть арабское население Израиля в израильский гимн в 2000 году, использовал в 1997 году антисемитский эпитет *иегудон* («маленький еврей» или «еврейский мальчик») в адрес посла США в Израиле Мартину Индику, еврейского происхождения, подчеркнув, что он представлял Соединенные Штаты, будучи евреем[13]. Принимая сторону Ицхака Навона, который присоединился к Зеэви в упомянутом протесте против изменения «Хатиквы», автор А. Б. Иегошуа разделяет с центральным аппаратом высокомерное отношение к американскому еврейству. Он озаглавил важную статью, опубликованную в конце 1970-х годов, «Изгнание — невротическое решение». Применяя коллективистскую концепцию, он обсуждает *патологию* еврейского сообщества, говорит о евреях диаспоры как об «ограниченном неполноценном и загнанном в угол существе» [Yehoshua 1981: 138], у которого нет ни ушей, ни носа. Он выдвигает предположения, которые несут в себе привкус автократии, в духе высказываний Бен-Гуриона относительно того, что было названо выше «эгалитарной сионистской программой для диаспоры».

> Если бы государство Израиль прекратило направлять учителей, воспитателей и эмиссаров в еврейские общины, которые не соответствуют минимальной квоте на *алию*, возможно, эти драматические действия произвели бы

---

[13] Депутат Кнессета Цви Хендель из «Хайхуд Халеуми — Исраэль Бейтену», почти полноправный партнер Зеэви в политике, употребил такое же снисходительное выражение в отношении другого еврейского посла США в Израиле, Дэна Курцера. Следует также упомянуть о более ранних демонстрациях протеста в Израиле против Киссинджера во время его посреднических поездок между Израилем и Египтом в 1975 году после войны Судного дня 1973 года. Еврейские поселенцы Западного берега называли тогдашнего госсекретаря США *иегудоном*.

впечатление и помогли бы выдвинуть проблему Голаха [на иврите «изгнание»] на передний план еврейского сознания [Ibid.: 69].

В рамках одного заявления он выступает против независимой программы для диаспоры западного еврейства и вместе с тем выражает готовность чуть ли не силой заставить их мигрировать в Израиль. Иегошуа вернулся к этим вопросам и понятиям много лет спустя, в 2006 году, в своей речи против американского еврейства, с которой он выступил на симпозиуме, посвященном столетию Американского еврейского комитета.

> Вы играете с еврейством — подключи и работай!.. Вы меняете страны, как куртки... Вы не принимаете никаких еврейских решений... Еврейско-израильская идентичность должна соответствовать всем элементам жизни в рамках обязательной и суверенной структуры территориально определенного государства. И поэтому степень его проникновения в жизнь неизмеримо полнее, шире и значимее, чем еврейство американского еврея, чьи важные и значимые жизненные решения принимаются в рамках его американского гражданства. ...И в будущем, через столетие или два, когда Китай станет ведущей сверхдержавой, почему бы некоторым евреям не поменять свое американское или канадское гражданство на китайское или сингапурское? [Bell, Marans 2006: 64, 36, 9–11]

Этот упрек, по-видимому, предполагает, что идентичность всех евреев — это прежде всего еврейство, независимо от того, хотят они воспринимать его как главную составляющую своей идентичности или нет. Более того, это подразумевает, что еврейская идентичность евреев в основном национальная, а не, например, религиозная — независимо от их желания так ее интерпретировать. Аргументация Иегошуа, по-видимому, также предполагает, что люди обязаны осознавать свою этнонациональную идентичность полностью, а не только частично, независимо от желания. Таковы принципы социальной и моральной онтологии, лежащие в основе эссенциалистского собственнического сионизма, и именно они являются выражением его деспотической природы.

6.2.3. Правовой статус евреев диаспоры в Израиле: Закон о возвращении и Закон о гражданстве

Полное отрицание собственническим сионизмом изгнания тем не менее также отражается в явлениях, которые, по крайней мере на первый взгляд, противоположны деспотизму. Эти явления относятся не к статусу еврейского израильского коллектива по сравнению со статусом евреев за пределами Израиля, а, скорее, к статусу евреев за пределами Израиля в Израиле, как это прописано в израильском Законе о возвращении и Законе о гражданстве. Эти законы, несомненно, создают впечатление, что приветствуют евреев, живущих за пределами Израиля, и расширяют их права и возможности [Gans 2008: 117–133][14]. Действительно, при внесении в эти законы изменений, которые я предлагаю ниже на основе эгалитарного сионизма, они могут стать более благоприятными. Однако в своем нынешнем виде они, возможно, и считались укрепляющими и гостеприимными, но только в первые десятилетия существования Государства Израиль, когда еще не прошли ощутимые последствия преследований евреев. В последние несколько десятилетий ситуация изменилась. Начиная с 1970-х годов, кажется, что такое законодательство можно оправдать, поскольку оно основано только на мировоззрении, лежащем в основе собственнического сионизма. Позвольте мне объяснить.

Закон о Возвращении предоставляет каждому еврею право иммигрировать в Израиль. Он предоставляет это право независимо от того, мотивированы ли конкретные лица, сделать это по причинам, связанным с еврейством Государства Израиль. Например, когда какой-либо конкретный еврей стремится иммигрировать в Израиль, никто не проверяет, подвергался ли он преследованиям за свое еврейство или у него есть какой-либо личный интерес жить в рамках всеобъемлющей еврейской культуры.

---

[14] Израильские Закон о возвращении и Закон о гражданстве, безусловно, не приветствуют арабов, живущих в Израиле, и не расширяют их прав и возможностей. См. ниже разделы 6.3.2. и 6.3.3.

Предоставляя каждому еврею *право иммигрировать* в Израиль, Закон о Возвращении не оставляет государству права по своему усмотрению уравновешивать интересы любого отдельного еврея, желающего иммигрировать, с интересами существующих еврейских и арабских граждан Израиля. Такое уравновешивание было бы возможно, если бы закон предоставлял *иммиграционные льготы только евреям в рамках периодических иммиграционных квот*[15] Закон о гражданстве Израиля предоставляет каждому еврею, иммигрирующему в Израиль в соответствии с Законом о Возвращении, статус гражданина и целый спектр политических, социальных и экономических прав, сопутствующих этому статусу. Закон предоставляет преимущества вне зависимости от подготовки иммигранта, например, от минимального срока вида на жительство, владения языком (иврит), знакомства с проблемами в Израиле, разделения судьбы своих сограждан и особенно сограждан-евреев, или степени участия в жизни израильского общества и культуры. Как и в случае с Законом о возвращении, Закон о гражданстве не оставляет государству никакой свободы действий и не позволяет ему отказывать в обозначенных льготах какому-либо конкретному еврею.

Израильские Закон о возвращении и Закон о гражданстве, по-видимому, предполагают следующее: (а) евреи, живущие за пределами Земли Израиля, непременно заинтересованы в проживании в Израиле, независимо от прочих факторов, связанных с их индивидуальной жизнью или стремлениями, просто в силу принадлежности к этой национальности; (б) заинтересованность в проживании в Израиле — это чрезвычайно важный вопрос, который неизмеримо превосходит обычные интересы евреев, уже живущих в Израиле. Интересы израильских евреев, связанные

---

[15] Единственные евреи, которых министр внутренних дел может лишить права иммигрировать в Израиль в соответствии с Законом о возвращении, — это евреи, которые были вовлечены в деятельность против еврейского народа; евреи, которые могут угрожать общественному здоровью или безопасности государства; и евреи с криминальным прошлым, которые могут угрожать общественному порядку. Эти исключения определены в подпункте 2b Закона о возвращении, 5710–1950, 4 LSI 114 (1949–50).

с их еврейством, должны превалировать над любыми другими потенциальными, к примеру, экономическими или образовательными проблемами; (в) интересы нееврейских граждан Израиля или неевреев, проживающих на Земле Израиля, не имеют юридической силы и вообще не должны приниматься во внимание, когда речь идет об иммиграции евреев на Землю Израиля. В нынешних условиях, в отличие от ранней истории Израиля, эти предположения могут быть основаны только на социальной и моральной онтологии собственнического сионизма. Согласно эссенциалистской социальной онтологии и симбиозу, который собственнический сионизм устанавливает между евреями и Землей Израиля, еврея, который не живет на Земле Израиля, можно сравнить с человеком без носа и ушей. Поскольку нет необходимости проверять каждого человека, потерявшего нос и уши, заинтересован ли он в их восстановлении, нет необходимости проверять каждого еврея, живущего за пределами Земли Израиля, заинтересован ли он в иммиграции: это самоочевидно. Более того, если потребность каждого еврея иммигрировать на Землю Израиля столь же насущна, как заинтересованность человека в восстановлении своего носа и ушей, разумно не балансировать в каждом конкретном случае между этим интересом и обычными интересами таких евреев и неевреев, уже проживающих на Земле Израиля. В таких чрезвычайных ситуациях нет необходимости тратить время и другие ресурсы на обдумывание. Все эти предположения (включая то, согласно которому интересы израильских евреев в еврейской составляющей их идентичности преобладают над прочими) также вытекают из коллективистской моральной онтологии, которая составляет основу собственнического сионизма. Если «важнейшей человеческой единицей, в которой полностью реализуется природа человека, является не индивид... а нация» [Berlin 1979: 346], становится понятно, что высший интерес евреев к целостности своей нации превалирует над любыми интересами, которые они могут иметь как индивидуумы. Такой степени целостности можно достигнуть только тогда, когда весь еврейский народ окажется на Земле Израиля. Поэтому нетрудно избежать уравновешивания личных интересов с заинтересованностью в иммиграции евреев на Землю Израиля каждый раз, когда эти интересы сталкиваются; очевидно, что интерес евреев к иммиграции должен превосходить все остальные интересы.

Деспотический и антидемократический характер последствий, вытекающих из основополагающих положений Закона о возвращении и Закона о гражданстве в Израиле в том виде, в каком они сформулированы и применяются на практике сегодня, вряд ли требует дальнейшего разъяснения. Согласно этим предположениям, наиболее важным для людей является не удовлетворение собственных предпочтений и индивидуальный выбор, а, скорее, их непроизвольное членство в своем этнонациональном коллективе, цели которого превалируют над личными интересами тех, кто к нему принадлежит, и оказывают влияние на личные или иные интересы тех, кто не принадлежит к нему и не играет никакой практической роли. Если бы те, кто придерживается собственнического сионизма, правили мировым еврейством и могли действовать без оглядки на реальность, они бы переселили всех евреев на Землю Израиля. Определенные группировки, которые в настоящее время продвигают этот тип сионизма, действительно без колебаний осуществили бы подобное.

6.3. Постсионизм: отрицание изгнания и диаспоры

Нет никаких сомнений в том, что устремления гражданской и постколониальной версий постсионизма в отношении еврейской диаспоры не похожи на устремления собственнического сионизма. Однако и здесь указанные версии постсионизма объединяются с собственническим сионизмом в единстве противоположностей: они также стремятся свести на нет еврейских изгнанников и диаспоры. Однако, в отличие от собственнического сионизма, они не исходят из убеждения, что любая еврейская община за пределами Земли Израиля является изгнанницей и не может считаться диаспорой. Скорее, сторонники гражданского и постколониального постсионизма отказывают еврейским общинам за пределами Земли Израиля в статусе изгнанника или диаспоры. Это следует из позиции постсионистов по отношению к пробелам в фактах сионистского нарратива, рассмотренного в главе 2. Более того, на всякий случай гражданские и постколониальные постсионисты также пропагандируют распад еврейских общин как этнонациональных диаспор, если такие общины объявляют себя таковыми. Я покажу, что это вытекает из их отношения к пробелам в морали сионистского нарратива.

6.3.1. Отрицание существования еврейской диаспоры

Основу подхода израильских постсионистов к заполнению фактических пробелов в сионистском повествовании о еврейской истории составляют два тезиса. Во-первых, еврейский коллектив — это не нация. Во-вторых, этот коллектив даже не является единой общиной. Из этих двух тезисов следует, что еврейских изгнанников или диаспор не было никогда, по крайней мере, последние несколько столетий. Термин «общины изгнанников» обычно относится к сообществам, которые принадлежат к одному народу и происходят с одной родины и которые живут как общины, лишенные корней. Понятие «общины диаспоры» также относится к сообществам, которые принадлежат к одному народу и разделяют одну родину. Однако, в отличие от общин изгнанников, общины диаспоры не живут как общины, вырванные с корнем. Поскольку видные представители израильского постсионизма отрицают утверждение о том, что еврейские общины последних нескольких столетий принадлежали к единому коллективу и нации, они решительно отвергают не только утверждение о том, что еврейские общины в мире являются изгнанниками, но и о том, что они представляют собой общины диаспоры[16]. Для таких постсионистов иудаизм — всего лишь религия. Следовательно, точно так же, как католиков в Великобритании и Соединенных Штатах нельзя считать «католическими диаспорами»,

---

[16] Их неприятие еврейского национализма основано на не особо тонком антиэссенциализме, который разделяют такие писатели, как Рам, Шенхав, Йона, Занд и другие. См. разделы 2.2, 2.3.2, 4.4.2.

а буддистов в Соединенных Штатах и Индии «буддийскими диаспорами», так и евреев в Великобритании и Соединенных Штатах не следует считать «еврейскими диаспорами». Утверждение о том, что данная община является диаспорой, предполагает, что национальная родина по-прежнему населена основной общиной, принадлежащей к этой конкретной нации, что основная община и диаспора разделяют одну и ту же национальную или этническую идентичность и что основная община имеет особый статус по отношению к общине диаспоры. Однако израильские постсионисты отвергают эти утверждения. Другими словами, для них проблема взаимоотношений между еврейской общиной на Земле Израиля и всемирным еврейским сообществом представляет собой псевдопроблему, под которой нет ни концептуальных, ни реальных оснований.

Многие аргументы, лежащие в основе этой позиции, напоминают те, которые приводились евреями, выступавшими против сионизма с самого его зарождения, а именно: светскими евреями, желавшими полностью ассимилироваться среди народов, в которых они проживали, религиозными евреями в тех же странах, которые хотели сохранить себя как религиозные, а не этнонациональные общины, а также бундовцами или дубновцами, которые хотели создать особые еврейские культурные нации или общины в пределах своих стран проживания. Тем не менее позиция евреев, отвергавших сионизм в годы его становления, определенно не возникла в ходе теоретических дебатов о социальной онтологии или концептуализации вопроса классификации евреев как социальной общности. Она развилась как позиция в ходе интерпретационно-практических дебатов между постсионистами и сионистами о том, как решить проблемы, с которыми столкнулись евреи в результате ослабления религиозной идентичности, преследований, которым они подверглись в Европе, и того факта, что эмансипация евреев в Европе не смогла решить еврейскую проблему. Напротив, неприятие еврейской государственности израильскими постсионистскими оппонентами сионизма — это не просто позиция в интерпретационно-политических дебатах. Они аргументируют свое неприятие еврейской государственности соображениями, которые также вытекают из социальной онтологии и концептуального анализа. Это неприятие вытекает из их концептуализации и понимания существования еврейского коллектива как в XIX веке, так и сегодня. Эта онтологическая и концептуальная позиция сомнительна в отношении еврейства XIX века и, безусловно, беспочвенна сегодня. Тот факт, что теоретические основы этой позиции подразумевают отрицание существования еврейской диаспоры за столетия до появления сионизма, только еще больше подчеркивает ее бессмысленность.

Можно утверждать, что евреи обладают «авторским правом» на феномен диаспоры: они единственные жили в диаспорах, вплоть до начала нового времени, когда к ним присоединились армяне и греки в Османской империи. У евреев есть «авторские права» на само понятие диаспоры, которое позже стало распространенным в человеческой культуре (греческое слово *диаспора* происходит от перевода в Септуагинте одного из проклятий в главе 28 Второзакония: «Тогда Господь рассеет вас среди прочих народов, от одного конца земли до другого»). Постсионисты могут возразить, что этот термин можно применять к диаспоре только того народа, который все еще существует на своей исконной родине, поскольку он действительно использовался для описания еврейской диаспоры в древности, а также армянской и греческой диаспор во времена Османской империи.

Не умаляя, так сказать, авторских прав евреев на понятие национальной диаспоры, постсионист мог бы возразить, что когда-то, либо в VII, либо в XI веке, на Земле Израиля не осталось основной группы евреев, живущих как нация на своей родине[17], и как только общины за пределами Земли Израиля, первоначально произошедшие от этой основной группы, начали отличаться друг от друга территориями, историей, культурой и языками, они потеряли статус «еврейской диаспоры», поскольку евреи перестали существовать как народ. Они могут даже возразить, как это делает Шломо Занд, что еврейские общины последних столетий на самом деле не являются диаспорами, генетически проис-

---

[17] Этот вопрос оспаривается историками.

ходящими из еврейской этнокультурной основной группы на древней Земле Израиля [Sand 2008] и, следовательно, называть их еврейской диаспорой неуместно. Слабость этих реакций бросается в глаза. Если во Второзаконии рассеяние нации между народами «от одного конца земли до другого» с сохранением основной группы на родине считается проклятием, то тем более им можно назвать отсутствие у этой нации такого ядра. Даже если генетическое происхождение еврейской диаспоры прошлых веков нельзя проследить до еврейской этнорелигиозной и этнокультурной основной группы на древней Земле Израиля, это не отменяет ее этнической преемственности. Если принять интерпретацию понятия этнической принадлежности, предложенную Максом Вебером, то этническая преемственность зависит не от общих генетических корней членов группы, а от их *общей веры* в наличие таких корней[18].

Кроме того, можно было бы отреагировать на отрицание еврейской диаспоры, вытекающее из отрицания еврейской государственности в досионистскую эпоху, точно так же как я отреагировал на отрицание этой государственности в главе 2: даже если до сионизма евреи не составляли нацию в полном смысле этого слова, то уж в ограниченном или частичном смысле точно. Если это правдоподобно в отношении еврейской государственности, то это должно быть правдоподобно и в отношении понятия еврейской диаспоры. Как я утверждал в главе 2, к XIX веку евреи представляли собой пограничный случай государственности, поскольку они представляли собой нацию в полном смысле этого слова в древнем мире, а этот факт важен как для их собственного чувства идентичности, так и для других. Аналогичным образом, они представляли собой пограничный случай диаспоры. Хотя к этому времени у них на родине не было основной нацио-

---

[18] «Мы будем называть "этническими группами" те человеческие группы, которые придерживаются субъективной веры в свое общее происхождение... не имеет значения, существует ли объективное кровное родство. Этническая принадлежность (Gemeinsamkeit) отличается от родственной группы именно тем, что является предполагаемой идентичностью» [Weber 1968: 389].

нальной группы, в древности у них была такая группа, и этот факт занимал центральное место в их самоидентификации, а также в ощущении идентичности других людей в XIX веке и столетиях до него[19].

Эти аргументы в поддержку представления о досионистских еврейских общинах по всему миру как о еврейской диаспоре сегодня звучат гораздо убедительнее. Хотя можно было бы утверждать, что в конце XIX века еврейские общины по всему миру представляли собой диаспору лишь в частичном смысле этого слова из-за отсутствия в то время национального ядра на их родине, сегодня мировое еврейство представляет собой явный пример диаспоры. Во-первых, основная группа, чья государственность неоспорима, возродилась на своей родине: это сообщество с единой распространенной культурой, общей территорией и «общим наследием воспоминаний», которое хотели бы сохранить многие его члены. Во-вторых, согласно всем основным анализам этой концепции, нуклеарная группа в Израиле представляет собой нацию. Более того, согласно анализу Эрнеста Ренана, многие члены общин диаспоры сами причисляют себя к этой нации. Множество евреев во всем мире отождествляют себя с наследием, общим с израильскими евреями, то есть с наследием продолжающегося существования независимого еврейского политического образования в рамках еврейской культуры в Израиле. Их отождествление с этим наследием является важным компонентом еврейской идентичности. Самыми разными способами они пытаются внести свой вклад в дальнейшее существование этого объединения.

---

[19] Частичное обретение евреями государственности в конце XIX века позволило сионизму предложить вариант превращения их в нацию в полном смысле этого слова. Об этом см. раздел 2.2. Что касается того, что они также не являются диаспорой в полном смысле этого слова (поскольку в конце XIX века у них на родине не существовало основной национальной группы, хотя в прошлом она у них была), то можно задать тот же вопрос: должны ли они стать диаспорой в полном смысле этого слова? В каком смысле некоторые из них становятся основной национальной группой на своей родине? Сионизм Ахад-хама можно рассматривать как утвердительный ответ на этот вопрос.

В главе 2 я утверждал, что в свете этих фактов мировое еврейство сегодня представляет собой гораздо более сильный пример национального коллектива, чем в конце XIX века. Тем не менее здесь речь идет не о том, является ли мировое еврейство нацией, а о том, составляют ли его общины за пределами Израиля диаспору. Те же самые факты, которые превращают общины в частично нацию, делают из них образцовые примеры еврейских диаспор. Эти факты свидетельствуют, с одной стороны, о центральной роли, которую израильская еврейская нация играет в самоидентификации еврейских общин за пределами Израиля, и, с другой стороны, об их неучастии в общей иврито-еврейской культуре на территории израильско-еврейского народа. Следует помнить, что по определению диаспора должна принадлежать к нации лишь в маргинальном смысле. В противном случае она считается частью основной группы нации.

Некоторым постсионистам трудно принять вероятность того, что мировое еврейство может восприниматься как нация в частичном смысле этого слова на том основании, что его ядро в Израиле является нацией в полном смысле этого слова, а его диаспора за пределами Израиля является национальной лишь в периферийном смысле. Приведенная ниже цитата принадлежит Шломо Занду, который критикует Александра Якобсона и Амнона Рубинштейна, защищающих национальный характер мирового еврейского сообщества в книге «Израиль и семья народов» [Yakobson, Rubinstein 2009]:

> На протяжении всей книги подлинная привязанность, которую многие евреи испытывают к Израилю, преподносится как национальное самосознание. Это отсутствие различия между, с одной стороны, привязанностью, основанной на болезненных воспоминаниях и пострелигиозной восприимчивости с оттенком традиции, и, с другой стороны, стремлением к национальному суверенитету, снижает эффективность работы. К сожалению, авторы, похоже, не осознают, что национальность — это не просто чувство принадлежности к какому-то коллективу; это нечто большее, чем чувство солидарности и общих интересов, в противном случае нацией с успехом называли бы и протестан-

тов, и любители кошек. Национальное самосознание — это, прежде всего, желание жить в независимом политическом образовании. Оно хочет, чтобы его подданные жили и получали образование в рамках однородной национальной культуры. Такова была суть сионизма с самого его зарождения, и такой она оставалась на протяжении большей части его истории вплоть до недавнего времени. Он стремился к независимому суверенитету и достиг его. ...Но поскольку еврейские массы не стремятся жить под еврейским суверенитетом, аргументы сионистов должны были выходить за рамки национальных соображений. Слабость сегодняшних сионистских аргументов заключается в их неспособности признать эту сложную реальность [Sand 2008: 302–303].

Все до единого предложения в этом высказывании не соответствуют действительности. Например, Занд утверждает, что евреи за пределами Израиля не стремятся к национальному еврейскому суверенитету, но в этом отношении он заблуждается: сионисты, доминирующие в еврейских общинах за пределами Израиля, стремятся к такому суверенитету, даже если сами не желают жить в его рамках. Занд утверждает, что то, что чувствуют евреи за пределами Израиля, — это не более чем чувство принадлежности к еврейскому коллективу. На это можно было бы ответить, что многие из влиятельных евреев стремятся к еврейскому национальному суверенитету в Израиле не просто ради чувства принадлежности к еврейскому коллективу. Занд утверждает, что суть сионизма с самого его зарождения заключалась в том, чтобы все евреи «жили и получали образование в рамках однородной национальной культуры» и «в независимом политическом образовании», но, по крайней мере, один из основоположников сионизма, Ахад Хаам, считал, что, если определенное количество евреев живут на своей исторической родине — то есть на Земля Израиля — в рамках широко распространенной еврейской культуры, этого достаточно, чтобы сохранить мировое еврейское сообщество как национальное. Взгляды других сионистских лидеров тоже сложнее, чем горизонт, охваченный Зандом[20]. Особого

---

[20] См., например, идеи Пинскера, упомянутые выше.

внимания заслуживает конец приведенной выше цитаты, где Занд предполагает, что Якобсон и Рубинштейн не в состоянии «признать эту сложную реальность»: что большое количество евреев не стремятся жить под еврейским суверенитетом. Однако именно эту сложную реальность и обсуждают авторы книги [Yakobson, Rubinstein 2009: 133–135]. Возможно, как я утверждал в главе 3, не все выводы, которые они делают из этой реальности, уместны, но они, безусловно, признают периферийность государственности еврейской диаспоры и тот факт, что только израильские евреи могут считаться нацией в полном смысле этого слова. Таким образом, они-то как раз признают сложность этой реальности, а вот Занд не в состоянии ее признать. Исходя из неоспоримой предпосылки, что еврейская нация, включая ее диаспору, не является нацией в полном смысле этого слова, он совершает ошибочный вывод о том, что еврейский коллектив не является нацией в полном смысле этого слова[21].

---

[21] Эта стандартная, но существенная логическая ошибка содержалась в его книге 2008 года «Изобретение еврейского народа». Занд развивает свою аргументацию во введении к изданному им труду о нации и «еврейском народе», в который включены переводы на иврит книги Ренана «Что такое нация?» (Qu'est-ce qu'une nation?) и «Иудаизм как раса и религия». Как следует из названия книги, она была отредактирована и переведена с целью поддержать идеи Занда о создании еврейского народа. Я несколько раз упоминал статью Ренана «Что такое нация?» и изложенные в ней идеи о том, что, по крайней мере в наши дни и хотя бы частично, еврейская диаспора или по крайней мере ее сионистский компонент являются частью национального коллектива мирового еврейства. В эссе «Иудаизм как раса и религия», которое, как и «Что такое нация?», было написано в последней трети XIX века, Ренан отвергал представление о том, что евреи представляют собой расовую группу. В свое время Ренан написал это эссе, чтобы опровергнуть аргументы тех, кто отказывался признавать евреев членами европейских наций, среди которых они жили, на том основании, что евреи были отдельной расой и что общая государственность зависела от общего генетического происхождения. Но ни одна из статей Ренана, даже «Иудаизм как раса и религия», не поддерживает тезис Занда об изобретении еврейского народа и его утверждение о том, что евреи диаспоры сегодня не являются частью национального коллектива мирового еврейства; оба эти эссе, по сути, противоречат тезису Занда. Согласно Ренану, государственность зависит не от социогенетического факта общего происхождения, а, скорее, от социально-ментального факта признания ценности общего наследия и желания

6.3.2. Разобщение еврейской диаспоры

Гражданский и постколониальный постсионизм подразумевает не только отсутствие этнонациональных связей между еврейской диаспорой и еврейским коллективом в Израиле, но и то, что эта диаспора в итоге должна распасться, если она настоятельно считает себя таковой. Это предположение вытекает из их позиции относительно пробелов в нравственности сионистского нарратива, согласно которой предоставление особого правового и конституционного статуса этнической еврейской нации Израиля нарушает равенство между ее гражданами-евреями и гражданами, принадлежащими к другим этническим или этнонациональным группам, и увековечивает «репрессивные националистические структуры господства» [Ram 2006: 191; Kymlicka 2007: 26–33; Raz 1994: 125–145, 170–192; Gans 2003: 58–96][22]. Тем самым оно также нарушает свободы как его еврейских граждан, так и представителей других этнонациональных групп. Предлагая подобное в отношении конституционного статуса израильских евреев в Израиле, постсионизм, безусловно, предлагает аналогичную политику в отношении правового статуса евреев диаспоры, как в стране их проживания, так и в Израиле. Ибо если бы их этнонациональное существование получило юридическое и конституционное признание в диаспоре, например в виде мультикультурных прав, признающих их особенности, то это

продолжать жить в соответствии с ним. С этой точки зрения евреи как в XIX, так и в XXI веке могут считать себя частью французской или американской нации, в то время как в XXI веке они в равной степени могут считать себя частью еврейско-израильской нации. Они могут реализовать этот выбор полностью, живя в Израиле, и частично — другими способами.

[22] Эти позиции разделяют гражданский постсионизм и постколониальный постсионизм, которые обсуждаются в главе 4. Следует помнить, что постколониальный постсионизм поддерживает мультикультурализм только по отношению к угнетенным группам и только для того, чтобы компенсировать их прошлое угнетение. В отличие от этнокультурного национализма или либерального мультикультурализма, он не поддерживает его на основе постоянного интереса людей к своей самобытной культуре или к сохранению ее для поколений.

также нарушило бы равенство и свободу в этих странах. Кроме того, если этнонациональное существование евреев диаспоры также получит юридическое признание в Израиле, например посредством прав, которые облегчают для них иммиграцию в Израиль, то это негативно скажется на равенстве между арабскими гражданами Израиля и его еврейскими гражданами.

6.3.3. Существование диаспоры и нарушение равенства

Нет никаких сомнений в том, что способ, которым статус евреев диаспоры реализуется в Израиле, — а он в значительной степени является результатом интерпретации статуса собственническим сионизмом, — серьезно и неоправданно нарушает гражданское равенство. Закон о возвращении и Закон о гражданстве предоставляют евреям диаспоры, не являющимся гражданами государства, право мигрировать в Израиль и становиться его гражданами. Предоставляя эти права, эти законы практически не оставляют государству возможности учитывать интересы своих граждан в отношении прав евреев диаспоры на иммиграцию и натурализацию. Иммиграционные права последних ограничивают суверенитет государства, как это определено в Законе о возвращении и Законе о гражданстве.

В то же время Израиль отказывает в таких правах своему арабскому населению, не предоставляя их в соответствии со своими законами и препятствуя созданию государства, в котором палестинцы могли бы сами предоставить себе такие права. Несомненно, это является серьезным нарушением принципа равенства. Однако из этого не следует, что конституционный статус, предоставляемый Израилем евреям диаспоры, нужно отменить — скорее, детали этого статуса необходимо пересмотреть, как и детали общих политических рамок, в которых он реализуется. Они должны перестать выражать пренебрежительное отношение к арабам, живущим в Палестине / на Земле Израиля, и к их интересам. Общие политические рамки нужно изменить в духе решения, о котором я говорил при обсуждении эгалитарного сионизма в главе 3, а именно решения о создании двух государств, при котором многочисленное палестинское меньшинство пользовалось бы коллективными правами в рамках государства, состоящего в основном из евреев. В следующей части этой главы я расскажу о деталях соответствующего статуса еврейской диаспоры в Израиле — такого, что не будет ни подавлять, ни дискриминировать арабов. Нарушение равенства, возникающее в результате признания особых прав евреев диаспоры в странах их проживания, требует аналогичной реакции.

Проблемы с ценностью равенства, возникшие в результате такого признания, лежат в основе дебатов о мультикультурализме в западных странах[23]. Такие проблемы характерны не только для еврейской диаспоры или любого другого культурного меньшинства, но и для религиозных общин, сообществ, определяемых по признаку сексуальной ориентации, и прочих. Специальное законодательство для этих сообществ — в отличие от универсального законодательства, «не различающего цвета» для всех отдельных граждан, — неизбежно вызовет вопросы, касающиеся равенства, поскольку оно подразумевает дифференцированное законодательство для граждан на основании принадлежности к подсообществам граждан. Однако непредоставление исключений из определенных законов также порождает проблемы с равенством, поскольку тогда возникает ситуация, в которой некоторые граждане имеют право жить в соответствии с обычаями сообщества, к которому они принадлежат (то есть сообщества большинства), в то время как членам других сообществ (то есть общинам меньшинств) не разрешается вести такой образ жизни [Patten 2014].

В Великобритании сикхов из Пенджаба, ставших британскими гражданами, освободили от запрета на ношение кирпанов (мечей или кинжалов) в общественных местах, в то время как все осталь-

---

[23] Как я упоминал в главе 4, постколониальные постсионисты поддерживают плюралистический, позитивный или стратегический мультикультурализм. Они выступают против либерального мультикультурализма, который проводит различие между национальными и полиэтническими правами. Литературу, посвященную этим различиям, см. ниже. О дебатах по поводу либерального мультикультурализма и равенства, а также критический анализ — в книге Келли «Пересмотренный мультикультурализм» [Kelly 2002].

ные британские граждане ограничены законодательством в ношении оружия. Некоторые люди утверждают, что это исключение создает неравенство между британскими сикхами и другими гражданами Великобритании, поскольку оно обеспечивает гражданам-сикхам большую личную безопасность в общественных местах, чем другим гражданам. Есть и другие, которые, напротив, считают, что, даже если бы сикхам не разрешили носить ножи в общественных местах, равенство все равно было бы нарушено, поскольку члены сикхской общины не смогли бы сохранять свои культурные обычаи, в то время как другие граждане Великобритании продолжили бы придерживаться обычаев своей культуры. Такого же рода трудности возникают в связи с такими вопросами, как: следует ли разрешить евреям соблюдать свои диетические традиции, особенно в отношении кошерного ритуального забоя скота, в тех странах, где практика кошерного забоя запрещена законами о защите животных, следует ли разрешить мусульманкам носить чадру или хиджаб, или должны ли быть объявлены вне закона такие обычаи, как женское обрезание.

Действительно, ценность равенства представляет собой соображение как в пользу законодательства конкретных сообществ, так и против него. Таким образом, вопрос о том, разрешать или не разрешать эти исключения, становится вопросом равновесия: на одной чаше весов находятся ценности, которые защищает данный конкретный закон — тот самый закон, от действия которого законодатель рассматривал возможность освобождения какой-либо культурной группы, — и ожидаемый ущерб этим ценностям в результате этого исключения.

На другой чаше весов находится значимость, которую мы должны приписать верности людей своей самобытной культуре и идентичности, а также степень ожидаемого ущерба для этой ценности, если людей вынудят соблюдать закон, противоречащий их культурным традициям[24]. Могут возникнуть дополнительные

---

[24] Чем более важным для данной культуры является обычай, запрет на который рассматривается, тем в меньшей степени представители этой культуры способны придерживаться своей культуры. Если бы, например, женское

осложнения. Например, следует ли предоставить этническому или религиозному меньшинству право на сохранение своих традиций не только с учетом ожидаемого ущерба ценностям, охраняемым конкретным законом, от исполнения которого они добиваются освобождения, но и с учетом ожидаемого ущерба ценности того, что они позволяют представителям большинства придерживаться своих традиций и культуры и жить в рамках своей культуры? Иногда такие попытки сбалансировать противоречивые соображения могут привести к очевидным результатам, но часто результат оказывается далеко не однозначным[25].

Для целей настоящего обсуждения следует подчеркнуть, что во всех поставленных вопросах ценность равенства нейтральна.

обрезание считалось очень важным компонентом ислама, то в этом отношении было бы более важно разрешить ритуал, чем в случае маргинального статуса этого религиозного компонента. С другой стороны, если бы не тот факт, что женское обрезание наносит определенный, постоянный и необратимый ущерб телесной целостности женщин, их способности получать удовольствие от секса, а следовательно, и их достоинству, возможно, было бы проще разрешить ритуал. Достаточной причиной для его запрета является тот факт, что с религиозной точки зрения женское обрезание не имеет решающего значения для ислама, а также тот факт, что оно несомненно и необратимо нарушает важные личные интересы. К такому выводу можно прийти, уравновесив интересы, а не ссылаясь на ценность равенства субъектов права.

[25] Примеры, в которых результаты уравновешивания очевидны, следующие: разрешение женского обрезания подразумевает исключение из закона, запрещающего насилие; разрешение убийства как элемента защиты чести семьи подразумевает исключение из закона, запрещающего убийство. При этом разрешение носить ермолку (кипу) в нееврейских странах видится вполне возможным. А разрешение носить ермолку в армии (например, в Соединенных Штатах) или разрешение следовать сикхскому обычаю носить кинжал в Великобритании видятся проблематичными. Иногда необходимо найти баланс между правом большинства жить в рамках своей культуры и сохранять ее и правом меньшинства делать то же самое. Так, например, может показаться, что предлагаемое строительство четырех минаретов мечети в Швейцарии должно быть одобрено, в то время как предлагаемое строительство миллиона минаретов — нет. В пределах от нескольких десятков до нескольких сотен трудно решить, в какой момент следует отказать в одобрении. См. [Barry 2001; Kymlicka 1995; Tamir 1993; Gans 2007a; Margalit A., Halbertal 1994].

Оно не может служить основой для решения практических проблем, касающихся конкретных практик меньшинств, которые не являются национальными группами. Очевидно, что это относится и к еврейским диаспорам, представленным по всему миру.

6.3.4. Диаспоры и нарушение свобод

Опасения постсионистов по поводу нарушения свобод, которое может возникнуть в результате юридического и конституционного признания еврейской диаспоры в разных странах, где они проживают, и в Израиле, беспочвенны, как и их опасения по поводу возможного возникновения неравенства. На мой взгляд, если бы члены национальных диаспор в определенной степени сохранили свою этническую, наряду с гражданской, идентичность и общинность, это укрепило бы как их собственную свободу, так и свободу других членов их гражданской нации, а также свободу граждан государства, в котором их этническая группа реализует свое национальное самоопределение. Более того, эти свободы укрепляются в двух отношениях: расширяется диапазон доступных вариантов и повышается очевидность сделанного в конечном счете выбора.

Первое, что подкрепляет эти свободы, заключается в следующем: если культурные интересы членов этнонациональной диаспоры защищены как в стране их гражданской принадлежности, так и в стране их этнической принадлежности, то возможности выбора образа жизни расширяются, главным образом для них самих, но также и для других граждан как в гражданском, так и в этническом государствах. Выбор образа жизни, который делают все эти люди, становится более разнообразным и легкодоступным. Если, например, американским евреям будет позволено жить еврейскими традициями, этот образ жизни станет более доступным как для них, так и для других американцев, не евреев. Если в Израиле запустят правовые механизмы, например приоритеты в иммиграции для евреев, которые упростят иммиграцию евреев из Соединенных Штатов, жизнь в целом и особенно жизнь евреев в Израиле станет более разнообразной, что предоставляет больше свободы выбора как евреям, так и неевреям. Это обогатило бы их культуру и улучшило бы их межкультурную мобильность.

Второе — предоставление правового статуса общинам диаспоры как в стране их гражданской принадлежности, так и в стране их этнической принадлежности в значительной степени сделало бы выбор их членов провести основную часть своей жизни в рамках одной из этих наций подлинным. Их выбор (выбор американских евреев, например, прожить основную часть своей жизни либо в Соединенных Штатах, либо в Израиле) должен быть более подлинным, чем у представителей этнических или гражданских наций, у которых нет другой нации, кроме как в стране, гражданами которой они являются, или у тех, у кого нет этнической диаспоры за пределами этой страны (например, выбор французов провести бо́льшую часть своей жизни во Франции или выбор бутанцев провести большую часть своей жизни в Бутане). Последнее не является реальным выбором. Чтобы прояснить этот вопрос, давайте вернемся к мнению Эрнеста Ренана, изложенному в книге «Что такое нация?», приведенному в главе 2, и его пагубному влиянию на постсионистов, а также, по сути, на многие поколения исследователей национализма, не только на израильтян[26].

6.3.5. Диаспора, волюнтаризм и национализм: переосмысление субъективистской концепции нации Ренана

Как упоминалось выше, согласно Ренану, группа превращается в нацию не в результате «объективного» факта (члены группы говорят на одном языке, имеют общую культуру и территорию), а в результате «субъективного» факта (члены группы предпочи-

---

[26] На мой взгляд, поколения ученых ошибочно характеризовали гражданско-территориальный национализм как «субъективный» или «добровольный», и, следовательно, «хороший» национализм, в то время как этнический национализм характеризовался как «объективный» и недобровольный, и, следовательно, «плохой». См. [Kohn 1955; Seymour et al. 1998; Ignatieff 1994; Gans 2003: 7–38].

тают рассматривать наследие как общее и вместе его сохраняют). Шломо Занд пишет:

> Едва ли найдется хоть одно исследование о национальной идее, в котором не упоминалось бы знаменитое утверждение Ренана о том, что «существование нации — это... ежедневный плебисцит». Его упор на добровольном и политическом измерении коллективной современной идентичности, несомненно, в 1882 году оказался новаторством [Sand, Renan 2010: 15].

Однако возникает вопрос, является ли результатом добровольного выбора коллективная национальная идентичность, о которой говорит Ренан, выбор представителей наций считать определенное наследие как формирующее их идентичность и желание сохранить и передать это наследие. Другой вопрос, действительно ли этот выбор можно назвать ежедневным плебисцитом.

Если ответ на этот вопрос окажется положительным, то, скорее всего, перед нами ответ представителей этнических групп из диаспоры. В меньшей степени положительный ответ могут дать представители основных групп этнических наций на своей родине. Прежде чем я перейду к аргументации этого тезиса, важно отметить, что то, что Ренан считал проявлением «ежедневного плебисцита», который ученые вслед за ним классифицировали как случай территориально-гражданской нации, на самом деле ничем подобным не является[27]. Большинство представителей наций двух упомянутых выше типов — например, большинство французов или большинство жителей Бутана, — которые решают продолжать принадлежать к своей нации, делают это потому, что выросли в среде, которая поместила их культуру в центр их мировосприятия, их функционирования в нем, и потому, что они достигли возраста, в котором причины отказаться от замены этого компонента идентичности обычно перевешивают причины

---

[27] Дополнительные оговорки относительно ренановского описания нации как «ежедневного плебисцита» и того факта, что это «побудило многих ученых неверно истолковывать нацию как своего рода добровольное объединение» [Yack 2012: 83–89].

(если таковые имеются) для его изменения. Большинство французских граждан предпочитают ценить свое наследие и сохранять его по причинам, мало отличающимся от причин, по которым они остаются на территории Франции, продолжают говорить по-французски и жить в рамках французской культуры.

Многие французы поступают так, даже не задумываясь о том, стоит ли им продолжать в том же духе; другие уверены, что их жизнь связана с Францией, что им, возможно, было бы трудно свободно говорить на другом языке, потому что они прочно укоренились во французской культуре и в своей стране, научились их любить. Изменение таких базовых условий, безусловно, болезненно и, как правило, не нужно. Аналогично все это относится и к евреям, живущим в Израиле.

Ренан был прав, утверждая, что для того, чтобы группа могла считаться нацией, ее члены должны «изъявить волю продолжать ценить общее наследие». Однако правы были и те, кто утверждал, что для того, чтобы группа могла считаться нацией, ее члены должны говорить на одном языке и разделять общую культуру. Группа должна обладать как социально-психологическими, так и социолингвистическими/социокультурными признаками, чтобы считаться нацией. Тем не менее из этого не следует, что для большинства народов социально-психологический признак субъективен и доброволен, в то время как социолингвистические/социокультурные характеристики объективны и непроизвольны. Мне кажется, что большинство ученых, которые классифицировали эти два признака в соответствии с различием между субъективным и объективным, были введены в заблуждение, поскольку эти два признака обычно в равной степени субъективны и добровольны, а также объективны и непроизвольны. Еврей, достигший совершеннолетия в Израиле, может перестать ценить национальное наследие, на котором он был воспитан, и может расхотеть быть его частью. Ничто не помешает ему, при желании, разорвать свои связи с ивритом, даже несмотря на то, что тот факт, что он говорит на иврите, является таким же «объективным» фактом о нем, как и его оценка сионистского наследия и желание продолжить его.

Моя нынешняя критика укоренившейся среди поколений ученых тенденции интерпретировать социально-психологический компонент Ренана в определении нации как основу для приписывания волюнтаризма и свободного выбора принадлежности к нации почти идентична критике Дэвидом Юмом теории Джона Локка, касающейся обоснования долга нации повиноваться государству. Локк утверждал, что эта обязанность основана на молчаливом согласии тех, кто жил в государстве. Он полагал, что молчаливое согласие может быть выведено из самого факта, что они жили в государстве. В этом контексте едва ли найдется научная книга об обязанности подчиняться закону, в которой не содержалась бы следующая цитата из Юма:

> Можем ли мы всерьез утверждать, что у бедного крестьянина или ремесленника есть свободный выбор покинуть свою страну, когда он не знает ни иностранного языка, ни манер и выживает на свою небольшую зарплату? С таким же успехом можно утверждать, что человек на борту судна добровольно соглашается с властью капитана, хотя его занесли на борт во сне, а прыгнув в океан, он мгновенно погибнет [Hume 1987: 475].

Однако обратите внимание на дополнительное утверждение Юма, сделанное сразу после вышеприведенного, — его цитируют не так часто:

> Самое верное молчаливое согласие такого рода в истории — это когда иностранец поселяется в какой-либо стране и заранее знаком с государем, правительством и законами, которым отныне должен подчиняться: его преданность, хотя и более добровольная, гораздо менее ожидаема или зависима от него, чем преданность родившегося в этой стране человека [Ibid.: 476].

«Знакомство с государем и законами», о котором упоминал Юм, нужно заменить на знакомство с культурой, языком и наследием в сопровождении облегченных условий иммиграции в рассматриваемую страну. После внесения этих изменений слова Юма адекватно описывают положение членов этнической диаспоры, которые, интегрируясь в свою гражданскую нацию, также получают образование в духе культуры своей этнической нации и для которых иммиграция в страну, где преобладает их этническая культура, является законной и в остальном легкодоступной. Если это произойдет, то любое решение с их стороны продолжать жить в рамках своей гражданской нации или решение переехать в то место, где их этническая нация осуществила свое самоопределение, будет более добровольным, чем решения тех членов гражданской нации, которые не принадлежат к какой-либо другой этнической нации, проживающих в другом месте, или чем решения представителей этнических наций, не имеющих диаспоры.

В какой-то степени существование национальных диаспор расширяет свободу их членов в выборе своей этнической принадлежности, а также возможности выбора, доступные членам их основной этнонациональной группы. Выбор последних либо продолжать проживать в стране, где их этнонациональная основная группа осуществила свое самоопределение, либо жить в другом месте становится более реальным. По крайней мере, это тот случай, когда этническая принадлежность, которую они разделяют с членами своей диаспоры, составляет основу для солидарности между членами диаспорной группы и членами основной группы, что может облегчить членам основной группы расселение в странах, где уже проживает их этническая диаспора.

6.4. Эгалитарный сионизм: отрицание изгнания и утверждение диаспоры

Как собственнический сионизм, так и израильские версии постсионизма отвергают возможность отнесения еврейских общин за пределами Израиля к диаспорам. Для представителей собственнического сионизма существование евреев за пределами Земли Израиля всегда считается изгнанием, а не диаспорой. Для израильских постсионистов евреи не составляют нацию, и поэтому их существование за пределами Израиля нельзя рассматривать ни как изгнание, ни как диаспору. Эгалитарный сионизм, а также постсионизм, основанный на теории о *нео*диаспоре, свободны от последствий таких доктрин.

Согласно позиции неодиаспорического постсионизма еврейский коллектив в целом, включая его израильскую составляющую, должен воспринимать себя как изгнанника или как диаспору, и представители данного направления, похоже, не придают большого значения различию между этими понятиями[28].

Эгалитарный же сионизм придает большое значение этому различию. По его мнению, до создания и консолидации Израиля евреи за его пределами находились в изгнании, а после, сейчас — они составляют диаспоры. Далее я объясняю последствия эгалитарного сионизма и их влияние на политику Израиля в отношении мирового еврейства.

6.4.1. Конец изгнанию — да здравствуют диаспоры!

6.4.1.1. Конец изгнанию

Принцип отрицания изгнания является столь же основополагающим для эгалитарного сионизма, как и для собственнического. Однако, в отличие от собственнического сионизма, он интерпретирует отрицание изгнания как отрицание существования евреев за пределами Израиля *в целом*, а не как полное отрицание *любого* существования евреев за пределами Израиля. Согласно эгалитарному сионизму, еврейскую жизнь за пределами Земли Израиля было уместно называть жизнью в изгнании до того, как сионизм установил суверенное существование в рамках всеобъемлющей еврейской культуры в Израиле. Однако, как только это произошло, жизнь евреев за его пределами перестала быть изгнаннической, а стала скорее диаспорной. Этот вывод вытекает как из теоретических предпосылок, с помощью которых эгалитарный сионизм заполняет фактические пробелы в сионистском нарративе, так и из философских и нормативных предпосылок, с помощью которых он заполняет в нем моральные пробелы.

---

[28] О колебаниях между понятиями «изгнание» и «диаспора» см. главу 4.

Переход евреев за пределами Израиля из состояния изгнания в состояние диаспоры подразумевается социальной и моральной онтологией, лежащей в основе эгалитарного сионизма, поскольку изгнание, которое он отрицает, в отличие от изгнания, которое отрицает собственнический сионизм, не является условием, при котором феномен под названием «еврейская нация» воспринимается как единое социальное образование или организация, которая вместе со своими общинными и индивидуальными составляющими считается оторванной от своей сущности, пока существует за пределами Земли Израиля. Согласно социальной и моральной онтологии эгалитарного сионизма, изгнание — это состояние живых людей, которые хотят сохранить привязанность к своей культуре, жить в ее рамках и положить конец преследованиям, но у которых нет политического института, в рамках которого они могли бы это осуществить. Таково было положение евреев до создания Государства Израиль. Поскольку в результате создания и консолидации Израиля мировая политическая и правовая реальность теперь включает Израиль; каждый еврей может жить в рамках еврейской культуры и защищен от преследований, и поэтому евреи — независимо от того, живут ли они в Израиле или за его пределами, — больше не могут считаться изгнанниками. Их существование за пределами Израиля можно рассматривать в лучшем случае как диаспору.

То, что еврейская жизнь за пределами Израиля проходит в режиме скорее диаспоры, чем изгнания, также вытекает из того, как эгалитарный сионизм анализирует концепцию нации. Опять же, изгнание, которое оно отрицает, — это изгнание не коллектива, который является нацией в силу своей сущности, чей разрыв с нацией на Земле Израиля равносилен отсоединению от этой неизменной сущности, — изгнание, которому нельзя помочь, пока весь коллектив, включая всех, его составляющих, не вернется на эту землю.

Эгалитарный сионизм отрицает изгнание коллектива, который воспринимался многими его членами и миром в целом как нация в полном смысле этого слова — то есть как нация с общей территорией, распространенной культурой и наследием — только в древности; он отрицает изгнание коллектива, трансформация которого обратно в нацию позволила многим ее членам жить в рамках национальной еврейской идентичности и положить конец преследованиям. Когда сионизм достиг своей главной цели, еврейская нация возродилась на своей территории, жить своей культурой и наследием получили возможность все евреи. Таким образом, каждый еврей в мире, который хочет сохранить свою еврейскую идентичность, интерпретируя ее как национальную, может полностью удовлетворить это желание, живя в Израиле или сохраняя другую форму привязанности к нему. Таким образом, евреи больше не живут в изгнании, даже если они не живут в Израиле.

Кроме того, с точки зрения лежащей в его основе историографии, у эгалитарного сионизма нет оснований рассматривать присутствие евреев за пределами Израиля как изгнание. Изгнание, которое он отрицает, — это не то изгнание, которое якобы стало результатом изгнания еврейского народа с Земли Израиля в первых веках нашей эры и его якобы безуспешных, но настойчивых попыток вернуться на Землю Израиля. Изгнание, отрицаемое эгалитарным сионизмом, есть результат реального изгнания евреев из Европы, которое повторялось и происходило начиная с позднего Средневековья, не только в отдаленном прошлом, и кульминацией которого стал холокост. Это изгнание также является результатом ослабления способности европейских евреев сохранять свою идентичность и жить в рамках еврейской культуры. Эта эрозия была вызвана такими историческими процессами, ни один из которых не был направлен конкретно против евреев: упадком религии и переходом от аграрной экономики к индустриальной[29]. Но эгалитарный сионизм не может продолжать отрицать изгнание, результат изгнания евреев из Европы, по ряду причин. Во-первых, это изгнание достигло своих целей, превосходящих те, что ставили себе европейские страны; во-вторых, сионизму удалось создать

---

[29] Андерсон рассматривает упадок религии как основное объяснение роста национализма [Anderson 1991: 11–12]. Переход от аграрной экономики к индустриальной является сутью социологической теории Геллнера о подъеме национализма [Gellner 1983].

безопасное убежище для некоторых беженцев, ставших жертвами этого изгнания; и в-третьих, остается надеяться, что Европа усвоила свой урок и больше не будет изгонять евреев. Процессы секуляризации и индустриализации поставили под угрозу способность евреев сохранять свою идентичность и жить в рамках еврейской культуры в изгнании, однако триумф сионистского движения обеспечил решение проблемы, предусмотренное сионистской идеей: евреи, живущие за пределами Израиля, сегодня имеют возможность жить в рамках еврейской светской еврейской культуры в Израиле. Таким образом, историография, сопровождающая эгалитарный сионизм, исключает возможность рассматривать временное пребывание евреев за пределами Израиля с точки зрения изгнания.

То же самое относится и к теории справедливости, лежащей в основе эгалитарного сионизма. Изгнание, которое она отрицает, не является результатом физического отделения еврейского народа от земли, на которую он имеет право собственности. Это скорее изгнание евреев, которые, как и многие представители других наций, хотят жить в рамках своей собственной культуры и осуществлять самоуправление на территории, которая является их исторической родиной, но которые не могут этого сделать. Те евреи, которые считают свою идентичность национальной и хотели бы прожить основную часть своей жизни в рамках этой идентичности, теперь получили эту возможность. Таким образом, такие евреи не находятся в изгнании, даже если они на самом деле не осознают такой возможности.

Позвольте мне подвести итог: с точки зрения эгалитарного сионизма сионистский принцип отрицания права на изгнание остается в силе, но реальности, к которой он должен применяться, — в отличие от реальности, к которой он должен применяться согласно собственническому сионизму, — больше нет [Gans 2008: 111–144][30]. С точки зрения эгалитарного сионизма пробле-

---

[30] Из этого следует не то, что эгалитарная сионистская интерпретация принципа отрицания права на изгнание не имеет практических последствий, а то, что эти последствия ограничиваются сохранением существующего еврей-

ма еврейского изгнания решена. Евреи, проживающие за пределами Израиля, представляют собой скорее диаспору, чем изгнанников.

Таким образом, согласно эгалитарному сионизму, переход от дискурса, рассматривающего существование евреев за пределами Израиля как изгнание, к дискурсу, рассматривающему их как диаспору, носит не просто терминологический или семантический характер. На самом деле он имеет далеко идущие практические последствия, поскольку состояние изгнания, в отличие от состояния диаспоры, по определению является состоянием, которое необходимо отрицать и аннулировать. Однако с точки зрения эгалитарного сионизма этот переход влечет за собой еще более далеко идущие практические последствия: различные аспекты этой версии сионизма подразумевают, что с тех пор, как в Израиле установился политически полноценный еврейский коллектив, проживание евреев вне его должно поощряться, одобряться и уважаться израильскими евреями как равноправное.

6.4.1.2. Утверждение диаспор
Многие компоненты эгалитарного представления о сионизме подразумевают утверждение о продолжающемся существовании евреев как диаспоры. Наиболее заметными среди этих компонентов являются индивидуалистическая моральная онтология, лежащая в основе этого представления, и либеральная теория справедливости, на которой оно основано. Согласно этой онтологии и теории справедливости, политические и правовые механизмы, способствующие большей аутентичности и расширяющие (в некоторой степени) диапазон возможностей индивидуального выбора, предпочтительнее (при прочих равных условиях) механизмов, которые обеспечивают индивидам меньшую аутен-

---

ского права на самоопределение в Израиле, которое, безусловно, не требует иммиграции в него всех евреев мира. Для эгалитарного сионизма средства такого сохранения должны быть ограничены основными интересами как евреев, так и арабов, живущих в Израиле. Подробнее о Законе о возвращении читайте в конце второй части этой главы и в конце данного раздела.

тичность и более узкий диапазон возможностей свободного выбора. Индивидуалистическая моральная онтология и либеральная теория справедливости поддерживают дальнейший статус еврейских общин за пределами Израиля как общин диаспоры. Это объясняется тем, что существование этнонациональных диаспор делает подлинный выбор национальности доступным для лиц, принадлежащих к этнокультурным нациям, у которых есть диаспоры, и которые также имеют гражданский статус в странах своего фактического проживания. Это также расширяет спектр доступных им альтернатив в вопросе выбора своей национальности и способов ее выражения, в отличие от альтернатив, предлагаемых собственническим сионизмом, с одной стороны, и постсионизмом, с другой. В отличие от примеров субъективного и добровольного национализма, представленных Эрнестом Ренаном и другими исследователями национализма, территориально-гражданские нации и «ежедневный плебисцит», скорее всего, будут реализовываться членами диаспор этнических наций или членами основных групп этих наций, которые живут на родине.

Их свобода выбора между своей этнической нацией и гражданскими нациями стран, в которых они проживают, — например, свобода французских евреев выбирать, хотят ли они жить во Франции или в Израиле, — более обширна и, следовательно, более реальна, чем свобода выбора людей, которые были воспитаны в рамках одной национальной культуры и не принадлежат к другой. Как постсионистское отрицание еврейской диаспоры, предполагающее ассимиляцию евреев диаспоры в их гражданские нации, так и собственническое отрицание диаспоры сионизмом, стремящимся включить еврейскую диаспору в свою этническую нацию, делают невозможным сохранение диапазона национальных возможностей, доступных отдельным евреям, или истинную добровольность такого выбора. Следовательно, эгалитарный сионизм считает, что для еврейского национального существования выгоднее форма двойного существования: ограниченная еврейская государственность за пределами Израиля и полноценная еврейская государственность в Израиле.

Другая причина такого предпочтения проистекает из практических последствий, которые несет в себе позиция эгалитарного сионизма по вопросу о территориальных и институциональных аспектах самоопределения евреев на Земле Израиля для палестинцев. Надлежащими территориальными рамками еврейского самоопределения являются те, которые были закреплены в конце 1940-х годов, на пике необходимости самоопределения, с которой евреи столкнулись во время и после Второй мировой войны. Эту территорию очертили в 1949 году «зеленой линией», отделяющей Израиль от его соседей. Я сомневаюсь, что эти территориальные рамки позволят всем членам мирового еврейского сообщества собраться вместе на Земле Израиля. Кроме того, институциональные аспекты еврейского самоопределения на Земле Израиля / в исторической Палестине должны учитывать равный статус арабского сообщества на этой земле. И я также сомневаюсь, что такое соображение может быть согласовано с объединением всех евреев мира в одну территориальную нацию на Земле Израиля.

Ранее я мимоходом упомянул прагматическую причину, по которой собственнический сионизм поддерживает дальнейшее существование еврейской диаспоры, причину, которая противоречит его принципиальной позиции относительно отрицания изгнания. Продолжающееся существование еврейской диаспоры способствует развитию собственнического сионизма в том виде, в каком он в настоящее время реализуется современным господствующим сионизмом. Политическое влияние еврейской диаспоры на внешнюю политику различных стран ее дислокации полезно для достижения цели, важность которой для собственнического сионизма превосходит отрицание изгнания: получение евреями более широкого физического контроля над своей собственностью, то есть Землей Израиля. Именно этот принцип реализуют поселения на территориях, оккупированных Израилем в 1967 году, и неясно, смогли бы они это сделать, если бы не влияние евреев США на политику страны и вклад евреев диаспоры в размере миллиардов долларов. Этот аргумент в пользу продолжения существования диаспоры вытекает из собственни-

ческого подхода сионизма к различию между статусом арабов
и статусом евреев на Земле Израиля. Логика, лежащая в ее основе, прямо противоположна логике, лежащей в основе поддержки
эгалитарным сионизмом дальнейшего существования еврейской
диаспоры. Еврейская диаспора полезна для собственнического
сионизма не потому, что она служит интересам членов этой
диаспоры, а потому, что она служит собственническому сионизму, способствует игнорированию интересов арабов и помогает
изгнать их с Земли Израиля или доминировать над ними внутри
нее. В противоположность этому, эгалитарный сионизм поддерживает дальнейшее существование диаспоры, учитывая и интересы самих членов диаспоры, и палестинцев.

Дополнительные аргументы в пользу существования евреев
в виде ядра национальной группы в Израиле и диаспоры за его
пределами, в отличие от общееврейского существования на
Земле Израиля, носят практический и внутриеврейский характер.
Они связаны с безопасностью израильских евреев и сохранением
их права на самоопределение. Даже если Израиль откажется от
собственнического сионизма и даже если он перестанет давать
основания (согласно эгалитарному сионизму) для вражды своим
нееврейским подданным и соседям, как это было в последние
десятилетия, все равно отнюдь не ясно, достигнет ли он желаемой
безопасности. Как казалось в течение длительного времени и как
представляется вероятным в обозримом будущем, экзистенци-
альная угроза евреям в Израиле превосходит экзистенциальную
угрозу евреям за его пределами. Поэтому для обеспечения продолжения еврейской жизни как таковой не представляется особенно мудрым «складывать все еврейские яйца в одну корзину»,
то есть на Земле Израиля. Более того, существование еврейской
диаспоры позволяет распределять риски, которым подвержен
еврейский уклад; оно даже делает дальнейшее существование
евреев в Израиле более безопасным, предоставляя им экономическую и, что еще более важно, политическую помощь. В условиях нынешней гегемонии собственнического сионизма Израиль
злоупотребляет этой поддержкой с точки зрения эгалитарного
сионизма: он использует американских евреев, чтобы убедить их

правительство поддержать поселения в Палестине, то есть реализацию собственнического сионизма. Израиль использует взносы американских евреев для финансирования своего расселения. Тем не менее эгалитарный сионизм сам по себе может нуждаться в экономической и политической помощи со стороны еврейской диаспоры, чтобы противостоять угрозам справедливой цели этого сионизма, а именно сохранению самоопределения евреев в Израиле при соответствующих территориальных и институциональных условиях. Еврейский исторический опыт показывает, что дальнейшее существование такого самоопределения отвечает интересам еврейства диаспоры, точно так же, как в интересах израильских евреев сохранить ее.

Таким образом, для эгалитарного сионизма понятие отрицания изгнания утратило свою актуальность: изгнание больше не подлежит отрицанию. Эгалитарный сионизм даже утверждает, что существование евреев в диаспоре должно поддерживаться наряду с их национальным доминированием в Израиле. Эти утверждения поднимают некоторые вопросы о статусе израильской еврейской нации по отношению к диаспоре, о статусе представителей диаспор в Израиле. Пользуясь социальной и моральной онтологиями, концептуализацией национальности, еврейской историографией и теорией справедливости, лежащими в основе эгалитарного сионизма, я хочу показать, что некоторые политические действия в отношении статуса израильской еврейской нации в противовес статусу диаспоры, как и в отношении статуса евреев в Израиле, можно вывести из теоретических слоев эгалитарного сионизма. Политика, которую я предлагаю, радикально отличается от той, которую продвигает собственнический сионизм. Как мы видели, политика собственнического сионизма проистекает из физических ограничений, накладываемых на реализацию концепции отрицания изгнания. С одной стороны, эти ограничения не имеют отношения к евреям, желающим мигрировать в Израиль. Таким образом, этим евреям автоматически предоставляется право на иммиграцию и, если они реализуют это право, автоматическое право на получение гражданства. С другой стороны, физические ограничения, которые мешают собственническому сионизму реализовать свою интерпретацию отрицания права на изгнание, вынуждают этот тип сионизма занимать авторитарную и высокомерную позицию по отношению к тем евреям, которые не мигрируют в Израиль. Напротив, интеллектуальные и моральные основы эгалитарного сионизма могут служить источником совершенно иных норм поведения.

6.4.2. Статус Израиля по отношению к еврейской диаспоре и статус евреев диаспоры в Израиле

6.4.2.1. Израиль как национальное ядро и рассеяние евреев как национальной диаспоры: Эрнест Ренан, Ахад Хаам, Теодор Герцль

В главе 2 я объяснял, что государственность евреев, живущих за пределами Израиля, частична, не полноценна, причем в нескольких смыслах: во-первых, евреи диаспоры составляют часть еврейской нации, потому что они являются членами сообщества, которое в прошлом было полноценной нацией, или, по крайней мере, потому, что в настоящее время это сообщество идентифицируется как в прошлом нация в полноценном смысле. Во-вторых, то, что в прошлом они были нацией, в настоящем является одним из главных факторов, по которому они идентифицируются как между собой, так и по отношению к другим (по мнению Раза и Маргалита, это центральная, но не единственная особенность групп, имеющих право на самоопределение). В-третьих, мировое еврейство — это нация в определенном смысле, согласно интерпретации этого понятия Ренаном[31]: многие евреи по всему миру разделяют с израильскими евреями желание отстаивать независимость еврейского государства и рассматривают его как продолжение еврейской нации, существовавшей на Земле Израиля в древности. Помимо всего прочего, они разделяют это наследие в результате преследований и геноцида, которым евреи подверглись в Европе. Разделение этого наследия и желание внести свой

---

[31] Обсуждение этого вопроса см. в разделе 2.2.

вклад в его сохранение в Израиле помогает им оправиться от ужасов геноцида и преследований, как символически, так и практически.

В первых двух смыслах еврейской государственности, еще до возникновения сионизма, все евреи так или иначе принадлежали к еврейской нации, а после успехов сионизма все евреи за пределами Израиля — не только сионисты среди них — стали частью еврейской нации. Евреи Германии не делили (и сейчас не делят) территорию и широко распространенную культуру с евреями за пределами Германии, и до расцвета сионизма, а также в первые десятилетия его существования большинство из них отказывались осознавать свою государственность как еврейскую, не стремились разделить общее наследие с евреями других стран. Тем не менее как в прошлом, так и в настоящем они не могут изменить тот факт, что были и остаются частью еврейской нации, потому что были и остаются частью группы, которая воспринимается как многими ее членами, так и другими как нация, существующая с древности. Более того, их еврейство было одним из главных фактов, на основании которого как неевреи, так и сами евреи идентифицировали сами себя и объясняли свое поведение — что в значительной степени справедливо и по сей день. Этот факт они тоже не могут изменить, и, конечно, им не удалось изменить его до того, как они были уничтожены как евреи, даже если бы очень хотели. Таким образом, мы имеем дело с двумя аспектами, в которых еврейская государственность является частичной.

Хотя сионизм мог отстаивать еврейскую государственность на основе этих двух аспектов, в которых евреи частично выступали нацией, и, хотя его достижения усиливали практический эффект того, что евреи были нацией в этих двух смыслах, — не те смыслы еврейской частичной государственности создал сионизм. Однако он создал такой способ существования евреев, при котором к евреям диаспоры применим третий аспект частичной государственности, по Ренану. Сионизм создал от имени мирового еврейского сообщества подгруппу евреев, составляющую еврейскую нацию в полном объективистском смысле этого слова, а именно группу, которая разделяет общую культуру и территорию и пользуется самоуправлением. Создав в Израиле полноценную еврейскую нацию, сионизм позволил всем членам еврейского сообщества приобщиться к единому наследию памяти, наследию, выраженному в сионистском изложении еврейской истории. В этом заключается разница между сионистским еврейским национализмом и еврейским национализмом Бунда. Если бы не холокост, Бунд, возможно, преуспел бы в создании еврейской нации в Восточной Европе. Однако Бунд не стремился создать нацию, с наследием которой могли бы себя отождествлять евреи как таковые (а именно, евреи, не принадлежащие к Восточной Европе). Иначе обстоит дело с еврейской нацией, которую сионизм успешно стремился создать на Земле Израиля. В этом смысле еврейская община в Израиле пользуется особым статусом по сравнению с другими евреями в мире. Это единственная еврейская община в мире, наследие которой могут разделить все евреи мира. Таким образом, еврейский народ в Израиле — единственная еврейская община, которая может служить центром еврейской диаспоры.

Этот центр — «духовный» не только в выше объясненном смысле Ренана, но и согласно Ахаду Хааму, в то время как в терминах, используемых Герцлем, это политический центр[32]. Для мирового еврейства Израиль может представлять собой политический центр, преследующий две основные цели: служить страной по их выбору для тех, кто захочет жить в рамках собственной культуры в смысле этнонациональной принадлежности; и служить убежищем, если евреи подвергаются преследованиям. Создание Государства Израиль должно было обеспечить решение не только «проблемы иудаизма», но и «проблемы евреев»[33]. Евреи

---

[32] По словам Ахад Хаама, целью сионизма было создание еврейской общины на Земле Израиля, культура которой была бы всеобъемлющей, говорящей на иврите и которая служила бы национальным духовным центром для еврейских диаспор по всему миру [Zipperstein 1993].

[33] Здесь, конечно, я имею в виду знаменитое высказывание Ахада Хама. Он считал, что ключевой проблемой сионизма был «вопрос иудаизма», а не «еврейский вопрос», на который Герцль обратил все свое внимание. Герцль считал,

в Израиле больше не подвергаются преследованиям, но имеют возможность постоять за себя, применить политическую и военную силу и выступить в свою защиту. Даже если Израиль не может обеспечить физическое выживание евреев и не может гарантировать, что они не будут страдать от преследований, он может гарантировать, что, если им будет угрожать опасность, евреи будут в состоянии сопротивляться и защищать себя — им, по крайней мере, не придется поступаться своим человеческим достоинством. Что касается «духовной» природы централизации в Израиле, как ее понимает Ахад Хаам, то еврейский образ жизни в Израиле охватывает большинство сфер как личной, так и общественной жизни. Таким образом, духовность относится к политике, сельскому хозяйству, армии, образованию, высокой культуре, литературе, искусству, юриспруденции и многому другому. Таким образом, централизация воплощает в жизнь то, что задумал Ахад Хаам: «создать на своей родной земле условия, благоприятные для ее развития: крупное поселение евреев, беспрепятственно работающих во всех областях культуры, от сельского хозяйства и ремесел до науки и литературы» [Ha'am 1912: 44]. Этот духовный центр пронизывает все сферы проживающих там евреев: в нем они учатся, питаются, проводят свой досуг, формируют личные отношения, любят, платят налоги и так далее. Ахад Хаам выражает мнение, что еврейский духовный центр на Земле Израиля призван создать условия «для всеобъемлющей национальной жизни», среди прочего путем «всестороннего воспитания членов нации в атмосфере своей национальной культуры, которая затем проникнет в глубины их душ и укрепит их духовную конституцию до такой степени, что это наложит отпечаток на всю их личную и общественную жизнь»

что цель сионизма состоит в том, чтобы найти решение проблем, с которыми сталкиваются отдельные евреи в результате антисемитских преследований. Ахад Хаам, напротив, считал, что главной целью сионизма выступало сохранение еврейской коллективной идентичности после того, как она начала угасать в результате ассимиляции. См. [Ha'am 1912; Zipperstein 1993: 102–104; Shimoni 2000: 105–106].

[Ha'am 1949: 401][34]. Эти две особенности национальной культуры — ее всепроникающий характер и отпечаток, который она накладывает на идентичность и личностные качества разделяющих ее людей, — вероятно, дают израильским евреям больше возможностей ежедневно воспроизводить богатую еврейскую культуру, чем евреям, живущим за пределами Израиля.

6.4.2.2. Центральное положение Израиля: внутренняя ответственность, а не внешняя власть

Каковы же практические последствия централизации Израиля для мирового еврейства? В процитированной выше речи перед евреями США А. Б. Иегошуа рассматривает этот вопрос в манере, которая напоминает видение Ахадом Хаамом еврейской жизни на еврейской родине:

> Мы в Израиле живем в обязывающих и неизбежных отношениях друг с другом, точно так же, как все члены суверенной нации живут вместе, к добру это или к худу, в обязывающих отношениях. Нами правят евреи. Мы платим налоги евреям, нас судят в еврейских судах, мы несем обязательную службу в еврейской армии, евреи заставляют нас защищать поселения, которые мы не хотели, или, наоборот, евреи нас насильно изгоняют из поселений. Нашу экономику определяют евреи, как и наши социальные условия [Yehoshua 2006: 9].

Слова Иегошуа также напоминают слова Ахада Хаама в отношении того, насколько глубоко еврейско-израильская культура проникает в жизнь израильтян. Однако, в отличие от Ахада Хама, в контексте процитированной речи, слова Иегошуа звучат как предостережение. Он, похоже, верит, что его идеи служат для евреев за пределами Израиля решающей частной причиной перенести свою жизнь в Израиль. Контекст, в котором он говорит,

---

[34] Как я уже упоминал в главе 2, эти два аспекта представлений Ахад Хама о национальной культуре и духовном центре являются характеристиками, которые Раз и Маргалит подчеркивают в своей статье о национальном самоопределении.

по-видимому, указывает на то, что на общественном уровне он считает, что Израиль предоставляет живущим там евреям право критиковать других евреев за то, что они там не живут. Этот упрек и порицание перекликаются с эссенциалистской моральной и социальной онтологией, лежащей в основе собственнического сионизма, согласно которой еврейство человека важнее его человечности, как с экзистенциальной, так и с моральной точки зрения; отдельный еврей — это прежде всего представитель еврейского народа, и стать израильским евреем — индивидуальным воплощением еврейской государственности — это высшее благо и единственный способ реализовать свою сущность[35]. Действительно, если вы всего лишь клетка в организме своей нации, то вам лучше быть связанным той же тканью с другими клетками этого организма — другими евреями — и поступать с ними так, как это принято в национальном организме: управлять экономикой, выносить решения, проводить политику — даже заболеть, то есть участвовать в том, что сам А. Б. Иегошуа, по-видимому, рассматривает как болезнь этого организма, а именно создании поселений на Западном берегу и их защите[36].

Согласно эгалитарному сионизму, напротив, человек ни в коем случае не является клеткой в организме своей этнической

---

[35] В упомянутой выше статье, в которой Иегошуа пишет о тотальности еврейства в жизни евреев в Израиле, он, по-видимому, отдает себе отчет в том, что для евреев, живущих в Израиле, это не вопрос выбора. Он даже хвастается отсутствием выбора: «[Еврейство американского еврея] является добровольным и осознанным, и он может регулировать его уровень в соответствии со своими потребностями. Мы в Израиле живем в обязывающих и неизбежных отношениях друг с другом» [Ibid.].

[36] Иегошуа является решительным противником поселений. См., например, статью [Yehoshua 2008: 80], в которой он выражает свое недовольство невмешательством американских евреев в проблему поселений. Хорошо известная левая позиция Иегошуа, в дополнение к его (упомянутому выше) выдающемуся статусу главного представителя сионизма, объясняет, почему его взгляды и заявления могут служить важным доказательством того, что эссенциалистский сионизм не ограничивается экстремистскими религиозными правыми; некоторые левые также являются приверженцами важных компонентов этого сионизма, и это, несомненно, относится к сионистскому центру.

нации и существование последней не имеет приоритета над существованием личности. Эгалитарный сионизм предполагает, что евреи как личности предшествуют евреям как народу, как экзистенциально, так и морально, и что их еврейство является лишь одним из многих компонентов их идентичности, даже если многие другие евреи считают его центральным компонентом. Даже если они остро заинтересованы в этом компоненте идентичности — а следует подчеркнуть, что не каждый отдельный еврей разделяет такой интерес, — национальность лишь один из многих других, не менее важных, интересов, которые могут конкурировать с ней. Только тогда, когда жизнь в рамках своей этнонациональной группы совместима с другими интересами, и когда достигается определенный баланс между этими интересами, их интерес к своей этнической нации может стать решающим и побудить их жить в этих рамках или иным образом способствовать ее процветанию. Для того чтобы баланс между этими интересами был нарушен в пользу жизни в рамках своей этнонациональной культуры, решающее значение имеет ожидаемый смысл такой жизни, а не просто осуществимость проекта, как, по-видимому, считает Иегошуа. Вопрос о том, защищать поселения или покидать их, имеет решающее значение для евреев, которые рассматривают возможность участия в процессе становления еврейской государственности в Израиле[37]. Он актуален для израильских евреев, и особенно для евреев диаспоры, чья жизнь не связана с Израилем и у которых нет экзистенциальных причин участвовать в его национальной жизни. Я должен подчеркнуть, что здесь я имею в виду евреев диаспоры, которые

---

[37] Этот аргумент могут использовать как левые, так и правые. В нем утверждается, что правые евреи США с большей вероятностью мигрируют в Израиль, если он националистический, чем если он либеральный, точно так же, как либеральные евреи США с большей вероятностью мигрируют в Израиль, если он либеральный, чем если он националистический. Возможно, само присутствие евреев в Израиле важно как для правых, так и для левых евреев в Америке, но этого недостаточно, чтобы мотивировать их туда мигрировать. Для каждой из этих групп имеет значение скорее ценность и сущность жизни, чем существование как таковое.

рассматривают возможность участия в развитии Израиля не только через переезд туда, но и через отождествление с его наследием (по определению Ренана), проживая в диаспоре.

Таким образом, для эгалитарного сионизма основные практические выводы, которые следует сделать из того факта, что израильские евреи составляют основную национальную группу еврейского коллектива, абсолютно противоположны тем, которые делает эссенциальный сионизм. В рамках эссенциалистского сионизма сама возможность жить в рамках широко распространенной еврейской культуры в Израиле — независимо от ее содержания — налагает на каждого еврея обязательство связать свою жизнь с Израилем, что требует от Израиля чего-то большего, чем просто поощрения евреев диаспоры к иммиграции или, по крайней мере, предостережения их в тех случаях, когда они отказываются понимать, что это их долг. С точки зрения эгалитарного сионизма, напротив, само существование в Израиле широко распространенной еврейской культуры не является ни решающей причиной для переезда каждого еврея в эту страну, ни достаточной причиной для того, чтобы отождествлять себя с ней. Их идентификация с ним, то есть их приверженность еврейской государственности диаспоры в сионистском смысле этого понятия, также зависит от того, какое особое значение Израиль придает наследию, с которым способны идентифицировать себя евреи.

В заключение: центральное положение Израиля в еврейской государственности по отношению к еврейской диаспоре не дает ему никакого авторитета и не оправдывает высокомерия с его стороны. Напротив, это позиция, которая возлагает на Израиль ответственность за то значение, придаваемое наследию, которое, по его утверждению, он сохраняет также от имени диаспоры: возобновление присутствия евреев на земле, с которой они отождествляют себя, в которой они суверенны и живут в пределах своей собственной культуры. Израиль несет такую ответственность прежде всего перед самим собой, а не перед диаспорой.

Однако во второстепенном, хотя и важном смысле он несет такую же ответственность и перед диаспорой, особенно перед теми, кто отождествляет себя с сионистским наследием. По мере того, как содержание еврейского существования в Израиле становится все менее привлекательным для диаспоры, вероятность переезда туда евреев из диаспоры будет уменьшаться, как и вероятность того, что они вообще будут отождествлять себя с наследием своего этнического ядра. Вместо того чтобы покинуть диаспору и жить в Израиле, они потеряют чувство отождествления себя с этим местом[38].

Некоторые из многочисленных откликов на выступление Иегошуа на конференции, посвященной столетию Американского еврейского комитета, ясно подтверждают это: «Не принимайте нашу поддержку как должное», — прокомментировал Сэмюэл Фридман, профессор школы журналистики Колумбийского университета, и рассказал следующее:

> Однажды летом в начале 1970-х мой лучший друг совершил обязательную для американского еврейского подростка летнюю поездку в Израиль. Он вернулся в Нью-Джерси, лишенный девственности, но в остальном не впечатленный... Он жаловался мне на ожесточенные дебаты в Кнессете, на борьбу за места в автобусах, не уступающую регби по накалу, на армейцев, которые переспали со всеми отборными туристками... «Они похожи на сицилийцев, — заключил он, — с поправкой на то, что все они евреи» [Freedman 2006: 36][39].

---

[38] Тогда ответственность Израиля за них тоже сохранится. Хотя они перестанут образовывать диаспору в ренановском понимании государственности, они останутся диаспорой в том смысле, что неевреи будут продолжать отождествлять себя с Израилем. Следовательно, члены диаспоры будут вынуждены отождествлять себя с Израилем, по крайней мере в негативном смысле. Тогда Израиль также будет нести ответственность перед членами диаспоры, поскольку они будут связаны с его поведением как государства. Возникнет обязанность не сохранять их как национальную диаспору, а воздерживаться от проведения политики, которая может поставить под угрозу евреев как индивидуумов.

[39] Другой интересный пример можно найти в воспоминаниях покойного историка Тони Джадта о летних каникулах, которые он провел в кибуце в конце 1960-х или начале 1970-х годов [Judt 2010].

Фридман, по-видимому, рассматривает содержание индивидуальной еврейской жизни и манеры поведения в Израиле как решающие для идентификации евреев диаспоры с Израилем факторы. Гораздо более весомым в этом вопросе, конечно, представляется содержание общественной жизни в Израиле, конституционное самопонимание в вопросах, касающихся статуса арабского меньшинства, поведение страны на международной арене. Неодиаспорический постсионизм братьев Бояринов и Джудит Батлер, который я обсуждал в главе 4, на самом деле возник как реакция на политику Израиля в этих областях. Как я уже отмечал, за последние несколько лет аналогичным образом отреагировали и другие американские интеллектуалы еврейского происхождения[40].

И к этим группам мы должны добавить множество молодых евреев, которых незабываемо охарактеризовал Питер Бейнарт: на требование еврейского истеблишмента США «оставить свой либерализм у дверей сионизма» они предложили ему «оставить свой сионизм у дверей либерализма» [Beinart 2010: 16]. Все эти группы верят, что сионизм в том виде, в каком он развился в Израиле, по своей сути влечет за собой неравенство и систематическое нарушение прав человека. Поэтому они приходят к выводу, что следует отказаться от сионизма в целом и что Израиль должен стать государством, реализующим не самоопределение евреев, а просто равное гражданство для евреев и арабов.

Даже если, как я утверждал в главе 4, выводы, на которых основаны эти заключения, не совсем обоснованны, сам факт того, что взгляды, которые они выражают, становятся распространенными среди интеллектуальной элиты американского еврейства и молодежи, подтверждает концепцию эгалитарного сионизма об отрицании изгнания и ослабляет собственнические представления об этом понятии. Ибо сам факт того, что такие взгляды на сионизм становятся все более и более распространенными, указывает на то, что простое существование ивритоязычной еврейской общины в исторической Палестине, независимо от ее ценностей, не привлечет евреев всего мира к отождествлению

---

[40] См. главу 4.

себя с Израилем и его национальным наследием. К этому может привести именно сущность этих ценностей и наследия, как в частной, так и в общественной сферах. Сионистский принцип «отрицания изгнания» следует интерпретировать не как метафизическое отрицание самого существования евреев за пределами Земли Израиля, а как отрицание содержания конкретной исторической еврейской жизни, которой жили реальные люди из плоти и крови в Европе в XX, XIX веках и еще раньше.

Евреи в те времена жили жизнью, полной преследований и угнетения, неспособные отстаивать собственные интересы, — той самой конкретной жизнью, которую в своих романах описали писатели Бреннер и Бердичевский, а также Бен Цион Динур в приведенной выше цитате. С того момента, как был создан Израиль и у евреев, живших за его пределами, появился выбор жить в нем, и с того момента, как жизнь евреев за пределами Израиля перестала быть такой, какой она была в течение столетий, предшествовавших XX веку, изгнание больше не подлежало отрицанию. Таким образом, вопрос о том, следует ли позитивно относиться к жизни в Израиле, стал зависеть от качества жизни евреев в Израиле, а не от его существования как такового. Другими словами, поскольку отрицание изгнания и утверждение принадлежности к Израилю с позиции эссенциалистского сионизма зависят от отрицания самого существования еврейской жизни за пределами Земли Израиля, а не от содержания жизни за пределами Израиля, отрицание эгалитарным сионизмом изгнания и утверждение принадлежности к Израилю зависят от содержания жизни и там, и там, а не от самого факта их существования. Согласно эгалитарному сионизму, вместо того чтобы полагаться на то, что они еврейское государство как таковое, когда дело доходит до отрицания изгнания, Израилю следует опасаться, что содержание еврейского существования послужит основанием для отрицания самобытности их государства. Отчаяние, которое англоамериканские еврейские интеллектуалы и американская еврейская молодежь недавно выразили по отношению к Израилю и сионизму, подтверждает это утверждение. Преимущество эгалитарного сионизма перед его эссенциалистским аналогом в этом отношении состоит в том, что эгалитарный сионизм располагает этот момент в основе своих философских и моральных принципов, в то время как эссенциалистский сионизм отрицает его на всех уровнях своих философских и моральных постулатов.

Как политическое движение, сионизм имеет исторические основания признать, что в отсутствие мотивации, вытекающей из содержания еврейского существования в Израиле, у него мало шансов показаться привлекательным для евреев диаспоры. Хотя сионизму удалось объединить в Израиле полноценную еврейскую нацию, говорящую на иврите, а также еврейскую нацию в частичном смысле этого слова в диаспоре, сионизм как историческое движение не имеет исключительных прав на эти достижения. Он не может утверждать, что формирование полноценной еврейской нации в Израиле стало результатом исключительно притягательной силы сионистской идеи как таковой. Политические действия движения, пытавшегося воплотить эту идею в жизнь, также не стали главным стимулом для успеха. Сионистская идея и сионистское движение, по-видимому, возобладали главным образом благодаря двум факторам. Первым из них стало закрытие ворот Америки для еврейских иммигрантов в 1920-х годах: это значительно увеличило численность так называемой *четвертой* волны миграции из Восточной Европы в Палестину и способствовало разрастанию там еврейских поселений в этот исторический период. Вторым — европейский антисемитизм 1930-х и 1940-х годов, который привел к *пятой* волне миграции и последующим волнам, завершившим и стабилизировавшим это важное еврейское поселение[41]. То же самое можно сказать

---

[41] Возросший поток иммигрантов в Палестину в период так называемой четвертой *алии* (1924–1931) стал результатом «внешних» обстоятельств. К ним относились ухудшившееся экономическое положение евреев в Польше в результате введенных против них экономических ограничений и одновременное сокращение возможностей для миграции в другие страны, особенно в результате закрытия въезда в США. Обзор последствий этого бедствия с точки зрения ряда сионистов см. в [Giladi 1973; Halamish 1998: 196–197]. Подробнее о волнах эмиграции из Израиля в те годы читайте в книге [Margalit M. 2007]. О пятой *алие* читайте в книге [Gelber 1990].

и о втором великом достижении сионизма, а именно о консолидации еврейской нации в диаспорах в 1940-х годах. Субъективный и добровольный смысл этого слова — единственный сионистский смысл национальности евреев диаспоры. Однако и на это сионизм не может претендовать как на свое достижение только в силу своей привлекательности как политической идеи. Еврейская нация объединилась главным образом в результате холокоста. Большинство американских и других западных евреев не были сионистами до 1940-х годов, они фактически выступали против этого течения. Только шок после холокоста и создания Израиля заставил замолчать оппозицию, которая до конца 1940-х годов звучала громко и побудила массы евреев (как и неевреев) по всему миру признать важность сионистской идеи и ее реализации[42]. Другими словами, сионистская идея увенчалась успехом не только благодаря позитивной привлекательности идеи еврейской жизни и еврейского самоопределения среди арабских масс на Ближнем Востоке, но и в результате закрытия ворот Америки для евреев и преследования евреев в Европе. Эти два события заслуживают самого решительного осуждения, а возможность их повторения — самого решительного противодействия. Очевидно, что было бы неправильно полагаться на их повторение для сохранения достижений сионизма.

Для того чтобы первое историческое достижение сионизма, то есть создание полноценной еврейской нации в Израиле, стало устойчивым, образ жизни израильских евреев необязательно должен быть привлекательным для большинства из них. В любом случае их жизнь основана на опыте израильских евреев, и для большинства из них это единственный или, по крайней мере,

---

[42] Холокост «уничтожил не только треть еврейского народа физически, но и еврейское идеологическое многообразие, которое ранее характеризовало общины диаспоры. После него и благодаря ему сионистская идея получила широкое распространение среди евреев. Таким образом, движение еврейского меньшинства стало доминировать и получило широкую поддержку среди всех общин еврейской диаспоры» [Michman 1997b: 11–12]. Подробнее о взаимосвязи между холокостом и образованием Израиля читайте также в книге [Michman 2003].

главный вариант существования. Затруднительное положение, с которым сталкивается большинство из них, не так уж сильно отличается от положения фермеров и ремесленников, которых Дэвид Юм имел в виду, критикуя вышеупомянутый тезис Локка о согласии, данном теми, кто живет в государстве, подчиняться и служить правительству этого государства. Однако это не относится ко второму достижению сионизма: сохранению вовлеченности основной части еврейской диаспоры в наследие автономной еврейской жизни в Израиле. Евреи диаспоры не мотивированы отождествлять себя с сионистским нарративом о еврейской истории столь же решительно и просто, как израильские евреи. В отличие от израильских родственников, они не воспитаны на сионистских идеях с раннего детства. Их основные экономические и социальные интересы не связаны с израильским обществом и экономикой. Они не привязаны к нему лингвистически, поскольку иврит для большинства из них не является родным языком; для большинства из них воспоминания о преследованиях евреев в XX веке не являются чем-то личным и не влияют на их повседневную жизнь. С течением времени и сменой поколений воспоминания о тех, кто пережил холокост, блекнут. Таким образом, сионистская политика обязана предложить евреям диаспоры другие поводы для желания каким-либо образом присоединиться к еврейской национальной жизни в Израиле. Или, по крайней мере, у него есть внутренние причины для того, чтобы не вызывать у них чувства стыда за эту национальную общину: в отличие от мотивов, по которым израильские евреи хотят, чтобы еврейская национальная жизнь в Израиле продолжалась, мотивов, связанных *с самим их существованием* и не зависящих от привлекательности *образа жизни евреев* в Израиле, — причины, по которым сионистская политика может предложить евреям за пределами Израиля почувствовать близость к еврейскому национальному существованию в Израиле (по крайней мере, если они не хотят, чтобы такой мотивацией послужило возобновление антисемитизма и преследований), должны быть связаны не с самим существованием там еврейской общины, а с качеством жизни внутри нее, еврейской и любой другой.

6.4.3. Правовой статус евреев диаспоры в Израиле: Закон о возвращении и Закон о гражданстве

Как я упоминал ранее, согласно эгалитарному сионизму, с момента укрепления независимости евреев в Израиле существование евреев за его пределами должно считаться не изгнанием, а, скорее, диаспорой. Таким образом, эта версия сионизма отвергает не только статус превосходства, который эссенциалистский собственнический сионизм дает израильским евреям над теми, кто живет за его пределами, но и статус, который этот сионизм предоставляет евреям за пределами Израиля в вопросах, касающихся Израиля. Для собственнического сионизма, как я уже объяснял, желание евреев за пределами Израиля переехать в Израиль ограничивает суверенитет государства: когда речь заходит о Земле Израиля, еврейство превосходит все остальное. Его важность перевешивает любые интересы, которые могут быть у евреев, не связанные с их еврейством (например, их экономические интересы), а также любые интересы неевреев. Неевреев, которые являются гражданами Израиля или проживают там, не учитывают вообще по сравнению как с его еврейскими жителями, так и с евреями, которые там не живут.

Эгалитарный сионизм должен отвергнуть эти позиции. Но, поступая так, он не приходит к постсионистскому выводу, требующему безусловной отмены постоянного правового статуса евреев диаспоры в Израиле. Эгалитарный сионизм утверждает, что привилегии, предоставляемые евреям диаспоры в вопросах иммиграции в Израиль и получения гражданства в Израиле, должны основываться не на объективном факте того, что они евреи, а на коллективном еврейском обосновании сохранения еврейского самоуправления в Израиле или на субъективных интересах и потребностях отдельных евреев, основанных на их еврействе, таких как их личная заинтересованность в том, чтобы жить в рамках широко распространенной еврейской культуры или избежать преследований на национальной почве.

Согласно концепции эгалитарного сионизма, Закон о возвращении и Закон о гражданстве, применяемые в Израиле, нужно заменить на общую, не только в отношении евреев, иммиграционную политику, основанную на трех принципах. Первый принцип заключается в том, что любому еврею, преследуемому по национальному признаку, должно быть предоставлено право иммигрировать и стать гражданином Израиля. Этот принцип предоставляет это право не только потому, что под вопросом евреи, а, скорее, потому, что их преследуют за их еврейство. Он выражает одно из главных оправданий сионизма в соответствии с эгалитарной интерпретацией, а именно оправдание, вытекающее из исторического опыта преследований. Более того, принцип основан на международном праве, признающем право беженцев и преследуемых лиц на убежище. Как и это всемирное право на убежище, принцип, предоставляющий любому преследуемому еврею право иммигрировать в Израиль, также ограничивает суверенитет государства и выражает решающий приоритет интересов потенциальных просителей убежища над интересами граждан государства, в котором они его ищут. Однако здесь речь идет об интересах личности, жизни и достоинства, которыми евреи обладают не только в силу того, что они евреи. С точки зрения конструктивистско-эгалитарного сионизма, положение евреев диаспоры, преследуемых за свое еврейство, волей-неволей превратилось бы в положение изгнанников только в том случае, если бы не существовало Государства Израиль, которое предоставляет им право на убежище. Чтобы евреи диаспоры не жили в изгнании, им необязательно на самом деле жить в Израиле, но у них должна быть законная возможность — то есть право — жить в Израиле, если они будут подвергаться преследованиям за свое еврейство.

Второй принцип, который, согласно эгалитарному сионизму, должен заменить действующий израильский Закон о возвращении и Закон о гражданстве, гласит, что евреи, которые воспринимают свое еврейство как национальное и, следовательно, хотят жить в Израиле, должны получить баллы, необходимые для заполнения иммиграционных квот, которые может ввести Израиль (и которые также должны включать неевреев, давать им право иммигрировать в Израиль тоже). Этот принцип также основан не на самом еврействе, а на личном выборе каждого интерпретировать свое еврейство как национальность и сохранять свою еврейскую идентичность, проживая бо́льшую часть своей жизни в рамках еврейской культуры. Заинтересованность людей в сохранении своей идентичности служит либеральным оправданием этнокультурного национализма в целом, а следовательно, и его еврейской версии, подтверждаемой эгалитарным сионизмом [Gans 2003: 39–66]. От евреев, желающих мигрировать в Израиль на основе этого принципа, может потребоваться доказательство искренности их заинтересованности в жизни в рамках национальной еврейской культуры, например презентация их прошлой жизни и устремлений. Однако, если то позволяют иммиграционные квоты в Израиль, просьба заявителей о переезде в Израиль может считаться достаточным доказательством искренности их заинтересованности в жизни в рамках национальной еврейской культуры. В любом случае очевидно, что евреям, мигрирующим в Израиль по этому принципу, нельзя немедленно по приезде давать гражданство, как это сейчас прописано в Законе о возвращении и Законе о гражданстве. Их право на получение гражданства должно быть обусловлено реализацией цели, ради которой им было разрешено иммигрировать в Израиль, а именно путем интеграции в его широко распространенную еврейскую культуру, что можно доказать, например, минимальным сроком проживания в Израиле или знанием иврита.

Важно подчеркнуть, что этот принцип не предоставляет каждому желающему еврею индивидуальное право на миграцию в Израиль; он предоставляет право на получение иммиграционных квот в Израиль тем евреям, которые интерпретируют свою идентичность как национальную принадлежность. Это соглашение оставляет за государством право по своему усмотрению сопоставлять интересы своих граждан, как евреев, так и неевреев, с интересами потенциальных иммигрантов и принимать решения в пользу тех или иных интересов в свете обстоятельств. В отличие от нынешнего соглашения, такой расклад не подразумевает, что простое еврейство человека, стремящегося иммигрировать, ставит интересы граждан государства выше. Последнее положение совместимо с собственническим сионизмом, но не с эгалитарной версией этой идеологии.

Третий принцип, который, согласно эгалитарному сионизму, должен заменить действующие в Израиле Закон о возвращении и Закон о гражданстве, утверждает, что, когда коллективные интересы евреев в отношении существования еврейской нации в Израиле оказываются под угрозой, квоты на иммиграцию евреев в Израиль должны быть увеличены. Такая угроза может возникнуть, например, когда спад населения Израиля может свести на нет способность израильских евреев продолжать жить в рамках расширенной еврейской культуры. В таких ситуациях иммиграция евреев в Израиль должна быть разрешена в количестве, превышающем число евреев, которым предоставлено право на въезд в Израиль, в знак признания двух предыдущих принципов. Этот принцип также не предполагает, что само по себе еврейство отдельных лиц может быть достаточной причиной для предоставления им преимуществ при иммиграции в Израиль. В нем говорится лишь о том, что квоты на иммиграцию евреев должны быть увеличены, если это необходимо для сохранения еврейского самоопределения в Израиле. Этот принцип вытекает из эгалитарного сионизма, поскольку он призван предотвратить возвращение евреев к состоянию изгнания, то есть к отсутствию права на самоопределение на Земле Израиля. В таких обстоятельствах евреи снова оказались бы в ситуации, которая существовала до успешной реализации сионизма: у них не было бы места, где они могли бы независимо жить в рамках своей культуры. Следовательно, третий принцип призван обеспечить продолжение главного достижения сионизма, а именно реализацию коллективного права евреев на национальное самоопределение на Земле Израиля [Gans 2003: 39–66][43].

---

[43] Подробное обсуждение пересмотра израильского Закона о возвращении в духе предложенных здесь принципов по причинам, имеющим отношение к еврейско-арабским отношениям, см. [Gans 2003].

Послесловие

В книге очерчены концептуальные и моральные контуры
дискуссии о еврейской государственности и ее институционали-
зации в Израиле и других странах. В качестве участников дискуссии были определены четыре основных игрока: эссенциалистский
собственнический сионизм, иерархический сионизм, конструктивистско-эгалитарный сионизм и постсионизм в различных его
формах. Большинство ведущих современных сторонников
иерархического сионизма, эгалитарного сионизма и постсионизма происходят из академических кругов. Сторонники эссенциалистского собственнического сионизма в настоящее время в этих
кругах, наоборот, почти отсутствуют, хотя в 1930-х годах он
пользовался научной поддержкой. Вплоть до этого десятилетия
ученые не принимали столь заметного участия в дискуссии, какое
они принимают с тех пор. До 1930-х годов эти вопросы обсуждались лидерами и активистами сионистского движения и других
еврейских течений, а также интеллектуалами за пределами академии — писателями, поэтами, эссеистами и журналистами.
До тех пор в этих дебатах почти не участвовали представители
академических кругов просто потому, что до конца 1920-х ни
одно высшее учебное заведение не примыкало к сионистскому
движению — по крайней мере, точно не в области гуманитарных
и общественных наук. Затем в 1925 году был основан и начал
развиваться Еврейский университет Иерусалима. В то же время
сионизм приобрел известность как среди еврейского народа, так
и в мировой политике. Между серединой 1920-х и серединой
1930-х годов в Палестину прибыли множество евреев; в Европе
свирепствовали антисемитизм и нацизм, сопротивление арабов
сионизму росло, в то время как желание сионизма создать еврей-

ский национальный очаг на Земле Израиля, которое до тех пор было расплывчато определено в институциональных терминах, переросло в более консолидированное, определенное и недвусмысленное стремление к созданию еврейского государства.

1930-е годы можно назвать ранними подростковыми годами Еврейского университета. Именно там выдвинули основную моральную критику линии развития сионизма. Позицию президента университета, Иуды Лейба Магнеса, главного из этих критиков, разделяли другие видные деятели университета, такие как Мартин Бубер и Гершом Шолем. В то же время, как довольно подробно описано в настоящей книге, на факультете еврейской истории университета были заложены философские и историографические основы того, что стало ответом сионизма на два основных недостатка, выделяющих его среди других национальных движений как этнокультурный национализм. Первый упрек, касающийся вопроса о том, являются ли евреи нацией, получил эссенциалистский ответ. Второму недостатку, обоснованию реализации еврейской государственности в исторической Палестине, ответили через собственнический подход. В основе обоих ответов лежала Земля Израиля.

Теоретическое обоснование, сформировавшее основу сионистского образования, на котором воспитывались поколения израильтян, основу сионистского общественного сознания, не привлекало особого внимания или критики ни в университетах, ни за их пределами, вплоть до 1970-х или 1980-х годов. С 1980-х годов на первый план вышла новая критика. Ее главными сторонниками были ученые-постсионисты, которые отвергли три основополагающих принципа сионизма, а именно признание еврейской государственности; осуществимость оправданной версии этнокультурного национализма в целом, а не только оправданной версии сионизма; и оправданность установления еврейского самоопределения на населенной арабами Земле Израиля. Мне кажется, что эта критика возникла как по внутриакадемическим, так и по внеакадемическим причинам.

Внутриакадемические причины связаны с достижениями последних десятилетий в изучении национализма и культурологии в западном мире, на которые я ссылался на протяжении всей этой книги. Они связаны с дискуссиями между социологами-модернистами и историками национализма, с одной стороны, и социологами, и историками-примордиалистами, с другой; с дискуссиями между либералами-дальтониками, с одной стороны, и либеральными мультикультуралистами и националистами, с другой; а также с постколониальной и постмодернистской научной литературой. Постсионистские ученые почувствовали необходимость раскритиковать эссенциалистский подход сионистской историографии к тем, кто ставил под сомнение еврейскую государственность и легитимность еврейского государства в интеллектуальном климате с доминированием модернистского, постмодернистского и постколониального дискурсов.

Внеакадемические причины роста постсионистской критики, определенно, связаны с политикой Израиля, проводимой с 1970-х годов, и ее практическими результатами. В отличие от сионистской политики, проводимой до 1970-х годов, которую не нужно было интерпретировать в терминах эссенциалистской теоретической инфраструктуры, созданной для сионизма ранними историками Еврейского университета, политику, проводимую Израилем с 1970-х годов, можно понять только в этих терминах. Другими словами, практические последствия эссенциалистского собственнического сионизма стали настолько очевидны, что их уже невозможно было отрицать. Сионизм израильского мейнстрима, большинство представителей которого были воспитаны в духе этого типа сионизма, начал осознавать его последствия ежедневно и ежечасно. Те, кто придерживается гуманистической и либеральной политической морали, рассматривают эти последствия как продолжающуюся и растущую катастрофу. Мне кажется, это и есть главная внеакадемическая причина роста постсионизма в академии.

Как мы увидели, большинство постсионистов также отвергают справедливость исторических усилий сионизма по установлению еврейского самоопределения в Палестине и считают, что и от уже достигнутого самоопределения следует отказаться. Эссенциалистский собственнический сионизм из своего объяснения оправданности этих усилий выводит ряд ответов на основные вопросы, касающиеся территориальных и институциональных аспектов еврейского самоопределения на исторической земле Израиля. Так же поступил и я в рамках позиции, названной «эгалитарным сионизмом». Эти две позиции устанавливают неразрывную связь между их представлением о справедливости сионизма как попытки создать с нуля полноценную еврейскую государственность в Палестине / на Земле Израиля (в XIX веке почти полностью населенной арабами) и их представлением об оправданных институциональных и территориальных аспектах этой нации. Специфика их ответа на первый вопрос определяет специфику ответа на второй. Бо́льшая часть аналитической работы в этой книге посвящена этой связи: я подвергаю критике эссенциалистский подход к обоснованию создания еврейской государственности в исторической Палестине и, следовательно, эссенциалистский подход к институциональному и территориальному характеру еврейского самоопределения в этой стране. Я привожу конструктивистско-эгалитарный подход к этим двум вопросам. Некоторые люди скептически относятся к целесообразности проведения подобного обсуждения политики Израиля. В одной из анонимных рецензий, на основании которой издательство Оксфордского университета решило опубликовать эту книгу, говорится:

> В какой еще стране люди спорят о том, справедливо ли рождение их страны? Можно легко утверждать, что Соединенные Штаты появились в результате несправедливого истребления коренных народов, причем гораздо более страшными способами, чем те, которые применили евреи в отношении арабского населения Палестины, — и то же самое относится ко всей Северной и Южной Америке, а также к Новой Зеландии и Канаде. На самом деле, есть ли хоть какая-нибудь страна, образованная справедливым образом? ...Оправдано ли появление Ирака? Иордании? США? Бразилии?

Один из ведущих борцов за мир высказал аналогичную точку зрения на странице израильской газеты «Гаарец»: «Что сейчас необходимо, — заявил он, — так это не академические дискуссии иммигрантов второго поколения о справедливости сионистской идеи, а, скорее, здоровый патриотизм коренных народов» [Etkes 2014]. Аналогичный скептицизм выразили в ответ на мою предыдущую книгу «Справедливый сионизм» в периодическом издании факультета политологии Тель-Авивского университета и в нескольких статьях в израильских газетах [Yemini 2012].

Одна из причин, по которой я считаю этот скептицизм ошибочным, — возможно, наименее важная причина — заключается в том, что он основан на фактической ошибке. Австралия, например, на протяжении десятилетий была озабочена геноцидом, который сопровождал ее становление как государства поселенцев. Подобные дебаты также происходят в Соединенных Штатах и в Северной Америке в целом, а также в Южной Америке. Считается, что Ирак и Иордания развились в результате произвольных бюрократических решений или колониальных интриг. Это просто неправда, что Израиль является исключением в том, что касается полемики внутри и за пределами его границ о справедливости его основания.

Но гораздо важнее другая причина, по которой ошибаются те, кто сомневается в самом смысле обсуждения справедливости сионизма и создания Израиля. Это относится к тому факту, что образование Израиля, по крайней мере, если исходить из аргументации этой книги, можно назвать справедливым. Это также связано с тем фактом, что превалирующее отношение Запада к образованию Израиля подтверждает его оправданность. Это не равнозначно справедливости колониализма и создания стран Нового Света. Не так обстоит дело и с процессами, которые определили границы и демографический состав многих постколониальных государств. Колониализм и его последствия заслуженно приобрели дурную репутацию.

Эти факты, наряду с другими, такими как совершенно разное соотношение численности нового населения к численности сохранившегося первоначального населения в Новом Свете и Израиле, привели к противоположным политическим процессам. В Австралии и Северной Америке уже давно никто не выступал (по крайней мере, открыто) в поддержку колониализма как справедливой политической идеи и исторического движения. Колониальные идеи не прописаны в их конституциях. Напротив, эти страны стремятся откреститься от преступлений, совершенных в процессе их образования, признают преступный характер процессов, которые привели к появлению этих государств, а также признают национальные и культурные права оставшихся общин коренного населения. Если мои аргументы верны, Израиль ушел в прямо противоположном направлении.

С одной стороны, создание этого государства и цель, в свете которой это создание должно интерпретироваться, а именно обеспечение родины для евреев, носили справедливый характер. Более того, до недавнего времени среди всех израильтян и в большинстве западных стран было широко распространено мнение о том, что Израиль был создан справедливо и должен продолжать существовать, чтобы служить цели, ради которой он был образован. С другой стороны, несколько десятилетий назад Израиль начал проводить политику, которая не только подрывает справедливость его настоящего и будущего, но и оправданность действий в прошлом[1]. Так получилось через навязывание собственнических и иерархических интерпретаций сионизма политике и конституционному порядку Государства Израиль. В этой книге я доказываю, что эти интерпретации ошибочны. Действуя на основе таких интерпретаций сионизма, Израиль упускает из виду несправедливость, которую его правители причинили коренному населению страны, и нарушает некоторые из самых фундаментальных прав отдельных лиц, составляющих это население. Более того, приняв эти интерпретации, страна обрекла себя на продолжение подобного поведения в будущем.

---

[1] Аргумент о том, что политика Израиля в последние несколько десятилетий морально подрывает его правящий истеблишмент, должен быть принят, по крайней мере, теми, кто согласен с аргументами, изложенными в этой книге. Моральные соображения, лежащие в основе этих аргументов, распространены среди представителей израильских левых сионистов и большинства либеральных кругов на Западе.

Если этот анализ верен, а эта книга была написана, среди прочего, для обсуждения этого вопроса, то интерпретация справедливости сионизма и основания Государства Израиль является неотложным вопросом, как на моральном, так и на практическом уровне. Это значительно более актуальный вопрос, чем обсуждение справедливости государственного устройства Соединенных Штатов, Канады, Австралии и Новой Зеландии. Прежде всего, он актуален из-за поднимаемых в нем текущих и будущих моральных проблем. Искупление прошлых ошибок путем признания их и принесения извинений — как это произошло в странах Нового Света — по определению не влечет за собой полного исключения ошибок в настоящем и будущем. Напротив, сужение справедливого требования, актуализированного в прошлом, путем применения ошибочных интерпретаций идеи, которая легла в основу этого требования, неизбежно и по определению влечет за собой повторение подобных правонарушений в настоящем и будущем. Пропорциональные различия между новым и коренным населением Израиля и новым и коренным населением стран Нового Света на порядки увеличивают практическую и моральную значимость этих различий.

Если бы страны Нового Света уклонились от рассмотрения вопроса о справедливости их рождения как государств и если бы они уклонились от признания и извинений за несправедливость, совершенную по отношению к коренному населению, и в то же время отказались предоставить им культурные и национальные права, это было бы большой несправедливостью. Однако число людей, которые испытали бы на себе основную тяжесть этой несправедливости в настоящем и будущем, было бы невелико. Индейцев чероки, криков и инуитов Северной Америки можно легко отодвинуть на задворки политической и практической жизни Соединенных Штатов и Канады. Они составляют гораздо меньшую долю от общей численности населения, чем люди европейского и иного происхождения, прибывшие сюда после совершения преступлений, которые почти полностью уничтожили на этих территориях коренные народы. Но арабское население Израиля и его окрестностей невозможно отодвинуть на задний план политической жизни Израиля без того, чтобы многие евреи и многие арабы (и, возможно, многие люди по всему миру) не заплатили бы огромную, возможно, фатальную моральную, политическую, общественную и личную цену.

В отличие от стран Нового Света, где колониализм давно перестал быть основополагающей идеологией политического, конституционного и правового устройства, для многих евреев по всему миру и для большинства израильских евреев идеология, которая привела к созданию Израиля, продолжает оставаться наиболее значимым идеологическим вдохновением для ведения повседневной еврейской политики. Она играет эту роль во внешней и оборонной политике Израиля, в его конституционном и правовом устройстве, в его экономике, земельной и иммиграционной политике, не говоря уже об организации общественных пространств и символах. Сионизм формирует все сферы жизни и политики.

Эта реальность может вызвать несколько типов реакции. Сионизм можно принять в том виде, в каком его понимают сионисты мейнстрима, как это делает большинство израильтян и огромное число евреев во всем мире. Можно предложить альтернативный взгляд на проблему, как это делаю я в этой книге, опираясь на историю сионистской идеи и практики. Или, наконец, можно привести убедительные аргументы в пользу неприятия сионизма, как это пытаются сделать постсионисты. Сейчас недопустимо такое утверждение: «Что сейчас необходимо, так это не академические дискуссии иммигрантов второго поколения о справедливости сионистской идеи, а, скорее, здоровый патриотизм коренных народов «сейчас необходимы не академические и публицистические дискуссии иммигрантов второго поколения о справедливости сионистской идеи, а здоровый патриотизм коренных народов» [Etkes 2014]. Люди, которые так говорят, не только отвергают сионистскую идею, не приводя никаких причин подобного отрицания, но и закрывают глаза на тот факт, что политический и конституционный порядок, при котором они живут или против которого они борются, создан сионизмом и постоянно им поддерживается. Без понимания и осмысления основ и оправданий сионизма действия Израиля, вытекающие из сионистской идеи, будут оставаться упрощенными, грубыми, слепыми, порочными и катастрофическими.

Необходимость обсуждения справедливости сионизма также актуальна для постсионистской критики сионизма, особенно критики гражданской и постколониальной версий постсионизма. Каждому, кто прочитал эту книгу, должно быть ясно, что я категорически отвергаю не только эссенциалистскую, собственническую и иерархическую версии сионизма, но и выводы этих школ постсионизма. Я считаю, что они глубоко ошибочны. Постсионисты, как и модернистские, постмодернистские и постколониальные интеллектуалы в других странах, часто используют аргументы, выводы из которых не вытекают из их собственных предпосылок, — иногда в отношении национализма в целом, а иногда в отношении сионизма в частности. Если бы эти выводы были реализованы в действительности, то такая реальность была бы отмечена большой моральной несправедливостью.

Однако, как я пытался показать на протяжении всей этой книги, эти комментарии также применимы к основной реакции израильских ученых на нормативные аспекты постсионизма, такую ответную реакцию я назвал «иерархическим сионизмом». Прежде чем объяснить это, я должен упомянуть еще об одной важной реакции израильских ученых на постсионизм, которую я не рассматривал в книге как систему. Речь об ответе историков-сионистов, которые писали историю сионизма после 1967 года, и социологов, которые описали израильскую социологию до появления постсионистских социологов. Я не стал обсуждать эти ответы и упомянул их лишь вскользь не только потому, что они выходят за рамки моей специализации, но и потому, что они, как правило, не отвергают постсионистскую критику историографии, проводившуюся до 1967 года. На самом деле эти ученые принимают ее. Разногласия сионистских социологов со своими постсионистскими коллегами в основном касаются морального значения согласованных фактов (дебаты о том, является ли сионизм формой колониализма). Историки-сионисты, вместо того чтобы отвергать факты, которые подчеркивают постсионисты, отвергают их притязания на новаторство, утверждая, что они имеют дело с уже знакомыми проблемами. По их мнению, эти давно поднятые вопросы связаны не только с фактическими ошибками сионистской историографии, существовавшей до 1967 года, но и с влиянием этой историографии на «политический дискурс, касающийся памяти о прошлом», который, по мнению самих этих историков, сильно расходится с исторической правдой[2].

Академическая реакция на постсионизм, которую я подробно обсуждал, это реакция сионистских ученых, работающих в нормативных областях: юриспруденции и политической теории. Хотя их основные усилия иногда сосредоточены на делегитимации постсионистских исследований в ежедневной прессе [Rubinstein 1997; Avineri 2007], иногда они пытаются подойти к этому вопросу более серьезно. Уделяя относительно мало внимания постсионистским оговоркам относительно фактических пробелов в сионистском нарративе[3], они сосредоточиваются главным образом на постсионистской критике моральных компонентов этого нарратива. Выработанный ими в результате подход, я назвал «иерархическим сионизмом». Я намеревался показать, что этот тип сионизма в попытках заполнить моральные пробелы в сионистском нарративе — прав, ссылаясь главным образом на

---

[2] Исраэль Барталь пишет: «Занд на самом деле привлекает наше внимание к самому важному и малоизученному явлению: большому разрыву, существующему между тем, как история описывается в учебниках и исторической исследовательской литературе, и тем, как история понимается в политическом дискурсе, связанном с памятью о прошлом» [Bartal 2008]. Но Барталь также знает, что по крайней мере часть ответа на этот важный вопрос можно найти в значительном вкладе сионистской историографии, написанной до 1967 года, в создание исторической традиции, которая, по его словам, была, «создана скорее в соответствии с идеологическими шаблонами... как часть истории нового националистического движения, а не как критическое исследование этой истории» [Bartal 1997: 49].

[3] Хотя и не всегда. См., например, ответ Якобсона и Рубинштейна на современную критику национализма, в которой они ссылаются на примордиалистов, таких как Смит, и на их предложение интерпретировать некоторые параграфы Декларации независимости как новую интерпретацию еврейских традиций и молитв на протяжении всей основной части их изгнания [Yakobson, Rubinstein 2009: 79–81] — я обсуждал это предложение в главе 2.

право на национальное самоопределение, в отличие от собственнического оправдания, на которое ссылается иерусалимская школа историков, представленная главным образом Динуром. Иерархические сионисты, однако, интерпретируют право на самоопределение как право на гегемонию одного народа над другим. Их аргументы на этот счет основаны скорее на сравнительных исследованиях, чем на фундаментальных, касающихся обоснования права на самоопределение. Я попытался высказать два замечания по поводу этого направления исследований. Во-первых, оно ошибочно даже с точки зрения своей собственной методологии. Сравнения, которые проводят эти ученые, часто скрывают существенные различия между еврейско-израильско-арабским случаем и случаями, с которыми его сравнивают[4]. Во-вторых, даже если бы это исследование было хорошо обосновано с точки зрения собственной методологии, оно является вторичной методологией, выводы которой в данном случае не подтверждаются фундаментальными исследованиями: соображения, имеющие отношение к моральному аспекту права на национальное самоопределение, не позволяют интерпретировать это право как право одной исконной нации на гегемонию над другими исконными нациями в том же государстве. Это право должно интерпретироваться как право, предоставляемое национальным государствам в равной степени. Это может привести к гегемонии только на основе соображений, вытекающих из самого равенства. На мой взгляд, ученые, которых я назвал «иерархическими сионистами», не делают выводов на основе логики своих исследований. Ими движут идеологические предубеждения, и когда они дисквалифицируют постсионистов на основании идеологических пристрастий, они фактически делают это, ссылаясь на недостатки, которые те разделяют с постсионистами.

---

[4] См., например, раздел 3.3.2 о том факте, что так называемый немецкий закон о возвращении, распространяется не на всех этнических немцев, а только на восточноевропейских немцев. Этнические приоритеты Германии в иммиграции определяются страной, у которой есть одна родина, в отличие от израильского Закона о возвращении, который применяется только к евреям, хотя Израиль считают родиной две нации.

Я должен признать, что, учитывая масштабность рассматриваемых проблем и их практические и моральные последствия, в ходе этих дебатов легко попасть в идеологическую ловушку, с которой сталкиваются (все) ученые, ими занимающиеся. Я также признаю, что, если бы мне пришлось выбирать, в какую идеологическую ловушку попасть, я бы предпочел ту, в которую попадают постсионисты, а не иерархические сионисты, даже несмотря на то, что выводы иерархических сионистов объективно ближе к моим собственным, чем выводы постсионистов. Если бы мне пришлось выбирать, куда направить моральное возмущение — на действия сионизма и Израиля в течение последних сорока лет или на постсионистскую критику Израиля, — я бы выбрал первое: они предупреждают нас о реальной моральной катастрофе, которая разворачивается на наших глазах. Напротив, шансы на то, что зло, подразумеваемое постсионизмом, а именно прекращение самоопределения евреев в Израиле, случится, действительно, очень малы. Более того, если такое когда-нибудь и произойдет, то не потому, что постсионистская критика сионизма запускает процесс, который его вызывает, а потому, что собственнический сионизм доминирует в израильской политике с 1970-х годов. Если кто-то должен выразить моральное возмущение и негодование по поводу того, что сионистское предприятие подвергается реальной опасности, и если кто-то должен направить свои исследовательские усилия на борьбу с теоретическими и нормативными ошибками, то объектом критики и исследования должен стать собственнический сионизм, а не постсионизм. К счастью, мне не пришлось выбирать между критикой действий сионистского движения и Израиля за последние 40 лет, с одной стороны, и критикой постсионистских критиков Израиля — с другой. Я убежден, что и то и другое нужно раскритиковать и что необходима новая теория на смену и тому и другому.

Тем не менее я написал эту книгу с осознанными и предельно гуманистическими и либеральными намерениями. Фундаментальное предположение книги заключается в том, что изложенные в ней общие гуманистические позиции верны, а если это не так, то подходящей позицией оказывается собственнический сионизм. Если главными субъектами моральной ценности в мире являются в первую очередь не отдельные люди, а нации, членами которых они являются, если нет другого способа оценить правильность моральных позиций, кроме как в рамках традиций определенной нации, и если нет универсального метода для вынесения таких суждений, то положения этой книги можно истолковать неверно. Тогда я, несомненно, попал в идеологическую ловушку, связанную с разногласиями между моральными теориями, которые ставят во главу угла людей с равными моральными качествами, и моральными теориями, которые ставят во главу угла конкретную нацию. Однако это, на мой взгляд, вовсе не идеологическая ловушка, поскольку ценности гуманизма заслуживают несравненно большей преданности, чем ценности любой нации. Однако я надеюсь, что не попал в более специфическую идеологическую ловушку: что книга не содержит предубеждений за или против сионизма как такового, так что я предпочитаю сионизму ценности гуманизма и либерализма.

Из этого не следует, что у меня не было такого предубеждения, и я не уверен, что оно не наложило отпечаток на эту книгу. В доме моих родителей царил ярый сионизм. С середины 1950-х до середины 1960-х годов я учился в начальной и средней школе в Тель-Авиве, а когда мне исполнилось девятнадцать, я служил в бригаде, сражавшейся во время Шестидневной войны в Иерусалиме. В то время я был взволнован и напуган, а после войны, как и большинство израильтян, я был горд и счастлив. С такой биографией я не мог стать никем иным, кроме как убежденным сионистом. С середины 1970-х годов я чувствовал себя так, словно меня публично предали: то, что произошло в то время во имя сионизма, глубоко огорчает меня, о чем я неоднократно говорил публично. Я не уверен, как все это повлияло на мои исследования, но точно знаю, что во всем, что касается сионизма и действий Израиля, я старался оставаться верным только умозаключениям, логически вытекающим из базовых ценностей гуманизма и либерализма. Возможно, я так и не преодолел своих предубеждений, но приведенная выше краткая биографическая справка показывает, что, даже если есть основания полагать, что у меня есть предубеждения, они исходят не только от одной стороны спора о сионизме.

Если меня и беспокоит подозрение, что в моих статьях присутствует предвзятость, то лишь в пользу сионизма, не против него. Это предубеждение относится главным образом к вопросу о моральности исторического шага по установлению самоопределения евреев в Палестине / на Земле Израиля. Аргумент о необходимости, который использовался в качестве основной части обоснования этого шага сионизма, все еще требует тщательной проработки[5]. Он не обладает той степенью точности, которая характерна для его использования в уголовном праве при оправдании преступных действий или для освобождения правонарушителей от ответственности за такие действия. Он не может достичь такого уровня точности (который, в свою очередь, далек от математической), и, возможно, в этом нет необходимости. В результате термин допускает больше субъективных предубеждений, чем это принято среди судей в контексте национальных правовых систем. Более того, потребность евреев как группы в самоопределении на Земле Израиля — процесс, который начал формироваться в конце XIX века и завершился в конце 1940-х годов, — в этот период демонстрировала неодинаковую интенсивность. Меняющаяся насущность этой потребности требовала различной степени амбициозности в отношении территориальных и институциональных аспектов еврейского самоопределения на различных этапах, предшествовавших созданию Израиля, и различной интенсивности средств, которые использовались для реализации этих амбиций. Это еще больше ограничивает возможную степень точности при обсуждении в этой книге роли «вынужденности» в обосновании версии сионизма, которую я здесь отстаиваю, а именно эгалитарного сионизма. Изучение роли рассматриваемой необходимости должно учитывать кон-

---

[5] Начало (но не более) такого развития событий смотрите в моем ответе [Gans 2011: 669–673] на критику Феллесдала и Перлманна по этому вопросу [Føllesdal, Perlmann 2011: 629–630]. См. также главу 3.

кретные обстоятельства, сложившиеся внутри Палестины и за ее пределами на различных исторических этапах, начиная с зарождения сионизма. Я и не могу, и не хочу браться за эту титаническую задачу: мой главный интерес к сионизму заключается не в морали его прошлого как такового, а лишь в том, как это прошлое влияет на нынешнюю и будущую мораль сионизма. Даже если изложенная в этой книге версия морали сионизма в прошлом не совсем точна, я считаю, что с моральной точки зрения ее необходимо принять по двум причинам. Во-первых, его альтернативы — та, которая полностью отвергает справедливость установления еврейского самоопределения на Земле Израиля, и та, которая отвергает любые сомнения в этой морали, — не кажутся ни более точными, ни убедительными. Во-вторых, как я продемонстрировал в последней части главы 5, это единственная интерпретация сионистского нарратива, которая в итоге может обеспечить стабильное и справедливое мирное сосуществование евреев и арабов на Земле Израиля.

Как я ясно изложил в главе 1, моя защита эгалитарного сионизма не подразумевает, что евреи вообще или израильские евреи обязаны следовать его принципам в том, как они живут в персональном плане: только то, что они (и не только они) обязаны не отказывать евреям вообще и израильским евреям в возможности ему следовать. Эта книга защищает право евреев быть сионистами и доказывает существование политической и социальной реальности, которая позволяет людям реализовать свои сионистские убеждения. В задачи книги не входило отстаивать сионизм как *наилучший* выбор для каждого отдельного еврея или даже для каждого израильского еврея в отдельности.

Являюсь ли я сионистом? Ошибочно даже пытаться ответить на этот вопрос. Одной из целей написания этой книги было дать людям возможность сказать, что нет ответа на этот вопрос, как невозможно и ответить отрицательно и при этом не прослыть антисионистом. Даже при отрицательном ответе они могли бы поддержать существование политических условий, которые позволяют другим людям, ответившим на этот вопрос утвердительно, реализовать практические последствия своего ответа. Я пытался написать эту книгу независимо от того, являюсь ли я сионистом или нет. Я пытался написать ее как гетеросексуал, который пишет о правах геев, и как мужчина, который пишет о правах женщин. Эта точка зрения обязывает меня полностью отвергать собственнический сионизм и постсионизм, а также выступать против некоторых центральных компонентов иерархического сионизма. Она обязывает меня не отвергать сионизм как таковой и поддержать эгалитарный сионизм с позиции стороннего наблюдателя. Поскольку с этой целью я написал такую длинную книгу, мои читатели могут догадаться, что я не просто сторонний наблюдатель и что в этом вопросе у меня также есть личные обязательства. Мне самому придется подтвердить эту догадку.

Библиография

Agassi 1999 — Agassi Joseph. Liberal Nationalism for Israel: Towards an Israeli National Identity. Jerusalem: Gefen, 1999.

Anderson 1991 — Anderson Benedict. Imagined Communities: Reflections on the Origin and Spread of Nationalism. Rev. ed. London: Verso, 1991.

Anscombe 1963 — Anscombe G. E. M. Intention. Oxford: Basil Blackwell, 1963.

Archives parlementaires 1787–1860 — Archives parlementaires de 1787 à 1860, recueil complet des débats législatifs et politiques des chambres françaises / Ed. by Jerom Mavidal and Emile Laurent. Paris: Librarie Administrative De Paul DuPont, 1867–1913.

Avineri 1981 — Avineri Shlomo. The Making of Modern Zionism: Intellectual Origins of the Jewish State. New York: Basic, 1981.

Avnery 1947 — Avnery Uri. War or Peace in the Semitic World. Tel Aviv: Young Palestine Association, 1947 [in Hebrew].

Baer, Dinur 1936 — Baer Yitzhak, Dinur Ben Zion. Our Orientation // Zion. 1936 [in Hebrew].

Barnai 1995 — Barnai Jacob. Historiography and Nationalism: Trends in the Research of Palestine and its Jewish Yishuv, 634–1881. Jerusalem: Magnes Press, 1995. [in Hebrew].

Bar-On 1996 — Bar-On Mordechai. Post-Zionism and Anti-Zionism: Distinctions, Definitions, Classification of Issues and a Few Personal Choices // Zionism: A Contemporary Controversy: Research Trends and Ideological Approaches / Ed. by Pinhas Ginossar and Avi Bareli. Sede Boker: Ben-Gurion University of the Negev Press, 1996 [in Hebrew].

Bartal 1997 — Bartal Israel. Land and People in Zionist Historiography until 1967 // From Vision to Revision: A Hundred Years of Historiography of Zionism / Ed. by Yechiam Weitz. Jerusalem: Zalman Shazar Center for Jewish History, 1997 [in Hebrew].

Bartal 2007 — Bartal Israel. Cossack and Bedouin: Land and People in Jewish Nationalism. Tel Aviv: Am Oved, 2007 [in Hebrew].

Bartal, Ben Arieh 1983 — Bartal Israel, Ben Arieh Yehoshua, eds. The History of Eretz Israel. Vol. 8: The Last Phase of Ottoman Rule (1799–1917). Jerusalem: Keter, 1983 [in Hebrew].

Barry 2001 — Barry Brian. Culture and Equality: An Egalitarian Critique of Multiculturalism. Cambridge: Polity Press, 2001.

Barzilay-Yegar 2003 — Barzilay-Yegar Dvorah. A National Home for the Jewish People: The Concept in British Political Thinking and Policymaking, 1917–1923. Jerusalem: Zionist Library, 2003 [in Hebrew].

Bashir 2011 — Bashir Bashir. Engaging with the Injustice/Justice of Zionism: New Challenges to Palestinian Nationalism // Ethical Perspectives. 2011.

Beinart 2010 — Beinart Peter. The Failure of the American Jewish Establishment // New York Review of Books. 2010.

Beit-Zvi 1991 — Beit-Zvi Shabtai B. Post-Ugandan Zionism on Trial: A Study of the Factors That Caused the Mistakes Made by the Zionist Movement during the Holocaust / Transl. by Ralph Mandel. Tel Aviv: S. B. Beit-Zvi, 1991.

Bell, Marans 2006 — Bell Roselyn, Marans Noam, eds. The A. B. Yehoshua Controversy: An Israel-Diaspora Dialogue on Jewishness, Israeliness and Identity. New York: American Jewish Committee, 2006.

Ben-Gurion 1931 — Ben-Gurion David. We and Our Neighbors. Tel Aviv: Davar, 1931 [in Hebrew].

Ben-Israel 1996 — Ben-Israel Hedva. Theories of Nationalism and their Application to Zionism // Zionism: A Contemporary Controversy—Research Trends and Ideological Approaches / Ed. by Pinhas Ginossar and Avi Bareli. Sede Boker: Ben-Gurion University of the Negev Press, 1996 [in Hebrew].

Ben-Israel 2000 — Ben-Israel Hedva. Reflection on Zionist History // The Age of Zionism / Ed. by Anita Shapira, Jehuda Reinharz, and Jay Harris. Jerusalem: Zalman Shazar Center for Jewish History, 2000 [in Hebrew].

Ben-Sasson 1976 — Ben-Sasson Haim Hillel. Our Right to the Land // Betzfuzot Ha-Gola. 1976 [in Hebrew].

Ben-Sasson 1984 — Ben-Sasson Haim Hillel. Continuity and Variety / Ed. by Joseph Hecker. Tel Aviv: Am Oved, 1984 [in Hebrew].

Berent 2009 — Berent Moshe. A Nation Like All Nations: Towards the Establishment of an Israeli Republic. Jerusalem: Carmel, 2009 [in Hebrew].

Berlin 1979 — Berlin Isaiah. Nationalism: Past Neglect and Present Power // Partisan Review. 1979.

Bhabha 1994 — Bhabha Homi K. The Location of Culture. London: Routledge, 1994.

Boyarin 1997a — Boyarin Daniel. The Colonial Masks Ball // Theory and Criticism. 1997. Vol. 11 [in Hebrew].

Boyarin 1997b — Boyarin Daniel. Unheroic Conduct: The Rise of Heterosexuality and the Invention of the Jewish Man. Berkeley: University of California Press, 1997.

Boyarin 2002 — Boyarin Daniel. Tricksters, Martyrs, and Collaborators: Diaspora and the Gendered Politics of Resistance // Boyarin Jonathan, Boyarin Daniel. Powers of Diaspora: Two Essays on the Relevance of Jewish Culture. Minneapolis: University of Minnesota Press, 2002.

Boyarin, Boyarin 1993 — Boyarin Daniel, Boyarin Jonathan. Diaspora: Generation and the Ground of Jewish Identity // Critical Inquiry. 1993.

Boyarin, Boyarin 2002 — Boyarin Jonathan, Boyarin Daniel. Powers of Diaspora: Two Essays on the Relevance of Jewish Culture. Minneapolis: University of Minnesota Press, 2002.

Butler 2012 — Butler Judith. Parting Ways: Jewishness and the Critique of Zionism. New York: Columbia University Press, 2012.

Clive 1996 — Clive Jones. Soviet Jewish Aliyah, 1989–92: Impact and Implications for Israel and the Middle East. London: F. Cass, 1996.

Cohen 1924 — Cohen Herman. Jüdische Schriften [Jewish Writings]. Berlin: Bruno Strauss, 1924.

Conforti 2006 — Conforti Yitzhak. Past Tense: Zionist Historiography and the Shaping of the National Memory. Jerusalem: Yad Izhak Ben-Zvi, 2006 [in Hebrew].

Cooper 2015 — Cooper Julie E. A Diasporic Critique of Diasporism: The Question of Jewish Political Agency // Political Theory. 2015.

Dinur 1925 — Dinur Ben Zion. A Documentary History of the Jewish People from its Beginning to the Present. Vol. 1: Israel in the Diaspora. Tel Aviv: Dvir, 1925 [in Hebrew].

Dinur 1938 — Dinur Ben Zion, ed. The Book of Zionism and His Plan // Sefer Ha-Zionut [The Book of Zionism]. Tel Aviv: Dvir, 1938.

Dinur 2009 — Dinur Ben Zion. Posthumous and Other Writings / Ed. by Arielle Rein. Jerusalem: Zalman Shazar Center for Jewish History, 2009 [in Hebrew].

Dothan 1979 — Dothan Shmuel. Partition of Eretz-Israel in Mandatory Period. Jerusalem: Yad Izhak Ben-Zvi Publications, 1979 [in Hebrew].

Eilam 2007 — Eilam Yigal. Review of An Uneasy Relationship: American Jewish Leadership and Israel, 1948–1957, by Zvi Ganin // Zmanim. 2007. Vol. 97 [in Hebrew].

Ergang 1931 — Ergang Robert Reinhold. Herder and the Foundations of German Nationalism. New York: Columbia University Press, 1931.

Evron 1995 — Evron Boas. Jewish State or Israeli Nation [no publication in English]

Evron 2001 — Evron Boas. A National Reckoning. Tel-Aviv: Dvir, 2001 [in Hebrew].

Fletcher 1978 — Fletcher George. Rethinking Criminal Law. Boston: Little, Brown, 1978.

Føllesdal, Perlmann 2011 — Føllesdal Andreas, Perlmann Joel. Can There Be a Just Zionism? // Ethical Perspectives. 2011.

Frankel 1984 — Frankel Jonathan. Prophecy and Politics: Socialism, Nationalism, and the Russian Jews, 1862–1917. Cambridge: Cambridge University Press, 1984.

Freedman 2006 — Freedman Samuel. In the Diaspora: You're Taking Us for Granted—Don't // Bell Roselyn, Marans Noam, eds. The A. B. Yehoshua Controversy: An Israel-Diaspora Dialogue on Jewishness, Israeliness and Identity. New York: American Jewish Committee, 2006.

Gafni 1933 — Gafni Reuven. Our Historical-Legal Right to Eretz Israel. Jerusalem: Sifriyat Torah Ve-Avoda, 1933 [in Hebrew].

Galnoor 1995 — Galnoor Itzhak. Territorial Partition: Decision Crossroads in the Zionist Movement. Jerusalem: Magnes, 1995 [in Hebrew].

Ganin 2005 — Ganin Zvi. An Uneasy Relationship: American Jewish Leadership and Israel, 1948–1957. New York: Syracuse University Press, 2005.

Gans 2003 — Gans Chaim. The Limits of Nationalism. Cambridge: Cambridge University Press, 2003.

Gans 2007a — Gans Chaim. Individuals' Interest in the Preservation of Their Culture: Its Meaning, Justification and Implications // Journal of Law and Ethics of Human Rights. 2007.

Gans 2007b — Gans Chaim. Is There a Historical Right to the Land of Israel? // Azure. 2007. Vol. 27.

Gans 2008 — Gans Chaim. A Just Zionism: On the Morality of the Jewish State. New York: Oxford University Press, 2008.

Gans 2011 — Gans Chaim. Is Egalitarian Zionism Possible? // Ethical Perspectives. 2011.

Gavison 1999 — Gavison Ruth. Can Israel Be Both Jewish and Democratic? Tensions and Prospects. Jerusalem: Van Leer Jerusalem Institute, 1999 [in Hebrew].

Gavison 2003 — Gavison Ruth. The Jews' Right to Statehood: A Defense // Azure. 2003. Vol. 15.

Gelber 1990 — Gelber Yoav. A New Homeland: The Immigration from Central Europe and Its Absorption in Eretz Israel, 1933–1948. Jerusalem: Yad Izhak Ben-Zvi, 1990 [in Hebrew].

Gelber 2004 — Gelber Yoav. Palestine, 1948: War, Escape and the Emergence of the Palestinian Refugee Problem. Brighton: Sussex Academic Press, 2006 (Originally published as: Gelber Yoav. Independence versus Nakba. Tel Aviv: Dvir, 2004. [in Hebrew].)

Gellner 1964 — Gellner Ernest. Thought and Change. London: Weidenfeld and Nicolson, 1964.

Gellner 1974 — Gellner Ernest. Contemporary Thought and Politics. London: Routledge & Kegan Paul, 1974.

Gellner 1983 — Gellner Ernest. Nations and Nationalism. Oxford: Basil Blackwell, 1983.

Giladi 1973 — Giladi Dan. Jewish Palestine during the Fourth Alia Period (1924–1929): Economic and Social Aspects. Tel Aviv: Am Oved, 1973 [in Hebrew].

Glazer 1983 — Glazer Nathan. Ethnic Dilemmas, 1964–1982. Cambridge, MA: Harvard University Press, 1983.

Gorny 1986 — Gorny Yosef. The Quest for Collective Identity. Tel Aviv: Am Oved, 1986 [in Hebrew].

Gorny 1993 — Gorny Yosef. Policy and Imagination: Federal Ideas in Zionist Political Thought, 1917–1948. Jerusalem: Yad Izhak Ben-Zvi, Hassifriya Haziyonit, 1993 [in Hebrew].

Gorny 2003 — Gorny Yosef. Zionism as a Renewed Ideal // An Answer to a Post-Zionist Colleague / Ed. by Tovia Friling. Tel Aviv: Yedioth Ahronot, 2003 [in Hebrew].

Grodzinsky 2004 — Grodzinsky Yosef. In the Shadow of the Holocaust: The Struggle between Jews and Zionists in the Aftermath of World War II. Monroe: Common Courage, 2004.

Ha'am 1912 — Ahad Ha'am. The Jewish State and the Jewish Problem // Ten Essays on Zionism and Judaism / Transl. by Leon Simon. London: Routledge, 1912.

Ha'am 1949 — Ahad Ha'am. Negation of the Exile // All the Writings of Ahad Ha'am. Tel Aviv: Dvir, 1949.

Haetzni 2005 — Haetzni Nadav. The State of Israel versus Eretz Israel // Ofakim Hadashim. 2005. Vol. 25. http://ofakim.org.il/zope/home/he/112696 8912/1126970049 [in Hebrew].

Halamish 1998 — Halamish Aviva. Immigration of Jewish "Capitalist" to Palestine between the World Wars // Kibbutz Galuyot: Aliyah L'Eretz-Israel—

Mythos U'metzi'ut / Ed. by Dvora Hacohen. Jerusalem: Zalman Shazar Center for Jewish History, 1998 [in Hebrew].

Halevi 1917 — Halevi Judah. Ode to Zion // The Standard Book of Jewish Verse / Ed. by George Alexander Kohut. New York: Dodd, Mead, 1917.

Halpern 1969 — Halpern Ben. The Idea of the Jewish State. 2nd ed. Cambridge, MA: Harvard University Press, 1969.

Harkabi 1988 — Harkabi Yehoshofat. Main Features of the Arab-Israeli Conflict. Jerusalem: Leonard Davis Institute for International Relations, 1988 [in Hebrew].

Hart 1982 — Hart H. L. A. Legal Rights // Essays on Bentham: Studies in Jurisprudence and Political Theory / edited by H. L. A. Hart. Oxford: Clarendon, 1982.

Hasfari, Yaniv 2009 — Hasfari Shmuel, Yaniv Eldad. The National Left (First Draft). Tel Aviv: privately printed, 2009 [in Hebrew].

Hobsbawm 1990 — Hobsbawm Eric J. Nations and Nationalism since 1780: Programme, Myth, Reality. Cambridge: Cambridge University Press, 1990.

Hendal, Levi 1959 — Hendal Michael, Levi Ya'akov. History, Teaching // Ha'entziklopedya Ha'chinuchit / Ed. by Martin Buber, Tzvi Adar, and Ya'akov Levi. Vol. 2. Jerusalem: Bialik Institute, 1959 [in Hebrew].

Hohfeld 1913–1914 — Hohfeld Wesley Newcomb. Some Fundamental Legal Conceptions as Applied in Judicial Reasoning // Yale Law Journal. 1913–1914.

Hume 1987 — Hume David. Of the Original Contract // Essays, Moral, Political, and Literary, rev. ed. / Ed. by Eugene F. Miller. Indianapolis: Liberty Fund, 1987.

Ignatieff 1994 — Ignatieff Michael. Blood and Belonging: Journeys into the New Nationalism. New York: Farrar, Straus and Giroux, 1994.

Judt 2003 — Judt Tony. Israel: The Alternative // New York Review of Books. 2003.

Judt 2010 — Judt Tony. Kibbutz // New York Review of Books. 2010. Vol. 57, № 2.

Kaufman 1930 — Kaufmann Yehezkel. Exile and Foreign Land. Vol. 2. Tel Aviv: Dvir, 1930 [in Hebrew].

Kelly 2002 — Kelly Paul, ed. Multiculturalism Reconsidered: "Culture and Equality" and Its Critics. Cambridge: Polity Press in association with Blackwell Publishers, 2002.

Kemp, Raijman 2001 — Kemp Adriana, Raijman Rebeca. Foreigners in a Jewish State: The New Politics of Labor Migration in Israel // Israeli Sociology. 2001 [in Hebrew].

Kemp, Raijman 2008 — Kemp Adriana, Raijman Rebeca. Migrants and Workers: The Political Economy of Labor Migration in Israel. Jerusalem: Van Leer Jerusalem Institute, 2008 [in Hebrew].

Kimmerling 1983 — Kimmerling Baruch. Zionism and Territory: The Socio-territorial Dimensions of Zionist Politics. Berkeley: Institute of International Studies, University of California, 1983.

Kofman (unpublished) — Kofman Daniel. Territorial Claims, Secession, and Justice. Unpublished manuscript.

Kohn 1955 — Kohn Hans. Nationalism: Its Meaning and History. Princeton, NJ: D. Van Nostrand Company, 1955.

Kymlicka 1995 — Kymlicka Will. Multicultural Citizenship: A Liberal Theory of Minority Rights. Oxford: Clarendon, 1995.

Kymlicka 2001a — Kymlicka Will. Politics in the Vernacular: Nationalism, Multiculturalism, and Citizenship. New York: Oxford University Press, 2001.

Kymlicka 2001b — Kymlicka Will. Western Political Theory and Ethnic Relations in Eastern Europe // Can Liberal Pluralism Be Exported? Western Political Theory and Ethnic Relations in Eastern Europe / Ed. by Will Kymlicka and Magda Opalski. Oxford: Oxford University Press, 2001.

Kymlicka 2007 — Kymlicka Will. Multicultural Odysseys: Navigating the New International Politics of Diversity. Oxford: Oxford University Press, 2007.

Lazin 2006 — Lazin Fred A. "Freedom of Choice": Israeli Efforts to Prevent Soviet Jewish Émigrés to Resettle in the United States // Review of Policy Research. 2006.

Lissak 1996 — Lissak Moshe. "Critical" Sociology and "Establishment" Sociology in the Israeli Academic Community: Ideological Struggles or Academic Discourse? // Israel Studies. 1996.

Lustick 2003 — Lustick Ian S. Zionist Ideology and Its Discontents: A Research Note // Israel Studies Forum. 2003.

Lustick 2013 — Lustick Ian S. Two-State Illusion // New York Times Sunday Review, September 14, 2013.

Lustick 2015 — Lustick Ian S. Making Sense of the Nakba: Ari Shavit, Baruch Marzel, and the Zionist Claims to Territory // Journal of Palestine Studies. 2015.

Magal et al. 2003 — Magal Tamir, Oren Neta, Bar-Tal Daniel, Halperin Eran. Psychological Legitimization—Views of the Israeli occupation by Jews in Israel: Data and Implications // The Impacts of Lasting Occupation: Lessons from Israeli Society / Ed. by Daniel Bar-Tal and Itzhak Schnell. New York: Oxford University Press, 2003.

Magid 2013 — Magid Shaul. American Post-Judaism: Identity and Renewal in a Postethnic Society. Bloomington: Indiana University Press, 2013.

de Maistre 1884 — de Maistre Joseph Marie. Oeuvres complètes de J. de Maistre. Lyon: Librarie Generale Catholique et Classique, 1884.

Margalit A., Halbertal 1994 — Margalit Avishai, Halbertal Moshe. Liberalism and the Right to Culture // Social Research. 1994.

Margalit M. 2007 — Margalith Meir. Aspiring Emigrants: Jews Who Were Unable to Realize Their Desire to Leave Eretz Israel in the 1920's // Cathedra. 2007 [in Hebrew].

Meir 1994 — Meir Ephraim. Star From Jacob: Life and Work of Franz Rosenzweig. Jerusalem: Magnes Press, 1994 [in Hebrew].

Meisles 2005 — Meisles Tamar. Territorial Rights. Dordrecht: Springer, 2005.

Michman 1997a — Michman Dan. Research on "Zionism" Facing the Holocaust: Problems, Polemics and Basic Terminology // Historiography of Zionism: Between Vision and Revision / Ed. by Yechiam Wietz. Jerusalem: Zalman Shazar Center for Jewish History, 1997 [in Hebrew].

Michman 1997b — Michman Dan. The "Zionist-Blasters": On Post-Zionist Ideology in Israel // Post-Zionism and the Holocaust: The Role of the Holocaust in the Public Debate on Post-Zionism in Israel, 1993–1996 / Ed. by Dan Michman. Ramat Gan: Finkler Institute of Holocaust Research, 1997 [in Hebrew].

Michman 2003 — Michman Dan. The Causal Relationship between the Holocaust and the Birth of Israel: Historiography between Myth and Reality // Holocaust Historiography: A Jewish Perspective. Conceptualizations, Terminology, Approaches and Fundamental Issues / Ed. by Dan Michman. London: Vallentine Mitchell, 2003.

Miller 1995 — Miller David. On Nationality. Oxford: Clarendon, 1995.

Miller 2007 — Miller David. National Responsibility and Global Justice. Oxford: Oxford University Press, 2007.

Mintz 1982 — Mintz Matityahu. Ber Borochov // Studies in Zionism. 1982.

Morgenstern 2002 — Morgenstern Arie. Dispersion and the Longing for Zion, 1240–1840 // Azure. 2002.

Morris 1987 — Morris Benny. The Birth of the Palestinian Refugee Problem, 1947–1949. Cambridge: Cambridge University Press, 1987.

Morris 1999 — Morris Benny. Righteous Victims: A History of the Zionist-Arab Conflict, 1881–1999. New York: Knopf, 1999.

Myers 1995 — Myers David N. Re-inventing the Jewish Past: European Jewish Intellectuals and the Zionist Return to History. New York: Oxford University Press, 1995.

Myers — Myers David N. Rethinking Jewish Collectivity. Working paper.

Nagel 2005 — Nagel Thomas. The Problem of Global Justice // Philosophy and Public Affairs. 2005.

Naor 2001 — Naor Arye. Greater Israel: Theology and Policy. Haifa: Haifa University Press, 2001 [in Hebrew].

Nimni 1991 — Nimni Ephraim. Marxism and Nationalism. London: Pluto Press, 1991.

Ophir 2001 — Ophir Adi. Thinking for the Present: Essays on Israeli Culture and Society. Bney Brak: Hakibbutz Hameuchad, 2001 [in Hebrew].

Pappé 1996 — Pappé Ilan. Zionism in Light of the Theories of Nationalism and Historical Methodology // Zionism: A Contemporary Controversy—Research Trends and Ideological Approaches / Ed. by Pinhas Ginossar and Avi Bareli. Sede Boker: Ben-Gurion University of the Negev Press, 1996 [in Hebrew].

Pappé 2008 — Pappé Ilan. Zionism as Colonialism: A Comparative View of Diluted Colonialism in Asia and Africa // South Atlantic Quarterly. 2008.

Patten 2014 — Patten Alan. Equal Recognition: The Moral Foundations of Minority Rights. Princeton, NJ: Princeton University Press, 2014. Peled 1989 — Peled Yoav. Class and Ethnicity in the Pale: The Political Economy of Jewish Workers' Nationalism in Late Imperial Russia. New York: St. Martin's Press, 1989.

Peled 1995 — Peled Yoav. Ber Borochov: From Social Theory to Political Ideology // Theory and Criticism. 1995 [in Hebrew].

Pew Research Center 2013 — Pew Research Center. A Portrait of Jewish Americans: Findings from a Pew Research Center Survey of U.S Jews. Washington, DC: Pew Research Center, 2013.

Pinkus 1999 — Pinkus Benjamin. End of an Era. Sede Boker: Ben-Gurion University of the Negev Press, 1999 [in Hebrew].

Pinsker 1948 — Pinsker Leo. Autoemancipation: An Appeal to His People. New York: ZOA, 1948.

Poole 1999 — Poole Ross. Nation and Identity. London: Routledge, 1999.

Porat 1990 — Porat Dina. The Blue and the Yellow Stars of David: The Zionist Leadership in Palestine and the Holocaust, 1939–1945. Cambridge, MA: Harvard University Press, 1990.

Ram 2006 — Ram Uri. Israeli Nationalism: Social Conflicts and the Politics of Knowledge. New York: Routledge, 2011 (Originally published as: Ram Uri. The Time of the "Post": Nationalism and the Politics of Knowledge in Israel. Tel Aviv: Resling, 2006 [in Hebrew]).

Ravitzky 1986 — Ravitzky Aviezer. Roots of Kahanism: Consciousness and Political Reality // Jerusalem Quarterly. 1986.

Ravitzky 1996 — Ravitzky Aviezer. Messianism, Zionism, and Jewish Religious Radicalism / Transl. by Michael Swirsky and Jonathan Chipman. Chicago: University of Chicago Press, 1996.

Rawls 1999a — Rawls John. The Law of Peoples: With "The Idea of Public Reason Revisited." Cambridge, MA: Harvard University Press, 1999.

Rawls 1999b — Rawls John. A Theory of Justice. Rev. ed. Cambridge, MA: Harvard University Press, 1999.Raz 1994 — Raz Joseph. Ethics in the Public Domain: Essays in the Morality of Law and Politics. Oxford: Clarendon, 1994.

Raz, Margalit 1994 — Raz Joseph, Margalit Avishai. National Self-Determination // Joseph Raz. Ethics in the Public Domain: Essays in the Morality of Law and Politics, rev. ed. Oxford: Clarendon, 1994.

Raz-Krakotzkin 1993 — Raz-Krakotzkin Amnon. Exile within Sovereignty: Toward a Critique of the 'Negation of Exile' in Israeli Culture, Part 1 // Theory and Criticism. 1993 [in Hebrew].

Raz-Krakotzkin 1994 — Raz-Krakotzkin Amnon. Exile within Sovereignty: Toward a Critique of the 'Negation of Exile' in Israeli Culture, Part 2 // Theory and Criticism. 1994 [in Hebrew].

Reich-Ranicki 2001 — Reich-Ranicki Marcel. The Author of Himself: The Life of Marcel Reich-Ranicki / Transl. by Ewald Osers. Princeton, NJ: Princeton University Press, 2001.

Renan 1990 — Renan Ernest. What Is a Nation? // Nation and narration / Ed. by Homi K. Bhabha. London: Routledge, 1990.

Rosenzweig 1972 — Rosenzweig Franz. The Star of Redemption / Transl. by William W. Hallo. Boston: Beacon Press, 1972.

Rousseau 1920 — Rousseau Jean-Jacques. The Social Contract and the Discourses / Transl. by G. D. H. Cole. London: J. M. Dent & Sons, 1920.

Rubinstein 2010 — Rubinstein Amnon. The Curious Case of Jewish Democracy // Azure. 2010.

Saban 2002 — Saban Ilan. The Minority Rights of the Palestinian-Arabs in Israel: What Is, What Isn't and What Is Taboo // Tel Aviv University Law Review. 2002 [in Hebrew].

Sagi — Sagi Avi. On the Textualization of Jewish Existence (forthcoming).

Sand 2008 — Sand Shlomo. When and How Was the Jewish People Invented. Tel Aviv: Resling, 2008 [in Hebrew].

Sand 2009 — Sand Shlomo. The Invention of the Jewish People / Transl. by Yael Lotan. London: Verso, 2009.

Sand, Renan 2010 — Sand Shlomo, Renan Ernest. On the Nation and the Jewish People. London: Verso, 2010.

Schweid 1985 — Schweid Eliezer. The Land of Israel: National Home or Land of Destiny. Rutherford, NJ: Fairleigh Dickinson University Press, 1985. (Originally published as: Schweid Eliezer. Homeland and a Land of Promise. Tel Aviv: Am Oved, 1979 [in Hebrew].)

Segev 1993 — Segev Tom. The Seventh Million: The Israelis and the Holocaust. New York: Hill and Wang, 1993.

Seymour et al. 1998 — Seymour Michel, with the collaboration of Jocelyn Couture and Kai Nielsen. Introduction: Questioning the Ethnic/Civic Dichotomy // Rethinking Nationalism / Ed. by Jocelyne Couture, Kai Nielsen, and Michel Seymour. Calgary: University of Calgary Press, 1998.

Shafir 1993 — Shafir Gershon. Land, Labor, and Population in Zionist Colonization: General and Unique Aspects // Israeli Society: Critical Approaches / Ed. by Uri Ram. Tel Aviv: Breirot, 1993 [in Hebrew].

Shafir 1996 — Shafir Gershon. Land, Labor and Origins of the Israeli-Palestinian Conflict, 1882–1914. Berkeley: University of California Press, 1996.

Shafir, Peled 2005 — Shafir Gershon, Peled Yoav. Being Israeli: The Dynamics of Multiple Citizenship. Tel Aviv: Tel Aviv University Press, 2005.

Shamir 2000 — Shamir Ronen. The Colonies of Law: Colonialism, Zionism and Law in Early Mandate Palestine. Cambridge: Cambridge University Press, 2000.

Shapira 2009 — Shapira Anita. "The Jewish-People Deniers." Review of When and How Was the Jewish People Invented, by Shlomo Sand // Journal of Israeli History. 2009 [in Hebrew].

Shenhav 2003 — Shenhav Yehouda. The Arab Jews: Nationalism, Religion, and Ethnicity. Tel Aviv: Am Oved, 2003 [in Hebrew].

Shimoni 1995 — Shimoni Gideon. The Zionist Ideology. Hanover, NH: University Press of New England, 1995.

Shimoni 2000 — Shimoni Gideon. The Theory and Practice of Shlilat Hagalut Reconsidered // The Age of Zionism / Ed. by Anita Shapira, Jehuda Reinharz, and Jay Harris. Jerusalem: Zalman Shazar Center for Jewish History, 2000 [in Hebrew].

Shimoni 2002 — Shimoni Gideon. The Contribution of Theories of Nationalism to the Study of Zionism // From National Movement to State / Ed. by Danny Jacoby. Jerusalem: Hebrew University Press, 2002 [in Hebrew].

Sheffer, Roth-Toledano 2006 — Sheffer Gabriel (Gabi), Roth-Toledano Hadas. Who Leads? Israeli-Diaspora Relations. Jerusalem: Van Leer Jerusalem Institute, 2006 [in Hebrew].

Shiff 2010 — Shiff Ofer. The Defeated Zionist: Abba Hillel Silver and His Attempt to Transcend Jewish Nationalism. Tel Aviv: Resling, 2010 [in Hebrew].

Shlaim 1988 — Shlaim Avi. Collusion across the Jordan: King Abdullah, the Zionist Movement and the Partition of Palestine. New York: Columbia University Press, 1988.

Shohat 2001 — Shohat Ella. Mizrachim in Israel: Zionism from the Standpoint of Its Jewish Victims // Forbidden Reminiscences: A Collection of Essays. Tel Aviv: Kedem, 2001 [in Hebrew].

Shragai 1995 — Shragai Nadav. The Temple Mount Conflict / Ed. by Amos Mar-Haim. Jerusalem: Keter, 1995 [in Hebrew].

Smith 1991 — Smith Anthony D. National Identity. London: Penguin, 1991.

Spivak 1988 — Spivak Gayatri Chakravorty. Can the Subaltern Speak? // Marxism and the Interpretation of Culture / Ed. by Cary Nelson and Lawrence Grossberg. Urbana: University of Illinois Press, 1988.

Stalin 1953 — Stalin Joseph. The National Question and Leninism // Theoretical Writings / Transl. by Hana Hochberg. Merhavia: Sifriat Hapoalim, 1953 [in Hebrew].

Steiner 1969 — Steiner George. The Wandering Jew // Ptachim. 1969 [in Hebrew].

Steiner 1997 — Steiner George. Errata: An Examined Life. London: Weidenfeld and Nicolson, 1997.

Tamir 1993 — Tamir Yael. Liberal Nationalism. Princeton, NJ: Princeton University Press, 1993.

Teveth 1977 — Teveth Shabtai. David's Passion: The Life of David Ben-Gurion. Vol. 3: The Burning Ground. Jerusalem: Schocken, 1977 [in Hebrew].

Tzur 1999 — Tzur Yaron. The Jew Transmigrates and Imagines a Nation. Introduction // Anderson Benedict. Imagined Communities: Reflections on the Origin and Spread of Nationalism / Transl. by Dan Daor. Tel Aviv: Open University Press, 1999 [in Hebrew].

Wagner 2002 — Wagner Don. For Zion's Sake // Middle East Report. 2002.

Walzer 1982 — Walzer Michael, ed. Pluralism in Political Perspective // The Politics of Ethnicity. Cambridge, MA: Harvard University Press, 1982.

Weber 1968 — Weber Max. Economy and Society / Ed. by Ruth Guenther and Claus Wittich. New York: Bedminster Press, 1968.

Yack 2012 — Yack Bernard. Nationalism and the Moral Psychology of Community. Chicago: University of Chicago Press, 2012.

Yakira 2010 — Yakira Elhanan. Post-Zionism, Post-Holocaust: Three Essays on Denial, Forgetting, and the Delegitimation of Israel. Cambridge: Cambridge University Press, 2010.

Yakobson, Rubinstein 2009 — Yakobson, Alexander, Rubinstein Amnon. Israel and the Family of Nations: The Jewish Nation-State and Human Rights. London: Routledge, 2009. (Originally published as: Yakobson, Alexander, Rubinstein Amnon. Israel and the Family of Nations: The Jewish Nation-State and Human Rights. Jerusalem: Schocken, 2003 [in Hebrew].)

Yehoshua 1981 — Yehoshua Abraham B. The Golah: The Neurotic Solution // Yehoshua Abraham B. Between Right and Right / Transl. by Arnold Schwartz. Garden City, NY: Doubleday, 1981.

Yehoshua 2006 — Yehoshua Abraham B. The Meaning of Homeland // Bell Roselyn, Marans Noam, eds. The A. B. Yehoshua Controversy: An Israel-Diaspora Dialogue on Jewishness, Israeliness and Identity. New York: American Jewish Committee, 2006.

Yehoshua 2008 — Yehoshua Abraham B. Homeland Grasp: 20 Articles and One Story / Ed. by Avner Holtzman. Tel Aviv: Hakibbutz Hameuchad, 2008 [in Hebrew].

Yonah 2005 — Yonah Yossi. In Virtue of Difference: The Multicultural Project in Israel. Jerusalem: Van Leer Jerusalem Institute, 2005 [in Hebrew].

Yonah, Shenhav 2005 — Yonah Yossi, Shenhav Yehouda. What Is Multiculturalism? On the Politics of Identity in Israel. Tel Aviv: Bavel, 2005 [in Hebrew].

Yuval 2006 — Yuval Israel J. The Myth of the Jewish Exile from the Land of Israel // Common Knowledge. 2006.

Zertal, Eldar 2007 — Zertal Idith, Eldar Akiva. Lords of the Land: The War over Israel's Settlements in the Occupied Territories, 1967–2007 / Transl. by Vivian Eden. New York: Nation, 2007.

Zipperstein 1993 — Zipperstein Steven J. Elusive Prophet: Ahad Ha'am and the Origins of Zionism. Berkeley: University of California Press, 1993.

СУДЕБНЫЕ ДЕЛА

Израиль

CA 8573/08 Uzi Ornan v. The Ministry of Interior (Oct. 6, 2013), Nevo Legal Database (by subscription).

EA 2/88 Ben Shalom v. The Central Election Committee for the Twelfth Knesset 43(4) PD 221 [1998].

HCJ 257/89 Anat Hoffman v. Western Wall Commissioner 48(2) PD 265 [1994].

HCJ 3358/95 Anat Hoffman v. Director General of Prime Minister's Office 54(2) PD 345 [2000].

HCJ 6698/95 Aadel Ka'adan v. Israel Land Administration 54(1) PD 258 [2000].

HCJ 4112/99 Adalah—The Legal Center for Arab Minority Rights in Israel v. The Municipality of Tel Aviv-Yaffo 56(5) PD 393 [1999].

HCJ 727/00 Committee of Heads of Local Arab Councils in Israel v. The Ministry of Construction and Housing 56(2) PD 79 [2001].

HCJ 4128/00 Director General of Prime Minister's Office v. Anat Hoffman 57(3) PD 289 [2003].

HCJ 11286/03 Uzi Ornan et al. v. The Minister of Interior (Sep. 20, 2004), Nevo Legal Database (by subscription).

Канада

Reference re Secession of Quebec [1998] 2 S.C.R. 217.

ЗАКОНОДАТЕЛЬНЫЕ АКТЫ

Закон о гражданстве и въезде в Израиль (временное положение), 5763–2003, SH № 1901, с. 544.

Декларация о создании Государства Израиль, 1, часть 3 (1948).

Закон о возвращении, 5710–1950, 4 LSI 114 (1949–50).

Закон о гражданстве, 5712–1952, 6 LSI 50 (1951–52).

ГАЗЕТНЫЕ СТАТЬИ

Avineri 2007 — Avineri Shlomo. Post-Zionism Doesn't Exist // Ha'aretz. com. 2007, July 6. URL: http://www.haaretz.com/print-edition/opinion/post-zionism-doesn-t-exist-1.224973.

Bartal 2008 — Bartal Israel. "The Invention of the Invention". Review of When and How Was the Jewish People Invented, by Shlomo Sand // Ha'aretz Books. 2008, May 27. http://www.haaretz.co.il/hasite/spages/987520.html [in Hebrew].

Bergman 2011 — Bergman Ronen. The Russian Scam // Yedioth Ahronot—Seven Days Weekend Magazine. 2011, April 14. [in Hebrew].

Etkes 2014 — Etkes Dror. Stop Arguing about Zionism // Ha'aretz. 2014, May 19. URL: http://www.haaretz.co.il/opinions/.premium-1.2324311 [in Hebrew].

Golan, Bender 2000 — Golan Y., Bender A. Former Comptroller of State, Miriam Ben-Porat: Add a Verse to the National Anthem Arab Citizens Could Identify With // Ma'ariv. 2000, September 15. [in Hebrew].

Hoffman 1989 — Hoffman Charles. Tripping Out for Soviet Jews // Jerusalem Post Magazine. 1989, October 20.

Inbar, Sharon 2013 — Inbar Avner, Sharon Asaf. Partition Skepticism and the Future of the Peace Process // Daily Beast. 2013, September 9. URL: http://www.thedailybeast.com/articles/2013/09/25/partition-skepticism-and-the-future-of-the-peace-process.html.

Leibovich 2008 — Leibovich Ronen. Livnat: Whoever Dares to Rip a Part of Jerusalem, Will Bind theJewish People Throughout the Generations // Nana10. 2008, November 24. URL: http://news.nana10.co.il/Article/?ArticleId= 596829 [in Hebrew].

Livneh 2011 — Livneh Neri. The Rise and Fall of the Post-Zionism // Ha'aretz. 2011, September 19 [in Hebrew].

Mualem 2010 — Mualem Mazal. Deputy Prime Minister: 'If We Blink, We Will Lose Everything' // Ha'aretz. 2010, March 25. [in Hebrew].

Ravid et al. 2007 — Ravid Barak, Stern Yoav, Ilan Shahar. Livni: Palestinian State Is a National Solution Also for the Arab Citizens of Israel // Ha'aretz. 2007, November 9. URL: http://www.haaretz.co.il/hasite/pages/ShArtPE.jht ml?itemNo=925604&contrassID=2&subContrassID=21&sbSubContrass ID=0 [in Hebrew].

Rubinstein 1997 — Rubinstein Amnon. The Revolution Failed, the Zionism Succeeded // Ha'aretz. 1997, June 10. [in Hebrew].

Sella 2006 — Sella Neta. Rabbi Yoffe Affronted by Katsav // Ynetnews. 2006, June 23. URL: http://www.ynetnews.com/articles/0,7340,L-3266540,00.html.

Shaked 2005 — Shaked Ronny. Arab Mk: Israel "Robbery of Century" // Ynetnews. 2005, December 18.

Sheizaf 2010 — Sheizaf Noam. Endgame // Ha'aretz.com. 2010, July 15. URL: http://www.haaretz.com/weekend/magazine/endgame-1.302128.

Shohat 1995 — Shohat Orit. Who Is a Post-Zionist // Ha'aretz. 1995, September 1. [in Hebrew].

Walzer 1974 — Walzer Michael. Review of Peace in the Middle East?, by Noam Chomsky // New York Times Book Review. 1974, October 6.

Walzer 2003 — Walzer Michael. Letter to the Editor // New York Review of Books. 2003, December 4.

Yahav 2008 — Yahav Nir. Sixty Years after Deir Yassin: "Photos of the Massacre Must be Exposed" // Walla. 2008, April 9. http://news.walla.co.il/ item/1263086 [in Hebrew].

Yemini 2012 — Yemini Ben-Dror. Is Zionism Justified? // Ma'ariv. 2012, September 28. URL: http://www.nrg.co.il/app/index.php?do=blog&encr_id =f2b4c1b55be76d1e6d7b777256ea0370&id=4074 [in Hebrew].

Предметный указатель

* В указателе отсутствует часто упоминаемый термин «Израиль», а также «Земля Израиля» (и ее транслитерированный вариант на иврите «Эрец-Исраэль»), «Палестина», «историческая Палестина» и «Израиль/Палестина», которые являются разными названиями одной и той же страны (за исключением случаев, описанных в главе 1, сноске 1). Страна, к которой они относятся, также часто упоминается; кроме того, они наполнены противоречивыми идеологическими значениями. Поскольку я не хочу связывать себя ни с одним из этих понятий, по возможности использую их как взаимозаменяемые.

** Страницы, указанные в разделе «Евреи как еврейская нация», включают страницы, на которых также содержатся ссылки на: «Еврейский коллектив как еврейская нация», «Еврейство как еврейская нация», «Иудаизм как еврейская нация», «Еврейский народ как еврейская нация».

Оглавление

Научное издание

Хаим Ганс
ПОЛИТИЧЕСКАЯ ТЕОРИЯ ЕВРЕЙСКОГО НАРОДА

Директор издательства *И. В. Немировский*
Ответственный редактор *О. Немира*
Куратор серии *С. Козин*
Заведующий редакцией *А. Наседкин*

Дизайн *И. Граве*
Редактор *П. Матвеева*
Корректоры *А. Филимонова, И. Манлыбаева*
Верстка *Е. Падалки*

Подписано в печать 11.03.2025.
Формат издания 60 × 90 $^1/_{16}$. Усл. печ. л. 24,6.
Тираж 200 экз.

Academic Studies Press
1577 Beacon Street, Brookline, MA 02446 USA
https://www.academicstudiespress.com

ООО «Библиороссика».
198207, г. Санкт-Петербург, а/я № 8

Эксклюзивные дистрибьюторы:
ООО «Караван»
ООО «КНИЖНЫЙ КЛУБ 36.6»
http://www.club366.ru
Тел./факс: 8(495)9264544
e-mail: club366@club366.ru

Книги издательства можно купить
в интернет-магазине: www.bibliorossicapress.com
e-mail: sales@bibliorossicapress.ru

12+

Знак информационной продукции согласно
Федеральному закону от 29.12.2010 № 436-ФЗ

www.ingramcontent.com/pod-product-compliance
Lightning Source LLC
Chambersburg PA
CBHW070813300326
41914CB00054B/850